Éduquer son chiot POUR LES NULS

Sarah Hodgson

FIRST Editions

Éduquer son chiot pour les Nuls
Titre de l'édition américaine : Puppies for Dummies

Publié par
Wiley Publishing, Inc.
111 River Street
Hoboken, NJ 07030 – 5774
USA

ISBN : 978-2-7540-0372-8
Dépôt légal : 2e trimestre 2007

Traduction : Claude Raimond
Production : Emmanuelle Clément
Mise en page : KN Conception
Édition : Véronique Marta
Imprimé en France par CPI Hérissey à Évreux (Eure)

Éditions First
60, rue Mazarine
75006 Paris – France
e-mail : firstinfo@efirst.com
Site internet : www.pourlesnuls.fr

Préface

Pour pratiquer ce métier depuis plusieurs années et pour avoir rencontré nombre de maîtres et de chiens, je sais que l'éducation du chiot passe avant tout par l'éducation des maîtres.

Je sais aussi qu'un chien bien éduqué que l'on amène partout avec soi est source de plaisir et de satisfaction pour le maître comme pour le chien.

Mais je sais également qu'avant d'être copain avec son chien, il va falloir s'imposer en acceptant de porter la casquette d'éducateur et qu'il est parfois difficile, quand on est confronté au comportement de son chiot, de réagir avec fair-play et cohérence.

Vous l'aurez compris, éduquer son chien ne s'improvise pas.

Alors merci aux professionnels comme Sarah Hodgson de nous livrer leurs secrets et le contenu de leur expérience.

Éduquer son chiot pour les Nuls est tellement riche en conseils que j'ai pris beaucoup de plaisir à le relire et à y apporter ma contribution.

Sarah vous offre une description précise et astucieuse sur la meilleure façon d'éduquer son chiot au quotidien. À travers son livre, vous irez à la découverte de techniques d'éducation innovantes comme le clicker-training, efficaces, faciles à mettre en application, et vous trouverez une foule d'explications et d'accessoires à utiliser pour faciliter la cohabitation entre vous et votre chiot.

Cinq cents pages de conseils avisés et de réponses qui feront de la rencontre avec votre chiot le gage d'une cohabitation harmonieuse pour de nombreuses années.

Pour ma part, c'est un des livres que je conseillerai à coup sûr aux futurs maîtres de chiens.

Catherine Collignon
Éducateur de chiens de compagnie
Responsable d'ANIMALIN

À propos de l'auteur

Sarah Hodgson est depuis plus de 20 ans éducatrice de chiens et de propriétaires de chiens. Elle compte parmi ses anciens clients de nombreuses célébrités, dont la star télévisuelle Katie Couric, les acteurs ou actrices Richard Gere, Glenn Close, Chazz Palminteri, Chevy Chase et Lucie Arnez, des personnalités du monde des affaires comme George Soros, Tommy Hilfiger, Tommy Mottola et Michael Fuchs, ainsi que de grands noms du sport comme Bobby Valentine et Alan Houston.

Elle a publié huit livres sur l'éducation des chiens, parmi lesquels *Teach Yourself Visually, Dog Training ; Dog Tricks For Dummies ; DogPerfect ;* et *PuppyPerfect*. Publication dans un proche avenir : *Miss Sarah's Book of Etiquette for Dogs*.

Sarah Hodgson habite à Katonah, dans l'état de New York, avec sa fille Lindsay et son labrador noir, Whoopsie Daisy. Pour plus d'informations, vous pouvez vous rendre sur son site Web : www.dogperfect.com.

Dédicace

À Lindsay et à toutes les pattes à venir : vous êtes ma joie et je vous suis reconnaissante pour tous les jours que nous passons ensemble.

Remerciements de l'auteur

Au moment où j'écris les remerciements associés à un livre, l'écriture du livre est pratiquement terminée. Le bonheur d'atteindre la fin d'un projet est tellement palpable que j'ai envie de sortir en courant et d'embrasser tous ceux et toutes celles qui de diverses manières ont été avec moi tout au long de la rédaction. Depuis mes amis et ma famille qui sont là pour m'aider à garder la raison et à sourire, jusqu'aux assistants qui contribuent à faire tourner les rouages de ma vie. Sans vous, je n'apprécierais pas la vie aussi pleinement.

Et à toute l'équipe éditoriale, bien que je ne connaisse certains de ses membres que par des initiales, je suis infiniment reconnaissante. Vos retouches et vos commentaires pertinents ont élevé la qualité et la clarté de ce livre jusqu'à un niveau inaccessible pour moi seule. Merci !

Bien sûr, rien de ce que je sais n'aurait pris forme sans les leçons reçues de chaque chien sans exception. Vos humeurs m'ont servi de guide. Quelle vie extraordinaire ! Je vous remercie d'avoir eu le loisir de vous connaître et d'être votre professeur.

Sommaire

Deuxième partie : Les soins de votre chiot jour après jour 79

Introduction

Dire que j'aime les chiots serait en-dessous de la vérité. Ils me rendent absolument folle de joie. Leurs pattes et leurs oreilles soyeuses, leur petit ventre, leur haleine qui a mauvaise réputation, et chacune de leurs réactions individuelles à ma « voix heureuse » éveillent l'enfant qui sommeille en moi. Bien que je passe d'innombrables heures à des activités d'adulte comme conduire, faire le ménage ou la cuisine et prendre soin de ma famille humaine, lorsque je tiens un chiot dans les bras ou quand je suis pelotonnée avec mes propres chiens, mes responsabilités quotidiennes semblent s'éloigner comme par enchantement.

Bien qu'élever un chiot soit aussi une responsabilité quotidienne (à vrai dire une responsabilité immense), c'est comme beaucoup d'autres projets dans la vie : lorsque vous comprenez comment pense votre chiot, comment bien communiquer avec lui, les questions de tous les jours deviennent plus simples. Le commentaire que je reçois le plus souvent de clients après leur visite initiale est : « Vous êtes une faiseuse de miracles ! » Mais je sais que le véritable miracle est le chiot – Je ne fais que faciliter la communication entre les deux espèces.

Dans ce livre, vous trouverez une approche de bon sens sur la manière de choisir votre chiot, des conseils donnés avec amour pour vous aider à franchir ces premiers mois cruciaux, et une aide pour résoudre les problèmes et bien élever votre chiot. Vous y trouverez des informations simples sur ce qu'il faut faire et sur la manière de le faire – en français courant. Rien de plus et rien de moins – c'est promis.

À propos de ce livre

Comme lorsque vous élevez des enfants, la manière dont vous traitez les besoins quotidiens du chiot, dont vous tirez le meilleur de ses succès, et dont vous vous comportez face aux inévitables frustrations de chaque jour se reflète dans son comportement. Derrière tout chiot heureux se trouve une famille qui l'aide, le comprend et prend soin de lui. Si un tel programme vous paraît au-dessus de vos forces, prenez courage : *Éduquer son chiot pour les Nuls* vous donnera une façon entièrement nouvelle d'envisager ce projet, vous fournira des mesures simples pour surmonter toutes les frustrations et vous aidera à civiliser votre chiot dans un temps record !

Ce livre est complet, il contient tout ce dont vous avez besoin pour élever un chiot. Il traite du choix de la race qui vous convient, de la détection du tempérament du chiot pour vous permettre de passer le premier jour, et de son éducation tout au long de la première année - tout cela, vous le trouverez dans le livre.

Conventions utilisées dans le livre

En écrivant ce livre, je me suis servi de quelques conventions dont je voudrais que vous soyez conscient :

- Le mot masculin chiot désigne en français un petit chien mâle ou femelle. Sauf dans le cas d'indications concernant explicitement des femelles ou des mâles, soyez assuré que ce que vous lisez s'applique à votre chiot quel qu'en soit le sexe.
- Chaque fois que j'utilise un nouveau terme pour la première fois, il est imprimé en *italiques*.
- Les mots clés apparaissent dans les listes en **caractères gras**. De même, quand je présente une liste de choses à faire, chacune de ces choses est imprimée en **caractères gras**.
- Les sites Web et les adresses e-mail apparaissent en `police courrier` pour mieux ressortir dans le texte.

Ce que vous n'êtes pas obligé de lire

Je serai flattée si vous lisez chacun des mots du livre, mais je suis réaliste. Qui de nos jours peut se permettre le luxe de lire un livre de près de 400 pages sur un sujet quel qu'il soit ? Que la taille du livre ne vous déprime pas. Je l'ai écrit pour qu'il soit lu un chapitre à la fois et serve en outre comme livre de référence.

De plus, il y a des parties que vous pouvez sauter si vous manquez de temps ou si vous ne vous intéressez à rien d'autre qu'aux faits purs et durs. Si tel est votre cas, sachez que vous pouvez sauter les encadrés, ces boîtes grises contenant des informations intéressantes mais non essentielles. Vous pouvez aussi sauter tous les paragraphes assortis de l'une des icônes « Un peu de technique » ou « Rions un peu».

Suppositions hardies

Voici comment, chers lecteurs, je vous ai imaginé en écrivant ce livre :

- Vous savez que les chiots ont quatre pattes et une queue - ou du moins un petit bout de queue.
- Vous avez un chiot maintenant ou vous envisagez d'en avoir un, mais vous ne savez pas grand-chose sur la façon d'élever un chiot.
- Vous ne briguez pas un doctorat sur les techniques de dressage, la physiologie ou la psychologie des chiens. Vous vous intéressez seulement à des questions élémentaires comme l'équipement à acheter, la manière d'apprendre à votre chiot à obéir aux ordres de base, la meilleure nourriture pour chien à utiliser, l'activité physique dont il a besoin, et d'une façon générale, comment le garder en bonne santé.

Si vous reconnaissez dans ces trois points ou même seulement l'un d'entre eux, ce livre est fait pour vous.

Organisation du livre

Le livre est subdivisé en quatre parties dédiées chacune à un thème général. En voici la description succincte.

Première partie : Le mariage idéal

Ici vous seront révélés les secrets du bon choix d'un chiot - depuis la race jusqu'à la personnalité idéale. Vous vous posez sûrement des questions : les races de chien sont-elles tellement différentes ? Que faut-il penser de la mode des chiens hybrides, issus de parents de deux races pures différentes ? La personnalité d'un chiot peut-elle être prédéterminée ? Quel est le meilleur endroit pour se procurer un chiot ? Vous trouverez dans cette partie les réponses à toutes ces questions et à beaucoup d'autres.

Deuxième partie : Les soins de votre chiot jour après jour

Les tout premiers jours passés avec votre nouveau chiot peuvent être un véritable défi. Qu'est-ce que je fais ? A quoi dois-je m'attendre ? Vous trouverez les réponses dans cette partie. Vous découvrirez aussi comment penser avec votre chiot, le rendre sensible à toutes les nuances de la vie en société, et communiquer avec lui pour lui faire prendre d'emblée les bonnes habitudes. À 12 semaines, le cerveau du chiot est totalement développé – comme vous pouvez d'ailleurs vous en apercevoir. Il dort moins et joue davantage. Sa véritable personnalité apparaît, et elle peut ne pas toujours être compatible avec la vôtre. Mais poussez un soupir de soulagement. Cette partie a été écrite pour vous venir en aide. Elle vous aide à comprendre les besoins de votre chiot et ses phases de développement, et vous montre comment vous y prendre avec vos enfants et les autres personnes de votre entourage pour que le chiot se comporte comme il faut dès le départ. En outre, je vous donne des conseils sur les voyages et sur les épisodes de la vie que votre chiot et vous-même devrez vraisemblablement traverser ensemble.

Troisième partie : Education de votre chiot

L'éducation peut commencer. Dans cette partie, je présente les étapes de formation en adaptant le contenu et la forme de l'enseignement à l'âge et à la personnalité de votre élève modèle. Vous y découvrirez des leçons élémentaires, des suggestions relatives à la propreté, et des idées sur la manière d'obtenir la coopération du reste de la famille. En outre, je vous dévoile les mécanismes d'outils ou techniques astucieux - ces procédés vont des clickers à l'indication d'une cible (target training en anglais). Ensuite, quand vous maîtriserez les bases, vous pourrez plonger dans les leçons hors-laisse et examiner toutes les expériences et activités auxquelles peut accéder un chiot bien éduqué – l'agilité, le flyball, la thérapie assistée par les animaux de compagnie (pet therapy en anglais).

Quatrième partie : Problèmes de comportement

Cette partie vise la kyrielle des frustrations que nous vivons presque tous avec les chiots. Au lieu de les voir comme des problèmes, je les examine du point de vue du chiot. Si vous faites de même, vous comprendrez vite que tous ces comportements du chiot vous communiquent quelque chose. Le comprenant, il vous est plus facile de réagir en conséquence et de trouver une activité de détournement appropriée, même à l'égard des difficultés les plus déplaisantes. Vous aurez le sentiment d'être proactif et empathique en surmontant des difficultés spécifiques telles que l'angoisse de la séparation, le déchiquetage, les sauts, les morsures, et même l'agression. Mais surtout, votre relation avec le chiot deviendra d'autant plus forte que vous aurez travaillé ensemble pour surmonter les problèmes.

Cinquième partie : La santé de votre chiot

Pour que votre chiot soit heureux, vous ne devez pas seulement l'éduquer. Vous devez aussi veiller à sa bonne santé. Cette partie vous donne les informations dont vous avez besoin pour le nourrir et lui faire prendre suffisamment d'exercice, vous occuper de lui quand il est en forme, et prendre les mesures appropriées s'il tombe malade.

Sixième partie : La partie de dix

Last but not least, dans cette partie je vous décris dix de mes jeux favoris et dix trucs qui font la joie de ceux qui les regardent. Bon amusement !

Icônes utilisées dans ce livre

Tout au long du livre, des icônes situées dans la marge gauche de la page distinguent différents types d'info. En voici la liste :

Cette icône signale des bribes d'information utiles et des conseils efficaces – qui vous disent par exemple comment tirer sur la laisse du petit chien juste assez pour obtenir la réaction voulue sans lui faire mal.

Ce rappel amical vous évite d'oublier les points importants – comme par exemple, de laisser un bol rempli d'eau par une chaude journée d'été.

« Attention, Attention ! ». Faut-il vous en dire plus ? Ne sautez surtout pas cette icône.

Cette icône attire votre attention sur des faits et des informations techniques qu'il n'est pas nécessaire de connaître mais qui sont tout à fait intéressants.

Quand vous voyez cette icône, vous pouvez être sûr que vous êtes sur le point de lire quelque chose de drôle, de bon à savoir (mais pas nécessairement utile pour ce que vous voulez faire).

À vous de jouer

Ce qu'il y a de mieux dans ce livre, c'est que vous pouvez commencer sa lecture n'importe où. C'est un ouvrage de référence sans règle de consultation pour quiconque possède un chiot ou envisage d'en avoir un. Regardez simplement la table des matières ou l'index pour trouver le thème sur lequel vous cherchez des indications. Puis lisez les réponses au chapitre voulu.

Vous pouvez aussi lire le livre du début à la fin, en commençant par le premier chapitre.

Quel que soit l'endroit où vous commencez votre lecture, n'oubliez pas ceci : les bébés-chiens sont un peu comme les bébés humains. Il faut en prendre soin mais ne pas les gâter. Il faut les aimer mais ne pas tout leur accorder. Ils ont besoin de principes directeurs – pas d'une liberté totale. Ils ont besoin de jouer, mais ils ont aussi besoin de limites. Votre aptitude à raisonner et à comprendre vous confère la responsabilité de trouver les compromis indispensables. Vous devez être le guide de votre chiot, son protecteur, son ami et sa voix. Vos efforts seront votre véritable et inoubliable récompense.

Merci d'avoir choisi mon livre et de l'avoir ajouté à votre bibliothèque. Nous éprouvons tous par moment un sentiment d'incapacité. Mais avec le temps et des informations, les choses deviennent plus faciles – et même nous procurent du plaisir. Que vous lisiez ce livre chapitre par chapitre ou que vous le consultiez comme référence une section à la fois, il vous apprendra à communiquer avec succès avec votre chiot et à en faire un merveilleux compagnon et membre de la famille.

Première partie

Le mariage idéal

Dans cette partie...

Le choix d'un chien qui vivra avec vous étant peut-être votre unique occasion de choisir un membre de votre famille, choisissez-le bien ! Si vous ne connaissez pas encore les races de chien convenant le mieux à votre style de vie, vous allez avoir le plaisir de le découvrir maintenant. En regardant la question de plus près, vous pourrez mettre en regard les exigences de votre genre de vie et les caractéristiques et la personnalité de différentes races de chiens. Aimez-vous bouger et changer ? Votre style de vie hyperactif réclame-t-il la participation d'un chien ayant des dispositions similaires ? Ou bien serez-vous plus heureux avec un petit chien qui peut rester tranquille à la maison quand vous n'y êtes pas ? Quel type de chien recherchez-vous : grand ou petit, hirsute ou sans fourrure, énergique ou d'un tempérament doux, vif d'esprit ou plutôt calme ? Que vous le croyiez ou non, il existe une race adaptée à chaque cas. Et les chiens hybrides issus de parents de races pures étendent encore davantage la gamme de vos choix.

Un peu plus avancé dans votre recherche, vous devrez vous fixer sur une personnalité de chiot reflétant la vôtre le mieux possible. Certains chiots sont tyranniques ou turbulents, d'autres sont doux ou timides. Avant de vous arrêter sur un choix, demandez-vous quelle personnalité vous avez le plus envie d'accueillir sous votre toit. Si vous avez un caractère très complaisant, un type dominateur ne vous est pas recommandé : il vous aura mis au pas avant d'avoir toutes ses dents de lait. En revanche, si vous êtes organisé et strict, un chiot doux, timide, ou insouciant peut vous agacer à l'extrême. Dans cette partie, je vous indique comment décider du type de chiot convenant le mieux à votre style de vie, puis comment fixer votre choix parmi les options retenues.

Chapitre 1

Un tour d'horizon

Dans ce chapitre :

- Tous les chiots ne se ressemblent pas
- La place du chiot dans la famille
- Des leçons en fonction de l'âge
- Les comportements déplaisants du chiot
- Les soins

Établissez un parallèle entre la première année de votre chiot et les 18 premières années d'un enfant, et vous aurez une vue d'ensemble du chemin à parcourir les 360 jours suivants. Éduquer un chiot est une tâche comparable à celle qui consiste à éduquer un enfant – mais heureusement pour vous, elle ne vous prendra qu'une année. Et votre chiot ne démolira pas votre voiture, ne vous poussera pas à abuser de vos cartes de crédit, et ne vous quittera pas pour l'université !

Un chiot est un chiot – vrai ?

Faux ! Vous ne trouverez pas deux humains identiques, et il en va de même pour les chiots. Vous pouvez voir deux chiots de la même race et penser : « Tiens ! Ils sont exactement pareils » ou ne pas être capable de distinguer entre eux les chiots d'une même portée, mais sachez que chaque chiot aborde la vie d'une manière qui lui est propre, et qui dépend autant de son entourage que des orientations spécifiques de sa race. Si tout ce que vous entendez ou lisez sur les races de chien vous semble un peu étrange, vous n'êtes pas le seul. Vous n'avez probablement pas accordé beaucoup d'attention jusqu'ici aux différentes races de chien. Vous pensiez sans doute que ce qui distingue un chiot d'un autre est la couleur de son pelage et sa taille. Mais si votre projet n'est pas seulement de trouver un chien assorti au tissu de votre canapé, vous devez en savoir plus sur les différents types de chien disponibles. C'est précisément le but de la présente section – elle souligne des traits qui distinguent différentes races et vous en montre l'incidence sur la vie de tous les jours.

En plus de la race, il y a lieu de tenir compte de la personnalité et du tempérament du chiot que vous allez choisir. Tout comme chaque enfant, chaque chiot a une personnalité, et elle est nettement marquée dès qu'il atteint 8 semaines. Toutefois – en tant que parent vous n'auriez pas cette latitude –, vous pouvez choisir la personnalité de votre chiot.

Un mot sur les races

Avant d'aller plus loin, il est bon de cerner de plus près le sens du mot « race ». Une *race*, selon la plupart des dictionnaires, est un groupe d'animaux descendant d'ancêtres communs. Pour des organismes tels que la Société centrale canine en France ou l'American Kennel Club aux États-Unis, une race est une lignée de chiens ayant les mêmes ancêtres. Si un chiot appartient à une race donnée, il doit être possible d'en retrouver les ancêtres sur un arbre généalogique. Si vous investissez dans un chien de race (et non un chien de race mixte), vous pouvez déterminer où vivait son arrière-grand-père et ce qu'il avait de si particulier, par exemple un titre de champion ou d'obéissance.

Pour préserver et faire perdurer un standard définissant les chiens de race descendant d'ancêtres communs, la Société centrale canine ouvre en 1885 le livre d'origines françaises (LOF). Ainsi tous les chiens de race nés de parents inscrits au LOF sont déclarés avec un certificat de naissance. Les chiens ayant transformé ce certificat de naissance en pedigree définitif lors d'une séance de confirmation devant un juge accrédité par la SCC ont le droit de produire à leur tour des chiens LOF ou chiens de race. Ce pedigree définitif reprend sur quatre générations les ascendants conformes aux standards de la race. Ainsi les chiens se rapprochant morphologiquement de races reconnues mais dont les parents ne sont pas LOF seront définis en genres ou types.

Il est généralement possible de remonter dans le passé jusqu'aux origines de chaque race particulière. Le plus souvent, une race est créée lorsqu'une personne ou un groupe ayant le même projet rapproche deux chiens ayant des instincts ou des aspects similaires. Par exemple, la création du terrier du Révérend Jack Russell est due à ce religieux anglais, aimant la vie, la chasse et les chiens, vers 1880. Jusqu'alors, les chasseurs emmenaient à dos de cheval un terrier court sur pattes pour forcer un renard de sa tanière après qu'il eut été encerclé par les chiens. Russell voulait créer un chien avec des pattes assez longues pour courir avec la meute mais assez agile et énergique pour ensuite faire sortir un renard de son trou. La première femelle reproductrice de Russell, la reine de la ruche pour ainsi dire, était un terrier de race croisée appelé « Trump », acheté à un marchand de lait.

Votre chien ressent le besoin inné de travailler

Les aptitudes innées d'un chiot, à de rares exceptions près, ne sont plus nécessaires à la survie des humains. Mais de grâce, ne laissez pas votre chiot s'en apercevoir. Ses aptitudes sont ce qui donne un sens à sa vie, et lui permettre de les utiliser contribue à son bonheur. Pas de troupeau de moutons à garder ? Les enfants du voisinage feront l'affaire. Pas de neige à Savannah ? Tirer un amateur de planche à roulettes satisfera un husky sibérien. Pas de canards à rapporter ? Une balle de tennis conviendra parfaitement. Les chiens adorent travailler, et ils ne peuvent réprimer leur zèle simplement parce que vous avez une réunion tardive.

RIONS UN PEU !

Avec le temps, plus de 500 races ont été développées dans le monde entier. Chacune d'elle a des caractéristiques spécifiques permettant aux chiens qui en font partie de résister à leur environnement d'origine. Chaque race a en propre un aspect, un caractère et un intérêt particuliers qui se transmettent de génération en génération.

Décider quelle race (s'il y en a une) vous convient

Au chapitre III, j'évoque les différences entre les races, que j'ai regroupées selon mes propres critères en sept catégories en considérant leur environnement idéal pour chacune d'elles et ce qu'elles impliquent en matière d'exercice, d'éducation et de socialisation. Vous y trouverez aussi des tableaux et des listes de caractères qui vous aideront à trouver les races les mieux adaptées à votre style de vie. Vous serez peut-être tenté par une race à haute énergie du groupe sportif, mais si vous êtes absent de chez vous la plus grande partie de la journée et si vous préférez l'immobilité au jogging, ce chiot perdra une grande partie de son charme quand vous le verrez escalader votre clôture.

N'OUBLIEZ PAS !

Lorsque vous aurez restreint votre choix de races, vous serez prêt à commencer l'aventure qui vous conduira au chiot rêvé. Les premières impressions comptent – assurez-vous que le premier chez-soi du chiot, que ce soit chez l'éleveur, dans un refuge, une animalerie ou la maison d'un particulier, est un environnement sain, positif et détendu, où vous pouvez sans aucune gêne poser toutes les questions et exprimer vos préoccupations. La plupart des bons éleveurs vous poseront des questions, car ils veulent trouver de bons domiciles pour leurs chiots qu'ils aiment autant que des bébés humains.

Comme je l'ai dit plus haut dans ce chapitre, les chiots, comme les enfants, ont chacun leur personnalité. Au chapitre IV, vous trouverez un test du tempérament qui vous aidera à déchiffrer un chiot particulier. Représentez-vous les caractéristiques idéales que vous appréciez dans un chien et listez-les dans la marge. Par exemple, voulez-vous un chien qui se consacre à votre bonheur, qui a besoin d'attention et dont le plaisir est de faire ce que vous lui demandez ? Ou bien préférez-vous un chiot affectueux, mais indépendant ? Peut-être avez-vous envie d'un chiot timide qui a besoin de patience, d'encouragement et d'amour pour sortir de sa coquille. Vous aurez peine à le croire, mais il est possible de prédire exactement des comportements tels que ceux des trois cas précédents, dès lors que les chiots ont seulement 8 semaines.

Insertion du chiot dans le milieu familial

Vous rêvez depuis des jours, des semaines et peut-être même des années d'amener votre chiot chez vous ! La vie nous réserve peu d'expériences aussi passionnantes que l'adoption d'un chiot.

Quel que soit votre enthousiasme, ce voyage initial peut être effrayant et bouleversant pour votre chiot, qui sans doute sera alors séparé de sa famille initiale pour la toute première fois. Préparez-vous en conséquence et organisez tant le trajet jusque chez vous que votre arrivée. Faites longtemps à l'avance vos achats d'accessoires pour chiot, énumérés au chapitre V. En outre, avant l'arrivée, préparez la première pièce où il logera, et expliquez vos intentions à votre entourage. Le fait d'avoir un plan vous rassurera, votre chiot vivra d'autant mieux la transition, et il s'attachera encore plus vite à vous et à sa vie nouvelle.

Comprendre le point de vue du chiot

Le chiot a besoin de cohérence et de régularité, et vous en avez tout autant besoin. Au chapitre VI, j'insiste sur les besoins quotidiens du chiot et sur la façon de structurer sa journée autour de ces besoins. Sachant comment votre chiot aime organiser son temps, vous établirez une relation de confiance et un début de communication réciproque. En fait, le chapitre VI souligne les points communs entre un petit enfant commençant à marcher et un chiot – l'apprentissage de la propreté, le maintien d'un horaire régulier, les stades de développement prévisibles. Je vous propose divers exemples de programmes et de tableaux pour vous aider à structurer une journée réaliste et à ramener un peu de régularité dans votre propre vie. Plus loin dans le chapitre VI, je vous aide à explorer le langage de votre chien. Les chiots ont besoin de recevoir beaucoup d'indications, et se sentent rassurés quand elles leur sont données par un locuteur aux idées claires et d'un tempérament calme, dans un langage qu'ils peuvent comprendre. Même si vous pensez que votre chiot dominateur et débordant d'énergie s'amuse comme un fou, ce n'est probablement pas le cas. Tous les chiots ont besoin de quelqu'un qu'ils admirent et dont ils satisfont les désirs ; autrement, ils se sentent perdus. Apprendre à votre chiot à vous comprendre, c'est un peu comme enseigner le français à un étranger – vous devez traduire ce que vous enseignez dans la langue naturelle de l'élève. Comme vous vous en doutez, votre chiot ne comprend pas encore le français. Et donc, pour l'aider à interpréter vos pensées, vous devez d'abord les lui traduire dans son langage natal.

Exagérez la socialisation

Si votre but est un chien accompli, bien élevé, vous devez connaître un secret : mettez l'accent sur la socialisation au cours de son enfance ! Cet effort particulier est encore plus important que les leçons. Mettez votre chiot en contact avec tout – les objets, les surfaces, les sons (à l'intérieur et à l'extérieur), les lieux, et les gens de tous âges, des deux sexes, de toute race et de toute taille. Approchez-le d'autres animaux, dont des animaux de compagnie. Même les changements de temps font partie du programme d'accoutumance. S'il est surpris ou inquiet, une réaction d'apaisement de votre part peut être en fait mal interprétée comme une crainte partagée. Pour lui apprendre à se maîtriser lui-même, rassurez-le par votre propre assurance et vos directives. Savoir comment le calmer quand il est stressé peut faire toute la différence entre un chiot qui s'adapte à tous les changements et un autre qui refoule ses émotions ou a des réactions défensives. (Le chapitre VII vous dit tout sur la socialisation de votre chiot.)

Tant que votre chiot n'est pas entièrement vacciné, il est préférable de le sortir dans des environnements présentant peu de risque sanitaire. Parlez-en avec votre vétérinaire qui sera à même de vous rassurer et de vous indiquer les démarches à suivre pour éviter de l'exposer à différents virus éventuellement dangereux pour sa santé.

Élever un chiot avec des enfants tout en tenant compte des voisins

Installer un chiot chez soi pour l'élever parmi les enfants ou distraire les petits-enfants quand ils sont avec soi est tout un programme. Les chiots perçoivent souvent les enfants comme d'autres chiots et peuvent voir en eux des rivaux en ce qui concerne les jouets, la nourriture et l'attention des adultes. Le chapitre VIII propose une approche proactive (et non réactive) de l'éducation d'un chiot parmi des enfants – par exemple en suggérant des choses à dire et des jeux. En organisant des activités amusantes, vous donnez aux enfants l'occasion d'influencer le chiot en y prenant plaisir, tandis que lui-même apprend à respecter tout animal marchant sur deux jambes. Et si vous suspectez des réactions de rivalité, vous en trouverez au même chapitre VIII les indices, les symptômes et les solutions. Si vous élevez votre chiot à la campagne mais avec des voisins ou si vous habitez en ville, le chapitre IX vous indiquera comment rester en bons termes avec tout le monde et même vous faire quelques amis supplémentaires. Personne n'aime marcher dans les crottes en allant travailler, et vous trouverez aussi dans ce chapitre la meilleure façon de ramasser celles de votre chiot.

Les phases d'évolution

N'OUBLIEZ PAS !

La première année, un chien vit de nombreux changements physiques et émotionnels. Au cours des premiers mois, il passe par différents cycles : un jour il adore votre voisine, et le jour suivant il se cache. Un jour il se montre hardi et sûr de lui en entrant dans la voiture et le jour suivant il serre tous les freins et refuse de vous suivre. Ne vous inquiétez pas, ce comportement n'a rien d'extraordinaire – un chiot est soumis à toutes sortes d'influences. Certaines expériences lui paraissent effrayantes, mais elles vous donnent l'occasion de renforcer votre lien avec lui en gérant son anxiété de manière responsable et sûre. Vous devenez le Grand Oz, et vous augmentez sa confiance dans votre jugement.

Vous devez aussi examiner votre propre vie et penser à tous les changements qui peuvent affecter votre chiot dans un avenir plus ou moins lointain. Par exemple : êtes-vous célibataire, mais prévoyez-vous d'avoir des enfants ? Ce chiot est-il votre premier animal de compagnie, mais comptez-vous lui adjoindre un chat ou un lapin dans les mois ou les années à venir ? Facilitez la transition : conditionnez et socialisez votre chiot tandis qu'il est jeune.

Éducation du chiot en fonction des phases de croissance

Voyez dans cette première année de vie commune une occasion en or pour influencer et civiliser votre chiot. Les chapitres de la troisième partie vous présentent des indications et des techniques de résolution de problèmes adaptées aux phases de développement du chiot, conçues pour lui donner confiance à la fois envers vous et envers le monde tout autour de lui. Chaque chapitre de cette partie est divisé en exercices faciles à comprendre, amusants et que d'autres personnes que vous reproduiront aisément.

Sachez à quoi vous attendre

Voici les perspectives d'évolution de votre chiot dans sa première année de croissance :

- **La petite enfance** : la petite enfance est une époque magique pour votre chiot ! Il est centré sur lui-même, mais curieux, et il perçoit le monde – et les gens qui s'y trouvent – pour la première fois. Durant cette phase, ne manifestez pas trop fortement votre opinion. Laissez-le explorer tout en encourageant les comportements positifs et en structurant votre programme et vos affections autour de ses besoins. Crier « non » à tout bout de champ fera mauvais effet : comme un tout petit enfant, votre chiot n'a pas la capacité de distinguer le bien du mal.
- **Les *terrible twos*** : dans le cas des humains, cette expression se réfère aux enfants de deux à trois ans, qui commencent à marcher et n'en font qu'à leur tête. Dans le cas d'un chiot, cette phase est précédée d'une période bénie durant laquelle il vous suit partout, dort pendant des heures et accourt vers vous quand vous l'appelez. Puis il change presque du jour au lendemain. Tout à coup, votre chiot perd son comportement angélique : il se livre à des assauts sur les pantoufles, se met à mordre constamment, et son nouveau jeu consiste à vous fuir. Durant cette période, vous regrettez le jour où vous l'avez adopté et il vous vient à l'idée de le déposer devant la porte du voisin. Si cela peut vous consoler, tous ces méfaits sont simplement le signe réjouissant d'un développement normal. Votre chiot grandit. Savoir comment réagir à ces comportements et rester maître de vos frustrations est crucial pour traverser sans encombre cette période difficile. Ce livre vous y aidera.
- **L'adolescent** : bon, vous avez désormais un aperçu de la personnalité de votre chiot. Est-il exigeant, volontaire, dépendant, concentré, obstiné ? À ce stade, il mûrit plus vite que vous ne pouvez vous en rendre compte. C'est le moment de commencer des séances d'entraînement amusantes et d'augmenter la fréquence des jeux qui encouragent l'interaction. Souvenez-vous qu'à cet âge la coopération ne fait pas partie de son répertoire émotionnel. Les adolescents testent volontiers les limites de la patience de leurs gardiens – dans toutes les espèces. L'exploration et la curiosité s'épanouissent également durant cette phase. Compte tenu de ces évolutions, concomitantes à un surcroît d'énergie et de développement hormonal, il serait miraculeux que votre chiot ait un comportement exemplaire.

  Bien que vous puissiez rêver d'un chiot qui vient régulièrement quand vous l'appelez, ne mettez pas trop de pression sur lui à ce stade. L'obéissance systématique n'est pas un objectif réaliste pour un être aussi jeune. Vos exigences et votre déception accrue ne militent pas non plus en votre faveur ; en revanche votre patience sera remarquée et le calme manifesté lors de vos interactions incitera à la réciproque. La meilleure approche pour cet âge : la prévention et des leçons ludiques pour développer sa concentration et ses réussites !

- **Puberté** : l'observation du chiot au cours de sa puberté peut vous inciter à appeler vos parents pour vous excuser de vos comportements erratiques durant la période analogue. La défiance qui se manifeste sans raison, les fugues qui durent des heures, l'ignorance des ordres. Ne vous froissez pas à titre personnel d'aucun comportement frustrant de votre chiot. Il se doit de vous mettre au défi pour grandir. Par ce comportement approprié à son âge, il teste votre autorité pour s'assurer qu'il peut se fier à votre jugement. Telles sont les règles de la nature.

  Durant cette phase, le plus important est de maîtriser vos propres réactions. La colère et la frustration vous conduiront au désastre – votre chiot interprétera votre manque de contrôle sur vous-même comme une faiblesse, et soit il établira sa domination, soit il deviendra indécis et lunatique. Mettez votre chiot à l'abri de ses propres impulsions en le gardant en laisse ou dans un espace réduit, et appliquez les exercices du chapitre XIV. Les leçons successives formeront sa vision du monde et feront de lui un chien adulte ayant un profond respect pour votre attitude confiante et votre calme.

- **Encore quelques épreuves** : dans la phase suivante votre chiot est presque parfait – appliqué, réactif et coopératif. À vrai dire, seulement la plupart du temps. Parfois votre chiot presque adulte manifeste encore son indépendance, à titre de test, et retourne à ses anciennes manières. Mais le plus souvent, vous apercevez clairement la lumière au bout du tunnel.

  Si vous êtes comme beaucoup d'autres, vous éprouverez un profond désir de maîtriser votre chiot même sans laisse, et vous pourrez aussi être tenté par différentes activités sportives telles que l'agility, l'obérythmée, la canicross ou plus simplement par de longues balades en groupe… C'est en tout cas le stade idéal pour travailler les exercices hors laisse présentés au chapitre XV. Cependant, ces exercices requièrent votre patience. Enlever la laisse est souvent aussi effrayant pour votre chiot que pour vous, et la bonne gestion de cette transition assurera l'établissement d'un lien invisible entre l'être humain et le chien, un lien pour toute la vie.

  Aucun chiot, quel que soit l'entraînement auquel il a été soumis, ne doit jamais être libre de courir auprès d'une foule ou d'une voie de circulation automobile. De tels contextes comportent trop d'éléments imprévisibles pour que vous puissiez faire fi des dangers éventuels.

Considérez-vous l'idée de consacrer l'année qui vient à l'apprentissage de votre chiot comme un véritable projet ? Eh bien, vous avez raison, c'en est un ! Si vous décidez d'être le professeur de votre chiot, il apprendra tout ce qu'il lui faut savoir au cours de sa première année – l'endroit où faire ses besoins, sur quoi il peut se faire les dents, comment saluer poliment et comment se conduire dans une foule. Il n'apprendra pas tout cela du jour au lendemain – comme à l'école humaine, la formation du chiot est un processus se déroulant par étapes.

Des mots que votre chiot doit apprendre et aimer

Des mots familiers sont pour votre chiot ou votre chien des repères qui lui procurent le sentiment d'être dirigé, accompagné, et en sécurité. Si vous étiez dans un pays étranger, vous seriez le plus à l'aise avec des gens qui parlent votre langue. Enseignez à votre chiot les mots du tableau 1.1 pour lui faire savoir ce que vous attendez de lui et conférer à votre relation un caractère rassurant.

Tableau 1.1 : Directives de base pour votre chiot

Mot	*Ce qu'il fait*	*Quand et où l'utiliser*
Son nom	Le nom du chiot doit avoir une valeur positive, magnétique. À associer à la nourriture chez les chiots de 8 à 10 semaines.	À utiliser pour renforcer l'attention du chiot lors d'une interaction positive ou dans le cas d'un ordre suscitant le mouvement tel que « ici » et « au pied ».
Viens	« Viens » est un ordre relatif à la marche encourageant le chiot à vous suivre.	Dans la maison, lors de promenade avec une laisse longue, et dans un champ.
Attends et c'est bon	« Attends » permet de contrôler les impulsions. Cet ordre incite le chiot à s'arrêter et à vous regarder en attendant votre permission pour continuer. « Allez » le libère.	Utiliser cette combinaison pour entrer dans une voiture ou chez soi ou pour en sortir, pour traverser une rue, ou dans des escaliers. « Doucement » est à utiliser avec la nourriture et les jouets pour l'inciter à un usage plus modéré de ses mâchoires.
Pardon	« Pardon » ou « pousse-toi » incite au respect de l'espace d'autrui et rappelle à votre chiot les bonnes manières.	Quand le chiot vous bloque le passage, s'appuie contre vous sans en avoir la permission, marche sur vous ou ignore un ordre.
Debout	Position contraignante de niveau 1	Excellent pour la toilette, le bain, ou restreindre les mouvements du chiot dans une foule, ou au cabinet du vétérinaire.
Assis	Position contraignante de niveau 2	C'est la position signifiant « s'il te plaît ». À utiliser avant d'offrir au chiot quelque chose de positif – un jouet, une friandise, une caresse, son repas, et ainsi de suite.

Tableau 1.1 : Directives de base pour votre chiot (suite)

Mot	*Ce qu'il fait*	*Quand et où l'utiliser*
Couché tranquillement	Position contraignante de niveau 3	Utilisez « Couché » quand vous êtes assis ou au café, chez des amis, etc.
« Va sur ta couche »	Utilisez « Va sur ta couche » pour faire aller votre chiot jusqu'à un endroit qui lui est réservé (de préférence un coussin ou un tapis)	Dans les cas où il doit vous laisser en paix, tels que le dîner, du travail à faire chez soi ou la télévision.
Non	Cet ordre décourage un comportement inopportun.	Efficace s'il coïncide avec l'intention de commettre l'action à prévenir ou arrêter. Doit être donné sur le même ton que n'importe quel autre ordre.
Hep, hep	« Hep, hep » est ce qui marche le mieux pour des chiots de moins de 4 mois. Décourage des comportements inopportuns.	À utiliser pour décourager l'intérêt pour les ordures, certains objets, certaines pièces ou les placards de la cuisine.

Le chapitre XIV vous indique de manière détaillée comment et quand enseigner ces mots et ces ordres à votre chiot.

Différentes options conviennent à différentes personnes

N'OUBLIEZ PAS !

L'éducation d'un chiot peut se faire selon de nombreuses approches différentes et elles mettent en œuvre autant d'outils distincts pour vous aider à souligner et faire comprendre vos ordres : les clickers, les baguettes cibles, les colliers et laisses éducatifs. En utilisant ces objets sans discernement ou en mélangeant inconsidérément différentes approches, vous risquez de désorienter votre chiot.

En lisant les chapitres V et XI, vous découvrirez tous les équipements et gadgets disponibles et vous pourrez réfléchir à ceux qui vous conviennent le mieux, à vous et à votre chiot. Avant de courir jusqu'au magasin d'articles pour animaux de compagnie et d'établir un plan d'éducation pour la première année de votre chiot, posez-vous les questions suivantes :

- Récompenser ou non ?
- Qu'est-ce qu'un clicker et comment l'utilise-t-on ?
- Comment utiliser les boîtes à récompenses, les baguettes cibles et les snacks ?

- La race du chiot ou son caractère doivent-ils influencer votre approche éducative ?
- À quoi correspondent toutes ces laisses et tous ces colliers différents ?

L'utilisation idéale ainsi que les avantages et les inconvénients de chaque objet et de chaque approche sont décrits dans les chapitres V et XI du livre. Si des membres de votre famille participent à l'éducation du chiot, discutez-en ensemble pour vous assurer que vous êtes sur la même longueur d'onde. Votre chiot a tant besoin de cohérence pour sa tranquillité d'esprit !

Petits ennuis quotidiens – et problèmes plus sérieux

Les mauvaises habitudes de votre chiot – celles qui vous énervent jusqu'aux larmes – n'ont pas pour lui autant d'importance. En fait, il considère nombre de ses comportements habituels comme des jeux auxquels il s'adonne chaque fois qu'il s'ennuie. Des habitudes se prennent ainsi aux moments les plus inopportuns, et vous vous retrouvez pris dans un cercle vicieux. L'ironie est que c'est vous qui créez ce cercle vicieux. Bien sûr, vous avez l'impression que vous devez absolument faire quelque chose quand le chiot s'enfuit avec votre serviette de table, mais crier et le mettre à l'écart pour le punir ne l'empêcheront pas de recommencer. Et réfléchissez un instant, si le fait d'aller flairer les placards de la cuisine vous fait revenir dans la pièce, votre chiot reproduira cette tactique quelles qu'en soient les conséquences.

Il y a bien sûr des sujets plus sérieux, que j'appelle les thèmes « drapeau rouge », qui méritent votre attention et une réaction. L'agression est l'un de ces thèmes, de même que l'anxiété provoquée par la séparation, et le déchiquetage de vos biens. Dites-vous cependant qu'un chiot ayant un tel comportement n'est pas heureux ; vos punitions ne réduiront pas l'intensité de ses réactions. Trouvez une meilleure approche, modifiez votre comportement et aidez votre chiot à adopter une attitude plus sereine, à prendre les choses comme elles viennent. Vous serez tous beaucoup plus détendus. Vous et votre chiot appartenez à deux espèces différentes dotées de deux conceptions très différentes de la moralité. Prenez le temps de comprendre l'état d'esprit du chiot et essayez une approche totalement nouvelle pour surmonter ce qui vous oppose. Aux chapitres XVI et XVII, je vous montre cette nouvelle approche en décortiquant plusieurs cas de comportements décevants. Vous pourrez ainsi enseigner au chiot le concept de « Non » lorsqu'il est opportun de l'utiliser, et détourner son attention vers des activités plus acceptables. Vous n'y perdrez rien, et qui sait ? Cette nouvelle approche pourrait même marcher !

Votre chiot ne peut pas comprendre la notion de « Non » avant l'âge de 4 mois. Bien qu'un jeune chiot puisse donner l'impression qu'il sait de quoi vous parlez quand vous criez « Non », sa réaction n'est rien d'autre que la crainte et la perplexité. Or vous ne voulez pas faire peur à votre chiot. Au chapitre XIV, j'explique comment initier le chiot au concept du « Non ». Jusqu'à ce qu'il soit prêt pour l'ordre « Non », tenez-vous-en aux techniques du chapitre XIV pour lui faire bien comprendre votre désapprobation et remettez vos affaires en ordre jusqu'à ce qu'il soit assez âgé pour maîtriser ses impulsions.

Dans les chapitres de la quatrième partie, je dissèque tous les comportements contrariants tels que mordiller et sauter, jusqu'aux infractions plus sérieuses telles que l'agression. Même si ce livre ne peut remplacer l'intervention d'un professionnel dans les cas vraiment graves, utilisez-le pour faire la lumière sur tout ce qui concerne le chiot – la queue qui remue, l'haleine du chiot, le défi adolescent. Voici l'explication de deux réactions irritantes :

- Dans sa petite enfance, votre chiot peut mordre quand il est très fatigué. Si vous le punissez physiquement pour ce comportement, vous le désorienterez, et il vous considérera non comme un parent qui prend soin de lui, mais comme un autre chiot qui le défie.
- Si vous entendez un léger grondement dans la gorge du chiot quand votre voisine vous rend visite, c'est le signe évident qu'il ne sait pas comment réagir à la situation et ne sait pas qui mène le jeu. Ce comportement est pour vous un indice. Crier après lui ne fera qu'augmenter sa tension, abstenez-vous-en. Au contraire, suivez les instructions données au chapitre XIV pour lui apprendre « Derrière » et « Pas bouger », qui inciteront votre chiot à suivre vos ordres avec encore plus de confiance et de docilité.

Il y a une explication logique à tout comportement de chiot, qu'il consiste à explorer les placards de la cuisine ou à sauter après vos visiteurs. Cherchez à comprendre pourquoi le chiot se comporte d'une certaine façon. Ensuite, modifiez les paramètres pour satisfaire ses besoins en le détournant vers des activités plus adéquates.

La santé du chiot

Veillez à ce qu'absorbe votre chiot, et il se portera d'autant mieux. Les chapitres XIX et XX vous aident à prendre des décisions appropriées pour sa santé, à équilibrer son régime alimentaire, gérer son hygiène quotidienne et interpréter les signes qui permettent de réagir au mieux en cas d'urgence. Un chiot malade est comme un petit enfant malade : quand il est souffrant, votre chiot ne peut l'exprimer par des mots. Mais il réagit cependant par des signes qui seraient évidents pour un autre chien. C'est pourquoi, aux chapitres XX et XXI, je vous aide à déchiffrer les signaux émis par votre chiot pour mieux préserver son bonheur et sa bonne santé, et à réagir correctement quand il est souffrant.

Ces chapitres ne remplacent pas des examens systématiques ou des consultations chez le vétérinaire. Votre vétérinaire possède une formation médicale et peut recommander des tests ou des analyses pour détecter une pathologie spécifique. Utilisez ces chapitres pour savoir quels signes ou symptômes surveiller et comment interpréter ce que vous dit votre chiot quand il ne se sent pas bien. Rapporter ces informations à votre vétérinaire n'est pas seulement très utile – cela peut sauver la vie de votre chiot.

Est-il nécessaire de castrer ou de stériliser un chiot ? Il ne m'est pas encore arrivé de vivre avec un chien qui n'ait pas subi cette opération avant son premier anniversaire : c'est pour moi un acte responsable et un devoir pour enrayer la surpopulation grandissante et par voie de conséquence l'usage de plus en plus fréquent de l'euthanasie qui paraît être l'unique autre solution. Divers aspects de la question tels que l'âge auquel effectuer l'opération, le processus chirurgical et les effets secondaires sont l'objet de controverses, mais la connaissance des faits vous permettra de prendre sereinement les décisions appropriées. Parlez-en avec votre vétérinaire et/ou avec votre éleveur et/ou avec un professionnel de l'éducation canine.

Chapitre 2

Avant d'adopter un chiot

Dans ce chapitre :

- Pourquoi un chiot ?
- La place du chiot dans votre environnement familial actuel et futur
- Ce que vous attendez d'un chien
- Le chiot dans votre vie au quotidien

Votre chiot est sans doute le seul membre de votre famille que vous pourrez jamais choisir. Vos critères peuvent être très divers, allant de la beauté du chiot à sa personnalité. Profitez au mieux de votre liberté de choix !

Dans ce chapitre, j'examine avec vous cinq questions à vous poser lors du choix d'une race ou d'un mélange de races, en fonction de votre style de vie.

Pourquoi voulez-vous un chiot ?

Élever un chiot est un projet, un projet amusant bien sûr, mais un projet quand même. Dès le début, vous devez lui enseigner la propreté, ce qui exige de se rendre régulièrement à l'endroit voulu dans la journée, et dans les débutspour commencer, également la nuit. Et le programme comporte d'autres éléments exaltants. Selon sa race, votre chiot demandera une attention plus ou moins constante. Si l'on tient compte du toilettage, des exercices et des repas, il devient évident que la seule activité demandant davantage d'énergie est d'élever un enfant. Heureusement, dans le cas d'un chiot cette activité ne dure pas plus d'un an ! Je ne voudrais pas vous détourner de l'idée d'acheter un chiot – il y a peu de choses aussi gratifiantes que de réussir l'éducation d'un chiot. Au cours des phases successives de son évolution, vous connaîtrez de mieux en mieux votre chiot et vous vanterez ses qualités humaines (sa dévotion, son amour et sa gentillesse) à tous ceux qui voudront bien vous écouter. Mais les chiots ne sont pas seulement une affaire d'amour, d'amusement et de jeux – ils représentent aussi une grande responsabilité. Vous devrez être aussi attentif à leurs besoins qu'à ceux de tout autre bébé, les nourrir à temps, leur donner à boire et leur procurer un endroit pour dormir. L'enseignement de la propreté est à lui seul un autre projet, et exige du temps et de la patience.

La question des voyages

Nous ne pouvons laisser de côté la question des voyages. Appréciez-vous cette souplesse de votre emploi du temps qui vous permet de prendre un vol à tout moment ? Votre métier peut-il vous éloigner pendant plusieurs jours de suite ? Si vous hochez la tête pour faire signe que oui, réfléchissez bien. Y a-t-il une amie ou un membre de votre famille prêt à assumer volontiers la responsabilité d'un chiot ? Cette personne tolérera-t-elle les méfaits liés à l'adolescence, que commettent les chiots entre 7 et 11 mois ? Ou bien, avez-vous les moyens de payer quelqu'un pour garder votre chiot ou votre chien chez vous quand vous êtes parti ou de le placer dans une pension canine ? Sachant que le coût d'une garde à domicile ou d'une pension varie selon l'endroit où vous habitez et selon les suppléments que vous payez pour embellir le séjour de votre chien, comme des promenades supplémentaires, des leçons d'éducation ou un logement de luxe.

Bien sûr, si vous êtes déterminé et si vous êtes prêt aux efforts qu'il faut faire pour élever un chiot, vous allez y gagner : il n'y a vraiment aucune autre espèce qui puisse vous offrir autant de dévotion qu'un chien. Il y aura des moments vécus entre vous et votre chiot, ou entre votre chiot et vos enfants, dont vous vous souviendrez toute votre vie. Vous prendrez des photos de votre chiot et vous les regarderez avec émotion quand viendront ses premiers poils gris. Élever un chiot est l'une des plus grandes récompenses de la vie. Mais êtes-vous prêt à vous lancer dans l'aventure ?

Si l'idée de vous lever à minuit pour les besoins de la cause refroidit votre envie d'élever un chiot, peut-être vaudrait-il mieux que vous adoptiez un chien plus âgé. Il y en a beaucoup dans les refuges, SPA et SPA nationales (Voir annexe Carnet d'adresses) Pour information, les chiots au-delà de 6 mois commencent à mieux maîtriser leur vessie.

À quoi ressemble votre journée ?

Prenez le temps de réfléchir à votre journée type, du matin jusqu'à la nuit (telle qu'elle se présente maintenant, sans chiot). Dans le tableau 2.1, j'utilise un programme quotidien créé par l'un de mes clients, Joe, correspondant à une journée type pour lui et sa famille. Créez votre propre tableau, indiquant dans une colonne ce que vous faites chaque jour, et dans l'autre colonne les modifications à introduire dans votre programme pour prendre soin du chiot.

Tableau 2.1 : Faire de la place pour un nouveau chiot

Journée typique	*Modifications de programme*
Mon réveil sonne à 7 heures. J'appuie souvent deux fois sur le bouton *snooze* avant de me lever. Je dois partir pour mon travail à 8 h 30. Je suis habituellement obligé de me dépêcher.	Je réglerai mon réveil pour qu'il sonne à 6 h 30 (et ne toucherai pas au bouton *snooze* !) et je disposerai de 30 minutes pour sortir le chiot, le nourrir, et jouer avec lui.
Je reviens habituellement chez moi pour la pause déjeuner pendant 30 minutes. Je lis le journal pendant ce temps-là, et s'il fait beau, je m'assieds dehors.	Je reviendrai chez moi pour ma pause déjeuner et j'accorderai au chiot une priorité plus haute que la lecture du journal. Pour les jours où je ne pourrai pas rentrer chez moi, j'ai pris contact avec un promeneur de chiens professionnel des environs, qui s'occupera de la sortie et de la nourriture du chiot à midi.
Ma mère vient chez moi à 15 heures pour surveiller les enfants, qui descendent du bus à 15 h 30.	Ma mère est d'accord pour m'aider à condition que nous trouvions une race dont elle puisse s'occuper. Les enfants se sont engagés à jouer avec le chiot pendant 30 minutes avant de faire leurs devoirs et de jouer à des jeux sur ordinateur.
Ma femme revient à 17 h 30. Elle sort habituellement faire une promenade avec les enfants ou elle va courir toute seule. J'arrive à la maison à 18 h 30 et nous commençons la préparation du dîner.	Ma femme réorganise son horaire pour revenir à 17 h 15 et s'occuper du chiot. Elle commencera les préparatifs du dîner plus tôt, reportant sa course à pied jusqu'à mon arrivée à 18 h 30. Je mettrai la table pour le dîner.
Nous restons à table entre 19 heures et 19 h 30. Après dîner, nous nous réunissons dans le salon, ou bien chacun part de son côté pour jouer, travailler sur l'ordinateur ou faire ses devoirs.	Le temps passé en famille sera transféré dans la cuisine jusqu'à ce que le chiot soit éduqué et n'arrose plus les tapis dans le reste de la maison. Les enfants peuvent faire leurs devoirs sur la table et rester avec le chiot.
Les enfants vont se coucher à 20 h 30. Ma femme et moi allons dans la chambre vers 21 heures et nous regardons la télé jusqu'à 22 heures ou 23 heures.	Je serai chargé de la dernière sortie du chiot à 23 heures.

J'ai demandé à mon client Joe de résumer son histoire. Voici ce qu'il a écrit :

Mes enfants réclament un chiot depuis qu'ils savent parler. Ils ont maintenant entre 7 et 9 ans et nous nous sentons prêts à relever ce défi. Nous avons une maison et un terrain de 2 000 mètres carrés dans un endroit assez passager. Ni ma femme ni moi ne savons rien sur les chiens, mais nous les aimons et nous voulons faire de l'élevage du chiot un projet familial. Ma propre maman, qui est âgée et prévoit de venir vivre avec nous dans quelques années, est elle aussi très emballée. Son unique condition est que nous choisissions une race dont elle puisse s'occuper. Nous prévoyons de clôturer le jardin, et nous sommes tous enthousiastes à l'idée de faire participer le chiot à nos promenades en famille et aux activités des enfants.

Et quelle est *votre* histoire ? Prévoyez-vous d'accorder la plus grande attention à ce nouveau membre de votre famille ? Un chien est différent de toutes les autres espèces. En tant que chiot, il se liera à vous comme il se lierait à un autre chien, et entre l'affection qu'il vous témoigne et ses horaires de sortie pour ses besoins, vous aurez bientôt l'impression que votre chiot est l'enfant que vous venez d'adopter. Cette relation s'accompagne d'une responsabilité, celle d'intégrer le programme du chiot dans votre vie et de civiliser ses manières. (Allez directement au chapitre XIII pour voir comment lui faire prendre de meilleures manières.) Après avoir planifié, organisé cette année à venir, quand elle sera derrière vous (je vous aiderai à la surmonter, c'est promis !), vous vous féliciterez d'une relation qui enchantera la prochaine décennie et demie de votre vie. Larguez les amarres !

Qui vit sous votre toit ?

Les sections suivantes vous aident à choisir une race convenant au mieux à votre style de vie, maintenant et par la suite. Par exemple, si vous êtes aujourd'hui célibataire mais si vous songez à vous engager sur la voie « mariage et enfant », il vous faut une race ou un mélange de races s'accommodant du chaos et des espiègleries propres aux jeunes enfants. Pour choisir une race, tenez compte des considérations suivantes : êtes-vous célibataire, retraité, prévoyez-vous d'avoir des enfants, ou d'inviter vos parents à vivre sous votre toit quand ils vieilliront ?

Les enfants insufflent beaucoup de dynamisme dans la vie de n'importe qui : et votre enfant à fourrure et à quatre pattes fera de même ! Si vous êtes un couple récemment formé pressé de considérer votre chiot comme « notre premier enfant », vous devrez procéder intensément à sa socialisation à l'égard des bébés pour qu'il ne se sente pas repoussé quand arrivera votre deuxième enfant, humain cette fois. Passez en revue votre vie actuelle, puis regardez cinq ou dix ans plus loin pour déterminer la race d'un chien qui sera heureux de vivre avec vous sur le long terme.

Rien que moi

Vous êtes célibataire, libre, et vous n'avez que peu de responsabilités susceptibles de vous entraver ! Bien que la compagnie constante d'un chiot puisse vous sembler être le rêve, c'est une responsabilité majeure. En amenant un chiot chez vous, vous devenez brusquement une sorte de parent. Cette responsabilité s'accompagne de toutes sortes d'engagements et d'exigences liés à l'élevage d'un chiot. Si vous aimez dormir jusqu'à midi, n'y songez plus. Votre chiot vous fera vous lever avant l'aube et souvent au milieu de la nuit pendant plusieurs semaines. Si le plaisir de rester dans un café plusieurs heures de suite figure en haut de la liste de vos priorités, rayez cette rubrique ou renoncez à prendre un chiot. Les cafés voient tous d'un mauvais œil les clients d'une autre espèce que les humains. Promener le chien, le toiletter, le nourrir demandent une attention incompatible avec vos journées d'insouciance.

TRUC

Si vous êtes vraiment prêt à relever le défi, songez que votre chiot sera sous votre responsabilité pendant au moins une bonne décennie. Si vous prévoyez de succomber à l'amour et de finir par partager un ménage avec un être du sexe opposé, socialisez votre chiot à l'égard des membres de ce groupe pour éviter des réactions d'horreur quand cette personne très spéciale fera votre conquête. Pensez aussi que vous pouvez avoir un jour ou l'autre votre propre descendance, n'attendez pas pour commencer dès le départ à socialiser le chiot aux enfants ! (Allez au chapitre VII pour plus d'informations sur la socialisation des chiots.)

Rien que nous

Rien que vous et l'être aimé – et maintenant avec le chiot vous serez trois. Posséder un chiot est votre premier véritable test de coopération. Il est beaucoup plus facile d'élever un chiot en partageant les responsabilités entre deux personnes, mais la cohérence est un facteur clé. Si l'un et l'autre joignent leurs efforts, suivent des principes semblables pour les horaires et l'éducation, votre chiot se développera d'autant mieux et la cohérence lui sera bénéfique. Si l'un de vous veut que le chiot soit sur les fauteuils et les canapés et mange dans un plat sur la table tandis que l'autre préfère un comportement plus civilisé, la vision du monde du chiot sera divisée et il ne saura pas quelles règles suivre ni quand les suivre.

N'OUBLIEZ PAS !

Ayez ensemble une discussion approfondie sur ces questions, de préférence avant d'amener le chiot chez vous. Voici ce dont il vous faut parler :

- Où le chiot dormira-t-il ?
- Quelles sont vos visions et vos espérances respectives liées à l'introduction d'un chien dans votre vie ?
- Comment partagerez-vous les responsabilités, depuis la nourriture et les sorties jusqu'aux exercices et à l'éducation ?
- Quelles sont vos idées sur la nourriture, des croquettes dans un bol ou des choses qu'on lui tend au cours des repas ?

- Combien d'argent consacrerez-vous au maintien du chiot en bonne santé, à son éducation et à son toilettage ?

Pour éviter des désaccords, discutez à l'avance de la façon dont vous élèverez ce chiot et des règles les mieux adaptées à votre style de vie et à votre situation future. C'est pour vous une première occasion d'essayer de tenir le rôle de parent. Votre chiot vivra et vous aimera beaucoup plus sereinement dans un contexte sur lequel vous pouvez vous accorder.

ATTENTION !

Prévoyez-vous des enfants ? Évitez les races de chiens protecteurs, de garde ou de combat à moins que vous ne vous engagiez très tôt sur un programme d'éducation et de socialisation – et il devra être très intense ! Je parle de ces races au chapitre III.

TRUC

Peut-être êtes-vous deux retraités dont les enfants ont quitté le nid. C'est merveilleux parce que vous êtes probablement plus souvent chez vous, ce qui veut dire que vous pouvez respecter les horaires de votre chiot. Cependant, n'oubliez pas que les besoins d'un jeune chiot peuvent s'avérer très contraignants. Si vous avez déjà vécu le changement des couches à 4 heures du matin, et si vous préférez éviter les expériences de cet ordre plutôt que les revivre, envisagez de prendre un chiot plus âgé. Tenez compte aussi des exigences du chiot en matière d'exercice quand vous le choisirez. Veillez à bien faire correspondre vos besoins et ceux de votre chien, qui deviendra bientôt adulte.

Et avec le bébé nous serons quatre ! (enfants de moins de 5 ans)

Élever un chiot avec des enfants de moins de 5 ans est une entreprise considérable, et qui souvent engendre plus de stress qu'elle n'en vaut la peine. Avant l'âge de 5 à 7 ans, un enfant ne peut saisir les sentiments d'un autre – que cet autre soit une personne ou un animal de compagnie. En vous étreignant fortement, votre bébé de 3 ans peut vous communiquer son amour, mais ce geste peut aussi provoquer la panique ou la douleur chez un jeune chiot. Un chiot enserré peut mordre pour se défendre même si dans des circonstances normales il ne réagit pas de cette manière. Si vous ne maîtrisez pas cette situation, le chiot peut devenir un chien ayant une peur invétérée des jeunes enfants ou encore un chien immédiatement tendu en leur présence.

TRUC

Êtes-vous prêt à plonger ? Si vous adoptez un chiot pour l'élever en même temps que vos enfants, vous risquez d'éprouver l'impression d'avoir des jumeaux (l'un ayant seulement un peu plus de fourrure que l'autre). Allez au chapitre VIII pour trouver des conseils sur l'art d'élever ensemble des chiots et des enfants. $Attention ! Si votre enfant de 2 à 3 ans est d'une santé physique ou psychique délicate, reportez d'au moins deux ans le projet d'avoir un chiot. Votre enfant a besoin de toute votre attention pour acquérir une solide perception de lui-même. Un chiot non seulement vous détournera de vos devoirs parentaux, mais en outre il défiera le jeune enfant comme un rival à soustraire de votre attention. Cette situation peut tourner au cauchemar. N'introduisez le chiot dans cette configuration que lorsque votre jeune enfant aura acquis tout son équilibre émotionnel, sera prêt à cette addition et même la désirera fortement.

Si vous considérez que le moment est venu d'adjoindre un chiot à votre famille, envisagez toujours l'option d'un chiot plus âgé. Trouvez-en un de 6 à 10 mois qui a été abandonné pour des raisons telles que l'allergie aux autres chiens ou un déménagement. Après avoir franchi le stade où ils mordillent intensément, les chiots ont moins tendance à considérer les enfants comme des frères et sœurs plus jeunes. Un autre avantage est le fait qu'un chiot plus âgé sera mieux en mesure de contrôler sa vessie, même s'il n'a pas encore complètement appris la propreté.

Nous et quelques autres (familles avec des enfants de plus de 5 ans)

Vous avez des enfants de plus de 5 ans ? J'imagine qu'à un moment ou à l'autre ils ont réclamé un chien comme un cadeau d'anniversaire ou un cadeau pour les vacances avec la promesse : « Nous nous en occuperons nous-mêmes, s'il te plaît ! ? »

N'OUBLIEZ PAS !

Si vous sentez que vous êtes sur le point de céder, prenez conscience d'une chose : quelle que soit l'intensité des promesses de participation de vos enfants, le chiot sera toujours sous votre responsabilité. On ne peut s'attendre à ce que les enfants se souviennent de tout. Nombreux sont ceux à qui il faut rappeler d'attacher leurs souliers ou de tirer la chasse d'eau. Même s'ils participent aux tâches quotidiennes, vous resterez dans le coup. Vous serez le coach, le cuisinier, et l'arbitre des rapports sociaux pour vos enfants et pour votre chiot.

Cela ne veut pas dire que vos enfants ne vous aideront pas. Mais si vous vous lancez dans ce projet en pensant qu'ils feront tout le travail, vous serez amèrement déçu. Le mieux est de faire d'emblée du chiot un projet familial amusant. Impliquez toute la famille dans les décisions initiales, depuis le choix de la race et de la personnalité, jusqu'à celui de l'endroit où le chiot doit manger et dormir. D'autres activités peuvent vous revenir, mais si vous vous arrangez pour qu'elles aient l'air amusantes, vos enfants pourront revendiquer d'y prendre part. C'est une grande joie de voir vos enfants assumer le rôle de parent envers le chiot. Il n'y a pas si longtemps, ils étaient encore dans les couches !

Compte tenu du chaos et de toutes les allées et venues dans une famille avec des enfants, je vous recommande d'éviter les races protectrices ou territoriales. Ces races peuvent souffrir d'une surcharge professionnelle en essayant de comprendre toutes les activités de votre domicile. À moins que vous ne consacriez toute la famille à un programme d'éducation cohérent et approfondi, tenez-vous-en à des races de chiens remuants et joueurs, qui accueillent n'importe quel nouveau venu comme s'il s'agissait d'un ami perdu de vue depuis longtemps.

Toute une ménagerie (d'autres animaux de compagnie)

Votre maison est-elle un zoo ? Envisagez-vous d'installer une meute dans votre demeure ? On peut partager sa vie avec de nombreux animaux et couler des jours heureux – ou vivre un véritable cauchemar. La façon dont vous prévoyez, introduisez et traitez chaque animal est ici le facteur déterminant. Le choix d'une race ou d'une race mélangée avec le tempérament adéquat a aussi une influence sur la façon dont le nouveau venu sera accueilli dans le groupe existant.

Une variété d'animaux de compagnie

Si vous ajoutez un chien à une maisonnée d'autres créatures, recherchez longuement une race qui n'a pas été sélectionnée pour poursuivre, mutiler ou tuer ces autres créatures. Même si votre husky de Sibérie accepte votre lapin dans sa niche, lorsque votre petit sauteur traverse la pièce à toute vitesse, votre chiot grandissant risque de ne pas pouvoir refouler ses impulsions.

Recherchez un éleveur qui ait exposé ses chiots à d'autres animaux dès le plus jeune âge. Si l'éleveur avait des chats et si vous avez vous aussi des chats, votre chiot peut penser en fait qu'il est un chat ! À moins que votre minou ne soit terrifié, il est possible de laisser se développer une solide amitié. Allez au chapitre V chercher des conseils sur les présentations initiales.

Autres chiens

Avez-vous un chien plus âgé ou une multitude d'autres pattes courant dans votre cuisine ? Qu'attendez-vous des relations des chiens avec un nouveau chiot ? Bien que la plupart des chiens jouent volontiers avec d'autres chiens, rares sont ceux qui apprécient le chaos et les interactions provoquées par l'arrivée d'un jeune chiot. À mesure que le chiot grandit, une solide amitié peut se développer. Toutefois, certains chiens préféreront rester votre seul animal de compagnie. Imaginez que votre conjoint introduise chez vous quelqu'un de plus jeune pour vous tenir compagnie ! Si vous ne donnez pas déjà à votre chien autant de votre présence qu'il le souhaiterait, l'arrivée d'un chiot ne lui plaira pas. Le chapitre V vous donne des conseils sur la façon de présenter un chiot à vos animaux actuels. Pour tenter de déterminer la race compatible avec votre chien, mettez-vous à sa place. Deux terriers du Révérend Jack Russell ont beaucoup de points communs et pourraient passer la journée à faire des trous dans le jardin ou à écouter des craquements sous les planches du parquet. Un terrier du Révérend Jack Russell et un rottweiler, en revanche serait une combinaison comparable à celle de l'eau et de l'huile. Bien qu'il y ait sûrement des exceptions, rassembler ces deux races sous le même toit risque d'être tout sauf du repos pour le chien, le chiot et les autres membres de la maisonnée. Par nature, les rottweilers sont des chiens stoïques, sérieux, équilibrés, soucieux de leur environnement. Les terriers du Révérend Jack Russell sont en revanche des spécialistes du chaos et de l'impulsivité. Pensez à la race que vous avez et à celle que vous voulez ajouter, et assurez-vous qu'elles ont suffisamment de points communs pour coexister.

TRUC

Le choix de races d'un même groupe (les groupes sont décrits au chapitre III) est une bonne solution : deux races de chiens de berger s'entendront bien, de même que deux lévriers ou deux terriers. Vous pouvez mélanger des membres de groupes différents, mais évitez les extrêmes !

La personnalité doit aussi être prise en considération. Si vous avez un chien doux, gentil et si vous amenez chez vous un chiot dominant, dites-vous bien que le nouveau venu mettra votre chien au pas aussitôt. Ce qui est bien triste. Après tout, vous savez qui a fait partie de la famille le premier. Un chiot dominateur peut finir par régner sur toute la famille, indépendamment des règles de la maison ou de vos souhaits personnels. Toutefois, vous pouvez vous simplifier la vie en choisissant des chiens dont les personnalités s'harmonisent.

Que recherchez-vous dans un chien ?

N'OUBLIEZ PAS !

En recherchant le compagnon idéal, ne vous demandez pas quel genre de *chiot* vous voulez. Demandez-vous plutôt quel genre de *chien* vous voulez. Tous les chiots traversent, la première année, les phases de développement typiques, celles de la curiosité qui les pousse à tout mordiller, celle du défi adolescent, mais la façon dont ils mûrissent est largement prévisible sur la base des caractéristiques spécifiques de la race.

Comme c'est avec le chien adulte que vous allez habiter, choisissez en toute priorité une race qui soit, à l'âge mature, compatible avec votre vision. La plupart des gens trouvent irrésistible un golden retriever de 8 semaines, et beaucoup sont prêts à succomber au charme d'un chiot shar-peï, mais faites une avance rapide jusqu'à dix mois plus tard : ce que vous aimez et n'aimez pas correspondra-t-il à la version adulte de ces chiots ? Dans cette section, vous commencez par jeter un regard sur vous-même. Saisissez cette occasion d'examiner votre style de vie et de voir comment un chien peut y trouver place. Après avoir choisi une race conforme à vos idéaux, vous pouvez ensuite vous focaliser sur un type de personnalité qui correspondra à votre tempérament. C'est une des rares occasions où vous pouvez choisir librement un nouvel ami.

L'examen de soi

Avant de vous aventurer dans les chapitres III et IV, qui traitent du choix de votre chiot, regardez bien le miroir. Servez-vous des questions suivantes pour déterminer qui vous êtes et ce que vous pouvez attendre de l'expérience consistant à élever un chien. Si d'autres que vous sont impliqués, introduisez leurs paramètres dans l'équation. Connaissant ces éléments, vous serez mieux armé pour le processus de sélection du chiot.

- **Combien de temps libre avez-vous ?** Comme vous ne disposez que de 24 heures dans une journée, demandez-vous quel temps vous laissent vos activités. Cherchez-vous désespérément un moyen de remplir cet espace ou terminez-vous chaque jour en souhaitant qu'il ait davantage d'heures pour réussir à tout faire ?
- **Qu'est-ce que vous aimez ?** Quelques exemples sont la télé, jardiner, lire un livre, faire des randonnées, travailler, les pauses café, les contacts avec autrui, faire les courses. Prenez le temps de lister cinq choses qui vous plaisent vraiment. S'il faut tenir compte d'une autre personne, placez vos listes côte à côte.
- **Votre chien adulte peut-il participer à ces activités ?** Il est sûr que les chiots sont mignons, mais avant d'être vaccinés et d'avoir appris la propreté, ils ont besoin d'une routine structurée et d'une exposition limitée au monde extérieur. En outre, un jeune chiot peut ne pas vouloir quitter sa « tanière » (votre domicile) et peut avoir besoin de temps pour se développer physiquement avant de participer avec vous à des activités ardues telles que courir sur de longues distances ou faire des randonnées. Cette question concerne le chien adulte que deviendra votre chiot et tient compte de ce qui sera votre principale activité dans les dix mois à venir, à savoir : élever votre chiot.
- **Quelle est votre personnalité ?** Êtes-vous tyrannique, détendu, indulgent, organisé, intense ? Soyez honnête avec vous-même. Lors du choix d'une race, il est préférable pour vous et tous ceux qui vous entourent d'en retenir une qui vous comprendra et pourra vivre en bonne intelligence avec vous. Si vous voulez un chien qui puisse se lier à un membre spécifique de votre famille, faites de l'harmonisation de leurs traits de personnalité votre plus haute priorité.

- **Quels traits de personnalité vous mettent mal à l'aise ?** Pensez à cette question comme s'il s'agissait d'êtres humains. Une personne trop détendue vous rend-elle nerveux ? Êtes-vous agacé quand vous avez affaire à quelqu'un qui a besoin de nombreuses directives ? L'intensité de certaines personnes vous est-elle insupportable ? Si ces caractéristiques humaines vous déplaisent, leurs versions canines vous déplairont tout autant.

ATTENTION !

Quelle que soit l'attirance que vous éprouviez pour sa beauté, ne choisissez pas une race ayant des traits qui peuvent ajouter au stress de votre vie. Le stress est mauvais pour tout le monde – pour vous, votre famille, et surtout pour votre chiot. Trop de stress vous forcera à mettre en cause votre style de vie, et malheureusement, la nouvelle acquisition est habituellement la première à être éliminée. Par exemple, les border collies sont des chiens fantastiques, mais si leur intelligence et leur intensité ne sont pas dirigées, ils peuvent vous pousser au bord de la crise de nerfs.

Le chien rêvé

C'est maintenant à vous de choisir ce nouveau membre de votre famille ! Avant d'analyser les différentes races, faites une étude rapide de votre chien de rêve en entourant ses qualités idéales, selon le degré d'énergie, d'intelligence, et de besoin d'attention.

Je veux que mon chien ait *beaucoup d'énergie / une énergie modérée / un peu d'énergie* dans la vie de tous les jours.

Je veux un chien qui *soit très intelligent / soit intelligent / ne pense pas trop.*

J'adore la perspective / cela m'intéresse / je ne suis pas très emballé par la perspective d'éduquer mon chiot.

J'ai très envie de / je suis disposé à / je ne veux pas faire la toilette de mon chien.

Une fois encore, soyez honnête envers vous-même. Vous pouvez ne pas être tenté par l'idée d'éduquer votre chien. Bien que je puisse discuter des mérites de l'éducation, au bout du compte vous serez le plus heureux avec un chien aux idées simples qui se contente de suivre le mouvement. Personnellement, le toilettage n'est pas ma tasse de thé. Bien que j'adore de nombreuses races aux longs poils, si je devais amener chez moi un membre d'une telle race, il serait vite complètement hirsute, et ce serait très injuste pour le malheureux chiot !

Bien qu'un chien intelligent semble a priori le bon choix, les chiens intelligents dorment moins et ont besoin de beaucoup de directives, et donc vous devez leur consacrer une plus grande part de votre temps et de votre énergie. Si vos horaires sont serrés ou si le chaos est votre lot quotidien, choisissez un chien décontracté, d'intelligence moyenne. Oui, on peut prédire ces dispositions chez un chiot de 8 semaines. Le chapitre IV vous dit comment faire.

Chapitre 3

Choix du bon genre de chiot pour vous

Dans ce chapitre :

- Restreindre les options jusqu'à la race idéale ou le mélange de races idéal
- Le propre d'une race ou d'un mélange de races
- Les termes « groupes de race » et « vigueur hybride »

Naturellement, tous les chiots adorent les biscuits pour chiens et tous aiment bien qu'on les gratte derrière les oreilles, mais les ressemblances ne vont guère plus loin. Chaque chien voit le monde à sa manière. Certains trouvent leur bonheur et leur raison d'être dans l'interaction avec les humains ; d'autres préfèrent un style de vie indépendant. Certains adorent le désordre créé par les petits enfants, tandis que d'autres n'y trouvent aucun intérêt. Certains considèrent les visiteurs comme des amis perdus de vue depuis longtemps, et d'autres les considèrent comme des ennemis potentiels. Certains chiens apprécient vivement des temps de calme et de solitude ; d'autres dévorent votre intérieur si vous rentrez chez vous trop tard. Qu'est-ce qui vous semble préférable ?

Dans ce chapitre, vous trouverez tout ce qui concerne les races de chien, et aussi ce qui se passe dans le cas des mélanges de races. Tout chiot est une merveille génétique, et bien qu'une race pure offre une certaine prévisibilité, un chiot de races mélangées profite de ce que nous appelons une « vigueur hybride ». Au début du chapitre vous trouverez un questionnaire pour vous aider à découvrir vos désirs et vos attentes. Vous pourrez ainsi plus facilement trouver une race qui se distingue par un trait ou une apparence que vous admirez, ou bien reconnaître quelles races se mêlent dans votre chiot de races mélangées, et mieux comprendre comment évolueront l'aspect, les comportements et les besoins de votre chiot au cours de son développement.

Vos souhaits et vos exigences : Un questionnaire sur les races

Êtes-vous exalté à l'idée de choisir la race adéquate ou le mélange de races qui vous convient le mieux ? Vous sentez-vous désemparé devant la multiplicité des choix qui s'offrent à vous ? Que votre liste de rêve inclue un caniche nain, un braque de weimar, ou un beagle, vous pourrez utiliser ce chapitre pour vous faire une idée des différences entre les races, et déterminer l'incidence de leurs particularités sur le déroulement de votre vie. (Le seul point commun entre ces trois exemples est le nombre de dents qu'ils possèdent ! Leur niveau d'énergie, les soins qu'exigent leurs robes, et leur aptitude au dressage sont entièrement différents.)

N'OUBLIEZ PAS !

Adopter un chiot est une joie sur le court terme. En fait, cette joie est de relativement courte durée. Pendant toute la croissance du chiot, vous serez responsable des soins, de l'amour et de l'éducation d'un chien en développement, qui partagera avec vous la décennie et demie suivante et (espérons-le) enrichira votre existence.

Le questionnaire ci-après devrait vous inciter à examiner en profondeur votre vie actuelle et vos attentes pour l'avenir. Il est certain qu'un jogging à 6 heures du matin avec votre compagnon bien entraîné semble une excellente chose, mais si vous aimez rester au lit un peu plus longtemps, vous finirez par en vouloir à votre chiot qui ne se laisse pas réduire au silence aussi facilement que votre réveil. C'est le bon moment pour être honnête avec vous-même et votre famille, et donner à votre chiot les meilleures chances de satisfaire vos attentes. Ce questionnaire a été fragmenté en trois sous-sections pour vous faciliter la tâche. Si vous êtes bien décidé à consentir l'effort nécessaire pour vous occuper d'un chiot, à satisfaire ses besoins, si vous avez la patience de supporter les phases typiques du développement d'un chiot, et si vous vous attachez à choisir une race et un tempérament bien adaptés à votre style de vie et votre situation de famille, vous êtes sur la voie d'un rapport merveilleux et durable avec votre chiot. Bonne chance !

Les questions

Avant de plonger dans la description des races, jetez un regard sur vous-même. Et soyez honnête ! Bien que vous puissiez aimer l'idée d'un style de vie dynamique ou d'une race géante, l'adoption d'un chiot est un engagement considérable. Demandez-vous d'abord qui vous êtes, puis rapprochez les réponses des caractéristiques d'une race qui convient au mieux.

L'apparence

1. Quelle taille doit avoir votre chien ?
   - ☐ très grand ☐ grand-gros ☐ grand-agile ☐ moyen-gros
   - ☐ moyen-agile ☐ petit-gros ☐ petit-agile ☐ minuscule
2. Avez-vous une préférence pour sa robe et ses poils ?
   - ☐ poils courts ☐ poils longs ☐ plumes ☐ ne perd pas ses poils
   - ☐ touffus (toilettage professionnel régulier requis)
   - ☐ touffus (brossage manuel à la maison) ☐ bouclés
3. Je préfère un chien dont les oreilles sont
   - ☐ pliées ☐ repliées au bout ☐ toujours droites
   - ☐ raccourcies ☐ coupées au ras de la tête
4. J'aime une queue
   - ☐ incurvée ☐ coupée court ou naturellement courte
   - ☐ légèrement incurvée ☐ droite
5. En ce qui concerne le visage, vous admirez un museau
   - ☐ allongé ☐ carré ☐ rectangulaire
   - ☐ enfoncé dans le visage

Comportement habituel

6. Quelle personnalité préférez-vous pour un chien ?
   - ☐ interactive ☐ exigeante ☐ indépendante
7. Quelle attention pouvez ou souhaitez-vous lui accorder ?
   - ☐ constante ☐ occasionnelle ☐ réduite
8. Combien d'exercice ferez-vous faire à votre chien ?
   - ☐ beaucoup d'exercices vigoureux ☐ un peu, promenades quotidiennes
   - ☐ quelques sorties par semaine ☐ il jouera avec d'autres chiens
   - ☐ liberté de déplacement dans le jardin ☐ peu d'exercice
9. Vous voulez emmener le chien avec vous autant que possible
   - ☐ oui ☐ non
10. Mon chien dormira dans une chambre ou près d'une chambre la nuit
    - ☐ oui ☐ non
11. Vous voulez que votre chien dorme sur le lit
    - ☐ oui ☐ non
12. Vous prévoyez de réduire la liberté de mouvement du chien à une partie de la maison
    - ☐ oui ☐ non
13. Comment le chien doit-il se comporter envers les nouveaux venus ?
    - ☐ accueillant ☐ tolérant ☐ sur ses gardes
14. Envers les enfants, votre chien doit être
    - ☐ digne de confiance ☐ joueur ☐ tolérant, mais distant

15. Avec quelle fréquence voulez-vous que votre chien aboie ?
 - ☐ peu ou pas du tout ☐ quand il entend un bruit
 - ☐ fortement et sur un ton protecteur quand il entend un bruit

16. Combien de temps consacrerez-vous à l'éducation de votre chien ?
 - ☐ beaucoup, et ce sera un hobby ☐ ce qui est nécessaire, ni plus ni moins
 - ☐ très peu, et je veux un chien qui n'en a pas beaucoup besoin

17. Combien de fois pouvez-vous procéder au toilettage ?
 - ☐ chaque jour ☐ plusieurs fois par semaine ☐ occasionnellement ☐ jamais

18. Cochez des occupations favorites auxquelles vous espérez faire participer votre chien
 - ☐ jogging ☐ randonnée ☐ marche ☐ jardinage
 - ☐ baignade ☐ plein air ☐ événements sportifs ☐ télévision
 - ☐ jeux sur ordinateur ☐ lecture ☐ tricot ☐ visites au café
 - ☐ cuisine ☐ soins aux personnes âgées ☐ travail bénévole ☐ rendre visite à des amies

19. Quels autres animaux de compagnie avez-vous ?
 - ☐ chiens ☐ chevaux ☐ chats ☐ rongeurs
 - ☐ animaux amphibies ☐ oiseau/oiseaux

20. Autres considérations ? Cochez ou listez-les
 - ☐ aménagements de la maison pour des besoins particuliers ☐ enfant à naître ☐ autres

Et vous ?

21. Avez-vous déjà possédé un chien ?
 - ☐ oui non ☐ ☐ de quelle sorte ?

22. Avez-vous déjà éduqué un chien ?
 - ☐ oui ☐ non avez-vous réussi ? ☐ oui ☐ non

23. La maison dans laquelle vous habitez est
 - ☐ grande ☐ moyenne ☐ petite

24. Avez-vous un jardin ?
 - ☐ oui ☐ non est-il clôturé ? ☐ oui ☐ non

25. Êtes-vous décidé à réorganiser votre vie autour des besoins d'un chiot ?
 - ☐ pleinement ☐ modérément ☐ je ne veux pas changer mon organisation

26. Quel adjectif décrit le mieux votre personnalité et votre vie à la maison
 - ☐ organisée/planifiée ☐ détendue ☐ chaotique

27. Quand vous êtes près d'un enfant vous vous sentez
 - ☐ perturbé ☐ inconfortable ☐ détendu ☐ maître de vous

28. L'idée d'être avec un groupe d'enfants vous semble
 - ☐ effrayante ☐ peu attrayante ☐ tolérable ☐ amusante

29. Quand votre maison est en désordre vous vous sentez
 - ☐ désorientée ☐ stressée ☐ l'envie de nettoyer ☐ indifférente

30. Quand vous êtes responsable d'une tâche ou d'un jeu vous êtes
 - ☐ rigide ☐ structuré ☐ démocratique ☐ conciliant

Interprétation de vos réponses

Et maintenant ? Réexaminez votre questionnaire et notez si son contenu vous donne des idées sur le type de chien convenant à votre style de vie sur le long terme. Tandis que je vous aide à analyser le questionnaire, esquissez mentalement votre chien idéal. Doit-il être petit, moyen ou grand ? Doit-il avoir un haut niveau d'énergie ou se contenter d'une promenade tous les deux ou trois jours ? Gardez le questionnaire à l'esprit (faites-en une copie si besoin) tandis que je vous accompagne dans la description des différentes races ou mélanges de races envisageables.

Questions 1 à 5

L'apparence de votre chien ne doit pas être votre principal critère de sélection, mais elle a son importance. Ces questions visent à vous guider et à vous aider à restreindre votre choix.

Le coût est élevé pour le maintien en bonne santé et les soins de nombreuses races. Par exemple, les chiens ayant une robe à poils longs, épais, ou bouclés ont besoin d'un toilettage professionnel régulier. Les toiletteurs professionnels facturent de 35 à 100 euros chaque intervention, à prévoir toutes les trois à six semaines. En outre, les chiens au museau écrasé sont sujets à des problèmes respiratoires et peuvent nécessiter des soins médicaux. Certaines races sont aussi sujettes à des complications lors du développement, telles que la dysplasie (anomalie du développement de la hanche), des maladies chroniques de la peau ou de l'ouïe, des souffles cardiaques et des malformations des paupières. Toutes ces caractéristiques ont un coût – êtes-vous prêt à payer ?

Questions 6 à 20

Nous arrivons ici aux points essentiels du questionnaire, relatifs à la personnalité, au comportement et à l'exercice. Je vous incite à penser sérieusement à votre engagement à long terme. Certes, l'idée de choisir un chien actif qui vous encouragera à courir 8 kilomètres chaque jour est attrayante quant à l'exercice, mais si le jogging ne doit être qu'une de vos lubies passagères, serez-vous encore séduit par l'énergie de votre chien ?

- **Questions 6 et 7** : ces questions portent sur la personnalité fondamentale de votre chien. Certaines races sont pleines de vie et farouchement indépendantes. D'autres vous observent attentivement et ne semblent pas capables de prendre une décision sans avoir soupesé votre opinion. Et vous trouverez aussi des races intermédiaires qui préféreraient vous suivre mais qui ne détruiront pas les meubles si vous sortez faire vos courses. Qu'est-ce qui vous attire : un chien qui a désespérément besoin de vous (par exemple, un berger des Shetland ou un cavalier King Charles) ou un chien qui est heureux de passer du temps tout seul (comme un cairn terrier ou un airedale) ?

- **Question 8** : la question de la quantité d'exercice que vous pouvez accorder à votre nouveau compagnon doit être un critère clé du choix d'une race de chien. Si vous êtes honnête sur ce point, cette question vous aidera à trouver une race dont le degré d'énergie est conforme à vos possibilités. Même si une race très active peut vous sembler formidable, si vous ne pouvez pas lui accorder assez d'attention et lui permettre beaucoup d'exercice dans la décennie à venir, rayez-la de la liste.

  N'OUBLIEZ PAS !

  Un golden retriever a la réputation d'être un excellent chien familial, mais il a besoin de beaucoup d'attention, d'être rassuré, et de beaucoup d'exercice – l'énergie refoulée ou l'isolement peuvent l'inciter à détruire la maison ou à devenir collant et impulsif. De tels comportements ne manqueraient pas d'être frustrants pour tous les membres de la famille.

- **Questions 9 à 11** : jusqu'à quel point voulez-vous partager votre vie avec votre chien ? Si la socialisation est pour vous un point prioritaire, choisissez une race prévue pour recevoir des directives et suivre les humains où qu'ils aillent (par exemple des retrievers et des bergers). Tous les chiens aimeront être près de vous 24 heures sur 24 et 7 jours sur 7, mais les races développées pour travailler indépendamment de l'homme (comme le husky de Sibérie, les terriers et les chiens de garde) sont mieux faites mentalement pour supporter des périodes d'isolement.
- **Questions 12 à 14** : ces questions visent à mieux définir pourquoi vous voulez un chien. L'idée d'être protégé par un chien vous plaît-elle ? En ce cas, vous pouvez avoir envie d'un rottweiler ou d'un mastiff. Souhaitez-vous être alerté des bruits venant du dehors ou voulez-vous un compagnon qui s'accommode de toutes les allées et venues entre la maison et l'extérieur ? Si vous recherchez un compagnon de jeu pour les enfants, une race de la catégorie retriever ou épagneul peut être un choix idéal.
- **Questions 15 et 16** : ces questions traitent du temps que vous êtes en mesure de consacrer au chien. Dresser un chien à aboyer « à bon escient » est essentiel pour toutes les races au cours de la première année. La quantité de temps que vous êtes obligé d'y consacrer dépend à la fois de la race et de la personnalité de chaque chiot particulier. Les chiots forts, indépendants et dominants, comme les boxers ou les bull-terriers, ont besoin de davantage de structure et de renforcement rigoureux que des chiots passifs, dépendants et doux par nature.
- **Question 17** : le toilettage est une autre opération qui prend du temps. Tous les chiens ont besoin d'un bon brossage de temps à autre, mais les races dotées de poils longs, épais, bouclés ou en forme de plumes (comme les golden retrievers, les bergers ou les shih-tzu) nécessitent un véritable engagement (brossage quotidien) et un toilettage professionnel régulier, ce qui peut devenir coûteux !

- **Question 17** : passer du temps avec votre chiot est une bonne façon d'acquérir sa confiance et son amitié. Demandez-vous quel est votre passe-temps favori et cherchez une race dont les dispositions sont appropriées. Si par exemple vous êtes un adepte du frisbee, vous devez décider si vous voulez un chien qui rapporte inlassablement ou un chien que cela n'intéresse nullement (pour que vous puissiez faire tranquillement une partie avec vos amis ou votre famille).
- **Question 19** : présenter un chiot à d'autres animaux de compagnie de votre maison peut être une opération délicate, et vous devez accorder une attention particulière à cette question. Si vous élevez des lapins qui sont des champions dans leur catégorie, évitez les races génétiquement programmées pour les tuer (comme les terriers). Si vous avez un autre chien, choisissez une race qui aille bien avec ses traits et sa personnalité.
- **Question 20** : si vous avez d'autres préoccupations, mettez-les par écrit et réfléchissez-y en pensant à l'avenir. Par exemple, supposons que vous envisagiez d'avoir un enfant d'ici à quelques années. Cela veut-il dire que vous voulez un chien protecteur qui montera la garde, ou un chien exubérant qui accueillera joyeusement votre enfant à son retour de l'école ?

Questions 21 à 30 :

Ces questions concernent vous-même et votre style de vie. Avoir un chiot c'est un peu la même chose que tomber amoureux : il n'est pas toujours évident de faire la distinction entre vos propres besoins et votre engagement. Bien sûr, maintenant vous dites que vous allez toiletter votre shih-tzu de 10 semaines chaque jour, mais qu'arrivera-t-il quand vous aurez manqué un jour et que vous remarquerez qu'il s'est transformé en un sac de nœuds ? Pouvez-vous vous payer un toiletteur ? Êtes-vous réellement prêt à assumer cette tâche quotidienne ? Vous devez aussi prendre en compte la manière dont vous gérez votre stress. Les chiots peuvent être impulsifs et désorientés. Aurez-vous besoin de médicaments pour supporter le stress des premières années ou pouvez-vous endurer les difficultés successives ? Si vous êtes un(e) maniaque de l'ordre, choisissez une race de chien docile, calme, qui (espérons-le) aura plus de respect pour vos desiderata.

Voulez-vous un chien de race ou un croisé ?

Tous les chiens, de quelque pays qu'ils viennent, ont une *inscription génétique* – une codification génétique – qui détermine chacun de leur traits depuis la couleur de leur robe et la forme de leur queue jusqu'au timbre de leur aboiement et leurs réactions à l'égard des inconnus. Les humains résultent d'un appariement aléatoire des traits de leurs parents, et il en va de même pour les chiens. Chaque ensemble de chiens ayant ces mêmes traits, ou inscriptions génétiques, est rangé dans une catégorie appelée *race*. Il vous faut d'abord décider si vous prendrez un chien de race ou un chien de races mélangées. Voici la différence :

- **Chiens de race** : il en existe plus de 500 de par le monde **reconnues par le Kennel Club anglais et/ou américain et la FCI (Fédération cynologique internationale)**. Chacune d'elle a été mise au point par les humains pour remplir une fonction particulière dans la société. Bien que la plupart des chiens de race ne « travaillent » plus, des spécialistes se consacrent à l'élevage et à la vente de chiots conformes à la tradition. Le choix d'une race spécifique vous permet de prédire la taille, le poids et les intérêts particuliers de votre chiot.
- **Chiens croisés** : ces chiens n'ont cure de telles spécifications. Une rencontre non orchestrée peut produire des chiots très variés. Comme ces chiots sont souvent engendrés « par accident », la plupart d'entre eux finissent par être confiés à un refuge ou par être donnés. L'amour ne perd cependant pas ses droits – un chien croisé est souvent en meilleure santé grâce à un pool génétique plus riche, et ces chiens sont tout aussi capables d'aimer leurs propriétaires.

Les bienfaits de la prévisibilité : les chiens de race

Quand vous achetez un chien de race, vous achetez un membre d'une lignée. Chaque race a été créée à partir de chiens dotés d'apparences ou de traits spécifiques ou qui trouvaient leur bonheur dans l'exécution de certaines fonctions (telles que garder des animaux, tirer des charges, rapporter, ou se pelotonner dans les bras de leur maître), ceux-ciétant croisés avec des chiens qui possédaient d'autres traits recherchés. La création de races a permis la prévisibilité tant de l'apparence que des intérêts. Plus de 500 races sont reconnues dans le monde. Être un chien de race, c'est un peu comme appartenir à un club sélect : seuls les chiens ayant des apparences et des intérêts similaires peuvent y accéder. Une fois membres du club, ils peuvent seulement se reproduire avec d'autres chiens du même club. Bien que le club soit vaste, peu de variations sont disponibles pour la génération suivante. Naturellement, si l'un des membres contrevient au code et se reproduit avec une autre race, vous obtenez ce qu'on appelle un croisé ou chien bâtard. Tout aussi capables d'amour et de dévouement et souvent plus robustes grâce à l'augmentation de leur potentiel génétique, ces chiots sont considérés comme des erreurs et sont souvent donnés ou relégués dans des refuges pour animaux. Quelles sont les autres différences entre une race pure et croisée ? Un chien de race coûte plus cher – de 300 à 3 000 euros (bien que ce soit rare, certains chiens de race qui se distinguent dans les concours peuvent atteindre cette limite).

Mélanges de races : la vigueur hybride

Un chien bâtard est tout aussi agréable qu'un chien de race et certains les prétendent en meilleure santé mentale et physique en vertu de la *vigueur hybride*. Ce terme se réfère au pool génétique d'un chien issu d'un mélange de races : en associant deux races complètement différentes, vous obtenez une grande extension des possibilités de traits différents. Les partisans de la vigueur hybride attribuent la meilleure santé des chiens concernés au plus grand nombre d'associations génétiques possibles. Ils supposent que les traits positifs seront dominants, et comme il y a davantage d'options, la constitution génétique du chien sera meilleure. Est-ce que je crois à cette thèse ? Absolument !

Les chiens de race disposant d'un nombre limité d'associations génétiques, leur apparence ne varie pas beaucoup d'une génération à l'autre. Un terrier irlandais à poils doux, par exemple, a toujours une robe fauve – avec très peu de variations. Si cette race est croisée avec un labrador retriever couleur chocolat, vous obtiendrez des robes de couleurs très variées. Comme les types de poils sont aussi différents, il y a des chances que chaque chiot ait un aspect très particulier. Les mélanges de races réalisés par des designers sont du dernier cri dans l'univers des amateurs de chiens. Pour créer un mélange de races de designer, les éleveurs croisent volontairement deux chiens de pure race pour en créer une autre, particulière. Cette pratique est désormais suffisamment répandue pour mériter notre attention. Comme on leur attribue l'appellation de race de designer, ces chiots sont vendus à des prix semblables à ceux des chiots de race pure ou même supérieurs. L'idée a débuté avec des essais qui visaient à créer des chiens d'aveugles hypoallergiques en croisant des caniches standards avec des retrievers du Labrador. Les chiens résultants ont été appelés « Labradoodles », et bien qu'ils n'aient pas eu de succès comme chiens d'aveugles, la mode s'est répandue dans le public. Les éleveurs ont créé des mélanges de designer de toutes les formes et de toutes les tailles – la liste des races de designers approche la centaine. Voici quelques-unes de ces nouvelles races étonnantes :

Nom de la race de designer	***Ce dont elle se compose***
Chiweenie	Chihuahua/Teckel
Doodleman Pinscher	Doberman Pinscher/Caniche
Jack-A-Bee	Terrier du Révérend Jack Russell/Mélange de beagles
Labernese bernois	Retriever du Labrador/Chien de montagne
Pomimo	Spitz allemand/Poméranien

Puggle	Carlin/Beagle
Shorgi	Corgi/Shih-tzu
Torkie	Toy Fox-terrier/Yorkshire
Terrier Zuchon	Shih-tzu/Bichon frisé

Vous vous demandez comment un éleveur parvient à vendre ces races mêlées à des prix si élevés ? La réponse est que les gens qui préparent ces mélanges ont souscrit sans réserve à l'argumentation en faveur de la vigueur hybride. Si ces éleveurs ont une passion sincère et méritent leur réputation, ils prennent deux représentants sains de chaque race et essaient de concevoir une lignée de chiots qui ont les traits les plus sains de chaque race.

Par exemple, le puggle (croisement de carlin, *pug* en anglais, et beagle) a un museau plus long que le carlin, ce qui sans conteste est préférable du point de vue génétique ! En ce qui concerne la personnalité, la plupart des propriétaires espèrent que ce croisement atténuera l'obsession des odeurs propre aux beagles et que l'aptitude un peu meilleure au dressage du carlin voudra bien se manifester.

L'un des inconvénients d'une race de designer est que vous ne pouvez pas être tout à fait sûr de ce que vous obtiendrez. La taille, le poids et les intérêts d'un chien de pure race sont prévisibles. Un chien issu d'un mélange de races, designer ou pas, aura un mélange aléatoire des traits des races utilisées, dans un ordre quelconque. Si vous envisagez d'acheter un représentant de ces races amusantes aux noms fantaisistes, assurez-vous que vous aimez les deux races – vous pouvez vous retrouver avec un chien ayant l'apparence de l'une et la personnalité de l'autre.

N'achetez pas un « mélange de designer » dans une animalerie. Généralement élevés dans des usines à chiots dans des conditions déplorables, ils sont séparés de leur mère beaucoup trop tôt, puis vendus à des prix exorbitants. Ne vous fiez pas aux apparences – leurs chiots sont des victimes !

Choix d'un chiot parmi dix groupes standards de races

Dans cette section, j'évoque quelques-unes des races les plus courantes ou les plus populaires **reconnues par la Société centrale canine (SCC) et selon la classification en groupes de races, de la Fédération cynologique internationale (FCI)**.

Chacun de ces groupes comporte des races qui ont des instincts ou des raisons d'être similaires. Il y a des différences entre les races d'un même groupe, mais aussi des points communs qui les relient entre elles, c'est pourquoi je vous propose également un classement par genres (sportif, non sportif, jouet, de travail…).

L'esprit d'équipe : le groupe sportif

Des chiens proactifs, ceux du groupe sportif (voir figure 3.1), ont été créés pour aider l'homme à se nourrir en levant des oiseaux (en les effrayant pour qu'ils quittent leur cachette) et en rapportant ceux qui sont tirés. À notre époque, il est peu probable que vous ayez besoin de tirer votre repas du ciel, mais n'en dites rien à votre chien. Nés avec l'instinct de rapporter, ils adorent un style de vie actif et participatif et n'iront pas se coucher simplement parce que vous êtes bien nourri. Pas de canards à aller chercher ni d'oiseaux à vous désigner ? Vos pantoufles feront l'affaire, de même que le pigeon sur le rebord de la fenêtre.

Figure 3.1 : L'épagneul américain est un chien exubérant, joueur, qui a besoin de beaucoup d'exercice et d'activité.

Voici quatre types de chiens appartenant au groupe sportif, et des races spécifiques à l'intérieur de ces différents types :

- **Chiens d'arrêt continentaux – groupe VII**
  - Braque allemand à poil court
  - Drahthaar
  - Braque hongrois
  - Braque de Weimar
  - Griffon Korthals ou griffon d'arrêt à poil dur
  - Épagneul breton

- **Chiens d'arrêt des îles britanniques – groupe VII**
  - Setter anglais
  - Setter gordon
  - Setter irlandais
- **Rapporteurs de gibier – groupe VIII**
  - Retriever de la baie de Chesapeake
  - Retriever à poil bouclé
  - Retriever à poil plat
  - Golden retriever
  - Labrador retriever
- **Leveurs de gibier – groupe VIII**
  - Cocker américain
  - Clumber spaniel
  - Cocker anglais
  - Springer spaniel
  - Field spaniel
  - Chien d'eau irlandais
  - Sussex spaniel
  - Springer gallois
  - Rhodesian Ridgeback
- **Chiens d'eau – groupe VIII**
  - Chien d'eau portugais
  - Barbet
  - Chien d'eau irlandais

ATTENTION !

Bien que ces chiens aient la réputation méritée d'être des chiens domestiques patients, ils ont besoin d'une stimulation mentale et physique. Ils ne peuvent pas supporter de longues heures d'isolement, lesquelles, associées à un manque d'exercice, ne feront qu'engendrer l'anxiété. Un chien du groupe sportif malheureux est destructeur, hypernerveux et impulsif. Ce n'est pas une heureuse combinaison – surtout pour votre canapé et votre table basse.

Quand ces chiots sont dirigés, prennent suffisamment d'exercice et se sentent inclus dans un groupe, ils sont les plus insouciants et les plus tolérants face aux aléas d'une vie mouvementée.

Par où est-il passé ? Le groupe des chiens courants

Les chiens de ce groupe (voir figure 3.2) sont heureux et n'ont qu'une idée en tête ; leur passion de la chasse les propulse dans la vie et leur donne de multiples occasions de s'occuper. Bien que vous n'ayez pas l'intention de chasser un renard, de poursuivre un cerf ou d'assiéger un raton laveur réfugié sur un arbre, votre chiot de cette espèce, lui, en aura probablement envie.

Figure 3.2 : Le beagle, l'un des chiens courants, sera heureux de renifler pendant des heures, mais ne prête pas beaucoup d'attention aux directives à moins d'y être entraîné et incité par un renforcement positif assidu.

N'OUBLIEZ PAS !

Associés à l'origine en couple ou en meute, tous les membres répertoriés dans ce groupe étaient prisés pour leur instinct les poussant à suivre le gibier sans avoir besoin d'indication des hommes. Ils sont par conséquent dévoués, et l'esprit de meute fait qu'ils aiment la vie de famille tout en étant assez indépendants pour s'amuser tout seuls.

Voici les différents types de chiens appartenant au groupe des chiens courants, avec des races spécifiques dans chaque type :

- **Lévriers – groupe X**
  - Lévrier afghan
  - Basenji

  - Barzoï
  - Greyhound
  - Ibizan hound
  - Irish Wolfhound
  - Saluki
  - Deerhound
  - Whippet

  Les lévriers doivent être tenus en laisse en extérieur, car vous ne pouvez pas courir plus vite qu'eux, et leur instinct de poursuite fait toujours partie de leur patrimoine génétique. En outre, vous devez socialiser précocement ces chiens avec les animaux de compagnie classiques (comme les chats, les oiseaux et les lapins) ; sinon, ils peuvent les confondre avec leur repas lorsqu'ils les verront courir sur le sol de la maison.

- **Teckels – groupe IV**
  - Teckel à poil dur
  - Teckel à poil long
  - Teckel à poil ras
- **Chiens courants et quêteurs – groupe VI**
  - Basset hound
  - Beagle
  - Chien de Saint-Hubert
  - Fox-hound américain
  - Fox-hound anglais
  - Harrier
  - Chien de loutre
  - Petit basset griffon vendéen

Laissez-moi faire : le groupe du travail

Les races du groupe du travail (voir figure 3.3) varient selon le métier qu'elles exercent, mais elles sont unies par leur passion pour le travail. Qu'il s'agisse de participer à la garde, de tirer un chariot ou un traîneau, de trouver de l'eau, de protéger ou de participer à des opérations de police, chacun des membres de ce groupe est dédié à une tâche.

Figure 3.3 : Le bouvier bernois est l'un des chiens de trait du groupe du travail.

ATTENTION !

Ne choisissez un chien de ce groupe que si vous pouvez utiliser et apprécier ses talents. Par exemple, les chiens de montagne des Pyrénées et les Kuvasz ont été créés initialement pour garder des troupeaux. Leur éthique professionnelle est restée intacte, et ils font d'excellents chiens de garde quand ils sont dressés. Mais livrés à eux-mêmes, ils suivent souvent leur instinct à l'extrême, vous prenant ainsi que vos proches pour des moutons qui ont besoin d'être protégés. Ceux que vous invitez à dîner ne seront pas les bienvenus, et le facteur devra faire très attention !

Les chiens du groupe du travail peuvent être grands, mais si leur horaire est respecté, s'ils sont éduqués intelligemment et s'ils ont assez d'exercice, ils peuvent alors s'adapter aisément à n'importe quel style de vie. Il faut les empêcher de vagabonder si vous habitez à la campagne, mais ils peuvent s'adapter à la vie en appartement s'ils ont droit à leur promenade quotidienne et à un défoulement occasionnel dans un lieu approprié. Voici les types de chiens appartenant au groupe de travail, ainsi que les races correspondantes :

- **Chiens nordiques de traîneau et de chasse – groupe V**
  - Malamute d'Alaska
  - Samoyède
  - Husky de Sibérie
  - Chien d'élan norvégien

  ATTENTION !

  Avec leur double fourrure, les races de chiens de traîneau ne sont pas faites pour les temps vraiment chauds. Si vous habitez dans un climat chaud, envisagez le choix d'une autre race. Ces chiens seraient très malheureux.

- **Molosses et bouviers suisses – groupe II**
  - Bouvier bernois
  - Grand bouvier suisse
  - Berger d'Anatolie
  - Bullmastiff
  - Chien de montagne des Pyrénées
  - Mastiff
  - Rottweiler*
  - Dogue allemand
  - Terre-neuve
  - Saint-bernard
- Pinschers et schnauzers – groupe II
  - Dobermann Schnauzer géant
  - Schnauzer standard
- Spitz asiatiques – groupe V
  - Akita
  - Eurasier

Élever des enfants et des chiens est une tâche suffisamment difficile. Les races territoriales peuvent exagérer leur rôle de gardien, protégeant votre habitation et vos enfants contre tous les intrus – y compris les amis, les membres de la famille plus éloignée, des gens qui viennent faire chez vous des travaux, et même les autres enfants. Ces chiens souffrent rapidement d'un stress professionnel dans les ménages où il y a beaucoup de mouvement. Si vous tenez à une race territoriale, une éducation structurée est absolument indispensable.

Berger ou mouton ? Le groupe des conducteurs de troupeau

Les races du groupe des gardiens de troupeau (voir l'exemple de la figure 3.4) ont été développées à l'ère agricole lorsque leurs aptitudes étaient prisées par les éleveurs de moutons et de bovins du monde entier. L'homme a fait de gros efforts pour mettre au point les instincts de garde des races de ce groupe. Bien que ces aptitudes ne soient plus une priorité, elles continuent de se refléter dans le comportement de ces chiens au sein d'une habitation. Par exemple, il est fréquent de voir un chien prévu pour garder des moutons en train de garder des enfants.

Figure 3.4 : Grâce à Lassie, tout le monde peut reconnaître un colley. Les chiens de cette race adorable sont affectueux, persévérants, et se tiennent au courant des allées et venues de toute la famille comme s'il s'agissait d'un troupeau de moutons.

RIONS UN PEU !

Que veut dire grand ?

Il y a des chiens de toutes formes et de toutes tailles. Mais on ne peut se contenter des adjectifs grand et petit. La table ci-après donne les dimensions correspondant le plus souvent aux termes petit, moyen, grand et géant.

Catégorie	Hauteur	Poids
Petit	Jusqu'à 25 cm	1 – 10 kg
Moyen	25 – 50 cm	10 – 23 kg
Grand	50 – 70 cm	23 – 41 kg
Géant	Plus de 70 cm	Plus de 41 kg

Voici les types de chiens composant le groupe des chiens de berger, ainsi que les races particulières de chaque type :

- Bergers – groupe II
  - Berger australien
  - Colley barbu

- Berger belge malinois
- Berger belge grœnendael
- Berger belge tervueren
- Border collie Colley (à poil court et long)
- Berger allemand
- Bobtail
- Puli
- Berger des Shetland
- Komondor
- Kuvasz
- Bouvier d'Australie
- Berger de Brie ou Briard
- Berger picard
- Bouvier des Flandres
- Welsh Corgi Cardigan
- Welsh Corgi Pembroke

Si les chiens des races bergères ne trouvent pas un moyen d'utiliser leurs instincts, ils peuvent développer des comportements obsessionnels, répétitifs, comme courir autour d'une table ou pourchasser des cibles se déplaçant rapidement telles que des automobiles ou des joggeurs. Ceux qui manquent de stimulation peuvent par leurs allées et venues tracer un chemin dans un jardin ou dans un champ. Il y a lieu de les éduquer, pour éviter qu'ils n'adoptent leurs maîtres ou les enfants comme des moutons à protéger. Les bouviers sont des chiens appliqués, forts et trapus, qui peuvent développer des comportements répétitifs tels que mordiller vos chevilles (ou celles de vos enfants) quand elles bougent.

S'ils sont convenablement éduqués et prennent suffisamment d'exercice, ces chiens peuvent être d'une grande loyauté. En outre, quand les mâles sont stérilisés, ils ne sont pas tentés de vagabonder.

Le groupe des terriers

Les races de ce groupe (voir un exemple sur la figure 3.5) ont été développées pour chasser les animaux nuisibles dans les granges ou combattre d'autres animaux pour le sport. Conçus pour être résolus et tenaces, ils travaillent de manière indépendante et les directives des humains ne leur sont pas nécessaires. Remplis d'énergie et de courage, et difficiles à impressionner ou persuader, les terriers ne s'accordent pas bien avec des maîtres trop exigeants. Ils apprécient pleinement la compagnie des humains, avec qui ils aiment folâtrer, mais il faut les garder dans un espace clos ou les tenir en laisse pour les empêcher de vagabonder ou d'aller chasser.

Figure 3.5 : Le border terrier est l'un des courageux chasseurs de vermines du groupe des terriers.

Voici les deux types de chiens appartenant au groupe des terriers ainsi que les races particulières de chaque type :

- **Terriers – groupe III (Chasseurs de nuisibles)**
  - Airedale-terrier
  - Terrier australien
  - Bedlington terrier
  - Border-terrier
  - Cairn terrier
  - Dandie Dinmont-terrier
  - Fox-terrier (à poils doux et à poils durs)
  - Terrier irlandais
  - Terrier du Révérend Jack Russell
  - Kerry blue-terrier
  - Lakeland-terrier
  - Manchester-terrier
  - Terrier de Norfolk

- Terrier de Norwich
- Scottish-terrier
- Terrier de Sealyham
- Terrier irlandais
- Terrier gallois
- Westie

Ne soyez pas surpris si votre terrier découvre les dents quand vous (ou n'importe qui d'autre) tendez la main vers son os ou son bol de nourriture. C'est une réaction naturelle appelée agression par possession, et se compare à ce que fait un jeune enfant qui ne veut pas partager un jouet favori. Parmi les autres chiens connus pour ce comportement, on trouve certaines races du groupe du travail, des lévriers et certains chiens du groupe jouet. Vous trouverez au chapitre XVIII des suggestions pour surmonter cette difficulté.

✔ **Terriers – groupe III**

- American Staffordshire-terrier*
- Bull-terrier
- Bull-terrier miniature
- Bull terrier de Staffordshire

Certaines races de chiens ont un passé dédié au combat, mais la plupart des lignées actuelles ont pratiquement perdu cet instinct. Une socialisation poussée garantira une attitude amicale envers d'autres chiens et d'autres animaux de compagnie.

En France, la loi n° 99-5 du 6 janvier 1999 dite « loi sur les chiens dangereux » prévoit une réglementation stricte quant à la détention de certains chiens de race ou assimilés considérés comme dangereux par l'arrêté du 27 avril 1999.

Sont concernés par cette réglementation tous les chiens dits de 1re catégorie telle que définie à l'article 211-1 du Code rural :

- les chiens assimilables par leurs caractéristiques morphologiques aux chiens de race American Staffordshire terrier, sans être inscrits dans un livre généalogique reconnu par le ministre de l'Agriculture et de la Pêche. Ce type de chien peut être communément appelé « pit-bull » ;
- les chiens assimilables par leurs caractéristiques morphologiques aux chiens de race Mastiff, sans être inscrits dans un livre généalogique reconnu par le ministre de l'Agriculture et de la Pêche. Ces chiens peuvent être communément appelés « boerbulls » ;
- les chiens assimilables par leurs caractéristiques morphologiques aux chiens de race Tosa, sans être inscrits dans un livre généalogique reconnu par le ministre de l'agriculture et de la pêche.

2e catégorie des chiens (telle que définie à l'article 211-1 du Code rural) :

- les chiens de race American Staffordshire terrier ;
- les chiens de race Rottweiler ;
- les chiens de race Tosa ;
- les chiens assimilables par leurs caractéristiques morphologiques aux chiens de race Rottweiler, sans être inscrits dans un livre généalogique reconnu par le ministre de l'Agriculture et de la Pêche.

Le fourre-tout : le groupe non sportif

Le groupe non sportif est un groupe fourre-tout (voir l'exemple de la figure 3.6). Quand l'orientation d'un chien est trop variée pour qu'on puisse le ranger quelque part, il se retrouve ici. Les dalmatiens, par exemple, ont été créés pour suivre les voitures à chevaux sur de longues distances, et à l'arrêt, pour coucher sous la voiture et garder à la fois son contenu et les chevaux à l'abri des vagabonds. Les spitz-loup, une race allemande, ont été élevés pour accompagner l'homme lors de ses voyages en mer, et l'alerter de tout bruit inquiétant. Bien que chacun des membres d'une même race ait des ancêtres différents, ils sont liés entre eux par leur participation dévouée aux affaires des humains.

Figure 3.6 : Le bichon frisé est un clown heureux du groupe non sportif.

Voici la liste des chiens du groupe non sportif :

- American Eskimo dog
- Bergers – groupe I
  - Schipperke

- **Molosses – groupe II**
  - Shar-pei
  - Bulldog
- **Spitz asiatiques et primitifs – groupe V**
  - Shiba Inu
  - Chow-chow
- **Spitz européens – groupe V**
  - Spitz-loup
- **Nordiques de chasse et de berger – groupe V**
  - Spitz finlandais
- **Molossoïdes petit format – groupe IX**
  - Terrier de Boston ou boston-terrier
  - Bouledogue français
- **Chihuahuas, dalmatiens et épagneuls anglais – groupe IX**
  - Dalmatien
- **Chiens du Tibet – groupe IX**
  - Lhassa-apso
  - Terrier du Tibet
- **Chiens nus et chiens du Tibet – groupe IX**
  - Épagneul tibétain
- **Bichons – groupe X**
  - Bichon frisé
  - Petit chien lion
- **Caniches – groupe X**
  - Caniche (grande taille, moyen, nain)

Les chiots câlins : le groupe des chiens jouets

Les adorables miniatures de ce groupe (voir l'exemple de la figure 3.7) ont été élevées en partant de chiens plus grands. Bien qu'ils puissent se pelotonner dans vos bras, beaucoup parmi eux gardent gravés en eux les caractéristiques de leur race d'origine. Prenez le cas du pinscher miniature.

Parent éloigné du doberman pinscher, le « Min Pin » est un chien de garde astucieux qui signale l'arrivée d'un visiteur avant même qu'il ait frappé à la porte.

Figure 3.7 : Les carlins sont une race courageuse, vigoureuse, classée dans le groupe des jouets, mais ne le dites pas à un carlin – ils ont une mentalité de grand chien dans un petit emballage.

Voici les races qui composent le groupe des chiens jouets :

- **Pinscher – groupe II**
  - Affenpinscher
  - Pinscher nain
- **Terriers – groupe III**
  - Silky terrier
  - Terrier de Manchester
  - Yorkshire
- **Spitz européens – groupe V**
  - Spitz nain (loulou de Poméranie)
- **Chihuahuas, dalmatiens et épagneuls anglais – groupe IX**
  - Cavalier King Charles Spaniel
  - Chihuahua
- **Bichons – groupe IX**
  - Bichon havanais
  - Bichon maltais

- **Épagneuls anglais et japonais – groupe IX**
  - Épagneul japonais
  - Pékinois
- **Épagneuls continentaux et Kromfohrlander – groupe IX**
  - Épagneul nain continental papillon
- **Molossoïdes petit format – groupe IX**
  - Carlin
- **Chiens du Tibet – groupe IX**
  - Shi-tzu
- **Caniches et chiens belges – groupe X**
  - Griffon belge
- **Caniche toy**
- **Chiens belges et chiens nus – groupe X**
  - Chien chinois à crête
- **Lévriers – groupe X**
  - Petit lévrier italien

TRUC

En évaluant l'intérêt d'une telle race, renseignez-vous sur ses origines. Bien que la taille soit nettement différente, les tendances génétiques peuvent être tout à fait semblables à celles des lointains ancêtres. Ne vous dispensez pas de l'éducation en prétextant de leur apparence d'animal en peluche. Beaucoup d'affection associée au défaut de direction engendre un complexe napoléonien, se traduisant par des comportements tels que les aboiements chroniques, le marquage intempestif par les jets d'urine, et souvent l'agression. Vous seriez surpris des dégâts que peut faire un chien de 2 kilos !

ATTENTION !

Les races jouets sont intentionnellement fragiles. Bien que certaines races soient plus robustes, comme le cavalier King Charles spaniel et le carlin, par exemple, ils sont tous tout petits – surtout à l'état de chiots. Faites très attention à ce chiot à proximité de chiens plus gros et de jeunes enfants. Les enfants de 2 à 3 ans peuvent facilement leur faire mal ou les perturber gravement en les confondant avec des animaux en peluche.

Chapitre 4

Trouver et choisir votre chiot

Dans ce chapitre :

- Où trouver votre chiot – éleveurs, refuges, annonces dans les journaux, animaleries
- Les bonnes questions et les bonnes réponses sur votre futur chiot
- Test du tempérament et de la personnalité de votre chiot
- L'option du chiot plus âgé

Que la recherche commence ! Vous pouvez trouver un chiot à dans de nombreux endroits différents, allant des éleveurs sérieux aux animaleries. Pour réduire le stress associé à cette recherche, passez en revue toutes les options en notant les avantages et les inconvénients de chacune d'elles, puis mettez-vous en route et testez autant de chiots qu'il le faudra jusqu'à ce que vous ayez trouvé celui dont les instincts naturels et la personnalité correspondent le mieux à vos besoins. Rien n'est plus décevant (pour vous et le chiot) que de ramener chez vous un chiot qui ne convient pas. Vous éviterez cet écueil grâce aux nombreux conseils de ce chapitre.

Votre chiot idéal peut se trouver n'importe où, mais en vous limitant aux meilleures options, vous gagnerez du temps. Que vous choisissiez de vous adresser à un éleveur, un refuge, un propriétaire de chien privé, ou une animalerie, le fait d'être informé sur les questions à poser et les inconvénients éventuels de chacun vous donnera une idée plus précise des résultats possibles de votre recherche. Malheureusement, la recherche n'est pas terminée quand vous avez trouvé un chiot. Chaque chiot a sa personnalité propre – et vous pouvez la déterminer à partir de l'âge de 8 semaines. Testez chaque chiot que vous rencontrez en le comparant à votre chiot idéal, et n'ayez pas peur de rentrer chez vous les mains vides. Le test de tempérament décrit dans ce chapitre est un outil commode pour évaluer vos candidats. J'ai testé vingt chiots avant de trouver mon labrador, Whoopsie Daisy. Trois ans plus tard, je peux vous assurer que cela valait la peine d'attendre. Même si, à l'époque, il m'a semblé difficile de renoncer à tous ces autres chiots !

D'où vient le chiot ?

Naturellement, l'origine biologique du chiot a de l'importance, mais le type d'environnement d'où il vient a également une incidence sur son comportement futur chez vous. Un chiot venant d'un endroit détendu, tel que la maison d'un particulier ou un centre d'élevage réputé, est généralement plus calme qu'un chiot qui a été brusquement arraché de sa portée ou qui a été négligé, transporté ou mis avec de nombreux autres chiots à un très jeune âge. La raison en est simple : avant l'âge de 12 semaines, la cervelle d'un chiot est encore en développement, et le stress peut avoir une bien plus grande incidence durant cette période.

N'OUBLIEZ PAS !

En examinant les diverses options qui s'offrent à vous, pensez à ce qui se passera par la suite. Certains chiots qui ont été stressés dans leur plus jeune âge s'adaptent et développent une forte tolérance au désordre – ce qui en fait d'excellents candidats pour des maisonnées chaotiques, sans structure. D'autres chiens, en revanche, ne supportent pas le stress et sont perturbés quand on change leurs habitudes.

Éleveurs

Un éleveur élève, vend et souvent expose des chiens d'une race spécifique. Comme dans toutes les professions, vous rencontrerez de bons éleveurs et d'autres qui ne sont pas très bons. Les meilleurs élèvent consciencieusement des chiens issus de bonnes lignées génétiques, et ils testent systématiquement le tempérament de chaque chiot pour lui trouver le home idéal. En outre, avant la reproduction, et dans toute la mesure du possible, un éleveur responsable teste chaque parent pour s'assurer qu'il est dépourvu de toute anomalie congénitale. Si vous n'êtes pas familiarisé avec les notions ci-dessus, ne vous inquiétez pas. Voici quelques explications des termes clés à garder à l'esprit quand vous rechercherez des éleveurs et quand vous discuterez avec eux :

- **Anomalies génétiques** : ces anomalies sont transmises d'un parent à un chiot et peuvent entraîner toutes sortes de maladies comme la dysplasie (défectuosité de la hanche) ou des souffles au cœur. Un éleveur consciencieux teste chaque parent avant l'accouplement pour s'assurer qu'il ne présente pas d'anomalie congénitale. En vous informant sur les races envisagées, listez les anomalies possibles et vérifiez que l'éleveur les connaît avant de regarder ses chiots.
- **Développement d'une lignée/développement pour les concours** : les éleveurs de chiens pour les expositions s'appliquent à « créer » des chiots qui, une fois adultes, adhèrent au standard de la race. Mais ces chiots, qui peuvent devenir des chiens splendides, peuvent aussi présenter des problèmes de comportement.

- Si vous vous intéressez à un chiot d'exposition, vous pouvez privilégier la beauté et laisser de côté le caractère, mais si la personnalité est pour vous un point important, excluez un éleveur dont les pedigrees font apparaître trop souvent le même nom de chien. La règle de base est que cinq générations devraient toujours séparer deux membres d'une même famille.

  En France, le standard d'une race est définie par la Fédération cynologique internationale (FCI) et maintenue par la Société centrale canine. Les caractéristiques spécifiques idéales de chaque race sont listées, depuis la couleur de la robe et la personnalité jusqu'à la posture du squelette et la direction de chaque doigt de pied. Chaque détail est défini avec la plus grande précision, et l'éleveur se destinant aux expositions vise à le reproduire à la perfection. Mais si vous prenez un chiot pour en faire l'animal de compagnie idéal pour toute la famille, une petite tache intempestive ou un ongle pas tout à fait à la bonne place n'auront aucune importance.

- **Élevage pour le caractère** : si un éleveur dit qu'il vise le caractère, vous savez que vous avez affaire à un éleveur digne de confiance. Cela veut dire qu'il vise à produire des chiots qui se comporteront de la meilleure façon tout en ayant belle apparence. Si vous recherchez un animal de compagnie, cet attribut d'un éleveur prime sur tous les autres.

  Trouver un éleveur ayant cette orientation est également important quand vous recherchez une race dont les aptitudes ne sont pas très demandées. À moins que vous n'ayez l'intention de vous lever à l'aube pour partir à la chasse avec votre retriever ou partir en traîneau avec votre husky de Sibérie, il est primordial de trouver un éleveur qui s'attache davantage au tempérament qu'aux aptitudes.

- **Test de caractère** : un test de caractère est une série d'exercices réalisés avec un chiot âgé de 7 semaines ou davantage. Ces exercices permettent d'évaluer de façon relativement précise la personnalité du chiot et l'attitude qui sera la sienne à l'âge adulte, et à le situer sur le spectre allant de dominant et tyrannique à timide et renfermé. Plus loin dans ce chapitre, vous trouverez un test de caractère que vous pouvez utiliser avec tous vos chiots candidats. Cependant, vous constaterez que de nombreux éleveurs réalisent ces tests sur leurs chiots avant de les placer.

Un éleveur qui vous aide à comprendre aussi bien les points forts que les points faibles de la race dont il s'occupe vaut son pesant d'or. S'il attache de l'importance au placement de ses chiots, il vous posera toutes sortes de questions. Vous aurez l'impression d'être interrogé encore plus minutieusement que si vous adoptiez un enfant, mais n'en soyez pas choqué, vous obtiendrez un chiot qui a été aimé et dont on a pris grand soin depuis son tout premier souffle de vie.

TRUC

Suivez vos intuitions. Si vous arrivez à un élevage et s'il vous fait une mauvaise impression pour une raison quelconque, comme une propreté douteuse, des manières étranges ou l'impossibilité de voir la mère du chiot (ou son père, s'il est sur place), allez-vous-en. Vous aurez du mal à résister à l'envie de sauver un chiot de cet environnement, mais fiez-vous à votre intuition, car se retrouver avec un chiot maladif ou médiocrement socialisé est une expérience déstabilisante qui finira mal pour vous comme pour votre chiot. En outre, vous pouvez toujours faire appel à l'agence locale de la Société protectrice des animaux (SPA) et lui signaler vos observations, ce qui contribuera à l'élimination de gens qui élèvent des chiens exclusivement dans un but financier.

Éleveur particulier

Les chiots élevés dans la maison d'un particulier peuvent être de race pure ou des bâtards. Ces chiots élevés dans une maison comme les autres proviennent souvent de chiennes qui ont échappé à leurs propriétaires et ont été couvertes par des mâles inconnus. Toutefois, ces chiots viennent parfois de chiens vivant avec des gens qui se sont dit que faire se reproduire deux chiens de race pure serait amusant, contribuerait à l'éducation des enfants ou serait une opération lucrative. Si vous voyez un signe indiquant que des chiots sont à vendre, voici ce que vous devez avoir en tête.

- Si ce sont des chiots de race, demandez si les parents du chiot ont été testés pour vérifier qu'ils sont dénués des anomalies connues pour leur race et si vous pouvez rencontrer leur parents.
- Si ce sont des chiots issus d'un mélange de races, demandez si ce mélange est connu ou s'il n'est que supposé.
- Demandez quel âge les chiots auront quand ils seront vendus ou donnés pour aller dans une bonne maison.

ATTENTION !

N'adoptez pas un chiot ayant moins de 8 semaines. Sept semaines peuvent être une exception, mais seulement si vous êtes un propriétaire de chien expérimenté. Il faut éviter d'adopter un chiot avant 8 semaines parce que la mère consacre normalement les semaines allant de la 6e à la 8e pour socialiser et éduquer ses chiots. Le résultat de cette éducation et de cette socialisation est un avantage pour vous, car les chiots auront des habitudes d'élimination plus organisées, plus de respect, et seront moins portés à mordre.

Les chiots introduits précocement dans une maison sont souvent chouchoutés par des humains bien intentionnés, qui les adorent. Au cours du stade de développement lors duquel la mère enseigne normalement le respect et la maîtrise des impulsions, une personne est souvent perçue comme un autre chiot. En pareil cas, tout le monde devient alors une cible pour les coups de dents et les comportements tyranniques. Si un chiot arrive chez vous pendant cette période critique ou avant, les personnes concernées doivent se comporter comme des chiens !

Refuge

N'OUBLIEZ PAS !

Aller chercher un chiot dans un refuge est une action méritoire. Mais soyez préparé, car vous verrez des visages dont vous vous souviendrez longtemps. Vous serez tenté de tous les ramener chez vous, mais c'est impossible. Vous êtes venu pour trouver un chiot – votre chiot idéal –, et si vous ne le trouvez pas le premier jour, prévoyez de revenir.

Les chiots des refuges viennent de toutes les circonstances de la vie. Les antécédents de certains chiots sont connus, ceux d'autres chiots sont inconnus. Certains arrivent dans des paniers et voient leurs anciens propriétaires repartir avec des têtes désespérées, qui pendent à la vitre arrière de leur voiture, et d'autres ont été trouvés seuls au bord d'une route. Quand vous cherchez votre chiot, parlez avec le personnel du refuge. Ce sont des volontaires bien intentionnés qui ont tous un point commun : ils adorent les chiens ! Voici quelques-unes des questions que vous pouvez leur poser :

- Savez-vous quelque chose sur les antécédents des chiots ?
- Avez-vous passé du temps avec ces chiots ? Que pensez-vous de leurs différentes personnalités ?
- Les chiots ont-ils été présentés à des enfants ou des chats ? Le cas échéant, comment ont-ils réagi ?

TRUC

Si vous avez d'autres animaux ou des enfants, je vous recommande de voir comment un chiot candidat réagit en leur présence. Rien n'est plus décevant que de devoir ramener un chiot.

La plupart des chiots que l'on trouve dans un refuge sont de races mélangées. Un membre du personnel du refuge vous donnera son opinion sur ces races, mais si vous avez un(e) ami(e) qui s'y connaît, vous pouvez lui demander de vous accompagner pour avoir un autre avis.

N'OUBLIEZ PAS !

Envisagez la manière dont chaque race du mélange peut convenir à votre style de vie. Par exemple, si vous cherchez un chien qui perd peu ses poils, est de taille petite à moyenne et accueillant envers tout le monde, évitez le mélange Chow-Akita, même s'il vous paraît mignon assis dans sa cage. Une fois adulte, il sera grand et il aura d'importantes pertes de poils saisonnières – et ces caractéristiques n'ont rien à voir avec vos exigences initiales !

Animaleries

Les animaleries sont des magasins de vente d'animaux de compagnie. Elles ont très mauvaise réputation. Mais vous êtes libre d'y croire ou non. Leur objectif est de vendre des animaux. Quand un magasin a une licence lui permettant d'acheter des chiots pour les revendre, il doit trouver des éleveurs qui acceptent de lui vendre des chiots. Il y a peu de chances qu'un bon éleveur accepte de vendre des chiots à une animalerie. C'est pourquoi l'animalerie contacte des *éleveurs pour la revente*, qui élèvent souvent en même temps de nombreux chiens ou toute une variété de races pour les animaleries. Les éleveurs pour la revente exploitent au maximum les chiens affectés à la reproduction ainsi que leurs installations (parfois appelées *usines à chiots*). Ils ont souvent un personnel insuffisant, et il en résulte que leurs chiots ne reçoivent pas toujours les soins appropriés et qu'ils ne sont pas toujours convenablement socialisés à l'égard des humains. Les souillures ne sont pas toujours nettoyées immédiatement, et l'eau n'est pas changée

TRUC

Si vous avez un chiot vraiment très jeune

Si vous vous retrouvez avec un chiot de moins de 8 semaines, faites de votre mieux pour reproduire la cohérence et la structure dont fait preuve une mère chien, et socialisez votre chiot avec un chien sain, vacciné, et patient qui vous aidera au cours de ces leçons du début de la vie. Envers un chiot, utilisez les techniques de manipulation qui reflètent les soins de la maman chien. Ces techniques, qui le porteront au nirvana, peuvent être appliquées à tout âge au cours de sa vie.

- **L'appui** : chaque fois qu'une mère s'occupe d'un chiot, elle appuie sur le chiot avec son corps ou sa bouche. Pour imiter cette sensation au profit de votre chiot, agenouillez-vous sur le sol en plaçant le chiot entre vos jambes ou passez le pouce de la main droite au-dessus de son collier tout en appuyant sur sa taille avec l'index et le pouce de la main gauche. Utilisez cette technique quand vous le confrontez à une opération inhabituelle telle que le remplacement de son collier ou l'ingestion d'un médicament.
- **L'effet apaisant de la langue de la maman** : lors de la période de socialisation initiale, la maman du chiot se sert de sa langue pour le nettoyer ou le calmer. Simulez ce rituel en plaçant le chiot entre vos jambes (comme indiqué plus haut) et créez une « langue » à partir de la paume de la main. Ensuite, avec une pression constante et apaisante, « léchez » (avec la main) votre chiot de la tête au pied. Cette technique procure un merveilleux rappel de l'autorité maternelle, auquel vous pouvez recourir avec bonheur si votre chiot devient incontrôlable.
- **Immobilisation** : certains chiots sont incorrigibles et doivent être immédiatement réprimandés pour apprendre à bien se tenir. Ici encore, cette leçon devrait être donnée, au moins initialement, par la maman du chiot. Mais pour la reproduire, tenez votre chiot incontrôlable entre vos jambes ou serrez-le dans vos bras. Si ce remède rend le chiot encore plus insupportable, cessez immédiatement cette technique. Il peut être trop fatigué et avoir besoin d'un peu de calme pour reprendre ses esprits. S'il devient carrément agressif, faites appel à un professionnel.

régulièrement. De plus, les lieux n'étant pas toujours désinfectés, se propagent des maladies infectieuses qui peuvent se transmettre rapidement d'un chiot à un autre.

Vous craquez pour un chiot derrière une vitrine, mais vous constatez que le vendeur de l'animalerie ne vous pose aucune question sur les conditions de vie et d'accueil de votre nouveau chiot, ne vous informe pas sur la race que vous voulez acquérir, est incapable de vous conseiller en matière de soin et d'hygiène ; vous remarquez aussi que les poils des chiots sont ternes, que les chiots paraissent tristes ou au contraire hyperactifs ; changez alors d'animalerie ou contactez un éleveur.

Vous avez ainsi des chiots qui viennent d'un environnement très éloigné des conditions idéales et qui sont brusquement expédiés en avion, en bus ou en camion vers diverses destinations. Nous sommes loin du voyage de rêve sur les genoux du nouveau maître jusqu'au prochain domicile. Il s'agit d'un transport anonyme par des gens qui ne se soucient guère du confort moral de leur cargaison. Ces petites créatures de 8 semaines sont arrachées aux tétines de leur mère et séparées des autres membres de la portée pour être expédiées sans plus d'égards que des boîtes de biscuits. À l'arrivée à l'animalerie, le chiot est reçu aimablement s'il s'agit d'une animalerie bienveillante ou simplement déposé dans une cage pour y être exposé. Une fois dans leur cage, les chiots doivent subir des centaines d'attouchements d'acheteurs potentiels qui vont et viennent. Certaines personnes manipulent les chiots en douceur et avec beaucoup de précautions, mais d'autres sont involontairement brutaux. Parfois, un chiot est immédiatement adopté. Mais d'autres peuvent rester dans ce petit chenil intérieur pendant des mois. Beaucoup de ces chiots ne résistent pas au stress et deviennent si malades qu'il faut les euthanasier. D'autres deviennent hyperactifs et imprévisibles et peuvent sporadiquement être agressifs. D'autres cependant émergent de leurs épreuves avec un caractère exceptionnel. Comme si le stress les avait mûris pour la vie. En outre, les chiots des animaleries souffrent souvent de maux non soignés dus à des parasites et développent fréquemment des maladies respiratoires entre deux jours et trois semaines après avoir rejoint leur nouveau domicile. Bien que ces états soient en général guérissables, les soins peuvent s'avérer coûteux. Obtenez des documents bien établis sur les vaccins et l'administration de vermifuges, et sur les garanties accordées par l'animalerie en ce qui concerne la santé du chiot. Bien que je ne sois pas très partisane de l'achat d'un chiot dans une animalerie, je connais aussi l'attraction des yeux d'un chiot. J'ai acheté mes chiots et mes chiens à des endroits très différents – oui, et j'en ai même acheté un dans une animalerie. Je n'en ai pas honte, et je ne l'aime pas moins que n'importe lequel de mes autres chiens.

Si vous envisagez l'option animalerie, passez un peu de temps supplémentaire pour en trouver une qui mérite votre confiance. Cette qualité peut se mesurer d'après la gentillesse des membres du personnel envers les chiots, leur connaissance des différentes races, l'intérêt qu'ils portent à votre situation et leur accord pour vous permettre de vous adresser à l'éleveur d'origine.

Observation d'un chiot avec les autres membres de la portée

Vous pouvez comprendre beaucoup de choses sur un chiot de 8 semaines en l'observant avec ses frères et sœurs de la même portée. Ils sont en même temps ses premiers amis. Chaque chiot a un caractère distinct au sein du groupe. Un chiot dominateur s'imposera pour montrer sa position de chiot numéro un aux autres chiots. Un chiot doux et tendre peut être malmené par les autres et voudra rester tout près de sa maman ou des gens. En outre, au sein de la portée, les aptitudes universelles à la communication se manifestent en permanence – vous pourrez faire appel à certaines d'entre elles une fois chez vous. Pour choisir votre nouveau chiot, observez ses rapports à son groupe : prenez-en un qui s'harmonisera avec votre famille – il aura le même comportement quand vous l'amènerez chez vous !

Empêcher de mordre

Les chiots jouent avec leurs bouches. Mordiller fait partie de l'interaction normale, mais chaque chiot a ses limites. Si un chiot se met à jouer avec un autre, il doit respecter son niveau de tolérance – sinon il ne jouera pas. Et se réfugier auprès de la maman pour qu'elle vous protège n'est pas réservé aux seuls enfants des hommes ! Quand un chiot en mord un autre trop fort, l'autre chiot court jusqu'à la mère et crie très fort pour faire connaître son niveau de sensibilité.

Vous pouvez reproduire cette communication entre compagnons de la portée en criant « aïe » quand votre chiot vous mord trop fort. S'il n'arrête pas de mordre, prenez son collier ou sa laisse pour l'éloigner de votre corps. Ne le repoussez pas parce que les réactions physiques sont interprétées comme une confrontation ludique. Vous trouverez d'autres conseils au sujet des chiens mordeurs au chapitre XVI.

Qui définit les règles ?

Les chiots les plus dominants fixent des règles pour le jeu et l'interaction. En choisissant un chiot, étudiez la portée pour voir qui réclame lorsque de la nourriture ou des jouets sont présentés. Ne remarquez-vous pas que certains chiots font ce qu'ils veulent tandis que d'autres restent à l'écart et se montrent soumis ? Imaginez maintenant l'un de ces chiots dans votre cuisine : voulez-vous un chiot qui défie votre autorité ou un chiot qui vous obéit ? Le chiot que vous choisissez utilisera les mêmes tactiques pour déterminer qui dirige votre ménage.

Une autre façon de déterminer très tôt les rangs au sein d'une portée est l'observation des comportements en matière de *définition spatiale*. Par exemple, celui qui fait un détour autour d'un autre fait montre de respect et de déférence particulière envers la position de chien prédominant.

Pour être le chien prédominant dans votre maison, commencez dès votre arrivée. L'ordre « Pardon » (voir chapitre XIV) représente une indication très marquée de votre leadership dans tous les domaines.

L'art de sélectionner votre chiot

Le moment est arrivé de sélectionner enfin votre chiot ! Où que vous alliez chercher votre compagnon à fourrure, vous devez vous préparer à l'évidence : si vous choisissez parmi de nombreux chiots, ils seront tous incroyablement séduisants. Pour vous empêcher d'emmener chez vous chacun des chiots sur lesquels se porte votre regard, répétez ce mantra : un seul chiot, un seul chiot, un seul chiot. Dans cette section, je vous montre comment évaluer la personnalité d'un chiot d'après son comportement envers les autres chiots de la portée, et je vous présente un test de tempérament simple mais fondamental dont vous pouvez faire usage pour choisir votre chien.

Pour tester un chiot de 8 semaines, souvenez-vous que son cerveau n'est pas entièrement développé tant qu'il n'a pas atteint 12 semaines. Essayez de prévoir votre visite juste avant le repas ou restez quelques heures pour l'observer pendant diverses activités. Testez votre chiot quand il est actif, non quand il est fatigué ou a sommeil.

Deux chiots : double amusement ou doubles ennuis ?

La réponse à cette question dépend du temps et de la patience dont vous disposez. Si vous manquez de l'un et de l'autre, n'allez pas au-delà de vos possibilités. Deux chiots, s'ils ne sont pas élevés et éduqués séparément dans votre maison, s'attacheront l'un à l'autre plus qu'à vous-même. Les méfaits prennent des proportions inégalées quand les chiots les préparent ensemble. Apprendre la propreté à deux chiots simultanément est aussi toute une affaire. Si vous tenez à avoir deux chiens, je vous suggère d'en élever un, et après un an, d'amener chez vous votre « second enfant ». Si vous vous sentez capable de relever le défi de deux chiots, vous aurez les meilleures chances de réussite avec un mâle et une femelle ou avec deux mâles (pourvu qu'ils n'aient pas l'un et l'autre des tempéraments forts, dominants). Deux femelles peuvent avoir des humeurs et se révéler difficiles. En outre, en choisissant les personnalités, évitez les extrêmes. Vous obtiendriez des oppositions néfastes - l'un qui tyrannise l'autre et lui fait de l'ombre, l'autre qui tremble dans son coin.

La bonne attitude pour choisir

Le facteur principal n'est pas l'endroit où vous choisissez votre chiot. Vous pouvez trouver des chiots adorables n'importe où. L'essentiel est d'avoir le bon état d'esprit et de savoir à l'avance ce que vous voulez et quelles questions vous allez poser :

- **Chez l'éleveur ou l'éleveur qui opère chez lui** : souvent, l'éleveur vous dit quand il convient de passer le voir. Sinon, demandez quel est l'horaire du chiot et combien de temps vous pouvez rester. L'idéal est de rendre visite aux chiots quand ils sont éveillés et disposés à jouer. Évitez les visites pendant la sieste ou en fin de soirée. Si possible, demandez à rester quelques heures pour observer la portée et interagir avec elle suffisamment longtemps.
- **Dans un refuge** : quand vous parlez au personnel du refuge, demandez combien de chiots sont prêts à être adoptés et si les races ou mélanges de races en sont connus. Demandez si le refuge a une portée de chiots ou seulement des chiots individuels. Demandez aussi à vos interlocuteurs s'ils savent quand les chiots ont été séparés de leur mère et d'où ils viennent. Le stress précoce peut être néfaste, rendant le chiot nerveux ou impulsif.

  TRUC

  Déterminez si les chiots ont eu l'occasion d'interagir les uns avec les autres et quand. L'idéal est de pouvoir observer les interactions de votre candidat avec les membres de sa portée ou d'autres chiots pour évaluer sa sociabilité au sein d'un groupe.
- **Dans une animalerie** : les chiots sont souvent livrés dans une animalerie seuls ou avec un ou deux chiots de la même portée. Après leur arrivée, ils sont mis en cage, seuls ou en compagnie d'un chiot d'une autre race. C'est une situation troublante pour un jeune chiot, et du fait du stress qui en résulte, beaucoup de ces chiots peuvent sembler manquer de vitalité. Mais isolé avec lui dans une salle d'accueil, vous serez mieux à même d'en tester la personnalité.

  TRUC

  Si vous vous intéressez vraiment à un chiot particulier, passez au moins trente minutes avec lui. Vous devez interagir, le tenir, et jouer pour avoir une vue d'ensemble de sa personnalité. En outre, amenez d'autres chiots dans la pièce pour déterminer sa sociabilité envers ses pairs.

Un regard extérieur : les profils de personnalité

Vous sélectionnez un chiot parmi une portée ? Chacun a une personnalité distincte dont vous pouvez juger à partir de 7 semaines. Voici les six profils de personnalité que vous pouvez observer :

- **Tyran** : à première vue, le tyran peut sembler tout à fait sociable et interactif. Vous pouvez vous dire « Bien, il ne manque pas d'énergie. » Mais continuez de l'observer. Vole-t-il les jouets des autres chiots, joue-t-il trop brutalement ? Escalade-t-il le pourtour du parc ou monte-t-il sur le dos de ses congénères comme s'ils n'existaient pas ?

  Ce sont des signes indubitables de détermination, d'intelligence et de volonté, mais vous devez décider si ces caractéristiques s'harmoniseront avec votre vie familiale. Si vous avez le temps de canaliser l'énergie de votre chiot (et de la défier), emmenez-le chez vous ! Toutefois, si d'autres exigences réduisent le temps dont vous disposez et si vous voulez un chiot pour réduire votre stress, oubliez le tyran.

- **Provocateur** : les chiots de ce groupe sont vifs d'esprit, adorent s'amuser, et ils sont séduisants. Ils sont tout autant fascinés que leurs frères dominateurs par les jouets et le jeu, mais ils sont nettement plus sensibles. En fait, le tyran et le provocateur peuvent jouer ensemble, le provocateur acceptant de se soumettre tandis que l'autre fait jouer ses muscles (en termes canins, cela peut se traduire par un retournement ventre en l'air ou une immobilisation de la tête).

  Les provocateurs sont attirants sans être trop entêtés. C'est un tempérament idéal pour une personne active ou une famille avec des enfants pas trop jeunes.

- **Penseur indépendant** : ces chiots tolèrent les rencontres et les interactions ludiques une partie du temps mais sont aussi heureux de s'asseoir et de s'occuper tout seuls avec un jouet. Stoïques et réservés, ces penseurs indépendants semblent être venus au monde avec l'âme d'un être âgé.

  Ces chiots sont parfaits pour une maisonnée structurée, avec des maîtres qui respecteront l'idée qu'ils se font d'eux-mêmes et s'engagent à les éduquer. Ils sont attentifs et éveillés, et leur destination idéale est une famille calme avec des enfants plus âgés, ou sans enfants.

- **Empressé de plaire** : les membres de ce groupe tiennent à vous faire plaisir et ont toujours envie de connaître votre opinion. Cette attitude peut faire d'eux les premiers de la classe ou les conduire à la niche selon la façon dont vous jouez le jeu. Si vous les dirigez et si vous renforcez leurs bonnes manières, ils coopéreront à 100 pour cent. En revanche, si vous essayez de corriger un mauvais comportement du chiot, il verra dans votre réaction une raison de recommencer encore et encore.

  Leur aptitude au dressage fait de ces chiots de merveilleux compagnons, mais le manque de direction peut les pousser vers la médiocrité.

- **Décontracté** : ces chiots détendus alternent de manière équilibrée le jeu, l'interaction et le sommeil – selon leur bon plaisir du moment. Peut-être moins intelligents que leurs congénères plus actifs, ils font simplement ce qu'ils veulent, quand ils en ont envie.

Ils peuvent vous sembler des chiots rêvés, mais dites-vous cependant qu'il faut une certaine créativité pour les motiver. Ils ne conviennent pas à des maîtres exigeants mais sont un bon complément d'une maisonnée détendue, et trouvent magnifiquement leur place dans une famille avec des enfants petits, à condition que leur race soit appropriée (voir chapitre II pour la sélection d'une race).

- **Petit trésor** : d'une nature douce et gentille, ces chiots se retrouvent souvent sous la domination des autres chiots qui profitent de leur nature docile. Ils sont également passifs et très désireux de plaire, et leur amabilité est manifeste. Au sein de la portée, ils restent tout près de la mère dont la protection est leur bouclier.

  Cette personnalité convient aux propriétaires de chien qui préfèrent donner à leur chien des soins bienveillants plutôt qu'une éducation rigoureuse. Les chiots dotés d'une telle personnalité sont moins sujets au vagabondage, car leur priorité sera de rester près de la maison.

- **Timide** : les chiens de cette catégorie, qui ne viennent pas au monde avec une haute idée d'eux-mêmes, donnent souvent l'impression d'avoir subi des sévices, mais leur attitude reflète davantage leur caractère perturbé qu'une éducation inappropriée. Quand on les approche, ils se traînent souvent sur le ventre ou arquent le dos en signe de totale soumission.

  Votre cœur peut vous pousser vers des chiots ayant cette personnalité, mais n'en prenez un que si vous avez le temps et la patience nécessaires pour développer sa confiance en lui-même.

  N'OUBLIEZ PAS !

  En dépit de tous les efforts, les chiots timides peuvent toujours se sentir submergés et avoir besoin d'être dirigés, et ne conviennent pas aux familles avec des enfants.

Tests de caractère : emmenez-les avec vous !

Voici dix tests rapides de caractère, dont vous pouvez vous servir pour voir si votre chiot et vous pourrez vivre heureux ensemble. Cette compatibilité est aussi souhaitable pour le chiot que pour vous. Découpez ou copiez le test et utilisez ensuite le questionnaire du chapitre III pour décider à l'avance de la race de chien qui vous convient. J'ai exécuté ces exercices avec plus de vingt chiens avant de trouver Whoopsie, notre labrador retriever. À vrai dire, ce n'est pas elle que je cherchais quand je l'ai trouvée. J'avais fait le tour des refuges dans la région, testant chiot après chiot. Puis on me demanda de choisir un chiot dans une portée pour un client. C'est alors que c'est arrivé : j'ai fait subir les tests du tempérament à un chiot qui avait exactement le score que j'espérais. J'en ai presque pleuré de joie. C'est maintenant votre tour !

Le carton de notes

La figure 4.1 est le formulaire à apporter avec vous pour tester des chiots. En vous inspirant des remarques qui suivent, notez chaque chiot selon l'échelle de notes ci-après :

A = réaction active N = neutre P = passive

Les chiots actifs sont intelligents et interactifs, ce qui entraîne beaucoup de travail mais est aussi très amusant. Pleins d'entrain et de vivacité, les chiots actifs sont très appréciés des propriétaires qui ont le temps et la volonté de les éduquer. Les chiots neutres sont détendus et peu exigeants – les gens sympas de l'espèce chien. Les chiots passifs et timides apprécient l'amour et le soutien mais sont effrayés par tout changement, et donc vivent mieux dans un environnement stable.

Formulaire d'évaluation des chiots

Nom / numéro du chiot	1. Observer	2. Jouer	3. Bercer	4. Rappeler	5. Bloquer et caresser	6. Se pencher sur lui	7. Baiser sur le nez	8. Pincer entre deux doigts	9. Surprendre par un bruit	10. Test de la chute	11. Soulever

Figure 4.1 : Formulaire d'évaluation des chiots

Exécution des tests

Si possible, faites un test du tempérament de tous vos candidats chiots pour déterminer leur personnalité et la confronter avec votre style de vie. Demandez s'il y a un endroit tranquille où vous pourrez vous occuper de chaque chiot individuellement ou utilisez un coin isolé de leur zone de repos.

1. **Observer.**

   Vous pouvez dire beaucoup de choses sur un chiot avant même d'avoir dit bonjour. Observez-le s'il joue avec les autres. Quelle est sa personnalité ? Harcèle-t-il les autres ou est-il harcelé ? Préfère-t-il se précipiter vers les activités du groupe (A), rester au milieu des activités du groupe (N) ou rester en dehors (P) ? Vole-t il les os (A) ou se soumet-il quand d'autres l'approchent (N ou P) ? Après avoir observé le chiot quelques minutes, donnez-lui une note dans la première colonne.

2. **Jouer.**

   Quand vous prenez un chiot avec vous, jouez avec lui. Est-il hyperactif (A), modérément actif (N) ou veut-il seulement être caressé (P) ? Sortez quelques jouets. Se montre-t-il intéressé ? Vous montre-t-il ce qu'il a (N), cherche-t-il à tirer à la corde (A), ou cherche-t-il à prendre l'objet immédiatement ? Cette attitude signale une tendance précoce à être possessif et peut conduire à l'agression.

   J'ai amené un frisbee alors que je cherchais un chien qui attraperait et rapporterait. Demandez-vous ce qui est important pour vous.

3. **Bercer (voir figure 4.2).**

   Tenez le chiot dans les bras. Se détend-il (P), remue-t-il d'abord, pour se détendre ensuite (N), ou se défend-il comme un fou (A) ? Quelle réaction correspond à vos attentes ?

Figure 4.2 : Test du bercement.

ATTENTION !

Ne choisissez pas un chiot de type A si vous avez des enfants.

4. **Rappeler.**

   En utilisant un jouet qui couine ou une friandise, appelez le chiot en vous éloignant de lui. Court-il derrière vous en sautant ou en mordillant vos chevilles (A), vous suit-il avec joie (N) ou est il hésitant et a-t-il besoin d'encouragements ?

5. **Bloquer et caresser (voir figure 4.3).**

   Agenouillé sur le sol ou assis sur une chaise, installez le chiot entre vos jambes. Donnez-lui des caresses allongées et douces en le complimentant gentiment. S'agite-t-il pour se dégager en mordillant (A), s'agite-t-il d'abord pour ensuite se détendre (N) ou fond-il sous vos caresses (P) ?

Figure 4.3 : Test bloquer et caresser.

6. **Se pencher sur lui.**

   Mettez-vous debout, étirez-vous et détendez-vous. Allez maintenant jusqu'à votre chiot et penchez-vous pour le caresser. Cette action doit lui sembler impressionnante parce que vous êtes si grand et lui si petit ! Saute-t-il à votre visage (A), se recroqueville-t il avec l'air embarrassé (P) ou se détend-il en vous laissant faire (N) ?

7. **Baiser sur le nez.**

   Prenez le visage du chiot dans vos mains et donnez-lui un baiser sur le nez. Vous mord-il en réaction (A), l'accepte-t-il calmement et réagit-il en vous mordant ou en vous embrassant doucement (N), ou a-t-il un mouvement de recul trahissant la peur ou l'embarras (P) ?

8. **Pincer.**

   Avec cet exercice, vous testez la sensibilité du chiot à l'inconfort. Tandis que vous caressez le chiot, pincez doucement la peau entre ses doigts. Attaque-t-il votre main ? Dans ce cas, il est clairement du type A avec une grande sensibilité. Un chiot neutre peut vous lécher ou vous mordre gentiment, tandis qu'un chiot passif se recroquevillera sous l'effet de la peur.

9. **Surprendre par un bruit.**

   Prenez un trousseau de clés, et au moment où le chiot s'y attend le moins, faites-le sonner en le secouant au-dessus de sa tête. Observez sa réaction : l'attaque des clés dénote un A ; un regard nonchalant, un N ; et une réaction de frayeur consistant à s'abaisser ou fuir, un P.

10. **Test de la chute (voir figure 4.4).**

    Mettez-vous debout et attendez que le chiot ne fasse plus attention à vous. Tout d'un coup tombez à terre comme si vous aviez trébuché et exclamez-vous ; « Aïe ! » Le chiot accourt-il et se précipite-t-il sur vous (A), vient-il renifler ou lécher votre visage (N), ou s'abaisse-t-il ou s'enfuit-il en ayant peur (P) ?

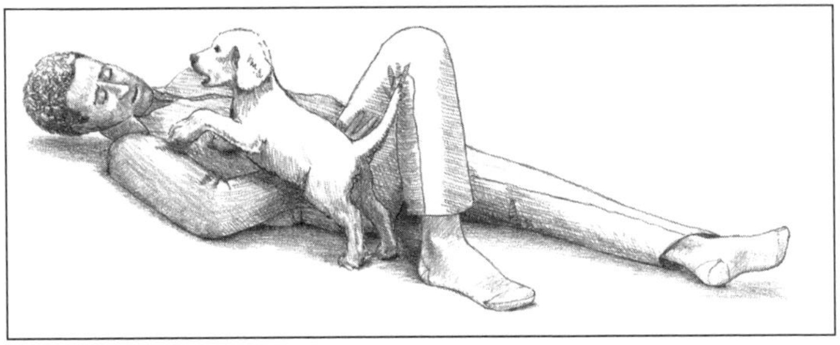

Figure 4.4 : Test de la chute.

11. **Soulever (voir figure 4.5).**

    Soulevez le chiot de 10 centimètres au-dessus du sol en le saisissant au milieu du corps. Maintenez-le dans cette position au moins cinq secondes. S'agite-t-il et mord-il furieusement (A) ? Se détend-il en regardant autour de lui (N) ? Montre-t-il sa crainte et se contracte-t-il (P) ?

Figure 4.5 : Test du soulèvement.

Évaluation des résultats

Après avoir réalisé tous les tests, établissez le score. Ne soyez pas surpris d'obtenir des résultats mélangés. Voici quelques indications pour l'interprétation du score global.

- **Que des A** : ce chiot dominant est brillant et interactif. L'élever demandera de la concentration, de la cohérence et du temps. Son expression favorite : « Qu'est-ce qu'on fait maintenant ? »

- **Que des N** : facile à contenter et raisonnable, ce chiot sera agréable et sûr de lui, bien que peu motivé pour faire ce qui vous convient quand c'est contraire à ses préférences. Son expression favorite : « Est-ce absolument nécessaire ? »
- **Que des P** : ce chiot manque de confiance en lui et a besoin d'être rassuré pour se sentir en sécurité. Faute de leçons appropriées et de socialisation, il sera timide. Son expression favorite : « Cela fait trois minutes, m'aimes-tu encore ? »
- **Mélange de A et N** : ce chiot actif voudra participer à tout ce qui se passe mais maîtrisera mieux ses impulsions quand il est dirigé. Son expression favorite : « Recommençons ! »
- **Mélange de N et P** : ce chiot sûr de lui sera conciliant et doux mais avec plus de confiance en lui-même qu'un chiot totalement passif. Comme il est plus équilibré, il sera le chiot idéal pour une maison calme avec des enfants plus âgés ou sans enfants. Son expression favorite : « Gratte-moi encore le dos s'il te plaît ! »

N'OUBLIEZ PAS !

Si vous trouvez un chiot dont le score correspond à ce que vous cherchez, c'est parfait ! Sinon, continuez à chercher. Ne vous découragez pas, et ne vous résignez pas à prendre un chiot qui ne vous convient pas tout à fait, parce que vous avez cherché trop longtemps en vain. J'en ai fait l'expérience – trouver le bon chiot justifie l'attente !

Prendre un chiot plus âgé ?

En décidant d'adopter un chiot plus âgé, vous pouvez espérer vous dispenser de ce qu'implique l'adoption d'un plus jeune, des mordillements à l'apprentissage de la propreté. Si vous tombez sur le bon chiot, vous pourrez éviter une partie de ces inconvénients. Mais rien n'est parfait, et très peu de chiots peuvent entrer dans une nouvelle vie sans quelques récidives. Si votre chiot ou chien plus âgé vient d'un refuge, essayez de savoir pourquoi on l'y a amené – vous pourriez adopter un chien plus âgé qu'il n'était pas possible d'habituer à la propreté ou qui a des réactions d'agression quand il ronge un os.

Questions selon le lieu d'origine

En fonction de l'endroit où vous allez chercher votre chiot plus âgé, vous pouvez poser certaines questions avant de l'emmener chez vous.

- **Éleveur** : un éleveur garde souvent un chiot à des fins d'exposition. Si le chiot ne s'avère pas posséder les qualités nécessaires pour les expositions, il sera placé chez un particulier. Ce peut être une excellente opération, à condition qu'il ait reçu suffisamment d'attention et ait été bien socialisé. Mais ce peut aussi être une expérience décevante, surtout si le chiot a vécu dans un chenil au cours des six derniers mois.

  Le chiot plus âgé d'un éleveur peut ne pas être familiarisé avec les habitudes de vie d'un particulier, il peut ignorer ce qu'est un escalier ou ne jamais avoir passé du temps dans un jardin. Et quoi qu'on vous dise, un chiot qui a passé la plus grande partie de son temps dans un chenil n'a pas toujours appris la propreté ! Assurez-vous de l'endroit où le chiot a passé les six derniers mois avant de vous précipiter dans l'aventure. Un chiot qui ne peut s'adapter sur le plan émotionnel à votre vie familiale n'est pas un bon candidat pour vous.

- **Animalerie** : ces chiots sont habituellement vendus à un prix réduit une fois dépassé l'âge où ils sont tout mignons. Votre cœur peut être sensible à leur charme, mais prenez conscience de leur réalité avant de les adopter. Tout ce temps passé derrière des barreaux peut laisser des traces sur le plan émotionnel, et l'apprentissage de la propreté sera très long, parce qu'ils n'auront pas été habitués à la notion de « se retenir ». Il est aussi probable que le chiot n'aura pas été ou n'aura que peu été exposé à la vie dans une maison, qu'il s'agisse des bruits habituels, des escaliers, de l'herbe ou des voitures.

  Quand un chiot est au-delà de la période la plus favorable à la socialisation, vous risquez d'avoir affaire à un animal indifférent aux stimulations de la vie de tous les jours. Certains chiots adoptés dans ces conditions évoluent très bien, mais vous courez un risque.

  Un chiot stressé durant sa petite enfance mordille plus souvent que les autres. L'énergie nerveuse doit trouver une échappatoire, et comme il ne peut pas courir au réfrigérateur ni ronger ses ongles, il se met à ronger tout ce qu'il trouve. Proposez-lui des solutions satisfaisantes, faute de quoi votre canapé disparaîtra, un coussin à la fois.

- **Refuge** : si vous trouvez un chiot plus âgé dans un refuge, renseignez-vous sur son histoire. A-t-il été trouvé au coin d'une rue ou a-t-il grandi dans le refuge ? Était-il attaché à un lampadaire ou a-t-il été apporté par un bon samaritain ? Le chiot en question a-t-il été ramené plus d'une fois ? Demandez quelles en étaient les raisons et ce que vos interlocuteurs pensent de la personnalité du chiot.

Principes pour le test de chiots plus âgés

Le test de caractère décrit plus haut est conçu pour des chiots plus jeunes, mais vous pouvez aussi l'appliquer à des chiots plus âgés. Voici quelques règles et quelques tests supplémentaires que je vous suggère pour mieux voir si le chiot plus âgé convient à votre style de vie. Vous devez être assez fort pour ne pas vous laisser conduire par votre cœur. Rien n'est plus triste que de secourir un chien, puis d'être obligé de le rendre parce que le chien ne pouvait pas s'adapter à votre style de vie. Soyez fort – déterminez à l'avance si vous et votre chien êtes faits l'un pour l'autre en effectuant les opérations suivantes :

- **Si vous avez des enfants, ne manquez pas de les présenter au chiot avant de l'emmener chez vous.**
- **Surprenez le chiot**. Jetez votre trousseau de clés sur le sol. Est-il effrayé ou attaque-t-il les clés ? Aucune de ces deux réactions n'est un bon signe. L'idéal est une réaction de surprise, après laquelle le chiot vient s'enquérir de l'objet en le flairant.
- **Si vous avez chez vous toute une ménagerie, assurez-vous que le chiot peut s'accommoder du désordre qui en résulte**. Demandez s'il y a d'autres animaux dans la maison du propriétaire actuel ou si quelqu'un a déjà conditionné le chiot à d'autres créatures.
- **Demandez à l'un des membres du personnel (ou au propriétaire précédent) de soulever le chiot**. Que se passe-t-il ? Un refus ou une peur intense ne serait pas bon signe. Le chiot idéal peut se débattre mais finira par accepter.
- **Apportez une brosse douce et essayez de toiletter le chiot en lui donnant des friandises.**

N'OUBLIEZ PAS !

Tenez compte du fait que les chiots plus âgés acceptent moins volontiers les étrangers et les situations inhabituelles que les petits chiots, et donc attendez-vous à un certain degré de nervosité. Mais si vous observez quoi que ce soit de plus extrême, renoncez, surtout si vous observez de l'agression. À moins que vous ne vouliez prévoir un programme d'éducation important, recherchez un chiot qui vous accepte et accepte les opérations décrites dans la liste ci-dessus.

Deuxième partie

Les soins de votre chiot jour après jour

« Je lui ai acheté un collier, un bol,
et comme c'est un chiot dalmatien, un petit extincteur
d'incendie pour qu'il se sente vraiment chez lui. »

Dans cette partie...

Je vais vous dévoiler un secret : votre chiot, dès l'instant où il vous rencontre, pensera que vous êtes un autre chien. Vos amis et vos enfants seront eux aussi considérés comme des chiens. Les petits enfants leur sembleront peut-être être d'autres chiots - mais en tout cas des chiens. Dans son esprit, vous partagez tous la même façon de concevoir le monde. Si vous l'élevez convenablement, votre chiot vous adorera en tant que chef, gardien et protecteur de son monde. La première étape consiste à vous en occuper comme l'a fait sa mère - avec autant d'amour, de cohérence et de soins jour après jour.

Dans cette partie, vous découvrirez comment prendre soin de votre chiot jour après jour, satisfaire ses besoins, le socialiser, l'aider à vivre avec des enfants et à s'adapter aux changements de l'existence.

Chapitre 5

Home sweet home

Dans ce chapitre :

- Achat des fournitures nécessaires immédiatement
- Les colliers de dressage et les laisses à utiliser plus tard
- Préparation de la maison et de la famille
- Les présentations
- La première semaine

Votre maman avait raison une fois de plus : les premières impressions comptent vraiment. Pour que la transition jusqu'à votre maison se passe le mieux possible, vous devez faire certains choix – par exemple savoir où placer son parc et quelles choses acheter au magasin d'articles pour animaux. Dans ce chapitre, je vous guide à travers les opérations qui précèdent le jour du grand événement, je vous montre comment mettre tout le monde au courant, et comment préparer votre intérieur.

Votre maman avait raison une fois de plus : les premières impressions comptent vraiment. Pour que la transition jusqu'à votre maison se passe le mieux possible, vous devez faire certains choix – par exemple savoir où placer son parc et quelles choses acheter au magasin d'articles pour animaux. Dans ce chapitre, je vous guide à travers les opérations qui précèdent le jour du grand événement, je vous montre comment mettre tout le monde au courant, et comment préparer votre intérieur. Le moment est venu d'avoir une bonne discussion avec vos amis et votre famille. Chaque personne aura sa propre vision et ses idées sur la façon dont les choses se passent et sur ce qu'il faut faire, mais vous ne devez pas perturber votre chiot. Une approche désordonnée risque de le désorienter. Dans ce chapitre, je fais la lumière sur le « comment et pourquoi » de votre première semaine passée ensemble, pour vous permettre d'étayer votre position avec des arguments concernant les chiots. En suivant mes conseils, vous pourrez accueillir votre chiot dans un environnement calme, cohérent et encourageant. Achat des fournitures initiales En entrant dans un magasin d'articles pour animaux, vous ne verrez pas seulement un exemplaire de chaque article. Il existe aujourd'hui autant de jouets et de gadgets pour chien qu'il y en a pour les enfants. Et comme dans un magasin de jouets, chacun a différentes histoires à raconter – un chiot aimait tel ou tel os, tandis qu'un autre n'en voulait pas ; l'un aimait ce lit, tandis qu'un autre préférait dormir sur le sol ; un chiot avait besoin d'un parc, tandis qu'un autre a appris la propreté facilement dans une salle de bains avec une barrière d'accès. Alors, qu'est-ce qui convient dans votre cas ? Dans cette section, je passe en revue la liste des objets à examiner et à acheter avant d'amener votre chiot chez vous.

N'OUBLIEZ PAS !

Faire les courses pour votre chiot peut être une expérience éprouvante. Pour éviter de dépasser votre budget, souvenez-vous que moins veut dire plus, en tout cas pour commencer. Vous pouvez être tenté d'acheter tout ce que vous pouvez pour votre chiot – du jouet dernier cri jusqu'à un imperméable de designer – mais je vous suggère de faire une liste et de vous y tenir.

Gamelles

Votre chiot a besoin de deux gamelles pour commencer : une pour l'eau et une pour la nourriture. L'Inox est idéal parce qu'il ne casse pas. Vous en trouverez des antidérapantes, ce qui réduit les risques qu'elles se renversent. La céramique convient aussi, mais elle peut se casser ou s'ébrécher. La matière plastique est une autre possibilité. Mais certains chiots mordillent leurs bols, et d'autres peuvent avoir une réaction qui provoque une décoloration du museau.

Cage de transport

Bon, je suis d'accord avec vous : une cage de transport ressemble à une immense cage pour cochon d'Inde. Toutefois, votre chiot l'aimera parce qu'elle lui semblera être une tanière confortable. Particulièrement utile au premier stade du dressage, la cage aide le chiot à se sentir en sécurité quand vous vous absentez. Son usage contribue aussi au contrôle de la vessie, parce que les chiots n'aiment pas faire leurs besoins à l'endroit où ils dorment.

N'OUBLIEZ PAS !

Pas encore convaincu de l'intérêt d'une cage ? Voyez la chose de la manière suivante : prévoir un endroit à lui pour jouer et se reposer, c'est un peu comme installer un lit pour un enfant et le border dans ce lit quand vient l'heure de dormir. Laisseriez-vous dormir un enfant dans une grande pièce, sans protection ?

Lors de l'achat d'une cage, vous disposez de plus d'options que pour acheter du café dans votre brûlerie locale ! Il existe toutes sortes de tailles, de matériaux et de couleurs. Doit-il y avoir un panneau de séparation ou un espace pour les journaux destinés aux besoins ? Les parois doivent-elles être fermées ou ouvertes pour laisser l'air circuler ? Voici les aspects à considérer :

- Les parcs en plastique sont standards pour voyager et peuvent aussi servir pour tous les jours dans un environnement bien ventilé. Si vous prévoyez de voyager, achetez ce type de parc – il donnera à votre chiot une plus grande impression de sécurité quand vous n'êtes pas chez vous.
- Les parcs en tiges métalliques permettent une meilleure circulation de l'air, on en voit mieux l'intérieur, et ils peuvent être enveloppés la nuit d'une couverture pour ressembler davantage à une tanière.
- La cage en osier est plus esthétique. Mais espérez, après l'avoir payée très cher, que votre chiot ne décidera pas de la dévorer pour en sortir.

Les cages peuvent être de fantastiques auxiliaires de l'éducation, mais elles peuvent être néfastes sur le plan émotionnel si vous en abusez. Elles conviennent aux situations suivantes :

- Si vous laissez votre chiot seul pour une durée qui ne doit pas excéder cinq heures.
- Au cours des heures de sommeil pour des chiots jeunes, qui n'ont pas encore appris la propreté ou qui font des dégâts.
- Comme endroit pour la nourriture si le chiot est facilement distrait.
- Pour aménager une pause lorsqu'un chiot est trop excité. En pareil cas, n'utilisez pas la cage comme une punition ; conduisez simplement le chiot jusqu'à la cage avec un jouet et mettez-le dedans calmement. Parfois, vous avez autant besoin l'un que l'autre de ne plus être ensemble pendant quelque temps !

La cage présente cependant les inconvénients suivants :

- Elle ne concorde pas avec la notion de leadership.
- Elle vous sépare du chiot quand vous êtes chez vous.
- Elle n'apprend pas au chiot comment se comporter dans la maison.

Si l'idée de la cage vous retourne l'estomac ou si vous êtes chez vous toute la journée et pouvez surmonter les difficultés du début sans y recourir, utilisez un enclos pour chien ou une petite pièce que vous pouvez bloquer par une barrière. Si votre chiot est plus âgé, vous pouvez le conduire en laisse pour le garder près de vous de la manière décrite plus loin dans ce chapitre.

Barrière

Les barrières sont pratiques dans les cas suivants :

- Barricader une salle de jeu quand vous êtes disponible pour surveiller le chiot ou jouer avec lui
- Bloquer des escaliers
- Empêcher le chiot d'accéder à des pièces dangereuses ou qui lui sont interdites

ATTENTION !

Certaines personnes ont moins mauvaise conscience s'ils laissent leur chiot dans de grandes pièces fermées par des barrières au lieu d'une petite pièce ou d'un parc. Grave erreur ! Les grandes pièces donnent au chiot l'impression d'être abandonné et seul – l'anxiété peut le pousser à faire ses besoins ou à mordiller. Si votre objectif est que les séparations s'effectuent en paix, mettez le chiot dans un parc ou dans un petit enclos lorsque vous vous absentez plus de quelques minutes. Si vous partez pour plus de cinq heures, envisagez un enclos de jeu, et, si vous habitez en ville, renseignez-vous auprès de votre vétérinaire pour trouver un promeneur pour chiens qui partagera sa journée en deux épisodes. Les enclos de jeu sont décrits dans la section suivante.

Parc à chiot

Un parc à chiot pliant (voir figure 5.1) peut être rangé ou transporté facilement.

Figure 5.1 : Le parc à chiot se place n'importe où et le chiot y séjourne en toute sécurité.

TRUC

Cet enclos de jeu peut remplir des fonctions très diverses :

- Habituer le chiot à d'autres animaux de compagnie
- L'enfermer quand vous n'êtes pas auprès de lui
- L'empêcher de séjourner dans des lieux de passage
- Le dresser à faire ses besoins sur des journaux
- Le laisser dehors temporairement sans qu'il s'échappe

Les jouets, les os et les friandises

Promettez-moi une chose : de ne pas dévaliser le magasin d'articles pour animaux quand vous serez dans le rayon des jouets et des os. Les chiots, comme les enfants, ont des préférences et des aversions particulières, et couvrir votre chiot de jouets peut le perturber. Il grandira en pensant qu'il peut jouer avec tout ce qu'il trouve par terre – y compris ces pantoufles confortables auxquelles vous tenez tant.

N'OUBLIEZ PAS !

Votre chiot passera les premiers jours à flairer partout – le jeu interactif apparaîtra seulement au bout de deux à quatre semaines. Même les chiots plus âgés doivent d'abord trouver leurs repères avant de se sentir suffisamment à l'aise pour jouer. En attendant, testez les préférences et les aversions de votre chiot en lui donnant un jouet ou un os à la fois. Après avoir découvert ce qui lui plaît, vous pouvez acheter d'autres articles identiques.

Jouets

Les chiots aiment ce qui rebondit et roule. Vous trouverez un grand choix, mais votre chiot se moque de savoir si la balle est rouge ou bleue – il suffit qu'elle rebondisse. Les formes de jouets sont extrêmement variées, pour des raisons qui tiennent à la psychologie des chiens. Les animaux poursuivis comme proie ne courent jamais suivant un schéma prévisible, et il n'y a pas de raison pour que les jouets soient moins surprenants. Certains couinent, d'autres font un autre bruit, et d'autres ont des trous pour y placer des croquettes ou d'autres nourritures. Choisissez-en quelques-uns, découvrez ceux qui plaisent à votre chiot, et vous aurez réglé la question. Vous trouverez aussi des jouets en peluche, la plupart équipés pour couiner, dans le but d'imiter le son émis par les proies. Beaucoup de chiots aiment lancer ces jouets et s'amuser avec. Toutefois, certains tiennent à en arracher tous les membres jusqu'à ce qu'ils aient enlevé le couineur. Ce n'est pas un jouet idéal pour ce genre de chiot : cherchez alors des jouets dont l'emballage porte la mention « indestructible » ou « très résistant ».

Os

Si vous prononcez le mot « chiot » dans un magasin d'articles pour animaux, vous entendrez beaucoup de conseils différents sur les meilleurs jouets ou les meilleurs os. En général, vous ne pouvez pas vous tromper en prenant des os en plastique indestructible, mais le problème est que les chiots les trouvent plutôt ennuyeux. Les os pressés en peau de buffle font l'unanimité, mais peuvent poser des difficultés avec les chiens qui mâchouillent de manière obsessive, parce qu'ils les avalent au fur et à mesure.

Divers os ou friandises à mâchouiller existent sur le marché, faites vous-même des tests – trouvez un os qui satisfait les envies de votre chiot, qui passe le test système (celui de son système digestif) et achetez-en un paquet ! C'est un des outils indispensables pour l'éducation des chiots.

Friandises

Faut-il ou non donner des friandises ? C'était autrefois la question. Désormais, la question est : « Quel type de friandise convient le mieux ? » Honnêtement, si votre chiot raffole de ses croquettes, utilisez-les pour le récompenser, en les empruntant sur sa ration habituelle. S'il ne montre pas d'enthousiasme pour les croquettes, essayez des friandises petites ou faciles à casser trouvées au magasin d'articles pour chiens. Souvenez-vous que ce n'est pas la dimension de la friandise qui donne l'encouragement désiré, mais votre propre enthousiasme !

Si vous optez pour les friandises des magasins d'alimentation, ne choisissez pas des friandises de qualité médiocre, contenant des additifs et colorants qui peuvent provoquer des dérangements intestinaux, des gaz ou d'autres anomalies, ni les friandises sucrées.

Le couchage

Vous trouverez dans les magasins toute une gamme de corbeilles ou couches pour chien adorables et confortables, mais résistez à la tentation d'en acheter une trop luxueuse tant que votre chiot n'a pas appris la propreté et n'est pas sorti de la phase du mordillement : vous pourriez regretter votre achat ! Il est préférable de plier un vieux couvre-lit ou d'acheter des tapis de couchage qui peuvent être déployés et que votre chiot reconnaîtra comme sa place dans la pièce où il séjourne. Les jouets peuvent être placés sur le tapis, et ses gamelles de nourriture et d'eau peuvent être mises à côté.

Si le chiot a fortement tendance à mâchouiller, renoncez aux tapis ou coussins de couchage. L'ingestion du tissu de couvertures ou de serviettes peut provoquer de sérieux problèmes intestinaux.

TRUC

Emportez le tapis du chiot partout où vous allez. Le chiot se sentira en sécurité et chez lui, que vous alliez chez le vétérinaire, que vous l'emmeniez faire un séjour dans un chenil ou une visite familiale. Le tapis de couchage est pour lui un objet familier, rassurant. Pour les premiers mois, préférez les corbeilles en plastique, qui ne sont pas très esthétiques, mais résistantes aux mordillements, peu onéreuses et faciles d'entretien.

Deux laisses

J'évoque les laisses pour l'éducation dans la section « Quand le chiot grandit : laisses et colliers pour l'éducation ». Pour l'instant, tout ce que vous avez besoin d'acheter est une laisse légère en Nylon et une longe, qui vous servira pour les jeux à l'extérieur dans des endroits ouverts (à l'écart des rues) et plus tard, pour l'éducation avancée.

Une laisse courte

Il s'agit d'une laisse courte (1,2 à 1,8 m) en Nylon, légère, que votre chiot peut garder quand vous êtes ensemble à la maison. La laisse courte est utile pour écarter rapidement votre chiot des activités que vous désapprouvez, comme sauter sur les tables de la cuisine, ronger une plante ou mordiller les enfants.

Une longe

Les longes (10 mètres et plus) sont parfaites pour permettre au chiot de s'ébattre dans le jardin et l'encourager à rester à distance. En tissu ou en Nylon tressé, elles laissent assez de liberté pour jouer, mais comportent assez de longueur pour que vous puissiez les saisir si le chiot va trop loin. Pour les jeunes chiots, les longes sont très pratiques pour les promenades dans un jardin ou un champ – emmenez aussi quelques friandises favorites et récompensez le chiot chaque fois qu'il revient vers vous spontanément. Les longes peuvent aussi servir à l'éducation hors laisse.

TRUC

Puces incorporées

Seule, pour l'instant, l'identification par tatouage est obligatoire, mais votre vétérinaire vous suggérera de mettre également une puce à votre chiot. Je recommande vivement ce procédé qui devrait devenir obligatoire d'ici quelques années ! Le vétérinaire insère dans le cou ou l'épaule du chiot une puce d'identification préenregistrée (l'opération n'est pas plus douloureuse qu'une piqûre ordinaire), qui peut être lue facilement par un dispositif informatique. Si votre chiot se perd ou se retrouve dans un refuge, un simple balayage avec ce dispositif permettra de vous restituer immédiatement votre chiot. De nombreux éleveurs procèdent à l'insertion d'une puce avant de placer les chiots. Si votre chiot est seulement tatoué, prenez tout de suite un rendez-vous pour lui en faire mettre une.

Badge d'identification

Bien que vous ne puissiez pas fixer ce badge d'identification sur votre chiot tant qu'il n'est pas habitué à porter un collier, il est bon d'en prévoir un. Certains magasins d'articles pour animaux ont maintenant des machines qui créent très rapidement des badges personnalisés. Je trouve que le meilleur message à inscrire est « Merci de me ramener chez moi [05 55 55 55 55] ». Prévoyez un badge en plus de la puce d'identification, car la plupart des gens ne disposent pas du dispositif approprié pour la lire.

Je vous suggère de ne pas indiquer le nom du chiot sur le badge d'identification, car il pourrait alors suivre des gens mal intentionnés. Vous pouvez aussi ajouter le mot « récompense » si vous êtes prêt à en offrir une.

Quelques autres bricoles

- **Boîte à récompenses** : pour créer une boîte à récompenses, achetez ou récupérez un récipient bon marché en plastique, découpez un petit trou dans le couvercle, et remplissez-le à moitié avec des croquettes ou des petits morceaux de friandises pour chien. En associant le son produit en secouant la boîte avec une récompense, vous pouvez utiliser l'objet pour inciter le chiot à coopérer joyeusement, qu'il s'agisse de l'habituer à son nom, à participer à un jeu ou à rapporter.

  Les chapitres VIII et XI donnent d'autres indications sur ses utilisations.

- **Sacs de récompenses** : Achetez ou trouvez une de ces trousses qui se portent à la ceinture. Mettez-y des croquettes ou des friandises et des sacs pour ramasser les crottes et emmenez-la quand vous sortez avec votre chiot. Les friandises vous serviront à le récompenser quand il revient vers vous ou a fait ses besoins dehors. Vous trouverez d'autres usages au sac de récompenses au chapitre XI.

- **Clicker** : un clicker est un petit jouet qui émet un bruit très particulier quand on appuie dessus. Si ce bruit est associé à une récompense, votre chiot se donnera beaucoup de mal pour le déclencher. Vous pouvez l'utiliser pour développer des aptitudes élémentaires, l'habituer à la propreté ou lui enseigner la politesse. Le chapitre XI vous présente d'autres informations sur le clicker.

Quand le chiot grandit : laisses et colliers pour l'éducation

Plus tard, quand le chiot a trouvé sa place dans sa nouvelle demeure et commence à grandir un peu, vous devrez rendre une autre visite au magasin – pour les laisses et colliers de dressage. Cette section est consacrée à divers équipements de cet ordre.

N'OUBLIEZ PAS !

Les colliers et laisses de dressage peuvent sembler impliquer pour vous et votre chiot un style de vie plus contraignant, voire structuré à l'excès. Mais si vous les utilisez convenablement, ils aident le chiot à mériter plus de liberté dans la maison – et leur usage n'est d'ailleurs que temporaire.

Laisses pour l'éducation

Les laisses sont essentielles pour l'éducation. Elles vous aident aussi à assurer la sécurité du chiot. On pense tout de suite aux voitures. Quand vous conduisez, veillez à la sécurité du chiot, pour lui comme pour votre tranquillité d'esprit. De même lors de ses ébats. Si le terrain où vous êtes n'est pas clos, ne laissez pas le chiot courir librement.

Laisses enrouleuses

Les laisses enrouleuses sont très bien lorsqu'on les utilise à bon escient. Plus elles sont longues, mieux cela vaut. Au début, la laisse est parfaite pour lui faire prendre de l'exercice. Votre chiot peut courir comme un fou pendant que vous restez sur place en lisant le journal du matin. Quand vous progressez jusqu'au travail hors laisse (voir chapitre XV), la laisse enrouleuse est un outil de base. Elle fonctionne comme une canne à pêche, faisant sortir un supplément ou rentrer un excès de longueur. Il faut un peu de coordination pour l'utiliser, mais quand vous y serez habitué, vous ne pourrez probablement plus vivre sans.

N'OUBLIEZ PAS !

Vous devez cependant prendre quelques précautions. N'utilisez pas une laisse enrouleuse près des routes ou dans des zones où il y a beaucoup de monde. Sa conception high-tech exige une certaine habitude, et même les gens entraînés peuvent perdre le contrôle du fil excédentaire. Si vous sortez avec d'autres personnes, faites attention à leurs jambes. La plupart des chiots deviennent un peu fous quand on leur laisse assez de liberté pour courir. Si une personne est prise en sandwich entre vous et votre chiot qui bondit, elle risque une brûlure par le fil de la laisse. Il vaut mieux le faire jouer en privé. De plus, évitez de libérer de la laisse quand votre chiot tire, vous lui apprendriez rapidement à tirer pour augmenter la longueur de laisse. Attendez qu'il soit calme avant de libérer de la longueur.

Laisse pour l'éducation ou équivalent

Devenu plus mature, votre chiot voudra rester avec vous quand vous êtes à la maison. Le même chiot qui restait lové tranquillement dans la cuisine pendant que vous preniez votre douche finira par protester contre la séparation. La réponse ne consiste pas simplement à supprimer les barrières. Un jeune chiot est déconcerté par trop de liberté, même à l'intérieur de la maison, et donc vous devez le garder en laisse. (N'ayez pas de scrupules à tenir votre chiot en laisse dans la maison ; c'est seulement temporaire.)

Pour que les choses restent simples et structurées, vous pouvez utiliser une technique appelée méthode de la laisse d'apprentissage, que j'explique au chapitre XIII. Les trois aspects de cette méthode – conduire, ancrer et parquer – sont irremplaçables pour conditionner le chiot à la liberté de mouvement dans la maison et à des façons de marcher civilisées. Ce chapitre vous montrera comment la méthode de la laisse d'apprentissage peut :

- Remplacer le parc à chien quand vous êtes à la maison.
- Encourager les bonnes manières à l'intérieur et à l'extérieur.
- Enseigner les ordres courants, tels que « Debout », « Au pied », et « Viens ».
- Habituer à la propreté ou corriger des habitudes agaçantes telles que sauter après les gens ou les mordre.

Ceinture de sécurité pour chien

Garder votre chiot sur les genoux ou le laisser sortir la moitié du corps par la fenêtre quand vous conduisez peut vous paraître amusant, mais ce n'est pas vraiment une bonne idée. J'ai peut-être vu trop d'accidents, mais pour moi, les voitures ne sont pas des jouets, et votre chiot est trop précieux pour le perdre dans une collision. Voici ma règle de sécurité : attachez ou enfermez votre chiot quand vous conduisez. Si vous êtes préoccupé par votre chiot, vous ne ferez pas attention à la route, nuisant ainsi à votre sécurité et à celle des autres automobilistes. Vous pouvez utiliser un parc à chien pour bloquer le chiot sur le siège arrière ou dans le coffre à bagages d'une familiale ou d'un 4 x 4, ou encore le fixer avec un système que j'appelle *laisse ceinture de sécurité*, qui protège le chiot de la même façon qu'une ceinture de sécurité protège les personnes.

Vous pouvez consulter le site Web (`http://www.animalinboutique.fr`) qui vous montrera des photos des différentes laisses et les options en matière de collier.

Laisse courte

La laisse doit être courte par rapport à la taille du chiot. Une laisse courte ne doit pas dépasser 20 centimètres ; pour de petits chiens, 3 à 10 centimètres suffisent. Elle peut vous servir à encourager les bonnes manières et à l'éducation hors laisse. Voici la théorie sous-jacente dans les deux cas :

- **Encourager les bonnes manières**. Beaucoup de mes clients se plaignent que leurs chiots se comportent comme des saints en laisse, mais deviennent de véritables délinquants dès que la laisse est enlevée. Une laisse courte représente une transition commode entre la laisse normale et la liberté totale. Sa présence rappelle au chiot que vous continuez à le surveiller ; elle vous donne aussi quelque chose à saisir pour récupérer le chiot en cas de besoin.
- **Éducation hors laisse**. Quand vous passez au travail hors laisse (voir chapitre XV), la laisse courte sert également à rappeler votre présence et votre autorité. Elle est aussi ce que vous pouvez attraper si votre chiot fait une faute.

Colliers pour l'éducation

Des colliers réglables en coton, en Nylon ou en cuir s'appellent des *colliers à boucle*. Ces colliers ne glissent pas et n'étranglent pas. Leur but est de porter le badge d'identification de votre chiot. Le but d'un collier pour l'éducation, au contraire, est d'éviter qu'il se précipite en avant et vous tire avec la laisse tandis que vous utilisez un renforcement positif pour l'encourager à rester concentré. Si votre chiot préfère courir après une feuille plutôt que de rester avec vous, vous devez investir dans un collier pour l'éducation. Cette section vous montre les différents types de collier pour l'éducation disponibles.

N'OUBLIEZ PAS !

Il ne vous suffit pas de demander un collier pour l'éducation. Vous devez être plus précis. Il en existe de nombreux types différents, et il est indispensable de trouver celui convenant à votre situation. Un collier pour l'éducation inapproprié peut faire mal à votre chiot tout en contrariant le processus d'apprentissage.

Vous pouvez choisir parmi de nombreux colliers. Si vous ne savez pas ce qui convient, interrogez quelqu'un qui s'y connaît : d'autres utilisateurs, des vétérinaires, des éducateurs, des professionnels du magasin d'articles pour animaux domestiques, ou des toiletteurs. Gardez néanmoins à l'esprit le fait que certaines personnes sont fixées sur un type de collier et vous diront qu'il n'y en a qu'un qui marche. Ne tenez pas compte d'un tel avis ; chaque situation est différente. Ce qui marche pour vous peut être un cauchemar pour quelqu'un d'autre. Choisissez un collier qui marche pour vous parmi ceux qui sont décrits dans cette section (essayez-les tous s'il le faut).

Les licols pour chiens et les harnais d'éducation à la marche (évoqués plus loin dans cette section) représentent des options sûres et conditionneront d'emblée le chiot à marcher de façon coopérative, mais évitez, sur un chiot de moins de 16 semaines, de laisser le collier en permanence et sans surveillance, car il peut être mortel s'il s'accroche quelque part. Placez les identifications du chiot sur un collier à boucle.

Préférez les colliers avec une fermeture facile à enclencher ; il sera plus facile et plus rapide de mettre et d'enlever le collier, sans provoquer des mordillements ou des gigotements intempestifs.

Licol pour chien

Les licols pour chien sont pratiques, et vous pouvez les utiliser dès le départ – même sur des chiots de seulement 8 semaines. Ils conviennent aussi parfaitement pour remplacer un autre collier pour l'éducation qui n'aurait pas marché. Tous mes chiens ont utilisé le système du licol dans leur première année : c'est un outil de conditionnement non contraignant qui encourage la coopération et qui d'emblée incite le chiot à vous suivre.

Vous pouvez penser que ce collier ressemble à une muselière quand vous le voyez pour la première fois. Faites-moi confiance ; ce n'est pas une muselière. Les chiots peuvent manger, mordiller et jouer avec bonheur quand ils portent leur collier de tête. Son usage s'apparente à celui du licol dans le cas d'un cheval.

Alors, comment marche le licol pour chien ? Il marche suivant le principe « maman ». Quand votre chiot était très jeune, sa maman le corrigeait en attrapant son museau. Le message était : « Eh, petit sauvage, tiens-toi comme il faut ! » Le licol pour chien a le même effet. Porté pendant le jeu, il exerce une pression sur le museau qui décourage les comportements violents et bruyants et l'instinct de mordre. En lui adjoignant une courte laisse quand vous attendez des visiteurs, vous pouvez efficacement faire perdre à votre chiot l'habitude de sauter après eux. Les aboiements frénétiques sont fortement réduits, et le dressage est rendu plus simple tandis que vous guidez le chiot d'un exercice au suivant. Pour ceux d'entre vous qui peuvent faire abstraction de son apparence de muselière, le licol pour chien est un outil d'éducation sûr, efficace et humain, qui vous donne une longueur d'avance dans la correction des comportements négatifs. Un autre avantage est que le guidage du chien par le menton demande un minimum de force physique, de sorte que n'importe qui peut l'utiliser – les enfants également. Voici quelques autres remarques :

- **Quand et combien de temps le mettre**. Votre chiot est le mieux placé pour répondre à cette question. Si le vôtre a des manières relativement bonnes, vous pouvez l'utiliser exclusivement au cours des promenades et des leçons. S'il est du genre mordeur, aboyeur et sauteur, laissez-lui le collier tant que vous êtes auprès de lui. Enlevez-le la nuit ou quand vous n'êtes plus avec lui.

- **Quelle taille**. Les licols pour chien ont une échelle de tailles. Le licol doit s'adapter correctement autour du cou du chiot. S'il est trop lâche, votre chiot peut l'enlever et peut-être le manger. Vous devez fixer à la hauteur des oreilles la lanière qui passe autour du cou, sans la serrer plus qu'un bracelet de montre, en laissant assez de place pour passer deux doigts sous son cou. Vous pouvez avoir à faire un nœud avec la longueur qui reste pour éviter que le collier se desserre.
- **Observez la réaction du chiot**. Au début, les chiots n'aiment pas l'idée du collier de tête. Leur réaction me rappelle le premier jour où ma mère m'a fait porter de la dentelle – j'avais cela en horreur. Mais après une heure ou deux, je ne la remarquais plus du tout. J'ai appris à la supporter. Il en ira de même pour votre chiot. Quand vous le verrez s'agiter comme un poisson hors de l'eau, ne vous affolez pas. Quand il aura compris qu'il ne peut pas enlever le collier, il finira par l'oublier. Certains chiots mettent une heure pour s'adapter à la sensation du collier, d'autres ont besoin d'un jour ou deux. Si vous essayez ce collier, vous devrez tolérer une certaine résistance. Soyez patient, l'idéal étant que vous preniez le temps de faire un apprentissage à la récompense pour que le chiot apprécie le port du licol.

TRUC

Si un collier de tête irrite le museau du chiot, achetez du molleton du Dr Scholl dans une pharmacie et garnissez-en la partie fixée autour du museau. Si ce procédé ne marche pas, enlevez le collier de tête et demandez une pommade à votre vétérinaire.

ATTENTION !

Ne surtout pas donner de saccades quand vous utilisez le licol, l'effet serait désastreux sur ses vertèbres. À toujours manipuler avec précaution et calme.

Harnais d'éducation à la marche et harnais classiques

Il existe sur le marché divers modèles de harnais d'éducation à la marche. Ce sont des harnais qui se différencient des harnais classiques, puisqu'ils sont conçus pour apprendre aux chiens à ne pas tirer, et que j'ai trouvés très efficaces dès l'âge de 8 semaines pour encourager les chiots à suivre. De plus, ce type de harnais est un système idéal pour les races petites ou géantes et il peut être utilisé en toute sécurité si le cou d'un chiot est tout simplement trop fragile pour supporter la résistance d'un licol pour chien (ce que vous constaterez s'il tousse constamment quand il est attaché à un licol). Il permet de corriger la tendance à tirer en réglant sans brutalité la démarche du chiot. Certaines personnes utilisent les harnais classiques. Vous pouvez utiliser le harnais pour de nombreux chiots, mais chez certains animaux, il provoque une réaction consistant à tirer, de sorte que le chien marche devant vous, et non à côté. La meilleure utilisation d'un harnais ordinaire est sa fixation à la ceinture de sécurité de la voiture.

Préparer la maison pour l'arrivée du chiot

La préparation de la maison pour l'arrivée du chiot s'apparente à la mise en place d'une nursery. Comme les préparatifs antérieurs à la venue d'un bébé, ceux que vous effectuez avant d'aller chercher votre chiot vous assureront une plus grande tranquillité d'esprit à l'arrivée du jour tant attendu. Posez tous vos achats et continuez à lire pour commencer les opérations !

Chambre du chiot

Votre chiot doit avoir son propre espace pour échapper à l'agitation de la maison. Sachant qu'un chiot fatigué peut devenir hargneux (tout comme vous), affectez-lui un emplacement tranquille qui pourra être mis dans l'obscurité comme une chambre de bébé. Que vous choisissiez un parc à chien ou une pièce fermée par une barrière, rendez l'endroit confortable en y plaçant un tapis et quelques jouets spécial chiot qui l'occuperont quand il sera agité. Évitez les lits moelleux ou les coussins qui encouragent le mordillement et les accidents. Vous pouvez placer une radio à côté, qui jouera de la musique douce quand vous n'êtes pas dans la pièce.

Un produit particulièrement utile pour les chiots s'appelle SnugglePuppy. Il imite la chaleur et le confort d'une maman chien. Ce compagnon de substitution comporte une poche dans laquelle on peut placer des éléments chauffants, ainsi qu'un cœur battant à moteur. Ces dispositifs font du SnugglePuppy un article idéal pour faciliter la transition entre la première famille du chiot et sa famille définitive. Le SnugglePuppy est un produit typiquement anglo-saxon que vous trouverez facilement sur Internet. Sinon vous pouvez le remplacer par des bouillottes en peluche que l'on trouve un peu partout. Seuls les battements de cœur ne seront pas reproduits.

Zones de jeu libre

Désignez une *zone de jeu libre*, qui sera une pièce fermée pour le jeu et l'interaction. L'idéal est un lieu sans moquette – surtout si le chiot n'a pas encore maîtrisé la propreté. Enlevez aussi les tapis éventuels, car les franges et les coins peuvent inciter le chiot à ronger et les textures souples peuvent déclencher l'élimination. Fixez les fils électriques éventuels au sol, éliminez les sièges bas sur lesquels le chiot peut être tenté de s'asseoir, et mettez vos chaussures ailleurs. Vous pouvez aussi créer une station de jeu dans cette pièce (voir section suivante).

Si votre zone de jeu empiète sur le domaine d'un autre animal domestique, réorganisez-la bien avant l'arrivée du chiot. Par exemple, si les bols et la boîte de litière de votre chat se trouvent dans la zone dédiée au chiot, trouvez-leur un nouvel emplacement à l'avance, pour éviter que le chat se sente délogé par le nouvel arrivant. Vous trouverez d'autres conseils sur la présentation du chiot aux animaux déjà là sous le titre « Présentation d'autres animaux », plus loin dans ce chapitre.

Stations de jeu

Aidez votre chiot à identifier un coin de la zone de jeu qui sera sa place. Mettez un tapis pour chien, un couvre-lit plié ou une couche pour chien dans un endroit à part. Placez-y les jouets et les os du chiot, et si possible, disposez ses gamelles à côté. Asseyez-vous à côté et donnez-lui une friandise pour qu'il pense que cet endroit est spécial. Si vous en faites le point focal de vos interactions, le chiot s'y attachera rapidement (voir figure 5.2). Quand vous admettez le chiot dans d'autres pièces de la maison, apportez la station de jeu ou créez-en une nouvelle pour chaque pièce. Votre chiot doit avoir une station de jeu dans chaque pièce que vous prévoyez de partager avec lui.

Figure 5.2 : Établissez des stations de jeu un peu partout dans la maison.

Si vous adoptez un chiot plus âgé, créez des stations de jeu dans chaque pièce, et il se sentira toujours bien accueilli.

Zones de nourriture

Nourrissez votre chiot près de sa station de jeu dans la zone de jeu libre, ou éventuellement dans son parc. Prévoyez une gamelle pour l'eau et une gamelle pour la nourriture. Présentez les gamelles aux moments appropriés et lavez-les après chaque repas.

L'itinéraire

Que vous lui appreniez à faire ses besoins sur des journaux ou au dehors, décidez d'un itinéraire à travers les pièces partagées avec lui jusqu'à la porte ou jusqu'à l'endroit couvert de journaux (vous trouverez un diagramme au chapitre XII).

Placez des journaux dans la zone prévue ou choisissez une porte et un lieu pour faire les besoins qui ne soit pas distant de plus de 3 à 6 mètres de l'entrée de votre maison.

Le voyage jusqu'à la maison

Le jour est finalement arrivé. Vous avez pensé à tout, préparé les membres de la famille et les amis, et vous avez probablement fait part de votre émotion à quelques inconnus. Oui, ce voyage sera un grand moment. Votre chiot, lui, éprouvera des sentiments différents. Quitter sa famille chien pour la première fois et être séparé de la maman chien qui lui a donné le jour peut être stressant et effrayant.

Efforcez-vous de préparer le voyage jusque chez vous de telle sorte qu'il soit le moins stressant possible. Si vous le pouvez, prévoyez ce voyage au cours de la sieste du chiot. Envisagez les pires et les meilleures éventualités. Pensez par exemple aux scénarios suivants :

- **Scénario optimiste** : votre chiot dormira pendant tout le trajet jusque chez vous. Modérez-vous et parlez doucement au petit chien s'il se réveille. Une musique douce peut aussi s'avérer efficace.
- **Scénario pessimiste** : votre chiot vomit, hurle ou succombe à un violent accès de diarrhée. Ce scénario est épouvantable, je sais, mais j'en ai fait l'expérience une fois et il peut aussi se produire pour vous. Emmenez trois rouleaux de papier cuisine, des sacs en plastique, votre produit préféré pour le nettoyage des tapis, et des serviettes. Quels que soient votre déception, votre dégoût ou votre frustration, ne stressez pas et ne corrigez pas votre chiot.

N'OUBLIEZ PAS !

Voici votre liste à cocher pour le voyage :

- Serviettes en papier
- Une serviette de toilette à placer sous le parc du chiot pour l'empêcher de glisser ou pour nettoyer les accidents
- Collier léger avec un numéro de téléphone dans l'éventualité d'un accident
- Quelques friandises à mâcher ou un jouet élastique
- Un SnugglePuppy, si vous en avez acheté un – sans oublier les piles et les éléments chauffants
- Une cage de transport que vous placerez à côté de vous

Vous êtes prêt à partir !

TRUC

Si vous voyagez en voiture ou par avion, placez votre chiot dans une cage de transport en matière plastique de taille appropriée. Vous pouvez en acheter une à l'avance dans un magasin d'articles pour animaux de compagnie. Demandez à l'éleveur ou la personne qui s'occupe du chiot quelle dimension convient. Dans la voiture, bloquez la cage de transport en la coinçant avec des oreillers ou attachez-la avec des cordes sur une surface horizontale et mettez une musique douce jusqu'à l'arrivée à la maison. Si vous avez acheté un SnugglePuppy, utilisez-le maintenant et au cours des quelques jours suivants pour atténuer l'impression d'isolement de votre chiot. Si d'autres personnes voyagent avec vous, demandez-leur de se tenir près de l'ouverture de la cage et de parler doucement au chiot quand il se réveille.

ATTENTION !

Ne placez pas le chiot sur vos genoux en conduisant. Conduire est suffisamment compliqué sans cela, et dans le pire des cas, une légère collision peut suffire à déclencher l'airbag. Comme les petits bébés, votre chiot ne survivrait pas au choc.

Les premières présentations

En préparant la première journée avec votre chiot, choisissez la simplicité. Si vous avez des enfants ou d'autres chiens, fatiguez-les ou utilisez des récompenses pour vous assurer de leur coopération. Ne tolérez pas les disputes ou les manifestations bruyantes – votre chiot est suffisamment inquiet sans cela. Excluez tout stress pendant les 24 heures à venir. Par exemple, reportez tout rendez-vous visant à des réparations chez vous. Que ce jour soit celui de votre chiot.

Si vous accueillez chez vous un jeune chiot, de 8 à 12 semaines, faites-lui découvrir une seule pièce, telle que la cuisine, au cours de la première semaine. Un chiot plus âgé peut accéder progressivement à d'autres parties de la maison, mais utilisez une laisse, car sinon il peut explorer ou salir des endroits de la maison où vous ne voulez pas qu'il aille. Vous serez forcé d'intervenir, et cela peut susciter un schéma de comportement récurrent, renforcé par l'attention que vous accordez au chiot. En le tirant doucement avec une laisse, vous pouvez le guider vers l'endroit voulu ou vers des jouets et l'aider à adopter des comportements acceptables dès le départ. Si vous prévoyez de laisser votre chiot dormir près de vous la nuit, utilisez à cette fin une grande boîte ou une grande niche comme lit et placez-le dedans après qu'il a fait une dernière fois ses besoins.

Le comité d'accueil

Le jour où votre chiot arrive à la maison peut figurer plus tard sur la liste des « meilleurs souvenirs d'enfance » – tant il suscite d'enthousiasme. Toutefois, vous vous devez d'imposer le calme à vos enfants, car trop de cris et de démonstrations d'amour au cours des cinq premières minutes pourraient perturber votre petit chien.

Expliquez la situation à l'avance et demandez aux enfants de vous aider à mettre le petit chien à l'aise. La règle est qu'ils peuvent le suivre tranquillement et lui parler doucement, mais que les gestes violents, les cris et les batailles sont interdits. Ce sera peut-être votre dernier moment de tranquillité pendant quelque temps, profitez-en !

Former un comité d'accueil

Rassemblez tout le monde et formez un large cercle en étendant les jambes de sorte que vos pieds se touchent. Donnez à chacun une poignée des croquettes du chiot et placez-le au centre du cercle. Laissez-le approcher chacun de lui-même et montrez à chacun la façon de le tenir pour qu'il se sente en sécurité et bien accueilli.

Calmer les enfants

Si vous avez plusieurs enfants, il y a des risques qu'ils se fassent concurrence pour attirer l'attention du chiot. Voici quelques trucs que j'ai trouvés commodes pour éviter les tensions, les frustrations et les batailles.

- **Donnez l'exemple** : Comme vos enfants prennent des habitudes en vous observant, montrez-leur comment agir par des actes plutôt que par des paroles. Je peux vous assurer que quelque chose ne se déroulera pas comme vous l'aviez prévu (votre enfant fera une colère, votre compagnon ou votre compagne sera beaucoup moins enthousiaste que vous-même), mais si vous restez calme et si vous dominez votre envie de pester ou de brusquer les autres, votre maison restera beaucoup plus calme. Les enfants, et même des époux ou épouses, réagissent négativement aux réprimandes. Conservez votre gaîté et donnez le bon exemple tandis que vos enfants vous observent. Ils vous imiteront.

- **Distribuez des tâches** : Assignez à chacun une tâche à l'avance en utilisant le tableau du chapitre VIII. Faites de l'élevage du chiot un projet familial amusant dans lequel chacun joue le rôle de parent.
- **Discutez à l'avance** : Parlez à vos enfants à l'avance. Impliquez-les dans vos projets et prévenez-les de toutes les situations qui peuvent survenir. Dites-leur que le chiot peut être triste, replié sur lui-même et ne pas avoir envie d'avoir affaire à qui que ce soit. Bien que cela puisse être une déception, ils doivent respecter le chiot. La transition est pénible, mais le chiot sortira brusquement de cette phase au bout de quelques jours et sera ravi de s'associer à un groupe qui le respecte et l'aime autant. Par ailleurs le chiot peut avoir tendance à mordre et à être brutal. Pour éviter que les enfants ne fuient la pièce en courant, assurez-vous qu'ils ont compris la nature du chiot et aidez-les à s'occuper du chiot quand il est calme.
- **Observez, écoutez, et partagez** : Utilisez un « jouet de parole » que l'on se repasse à table. Quiconque détient le jouet peut raconter une histoire ou dire ce qu'il pense au sujet du chiot. Nous avons un coquillage dans notre maison et quiconque détient ce coquillage peut parler (sans être interrompu) aussi longtemps qu'il le veut.
- **Enlevez le chiot** : Votre chiot sera facilement irrité par vos enfants et peut exprimer son état d'âme en mordant, en sautant et en tirant. Pour prévenir ces comportements, avertissez vos enfants que s'ils sont trop excités, vous retirerez le chiot. Cette solution n'est efficace que si la menace est mise à exécution.

TRUC

Parlez aux enfants des différentes phases de l'enfance du chien – en la comparant aux enfants de différents âges qu'ils connaissent. Au moyen des « Cinq stades du développement du chiot » du chapitre VI, aidez vos enfants à comprendre exactement ce qui se passe avec votre chiot à chaque âge.

Par exemple, un chiot de 8 à 12 semaines a besoin de beaucoup de sommeil parce que son cerveau continue de se développer. C'est pourquoi il convient d'éviter de crier après lui parce que cela ne fait que provoquer la peur ou (pire) la confrontation. Des chiots plus âgés peuvent mordre beaucoup et vouloir engager des combats de tir à la corde, ce qui montre qu'ils essayent de déterminer leur place dans le groupe et de repérer ceux qu'ils peuvent dominer.

Présentation d'autres animaux

Bien que ce soit décevant pour vous et vos enfants, vous devez vous rendre compte que vos animaux actuels ne vont pas se réjouir quand vous entrez dans la maison avec un nouveau compagnon dans les bras. Les jeunes chiots sont particulièrement agaçants – et les nombreuses attentions qui leur sont accordées par tout un chacun semblent particulièrement déplacées à tout animal de compagnie en place. L'ancien et le nouveau ont besoin d'un peu de temps pour s'habituer l'un à l'autre.

Voici quelques trucs contribuant à réduire la tension :

- **Laissez le nouveau chiot dans un endroit fermé**. Si vous utilisez pour lui une pièce (la cuisine par exemple) qui a servi jusqu'ici comme lieu où était nourri un autre animal domestique, prenez des dispositions à l'avance. Une semaine avant l'arrivée du chiot, habituez cet autre animal à prendre désormais ses repas dans un endroit plus calme. Déplacez de même les boîtes à litière et les animaux en cage. Déménagez-les assez longtemps à l'avance pour que la mise en contact se déroule de façon positive.
- **Une fois le chiot dans la maison, faites d'abord découvrir l'odeur de vos animaux actuels à votre chiot**. Puis prenez une couverture du chiot et placez-la près de votre animal actuel.
- **Si l'animal domestique est en cage, amenez le chiot dans sa pièce après un repas et un temps de jeu**. Ces précautions permettront un scénario plus calme. Apportez le tapis et le jouet favori de votre chiot et asseyez-vous près de la cage en caressant votre chiot calmement. Répétez souvent cet exercice.

Privilèges des animaux domestiques antérieurs

Tous les privilèges doivent aller aux animaux domestiques adoptés en premier. Voici quelques conseils sur la façon de les traiter :

- Nourrissez-les en premier (divisant leurs repas en trois fractions si nécessaire).
- Récompensez-les, saluez-les et surtout jouez avec eux.
- Si l'animal domestique en place est un chien, laissez-le passer en premier (dans les escaliers ou sur le seuil d'une porte).
- Si cet animal s'approche tandis que vous ou quelqu'un d'autre est en interaction avec le chiot, détournez-vous du chiot et adressez-vous à lui immédiatement.

Si vous suivez ces conseils, je vous assure que votre chiot ne s'en formalisera pas. Il apprendra ainsi à respecter l'autre animal domestique et se comportera envers lui comme il convient. Outre que cette façon de faire montre à l'animal déjà installé que l'arrivée du nouveau venu se traduit pour lui par davantage d'attention et de nourriture, elle renforce le respect dû aux animaux de compagnie adoptés en premier.

Autres chiens

Il est peu probable que votre chien plus ancien soit acquis à l'idée de partager son espace avec un nouveau chiot. Si vous amenez chez vous un chiot plus âgé, faites les présentations dans un lieu neutre. Sinon, faites sortir votre chien déjà installé de la pièce principale pour lui faire rencontrer le nouveau venu. Quelle que soit sa réaction, gardez votre calme et réservez-lui vos manifestations d'affection. Voici quelques conseils :

- Préparez la présentation, et prévoyez-la à un moment où votre animal actuel est le plus calme.
- Si vous présentez un jeune chiot, demandez à un ami de le tenir (s'il n'est pas encore vacciné, ne le laissez pas s'ébattre dans un espace ouvert) tandis que vous approchez avec votre chien au bout d'une laisse non tendue.
- Donnez des friandises à votre chien et concentrez votre attention sur lui.
- Dès que le chien se montre consentant, invitez votre ami à amener le chiot dans votre maison.
- Si vous craignez les réactions de votre chien, achetez à l'avance un parc ou un enclos de jeu et placez-y le chiot tout en continuant de vous comporter avec le chien comme si le chiot n'était pas là.
- Restez calme pendant leur interaction et continuez de concentrer votre attention sur votre chien. En cas d'altercation, prenez parti pour votre chien. Il est normal qu'il « remette le chiot à sa place » en utilisant des postures spectaculaires. Restez calme et laissez-les se débrouiller entre eux.
- Si vous présentez un chiot plus âgé, placez les deux chiens dans un espace clos et laissez-les se saluer entre eux à leur manière. Si vous êtes anxieux, vous pouvez museler les deux chiens, mais je ne vous le recommande pas. Laissez-les se découvrir mutuellement, puis laissez votre chien résident conduire le nouveau chiot dans la maison.

Les grondements des chiens montrant les dents et les immobilisations sont de très bons signes d'une acceptation normale. Le gros chien montre au petit chien qui est le patron. Votre chiot peut effectivement crier, se rouler par terre et faire pipi. Même dans ce cas, n'intervenez pas. Si vous réconfortez le nouveau chiot, vous perdrez l'affection de votre chien actuel et rendrez la relation entre eux plus difficile. Les cris du chiot sont très expressifs et font savoir au gros chien à quel point le petit chien est soumis et sans défense. Tout cela est très bien. Laissez-les se débrouiller entre eux.

Si vous craignez vraiment que le chien en place fasse du mal au chiot, muselez-le ou laissez-lui une laisse dont vous pourrez vous saisir facilement en cas de besoin.

Certains chiens plus âgés se retirent complètement, allant jusqu'à se comporter comme s'ils ne vous avaient jamais rencontré. N'en soyez cependant pas contrarié, manifestez-leur encore plus d'amour et d'attention. Si votre petit chien agace et embête votre chien plus ancien pour s'amuser, découragez-le immédiatement en tirant sur sa laisse, ou par une pulvérisation.

Chats

La plupart des chats pourraient se passer d'un chiot dans une maison. Certains ont peur des chiots, d'autres sont carrément agacés. Parfois vous les verrez sauter sur l'armoire la plus haute, d'où ils vous regarderont avec un air de reproche. Si vous avez un chat confiant, il attendra sans doute que le chiot s'approche suffisamment pour lui donner un bon coup de patte sur le nez. De toutes façons, modérez vos réactions. Toute réaction excessive met n'importe quelle espèce sur les nerfs. Voici quelques suggestions pour que les présentations se passent le mieux possible :

- **Si vous présentez un chat, placez le chiot dans une pièce fermée ou un parc à chien (avec quelque chose à ronger pour l'occuper) et laissez le chat errer selon son bon plaisir dans la pièce**. N'essayez pas de prévenir les réactions du chat ou de les influencer. Si toutefois le chiot commence à s'agiter fortement, intervenez pour le calmer.
- **Quand le chat s'est habitué à la présence du chiot (cela peut prendre du temps, peut-être une semaine), attachez une petite laisse au cou du chiot et mettez-les ensemble dans une petite pièce**. Tenez la laisse du chiot s'il se montre agité et divertissez-le avec un jouet.

  Ne soyez pas surpris si le chat gronde ou donne des coups de patte au chiot. Le corriger ne ferait qu'empirer les choses. Le chat définit son espace vital, ce qui est indispensable à la coexistence.

Si le chat ne s'y fait pas, gardez-les séparés jusqu'à ce que le chiot soit habitué à une laisse et un collier et puisse comprendre le concept de « Non ».

Autres animaux

Si vous avez d'autres animaux de compagnie tels que des furets, des oiseaux ou des rongeurs, laissez quelques jours au chiot pour s'habituer à vous avant de lui présenter le reste de la ménagerie. Si vous avez peur de la réaction du chiot, mettez-lui une laisse pour modérer sa réaction. Essayez aussi les suggestions suivantes :

- Si vous avez un animal qui se déplace librement dans la maison, présentez-le comme dans le cas d'un chat.
- Si cet animal vit généralement en cage, sortez la cage quand le chiot est calme et quand ses besoins (manger, faire ses besoins, jouer) ont été satisfaits.
- Si votre chiot est impulsif, s'il renifle intensément, mettez-lui un licol pour chien avant d'opérer.
- Servez-vous d'une boîte à friandises pour attirer son attention vers vous tandis que vous restez auprès de lui comme s'il n'y avait pas de cage dans la pièce. S'il regarde l'animal calmement, tout va bien ; s'il devient trop excité, tirez sur la laisse et dites « Non ». Détournez son attention vers autre chose. Répétez l'opération à des intervalles de dix à vingt minutes jusqu'à ce que votre chiot reste calme en présence de l'autre animal. Utilisez le clicker pour récompenser le bon comportement de votre chiot.

ATTENTION !

Quand j'étais enfant, j'avais un petit lapin aux oreilles tombantes. Il s'appelait Shadow, et à force de grandir, finit par peser 11 kilos. Malheureusement, un autre de mes animaux favoris, Shawbee, mon bâtard Husky/Berger, décida que 11 kilos étaient un poids suffisant. L'inévitable se produisit : Shawbee mangea Shadow. Ce fut horrible à voir. La morale de cette histoire est que si votre chiot ne renonce pas à son idée de chasser pour manger, il vous faudra peut-être renoncer à garder les deux animaux sous le même toit.

Gardez vos amis pour un autre jour

Tout le monde s'excite en entendant le mot « chiot ». Les amis et les voisins surgissent et veulent vous souhaiter la bienvenue chez vous. Ne vous laissez pas faire ! Limitez les présentations précoces aux amis intimes et à la famille immédiate. Résistez aux visites imprévues ou rendues en passant, jusqu'à la semaine suivante, quand votre chiot aura déjà vécu la transition d'installation dans son nouvelle demeure et se sera lié à vous et à vos proches.

ATTENTION !

Parfois vos amis sont ceux qui sont les plus difficiles à contrôler. Certains ont des opinions et vous feront part, sans y être invités, de leurs vues sur toutes sortes de choses, depuis l'apprentissage de la propreté jusqu'à la façon de discipliner le chiot s'il se comporte mal. Promettez-moi de ne pas les écouter. Ils disent peut-être vrai à propos de ce qui a marché pour leur chiot, mais vous n'élevez pas leur chiot – vous élevez le vôtre. Comme pour les enfants, ce qui marche avec l'un peut ne pas marcher avec un autre. En suivant l'avis de tout le monde, vous risquez de troubler votre chiot. Si vous avez besoin d'autres conseils que ceux de ce livre, oubliez les avis de vos amis et faites appel à un éducateur de chiens de compagnie professionnel et reconnu. (Voir annexe Carnet d'adresses.)

Quand le moment sera finalement venu de présenter votre nouveau chiot à vos amis, vous pourrez suivre ces quelques conseils : demandez à votre visiteur d'entrer calmement et de s'asseoir par terre. Si votre chiot saute et est excité, montrez à votre invité comment faire savoir que « le magasin est fermé » en croisant ses bras devant son visage. Calmez le chiot en passant le pouce au-dessus du collier et en posant l'autre main sur son dos (chapitre 7). S'il est toujours trop excité et nerveux, offrez-lui un jouet pour l'apaiser. En l'ignorant quand il est excité et en le caressant quand il est calme, vous le préparez à acquérir de bonnes manières.

À quoi s'attendre la première semaine

Vous êtes enfin arrivé jusque chez vous ! Même si vous avez envie de vous précipiter pour faire avec votre nouveau pensionnaire un tour complet de la maison, modérez votre enthousiasme. Simplifiez ce premier jour en lui montrant l'endroit principal que vous aurez déjà préparé, et partagez sa curiosité quand il sort de cette pièce.

Parlez-lui doucement, ne le corrigez pas et ne réagissez pas s'il a un accident ou se met à mordiller une chose à laquelle il ne devrait pas toucher. Pour l'instant, il est trop désorienté pour pouvoir mémoriser quoi que ce soit, et vous ne feriez que l'effrayer. Détendez-vous. Tout ira bien. Ce n'est que le début.

Survivre aux premières 24 heures

Préparez-vous, vous et votre famille, au fait que le premier jour à la maison avec le chiot peut être un peu étrange. Après toute l'attente et tous les préparatifs, votre chiot est arrivé. Il peut s'adapter aussitôt, ou il peut rester indifférent pendant plusieurs jours. Vous pouvez en avoir un qui dort sans arrêt toute la nuit, ou qui pleure toute la nuit. Votre chiot peut être brutal, doux, ou distant. Ne pensez pas qu'il a quelque chose contre vous. Cette aventure est entièrement nouvelle pour lui et il essaie de comprendre ce qui se passe.

Au début, barricadez-le dans une pièce et contentez-vous d'observer. S'il semble s'intéresser à votre présence, suivez-le, de préférence à quatre pattes. S'il renifle, reniflez aussi. S'il s'intéresse à ce qu'il voit par la fenêtre, faites de même. Suivez calmement ce qui l'intéresse. Si votre chiot veut se reposer, soyez une présence discrète. Quand il se réveille, conduisez-le à l'endroit prévu pour qu'il fasse ses besoins et donnez-lui de l'eau. N'essayez pas de le submerger par ce qui vous intéresse ou par votre affection. Il a besoin de temps pour s'adapter.

Jours 2 à 7

La première semaine est très progressive. Le deuxième ou le troisième jour, vous remarquerez que votre chiot prend conscience de votre présence – il vous observe et s'excite quand vous paraissez sur le seuil de la porte. Vous pouvez être surpris par ses différentes réactions, mais l'émergence de ses différentes réactions est un signe indubitable qu'il se sent en sécurité et bien accueilli. Utilisez le « Tableau des besoins » du chapitre VI pour organiser la journée, et restez patient en cas d'accident ou s'il rogne tout ce qu'il trouve à titre exploratoire, surtout s'il est très jeune. Si vous remarquez que votre chiot mordille les meubles ou les fils électriques, ayez recours à des jouets de substitution ou à un spray répulsif pour chien, et badigeonnez de moutarde ou de piment pour le décourager. Évitez les interventions bruyantes ou physiques parce qu'elles ne font que désorienter le chiot et le découragent de s'attacher à vous.

N'OUBLIEZ PAS !

À ce stade, les plus importantes leçons sont :

- Aider votre chiot à apprendre son nom comme indiqué au chapitre XIII.
- Lui apprendre à faire ses besoins de la manière décrite au chapitre XII.

Réservez principalement la première semaine à ces leçons et vous serez bien partis pour passer ensemble une vie merveilleuse.

Les moments d'attachement

Quand les chiots sont très jeunes et exposés au stress, ils ne pensent pas beaucoup à vous. Absorbés par leur propre trouble, ils veulent seulement se sentir en sécurité et au calme. La meilleure façon d'établir le premier lien d'affection est de créer un environnement qui satisfasse ces deux besoins. Soyez présent pour votre chiot, mais souvenez-vous que le silence calme davantage qu'un bavardage incessant ou des cris. Si votre chiot est petit, il comprendra mieux que vous prenez soin de lui si vous êtes sur le sol à ses côtés que si vous vous tenez debout au-dessus de lui. Les chiots aiment à se pelotonner, et ils se sentent à l'aise quand ils trouvent un petit nid – votre chiot peut même se blottir sur vos genoux si vous le laissez faire.

N'OUBLIEZ PAS !

La meilleure approche consiste à suivre le rythme du chiot au cours de la première semaine tandis qu'il s'habitue à sa nouvelle demeure et à tous ceux qui y séjournent. Si votre chiot veut dormir, laissez-le faire – mettez-le dans son parc ou sur son tapis de jeu. À l'heure de la nourriture, placez son bol sur son tapis ou à côté et laissez-le seul pendant quinze minutes. Ne vous inquiétez pas s'il ne mange pas. Il est probablement trop énervé. Donnez-lui un peu d'eau et emmenez-le souvent à l'endroit prévu pour ses besoins.

Il est de loin préférable que le chiot dorme la nuit auprès de quelqu'un. Il peut pleurnicher au début, et donc si possible gardez-le près de votre lit et posez la main dans son parc ou par-dessus les bords d'une grande boîte ouverte.

Chapitre 6

Comprendre la vision du monde du chiot

Dans ce chapitre :

- Satisfaire les besoins fondamentaux du chiot
- Communiquer en utilisant le langage du chiot
- Faire comprendre qui dirige la maison
- Éduquer le chiot en se plaçant de son point de vue
- Motiver le chiot en tenant compte de son âge

À mon avis, le plus beau cadeau que vous puissiez faire à votre chiot est de lui aménager une existence dénuée de stress. Structurez le monde du chiot de telle sorte qu'il se sente en sécurité. Pourvoyez à ses besoins, en les prévoyant avant qu'il ne les ressente, et intégrez tous les temps de jeu que vous pouvez dans votre vie quotidienne. Un jeune chiot ne comprend pas le mot « Non » et ne peut contrôler ses impulsions avant 6 à 8 mois, et vous devez donc mettre vos espoirs et vos frustrations en attente jusqu'à ce que vous puissiez communiquer utilement avec lui pour influencer son comportement. L'enfance d'un chien, comme celle d'un petit d'homme, est brève – laissez votre chiot en profiter pleinement.

Vous devez comprendre le monde de son point de vue. Il vient d'arriver sur la planète, et il est guidé par la curiosité. Bien que cette curiosité puisse engendrer des comportements que vous trouvez insupportables, ne pensez pas qu'ils vous visent personnellement. Après tout, il n'est qu'un bébé. Se fâcher contre un chiot est aussi idiot et inefficace que de crier après un enfant de 6 mois. Non seulement il ne comprend pas, mais aussi vous l'effrayez. Vous, la personne auprès de qui il doit se sentir le plus en sécurité, allez lui faire peur et le perturber. Une telle approche n'a aucun effet formateur et peut empêcher l'attachement à long terme. Il existe de bien meilleurs procédés pour traverser cette période sans encombre. Dans ce chapitre, je vous montre comment vous mettre à la place du chiot, et comment il perçoit votre monde et votre vie commune. Considérez comme une aventure le fait de découvrir la vision du monde de votre chiot – et que l'amusement commence !

Les besoins fondamentaux de votre chiot

Votre chiot ressemble beaucoup à un bébé humain. Bien sûr, il peut avoir une queue couverte de poils bouclés et un jeu complet de dents, mais bien des différences n'ont pas grande importance. Comme un enfant, votre chiot a des besoins fondamentaux et des instincts le poussant à les satisfaire. Un bébé communique les besoins qu'il est impuissant à satisfaire en pleurant. C'est le rôle de son gardien d'interpréter ses pleurs et de satisfaire le besoin. Par essence, un cri indique que le bébé n'a pas la capacité d'associer un besoin spécifique à une sensation physique. Quand il a faim, son estomac lui fait mal. Quand il est fatigué, son cerveau ne marche plus. Quand il a soif, sa gorge se contracte. Si ces besoins ne sont pas satisfaits, il devient anxieux. Quand ils sont satisfaits régulièrement par quelqu'un qui l'aime, sans stress, sans punition et dans le calme, il développe un attachement solide à la personne en question. Il en va de même pour les chiots. Comme les bébés, ils ont cinq besoins fondamentaux : manger, boire, dormir, faire leurs besoins, et jouer. Contrairement aux bébés, les chiots ne pleurent pas quand leurs besoins ne sont pas satisfaits, ils commencent à mordre, et s'ils ont appris à le faire, ils peuvent aboyer et s'agiter frénétiquement. Les comportements diffèrent, mais le principe est le même. Le bébé comme le chiot sont facilement débordés quand leur corps exprime des exigences. Si les premiers mordillements sont suivis de punitions sévères, le chiot peut développer des réactions de défense, telles que l'agression ou l'aboiement.

TRUC

Vous pouvez aider le chiot à reconnaître ses besoins en associant des ordres à des pratiques quotidiennes. Un enfant apprend à parler et peut acquérir une façon plus civilisée de faire part de ses besoins, mais un chiot peut aussi acquérir son propre système de communication en commençant à prendre des habitudes. La section suivante décrit les besoins du chiot, et vous pouvez utiliser le tableau 6.1 pour créer vos propres habitudes.

N'OUBLIEZ PAS !

Quiconque satisfait un besoin suscite un grand amour. Il faudra quelque temps à votre chiot pour qu'il vous témoigne en retour son amour et sa dévotion, mais chaque jour qui passe vous rapproche du moment où ce lien sera fermement établi. Un besoin après l'autre, ce lien deviendra de plus en plus fort.

Tableau 6.1 : Liste des besoins

Les besoins de votre chiot	*Le mot ou l'expression*	*Les habitudes*
Manger	Faim ou manger	Programmez les horaires pour nourrir le chiot. Placez le bol au même endroit et encouragez le chiot à s'asseoir avant de manger.
Boire	De l'eau	Gardez le bol au même endroit. Encouragez-le à s'asseoir avant de boire.
Aller faire ses besoins	Dehors, journaux, va faire tes besoins	Encouragez le chiot à activer une sonnette avec le nez ou la patte pour signaler son besoin. Suivez le même itinéraire pour aller au même endroit prévu pour les besoins. Accordez-lui moins d'attention jusqu'à ce qu'il aille à cet endroit.
Dormir	Sur ton tapis, dans ton parc, au lit	Réservez un endroit dans chaque pièce où il peut aller avec vous. Amenez le chiot sur son tapis, fournissez-lui un jouet qu'il peut mâcher, et rassurez-le si nécessaire.
Jouer	Os, balle, jouet, ou va jouer !	Aménagez une zone de jeu à l'intérieur et une autre à l'extérieur de la maison. Assurez-vous que ses quatre pattes sont sur le sol avant de lancer un jouet ou de lui donner un os.

Manger

Les chiots sont parfaitement heureux dès lors qu'une habitude parfaitement prévisible a été établie. Un chiot affamé est naturellement perturbé et peut le montrer en rongeant n'importe quoi – même des choses difficiles à digérer telles que du tissu ou les murs ! Si vous remarquez que votre chiot tend à mordiller ou devient difficile, regardez votre montre. Son comportement peut être dû à la tension provoquée par la faim. Consultez le tableau 6.2 pour voir comment organiser ses horaires pour la nourriture.

Tableau 6.2 : Les horaires pour nourrir votre chiot

Âge	*Repas du matin*	*Repas de midi*	*Repas de l'après-midi*	*Repas du soir*
8 à 10 semaines	*	*	*	*
10 semaines à 4 mois	*	*	*	
4 à 6 mois	*		*	

Un jeune chiot a un métabolisme rapide et doit manger plus fréquemment. Planifiez trois à quatre repas par jour, et diminuez progressivement le nombre de repas à mesure que le chiot grandit. À un certain stade, après avoir atteint 4 à 6 mois, il sautera spontanément un repas.

Quiconque nourrit votre chiot doit respecter la même habitude que vous. Les chiots (comme les enfants) sont d'autant plus heureux qu'ils savent ce qui va se passer maintenant. Par exemple chez moi, quiconque donne à manger à Whoopsie dit « croquettes », soulève sa gamelle, la remplit, et attend qu'elle s'asseye avant de la replacer à l'endroit où elle mange.

Boire

Les chiots ont besoin de beaucoup d'eau, surtout s'il fait chaud ou quand ils ont mordillé et joué. Bien que ce soit important de leur permettre de trouver de l'eau quand leur système en réclame, il est également important de contrôler leurs habitudes en la matière. Les muscles de la vessie sont les derniers à se développer, et ce qui y entre ressort très rapidement ! Désignez un endroit précis où votre chiot se tiendra pour boire, et laissez-y son bol, qu'il soit vide ou plein. Donnez de l'eau au chiot avec ses repas ; après qu'il a joué, mordillé ou dormi ; ou quand vous êtes sur le point de le sortir pour qu'il fasse ses besoins. Si vous avez tendance à oublier, il vaut mieux remplir sa gamelle d'eau et la laisser remplie toute la journée. Cela peut retarder l'apprentissage de la propreté, mais cela vaut mieux que de le laisser avoir soif.

Évitez de donner de l'eau après 19 h 30, à moins que vous n'ayez envie de rester debout toute la nuit pour conduire votre chiot dehors. S'il a manifestement besoin de boire, donnez-lui une petite quantité d'eau (pas plus d'un verre pour un grand chien ou 1/4 de verre pour un petit).

Dormir

Nous aimons tous dormir d'un bon sommeil, et il en va de même pour votre chiot. Prévoyez un endroit tranquille où il pourra échapper au brouhaha de l'activité de la journée et rattraper son retard de sommeil chaque fois qu'il en aura besoin. Faites comprendre à votre famille et à vos amis que cet endroit – parc, lit corbeille, cage de transport, pièce ou parc à chiot – est interdit à tout le monde quand le chiot a besoin de faire un somme. Un chiot trop fatigué est intraitable. Comme un enfant, un chiot perd alors tout contrôle. En fait, si on le pousse, son irritation et sa tendance à mordiller peuvent faire place à l'agression. Ne le corrigez pas, ne le disputez pas. Ayez plutôt pitié de lui. Il est épuisé.

Comme les enfants, certains chiots ont du mal à s'endormir, surtout quand leur niveau d'excitation est élevé. Si vous avez des enfants, demandez-leur de rester tranquilles jusqu'à ce qu'il soit endormi. Chaque fois qu'il vous paraît fatigué, escortez-le jusqu'à l'endroit où il se repose et dites un mot qui l'incite à s'y coucher, tel que « dodo ». Il finira par s'y rendre de lui-même quand il est fatigué.

Faire les besoins

Je ne pense pas que l'apprentissage de la propreté puisse être résumé d'une meilleure façon que par la maxime : « Tout ce qui rentre doit obligatoirement sortir. » L'horloge biologique de votre chiot l'amène à éliminer à la demande. Quand sa vessie ou ses intestins sont sous pression, il les relâche, qu'il soit dehors ou sur du journal – ou sur la moquette, si vous ne le surveillez pas. Si votre chiot vient directement de chez sa maman chien, elle peut avoir préparé le terrain pour vous en forçant le chiot à quitter le « nid » pour éliminer. Ce stade d'apprentissage se situe entre la septième et la huitième semaine. Si sa maman était trop peu sévère ou si vous avez recueilli votre chiot avant ce stade, le chiot comptera sur vous pour nettoyer après lui, lui prouvant avec quelle dévotion vous le soignez. Vos objectifs sont d'enseigner à votre chiot où aller et comment vous faire savoir qu'un obstacle (tel qu'une porte) l'empêche d'y aller. Heureusement, vous vous rendrez compte que cette tâche est aisée après vous être plié à une habitude, dans la mesure où vous êtes patient et n'attendez pas non plus des miracles. La tension ou l'expression de votre mécontentement perturbent le chiot : il apprendra moins vite et peut avoir de plus en plus peur de vous. Il a besoin d'un horaire, d'habitudes, d'un schéma cohérent – toutes choses qui sont à votre portée.

Si la propreté vous pose des problèmes, reportez-vous au chapitre XII.

Jouer

L'envie de jouer et de s'exprimer énergiquement est l'une des réactions les plus naturelles de votre chiot. Comme dans le cas des enfants, le jeu et les interactions insouciantes sont des moyens d'apprentissage fabuleux, et vous n'aurez guère besoin d'en utiliser d'autres au cours des premiers mois de vie commune.

N'OUBLIEZ PAS !

La façon dont vous jouez avec votre chiot se répercute sur votre relation à long terme. Des jeux brutaux, mettant l'accent sur la confrontation, tels que lutter ou tirer à la corde, expriment la confrontation, et peuvent nuire à votre relation. Un chiot provoqué aura davantage tendance à vous défier et à ignorer vos ordres. Les sports d'équipe, le jeu consistant à lui lancer alternativement un jouet puis un autre, le football, le jeu consistant à lui apprendre des noms (le sien, celui des autres personnes de la maison), l'incitent à coopérer et à prendre plaisir à jouer – un chiot ainsi traité ne voudra jamais vous quitter !

Parler chien et faire comprendre au chiot que vous êtes la figure d'attachement à suivre

Les chiens ont énormément d'esprit d'équipe. Beaucoup de gens s'y réfèrent en parlant de l'instinct de meute, mais je préfère parler d'esprit d'équipe. La conscience d'appartenir à une équipe et la psyché du chien ont beaucoup de points communs. Les équipes cherchent à gagner, chaque joueur se donnant du mal pour y contribuer, le désirant, y pensant et y tendant. Les chiens vivent leur vie entière, chaque moment où ils sont éveillés, selon cette structure d'équipe. Mais au lieu de la victoire de l'équipe, leur obsession est l'attachement et la survie. Pour votre chien, vous et votre famille représentez son équipe. Quelques autres facteurs, moins évidents, interviennent aussi pour assurer le succès de l'équipe : la coopération, la structure, et le respect mutuel. Sans ces facteurs, même un groupe de joueurs professionnels n'échapperait pas au chaos. Une bonne équipe est organisée de telle sorte que chaque membre sache qui dirige et ce qu'on attend de lui. Et si l'un d'eux a des ennuis ou est blessé, il peut compter sur un de ses compagnons pour l'aider.

N'OUBLIEZ PAS !

Pour que votre chien se sente en sécurité, il doit savoir qui décide, et il vous appartient de lui apprendre ce que vous attendez de lui. Au pays des chiens, les équipes sont organisées et structurées, et vous devez apprendre à votre compagnon à quatre pattes que les membres de l'équipe sur deux jambes sont ceux qui dirigent. S'il y a plus d'une personne dans votre maison, l'enseignement de ce concept exige la coopération de chacun, et il vous faut l'obtenir si vous voulez que votre chiot devienne un chien qui respecte tout le monde.

Si vous n'organisez pas la hiérarchie de votre équipe, votre chien s'en chargera, et cela peut tourner au cauchemar. Si votre chiot a la personnalité qui convient pour diriger, vous vous retrouverez dans une niche extrêmement coûteuse régie par les lois canines. S'il n'a pas la personnalité adaptée à ce rôle, mais s'il pense qu'il doit l'assumer parce que personne d'autre ne le fait, vous aurez un grave problème sur les bras, parce qu'un chien dans cette situation est très nerveux et perturbé.

Comment devez-vous organiser votre équipe et enseigner les règles à votre chien ? Vous devez comprendre ce qui motive le comportement de votre chien, et vous devez maîtriser ses propres modes de communication. Votre chiot ne comprend pas le français. Comme un être humain dans un pays étranger dont personne ne parle la langue, votre chiot se sent perdu. Pour être un bon enseignant, vous devez pratiquer couramment le langage chien, celui que connaît votre chiot. Donnez aussi quelques leçons à votre famille et vos amis, et encouragez-les à rester cohérents. Le langage chien comporte trois éléments :

- Le regard
- Le langage corporel
- Le ton

En langage chien, les mots, les sentiments, et les longues explications ne comptent pas. Votre chiot est incapable de suivre un raisonnement complexe. Dans les sections suivantes, je décompose en plusieurs constituants les trois éléments du langage chien pour vous permettre de les mettre en œuvre dès que possible.

Cela peut vous sembler difficile de comprendre le langage chien, mais l'observation des procédés utilisés est fascinante. Votre chien vous obéira beaucoup plus volontiers si vous faites l'effort de comprendre et d'utiliser son langage. Avec une once d'effort, un peu de temps et de l'organisation, vous pouvez vous assurer le respect, la coopération et la confiance de votre chien. En outre, vous aurez un compagnon qui sera à vos côtés quand vous en aurez besoin. On ne peut pas rêver mieux.

Regard : attention = affirmation

Portez-vous constamment votre regard sur votre chiot dans les situations stressantes (quelqu'un à la porte, et il aboie comme un fou ; ou peut-être vient-il de voler l'essuie-main ?) ? Avez-vous du mal à inciter votre chiot à faire attention à vous ? Eh bien, devinez quoi ? En le regardant constamment, vous donnez à croire à votre chiot que vous comptez sur lui pour les prises d'initiatives. Il pense que vous voulez qu'il prenne toutes les décisions. Avant d'imaginer comment agir dans ces situations (ce que j'explique au chapitre XIII), vous devez comprendre que pour éduquer votre chiot, vous devez l'encourager à vous regarder pour obtenir des ordres.

N'OUBLIEZ PAS !

En regardant votre chiot, vous renforcez le comportement qui est le sien à cet instant-là. Regardez votre chiot qui se tient comme il faut, et devinez ce que vous obtenez ? Vous y êtes : un chiot qui se comporte comme il faut. Mais si vous regardez votre chiot alors qu'il court dans toute la maison avec un chiffon mouillé dans la gueule, vous renforcez ce comportement parce que vous lui accordez l'attention qu'il cherche désespérément à obtenir.

Situez l'énergie du chiot sur une échelle de 1 à 10, 1 étant le sommeil et 10 le jeu dans un état de grande excitation. De 1 à 8 se trouve la zone où il est concentré, bien élevé, heureux, qui inclut tous les comportements qui vous poussent à l'aimer : il est détendu pendant que vous le caressez, il vous apporte un jouet pour que vous jouiez ensemble, ou il ronge un os pendant que vous êtes occupé. De 8 à 10 se situe la zone impulsive, non concentrée, où se trouvent tous les comportements qui vous excèdent, par exemple sauter après les gens, voler des objets, mordre et échapper à tout contrôle. Les chiens reproduisent les comportements qui attirent votre attention, et par conséquent vous provoquez la répétition ou l'amplification de ceux avec lesquels vous interagissez. En détournant l'énergie débridée et en vous attachant aux bons comportements, vous obtenez quoi ? Un vrai petit ange (enfin, presque).

N'OUBLIEZ PAS !

La conclusion : ne regardez le chiot que quand il est calme (dans la zone de 1 à 8).

Croyez-le ou non, mais la zone de 8 à 10 n'est pas le bonheur pour votre chiot. Bien qu'il soit violent et désorienté, ce comportement désaxé n'est rien d'autre que la conséquence d'un malentendu sur ce que vous attendez de lui. Malheureusement, les punitions ne sont pas un remède à la situation, car votre chiot peut les interpréter comme des jeux basés sur la confrontation. Les meilleures solutions sont la structure, le renforcement positif, et l'éducation. (Voir à la quatrième partie la manière de résoudre les problèmes de comportement.)

Langage corporel : tenez-vous droit et restez calme

Le langage corporel est une chose curieuse. Imaginez ceci : votre chiot s'excite et devient hyperactif quand des visiteurs se présentent à l'entrée.

Voulant désespérément sauver la face, vous commencez à crier et à bousculer le chiot tandis que vos visiteurs se protègent du chiot et de vous avec leurs manteaux. Vous essayez tous les ordres possibles – Assis, Oscar ! Couché ! Va-t'en ! Mauvais chien ! – mais rien n'y fait. Toute la scène de l'arrivée est un fiasco complet.

Le langage corporel est fondamental en langage chien. Le jeu, la tension, la relaxation : à ces attitudes correspondent des postures entièrement différentes. Votre chiot pense que vous êtes un chien, et il ne comprend pas très bien le concept « je te bouscule parce que je désapprouve ta façon de dire bonjour aux gens ». En réagissant de cette manière à la situation, vous transmettez un message très différent de celui que vous vouliez lui adresser. En fait, en le poussant et en criant, vous copiez son langage corporel, ce qui renforce son comportement.

En poursuivant l'éducation de votre chiot, gardez à l'esprit ces principes directeurs :

- Tenez-vous droit et détendu en donnant des ordres au chiot. J'appelle cela la *position du paon*. (Imaginez un paon – beau et fier, sortant la poitrine, confiant, sûr de lui.) Quand vous donnez un ordre ou une indication à votre chiot, rejetez les épaules en arrière et dressez-vous à la manière d'un paon. Expliquez cette position à votre famille et vos amis, et commencez vous-même à faire montre de toute votre assurance.
- Ne regardez pas et ne poursuivez pas votre chiot quand vous êtes en colère. Il pensera seulement que vous voulez jouer.
- En essayant de tranquilliser ou de diriger votre chiot, restez calme.
- N'oubliez jamais que vous donnez l'exemple.

Je vous entends déjà vous plaindre : ne puis-je jamais me mettre par terre et jouer avec mon chiot ou le caresser ? Bien sûr que vous le pouvez. Simplement, ne jouez pas avec lui quand il est mal intentionné, car vous vous attirerez des ennuis.

Le ton : trois tons différents

Si votre chiot pense que vous êtes un autre chien et si vous commencez à crier, il vous entend aboyer. L'aboiement interrompt son comportement ; il n'instruit pas. Il a également pour effet d'augmenter l'excitation. Vous pouvez peut-être avoir un chiot qui renonce à un comportement quand vous criez (ce qui ne l'empêchera probablement pas de recommencer plus tard). La raison de son renoncement est qu'il a peur de vous. Ce n'est pas parce qu'il a compris pourquoi vous criez après lui. Crier est tout simplement inutile.

N'OUBLIEZ PAS !

Voici trois tons que vous devez inscrire dans votre mémoire.

- **Le ton du ravissement** : Utilisez ce ton pour féliciter votre chiot. Il doit l'apaiser, non l'exciter. Trouvez un ton qui fasse que votre chiot ait chaud au cœur et soit fier.
- **Le ton directif** : Utilisez ce ton pour donner des ordres. Il doit être clair et ferme, ni brutal ni doux. Donnez vos ordres une fois, dans la position du paon.

  Si vous vous penchez en donnant un ordre à votre chiot, ne soyez pas surpris s'il ne vous écoute pas. Vous pratiquez l'équivalent de l'inclinaison en vue du jeu, une posture invitant à jouer. Essayez de penser à la chose en termes humains : si vous me priez de m'asseoir tandis que vous êtes penché et que vous regardez le sol, je m'intéresserai moins à trouver un endroit pour m'asseoir et j'aurai davantage envie de comprendre ce que vous regardez. Quand vous donnez des ordres à votre chiot, tenez-vous droit et fier comme un paon.
- **Le ton de la réprimande** : Je n'aime pas beaucoup utiliser les réprimandes. Mon approche est davantage basée sur la structure que sur la rigueur, mais vous avez besoin de quelques intonations qui incitent votre chiot à s'éloigner ou à avancer. Les mots utilisés ont moins d'importance que le ton. Ce ton doit exprimer la désapprobation, comme dans « Comment as-tu pu ? » ou « Je ne te conseille pas d'y toucher ». Vous disciplinerez le chien surtout par le timing et le ton de votre réaction à ses transgressions.

Apprendre aux enfants à adopter le ton approprié

Si vous avez des enfants, vous avez probablement remarqué qu'ils appellent parfois le chiot sur un ton très aigu, et que souvent ils ne prononcent pas les ordres correctement. Jusqu'à ce que les enfants atteignent l'âge de 12 ans, il vaut mieux se concentrer sur ce qu'ils font bien plutôt que sur leurs imperfections. Je vous conseillerais plutôt d'énoncer de manière exagérée tous les ordres que vous donnez au chiot pour que les enfants comprennent comment et sur quel ton les prononcer. Vos enfants remarqueront les effets produits et commenceront à vous imiter. En copiant vos intonations, ils assurent le transfert du contrôle de vous à eux-mêmes.

TRUC

Ne répétez pas les ordres donnés. Les chiens ne comprennent pas les mots. Ils s'habituent seulement à des sons. Dire « Assis, assis, assis, Oscar ! » est un son différent de « Assis » – auquel Oscar est habitué. Si vous voulez que votre chien vous écoute quand vous donnez l'ordre la première fois, ne le donnez qu'une seule fois ; puis renforcez ce que vous attendez de lui en le mettant en place. (Pour ce faire, souvenez-vous qu'il convient de presser doucement les muscles de sa taille et de tirer sur le collier du chiot.)

Les chiots veulent toute l'attention

Mettez-vous à la place d'un chiot pour qui les humains sont seulement de gros chiens qui s'agitent tout autour, bavardant dans une langue dépourvue de sens, et ne donnant aucune instruction sur ce qu'il convient de faire. Quand vous posez la tête sur leurs genoux ou que vous les interrogez en les touchant avec la patte, ils peuvent vous repousser ou poser une main toute chaude sur votre tête, tout en continuant le plus souvent d'ignorer votre quête d'instructions. La boîte qui parle sur le mur et les objets qu'ils tiennent dans leurs mains intéressent davantage les humains que les interactions avec vous. Vous entendez du bruit et encore du bruit. Vous percevez des odeurs qu'il n'est pas possible d'explorer ou de suivre à la trace. Et vous voyez des choses dont on pense que vous devez les ignorer. Être un chiot dans un monde humain peut parfois être bien difficile.

La puissance de l'attention positive

Quand je demande à mes clients ce qu'ils font en voyant leur chiot se reposer ou ronger tranquillement un os, la plupart répondent : « Rien, c'est un moment de paix. » J'apprécie autant d'honnêteté. Toutefois, c'est à ces moments-là qu'ils devraient accorder le plus d'attention à leur chiot. Non pas une attention bruyante, exubérante et désordonnée, mais une attention calme, apaisante, aimante qui incite le chiot à sourire intérieurement. Le mieux est d'accompagner un compliment chuchoté d'une petite caresse amicale. Mon principe est que votre chien répétera toute action à laquelle vous prêtez attention. À vous de choisir. Que préférez-vous : un chiot qui se tient à vos côtés en rongeant son os ou un voleur de chaussettes qui court comme un fou dans toute la maison ? Si vous préférez le voleur de chaussettes, refermez ce livre. Mais si l'image du rongeur d'os pacifique vous plaît, restez avec moi – vous allez découvrir des choses intéressantes.

N'OUBLIEZ PAS !

Les chiens sont attirés par les champs d'énergie positive. Considérez-vous comme son professeur et son mentor. Si vous maintenez cette attitude, votre chiot ne voudra être nulle part ailleurs.

Pourquoi l'attention négative ne marche pas

Imaginez un chiot excité qui saute après vous. Vous essayez de lire tranquillement le journal, mais il veut capter votre attention. Que croyez-vous qu'il arrive si vous le repoussez en criant « va-t'en » ? Il y a toutes les chances que le chiot se remettra à sauter. Savez-vous pourquoi ? Parce que vous venez de lui accorder votre attention. L'attention, dans l'esprit d'un chien, comprend toutes les attitudes allant d'un contact physique énergique jusqu'à un simple regard. Oui, même le fait de regarder votre chien renforce son comportement.

Cette interprétation peut vous sembler tirée par les cheveux, mais en fait c'est assez élémentaire. Les chiots vous prennent pour un autre chien. S'ils sont excités et si alors vous êtes vous-même excité, ils pensent que vous suivez leurs directives. En reproduisant leur niveau d'énergie, vous leur faites comprendre qu'ils doivent désormais interpréter eux-mêmes les nouvelles situations. Le fait que vous êtes mécontent de leur comportement n'est aucunement perçu. La colère est une émotion humaine. L'excitation et le contact corporel, en revanche, sont la manière du chien. Même si vous bousculez le chiot si fortement qu'il arrête et s'en va d'un air penaud, tout ce que vous aurez réussi à faire est de l'effrayer. Qui veut éduquer un chiot par la peur ? Faites-moi confiance, il y a beaucoup mieux.

Voici un autre exemple. Que se passe-t-il si votre chiot attrape une chaussette et si tout le monde dans la maison court après lui ? Pensez-vous participer à une grande partie de réjouissances pour chiens ? C'est en effet ce qui se passe. Comme le chiot perçoit tous les humains comme des chiens, il pense : « Qu'est-ce qu'on s'amuse bien ! » tout en plongeant derrière le canapé ou sous la table. La poursuite n'est pas perçue comme une punition ; elle est perçue comme une envie de gagner le prix – « Ce que j'ai maintenant doit être vraiment très bien parce tout le monde veut l'avoir ! »

N'OUBLIEZ PAS !

Les chiens interprètent souvent l'attention négative comme un jeu impliquant la confrontation : « Vous êtes animé, vous êtes bruyant, et vous paraissez féroce. Jouons maintenant brutalement ! » Une marque d'attention négative et excessive renforce précisément le comportement que vous essayez de changer. Pour résoudre ces problèmes, soyez patient et continuez à lire.

Le professeur doit apprendre : montrer à votre chien comment vivre dans un monde humain

Si ce mode d'éducation ne vous vient pas spontanément, ne vous découragez pas. Pour devenir un professeur éduquant des enfants, vous devez suivre quatre à six ans de formation universitaire. En revanche, pour éduquer votre chiot, vous devez simplement comprendre les principes et les exercices esquissés dans ce livre.

Il faut beaucoup de choses pour devenir un bon éducateur de chien, mais c'est surtout une question de mentalité. Les chiots, comme les humains, ont un esprit que vous devez comprendre et encourager d'une façon qui ait un sens pour eux-mêmes. Votre chiot vous accorde un honneur des plus considérables, qu'aucun humain ne vous accordera jamais : un engagement à vie de respecter votre jugement et de suivre les règles que vous fixez. Vous avez seulement besoin de lui montrer comment.

Pour montrer au chiot comment vous respecter, vous et vos règles, vous devez garder en tête les trois choses que fait un bon éducateur de chiens :

- Il reconnaît et modifie sa propre personnalité
- Il n'accuse jamais le chiot
- Il reconnaît la personnalité particulière du chiot

Reconnaître et modifier sa propre personnalité

Le moment est venu de vous analyser vous-même. Prenez un stylo et un papier et écrivez trois adjectifs qui décrivent votre personnalité. Quel genre de personne êtes-vous ? Exigeant ? Doux ? Indulgent ? Impulsif ? Soyez honnête. Puis comparez votre personnalité avec le caractère de votre chiot (reportez-vous au chapitre IV qui décrit les différentes personnalités des chiens).

Si vous vous apercevez que vous êtes exigeant et que votre chiot est doux, quelqu'un devra changer. Être trop exigeant envers un chiot qui est doux ne fera que l'effrayer, et il se repliera sur lui-même ou se sauvera quand l'éducation commencera. Si vous êtes impulsif et si vous avez un chien calme et détendu, vous le ferez rire. Avez-vous jamais vu un chien qui se moque de son propriétaire ? C'est très embarrassant. Pour être un bon éducateur de chien, vous devez modifier vos attentes pour qu'elles correspondent mieux à la personnalité de votre chien.

N'accusez jamais le chiot

Que vous le croyiez ou non, les chiots n'agissent jamais par mauvaise volonté. Le comportement de votre chiot est directement lié à vos propres réactions, positives ou négatives. Alors comment pouvez-vous traiter ces situations déplaisantes ? La première étape consiste à cesser d'accuser le chien.

Ne courez jamais derrière votre chiot. Courir après un chiot est effrayant. Imaginez quelqu'un de deux ou quatre fois votre taille en train de se jeter sur vous. C'est épouvantable. Même si le chiot s'écrase tant il a peur ou se sauve, il ne retirera rien de cette situation. Envisagez d'autres solutions, telles qu'utiliser des tasses de friandises, selon l'approche décrite au chapitre XI.

Reconnaissez la personnalité spéciale de votre chiot

Oui, les chiots ont eux aussi une personnalité. Si vous avez eu plus d'un chien dans votre vie, je suis sûre que vous savez exactement de quoi je veux parler. Beaucoup de mes clients commencent à raconter leurs déboires avec le même refrain : « Mon chien précédent était si facile ! » Je réponds avec un sourire et leur dis : « Mais celui-ci n'est pas votre chien précédent. Ce chien est unique en son genre. Et pour l'éduquer, vous devez commencer par comprendre sa personnalité. »

Quelle que soit sa personnalité, votre chiot a besoin d'interaction avec vous et il a besoin d'être compris. Les chiots adorent faire usage de leur langage secret avec vous, et ils sont heureux de rester près de vous si vous les faites participer à vos activités quotidiennes.

Les cinq stades du développement du chiot

Au chapitre XIV, je fragmente les leçons, les jeux et les activités amusantes pour que vous puissiez en faire bénéficier votre chiot un stade après l'autre. Bien que vous puissiez rêver d'en faire un champion de l'agility, le mettre sur un parcours avant qu'il n'ait appris la propreté serait aussi absurde que d'insister auprès d'un enfant de 2 ans pour qu'il tienne votre compte en banque. Comme celui des enfants, l'esprit de votre chien se développe selon un processus prévisible. Connaissant les étapes de développement, vous saurez ce sur quoi vous pouvez compter et ce que vous pourrez enseigner à votre chiot, vous pourrez ainsi d'autant mieux définir ce que doivent être vos attentes et consolider les progrès de votre chiot.

La petite enfance (8 à 12 semaines)

La vie d'un jeune chiot est centrée sur les cinq besoins élémentaires : manger, boire, dormir, éliminer et jouer. Bien que votre chiot soit capable d'apprendre, n'en attendez pas trop à ce stade. Vous devez lui donner à manger trois à quatre fois par jour, le sortir fréquemment et le laisser dormir quand il en a envie. Votre chiot fera d'autant plus de progrès que l'enseignement sera intégré aux temps de jeu. Montrez-lui les choses de base : restez auprès de lui, utilisez son nom, et commencez à l'habituer à la laisse. Le corriger ne ferait que l'effrayer et gâterait votre relation : il est tout simplement trop jeune pour comprendre. Amusez-vous et prenez plein de photos parce que votre chiot deviendra adulte avant que vous n'ayez eu le temps de vous en apercevoir !

La période terrible (12 à 16 semaines)

Avec le temps, vous remarquerez que sa personnalité évolue. Il deviendra un peu plus entreprenant et brave, et il sera plus difficile de l'impressionner. À 12 semaines, son cerveau est entièrement développé et il est prêt à apprendre. Il est assez âgé pour comprendre vos ordres et les mémoriser, mais il est aussi trop jeune pour prendre les objets entre ses petites pattes.

N'OUBLIEZ PAS !

Les chiots de cet âge commencent à apprendre des choses, qu'ils soient guidés ou non. Si vous n'éduquez pas votre chiot, il vous éduquera.

Le début de l'adolescence (16 à 24 semaines)

Soudain, vous allez remarquer qu'un chien inconnu, ressemblant parfaitement à votre chiot, commence à prendre en main votre maison. C'est le début de l'adolescence. Soyez prêt, et considérez que vous êtes prévenu : vous allez entrer dans la période du garnement. Essayez de ne pas paniquer – tous les comportements bizarres de votre chiot sont normaux. Quelle que soit votre envie de vous cacher derrière le canapé pendant les trois mois suivants, ne le faites pas ! C'est le meilleur moment pour commencer l'éducation. Comme ce stade dure environ huit semaines, les leçons sont organisées à raison d'une pour chaque semaine. Ce découpage permet à votre chiot de goûter pleinement la réussite et lui permet de maîtriser chaque exercice avant de le mettre en pratique dans son monde de tous les jours. Ce principe est voisin de celui qui consiste à enseigner l'alphabet aux petits enfants en attendant qu'ils maîtrisent l'orthographe.

La puberté du chiot (6 à 9 mois)

Les chiots durant cette période subissent une transformation majeure, ils grandissent. Vous souvenez-vous d'avoir grandi, avec toutes les hormones, la rébellion, la désorientation, et la curiosité que cela implique ? Ah, la puberté. Ce n'est jamais très beau. En plus de toutes ces douleurs de la croissance survient l'éveil de tous les instincts de la race, qui disent au conducteur de troupeau de conduire, au chasseur de chasser, au chien de garde de garder, et au chien de traîneau de tirer. Cette époque est une période de chaos complet pour le chien, et c'est en outre celle où percent les nouvelles dents du chiot ! Vous avez donc un chiot/chien plein de débordements hormonaux, d'exubérance et d'anxiété. Il n'est pas surprenant qu'il réagisse par l'équivalent du coup d'œil de l'adolescent têtu quand vous lui donnez un ordre.

La fin pénible de l'adolescence (9 à 12 mois)

Vous avez franchi la première étape, mais ce n'est pas encore la fin. Un chiot à ce stade se calme et se débrouille davantage tout seul. Il mordillera son os tranquillement, fera ses besoins au bon endroit, et vous écoutera la plupart du temps. Bien sûr, parfois il continuera de vous ignorer, mais veuillez le comprendre : les chiots de cet âge souhaitent bien se comporter, mais leurs gènes d'adolescent leur disent constamment de faire une dernière et glorieuse tentative pour acquérir le statut du chien en chef.

N'OUBLIEZ PAS !

Ce stade s'accompagne d'une subtile tentative de défi. Vous pourriez penser que s'asseoir n'importe comment, sur le côté, n'a pas grande importance, mais votre chien prend note mentalement chaque fois que vous le laissez faire quoi que ce soit d'anormal sans intervenir. Vous ne pouvez pas encore relâcher vos efforts !

Chapitre 7

Socialisation et politesse

Dans ce chapitre :

- Calmez votre chiot durant la socialisation
- Habituez-le à accepter les gens de toute taille, race et sexe
- Présentez au chiot des bêtes sauvages, des bruits et d'autres objets intéressants
- Les réactions de méfiance ou de défense du chiot

Votre chiot connaît une période favorable à la socialisation. Cette période dure de la huitième à la douzième semaine, tandis que son cerveau se développe et qu'il est réceptif à de nouvelles expériences. Il vous regarde constamment pour savoir comment interpréter ces nouvelles expériences. C'est le moment de lui présenter tout ce qu'il rencontrera dans sa vie, des objets, des gens et d'autres animaux.

Vos premières sorties seront réduites tant que votre chiot n'aura pas été entièrement vacciné, mais vous devez faire de votre mieux pour l'exposer à une variété de stimulations pour qu'il reste détendu lorsqu'il est confronté à quelque chose de nouveau.

Si votre chiot a plus de 12 semaines, ne désespérez pas. Bien qu'il soit au-delà de la période propice à la socialisation, il reste sensible à votre exemple quand il est débordé par les événements ou quand il est excité. Une réaction visiblement défensive ou de méfiance indique que votre chiot n'a pas le souvenir d'une situation de ce genre et ne sait pas comment agir. En pareil cas, vos réactions face à la situation et au chiot lui-même sont importantes. L'apaiser, le calmer ou le corriger intensifie les réactions du chiot en concentrant son attention sur le comportement inadapté.

Vous voudriez savoir comment vous y prendre avec votre chiot au cours de cette période de formation ? Ce chapitre est fait pour vous y aider.

Calmer votre chiot selon son âge

Les chiots, comme les enfants, passent par différentes étapes de développement, et chaque étape ouvre une nouvelle perspective. Au début, tout est nouveau, et la confiance que le chiot vous accorde est innocente et totale. Mais avec le temps, il a tendance à mettre votre point de vue en question tout en n'étant pas sûr de ce que lui apporte la vie. Les chiots en train de mûrir, surtout au stade de l'adolescence et de la puberté, ont leurs propres opinions et doivent être persuadés de faire attention à vous. Ce qui suggère de procéder à la socialisation au moyen d'une approche créative.

Acclimatation d'un jeune chiot (8 à 12 semaines)

Quand il est très jeune, votre chiot reflète votre réaction dans toute situation nouvelle. Si vous êtes nerveux, il le sera également. Si vous êtes excité, mal à l'aise, ou inquiet, il en ira de même pour lui. Exposez votre chiot à de nouvelles expériences dans un contexte vous permettant d'intervenir en fonction de sa réaction.

Les chiots réagissent en général à une situation nouvelle de quatre manières :

- **Craintivement** : la peur se traduit par la posture du corps, un mouvement de recul ou la fuite pour quitter l'environnement effrayant. Souvent ils grattent le sol pour demander qu'on les tienne ou s'occupe d'eux.
- **Calmement** : ces chiots observent patiemment, ont une posture détendue et manifestent une curiosité modérée.
- **Activement** : très réactifs, ces chiots explorent frénétiquement la source d'une nouvelle stimulation, et il peut être difficile de les calmer ou les rendre de nouveau attentifs.
- **Défensivement** : les chiots qui ont des réactions de défense peuvent se reculer, se tenir immobiles ou courir en avant. Ou ils peuvent effectuer ces trois manœuvres et aboyer ou manifester leur appréhension oralement d'une manière ou d'une autre. Leurs oreilles peuvent être aplaties contre la tête, et ils peuvent se cacher derrière vos jambes ou essayer de grimper dans vos bras ou sur vos genoux.

Toute attention accordée au chiot renforce ses réactions, ce qui est bien *seulement et seulement si* votre chiot réagit calmement. Les autres réactions nécessitent votre intervention pour remettre le chiot sur la bonne voie. Continuez à lire pour apprendre comment faire.

Rendre confiance à un chiot craintif

La peur est une réaction courante, montrant que votre chiot n'aime pas être seul pour interpréter la situation. Votre chiot étant dépendant, les nouvelles situations exigent votre intervention pour le guider et lui dire comment se comporter.

> **Découvrir la zone rouge**
>
> En cas de réaction intense de votre chiot (s'il a peur, est trop excité ou sur la défensive) face à une nouvelle situation ou personne, déterminez l'étendue de sa zone rouge : la distance entre lui et le stimulus, telle qu'il puisse rester debout en étant à l'aise. Placez-vous juste à l'extérieur de cette zone rouge et adressez-vous calmement au chiot avec des ordres ou donnez-lui des jouets ou des friandises pour qu'il reste attentif.

ATTENTION !

Ne réconfortez pas votre chiot s'il a une réaction de frayeur. Votre corps penché vers lui et votre voix aiguë lui transmettent un message disant que vous êtes stressé, vous aussi.

Une meilleure réaction de votre part consiste à vous tenir bien droit, et soit à ignorer le chiot, soit à vous agenouiller auprès de lui. Vous pouvez alors passer le pouce sous son collier et le tenir dans une position assise. Mais l'essentiel et de rester calme et sûr de vous : votre chiot sera impressionné par votre attitude confiante. Si vous constatez que la peur chez votre chiot augmente jour après jour malgré votre attitude bienveillante, n'attendez pas pour contacter un professionnel et parlez-en à votre vétérinaire (voir annexe Carnet d'adresses).

Capter l'attention d'un chiot calme

Une attitude détendue est un bon signe, montrant que votre chiot acceptera tout ce qui arrive sans s'émouvoir. Mais certains chiots sont tellement détendus qu'ils ne prennent même pas conscience de la nouveauté que vous leur présentez, qu'il s'agisse des aspérités sur le sol ou d'un agent de police en uniforme. Si vous avez déjà observé ce genre d'attitude, utilisez des friandises pour attirer l'attention du chiot sur la situation en question.

Modérer l'excitation d'un chiot actif

Les chiots appartenant à cette classe énergique aiment la vie. Pour eux, les nouvelles expériences annoncent d'infinies possibilités. Même très jeunes, ils font montre de passion dans tout ce qu'ils font. Votre objectif, dans le contexte d'une situation nouvelle pour eux, ne doit pas être de les rendre encore plus enthousiastes, mais au contraire de modérer leur excitation. Pour ce faire, recourez à des friandises ou à la technique consistant à les maintenir assis.

Dénouer une attitude défensive

ATTENTION !

Une réaction défensive précoce (avant 12 semaines) doit être remarquée et prise très au sérieux. Si les conseils de ce livre ne diminuent pas l'intensité des frayeurs du chiot, faites appel à un professionnel (Voir annexe Carnet d'adresses). Au début de l'adolescence, avec l'apparition des hormones adultes, ces frayeurs s'amplifieront pour faire place à des réactions d'agression. Prenez aussitôt des mesures pour remédier à ce comportement.

En attendant, équipez le chiot d'un licol pour chien (voir chapitre V), et maintenez-le à vos côtés dans toute situation nouvelle. L'ordre « Pas bouger » doit être répété tandis que le chiot est maintenu assis. Vous devez garder une attitude calme et ne pas donner d'à-coups au licol.

Rattrapage dans le cas d'un chiot plus âgé (12 semaines et au-delà)

Un chiot ayant dépassé l'âge critique pour la socialisation peut avoir des réactions plus prononcées aux situations nouvelles, surtout s'il n'a dans sa mémoire aucune expérience comparable. Par exemple, un chiot plus âgé qui n'a jamais rencontré d'escalier ni de sol couvert d'un plancher peut être terrifié en les découvrant. La façon dont vous agissez en pareil cas détermine son attitude future. Un chien qui a peur de choses spécifiques manifestera de l'appréhension à l'égard de toute situation nouvelle pendant toute sa vie.

TRUC

Découvrez le langage corporel de votre chiot et prêtez-y la plus grande attention. Regardez ses yeux, la position de son corps, sa queue et sa gueule. Bien qu'il ne puisse vous parler avec des mots, votre chiot peut tout vous dire si vous l'écoutez avec les yeux. Le tableau 7.1 vous indique tout ce que vous pouvez voir.

Tableau 7.1 : Lisez le langage corporel de votre chiot

Partie du corps	*Apeuré*	*Indécis*	*Détendu*	*Actif*	*Défensif*
Yeux	Plissés, jetant des regards apeurés, non focalisés	Regard focalisé ou mouvant	Regard focalisé	Regard attentif	Regard fixe, dur.
Corps	Bas, arqué, rétracté et couché	Alternant entre l'avancée et le recul, s'approchant puis évitant la personne	Détendu	Posture confortable, déplacement d'un côté à l'autre	Incliné vers l'avant, rigide, tendu.

Partie du corps	*Apeuré*	*Indécis*	*Détendu*	*Actif*	*Défensif*
Queue	Coincée sous le ventre, remuée en position basse	Coincée sous le ventre, légèrement arquée au-dessus du dos, alternant entre les deux	Immobile, se balançant doucement au niveau du corps	Haute, remuée avec enthousiasme	Immobile au-dessus du corps ou arquée au-dessus du dos avec un battement récurrent de faible amplitude.
Gueule	Tirée en arrière, souvent dans un demi-sourire	Contractée, tremblante	Normale	Haletante, normale, parfois entrouverte et émettant des sons	Serrée, immobile, éventuellement entrouverte avec un grondement ou d'autres sons.

Faites de votre chiot inhibé un chiot actif en étant l'exemple que vous voulez qu'il suive. Si la réaction du chiot est intense, vous devez rester très calme. Gardez les yeux braqués sur la situation en question (pas sur le chiot) et entrez en interaction avec le stimulus – que ce soit une personne, une situation ou un objet – de la manière que vous voulez voir imiter par le chiot.

N'OUBLIEZ PAS !

Si vous regardez votre chiot ou seulement lui jetez un coup d'œil, votre posture et votre confirmation visuelle peuvent être interprétées à tort comme des signaux d'insécurité. Pensez à ce qui se passe dans une équipe disputant un match : le capitaine, après avoir crié un ordre, ne regarderait pas les joueurs pour avoir confirmation. Les mêmes principes s'appliquent à votre chiot. Quand vous lui donnez une instruction, ayez une attitude confiante et focalisez-vous sur la situation à gérer.

Apprenez à votre chiot à accepter tout le monde

N'OUBLIEZ PAS !

Quel que soit l'âge de votre chiot, son aptitude à s'associer à tous ceux qu'il rencontrera sera déterminée par trois paramètres :

- Les influences de sa race
- Ses expériences de socialisation
- Votre exemple

Bien que les instincts de la race de votre chiot soient prédéterminés, vous pouvez influencer fortement son comportement futur en le socialisant et en lui servant de modèle.

Socialisation du jeune chiot (de 8 à 12 semaines)

Un jeune chiot vous regarde pour interpréter tout ce qui se passe dans sa vie. La façon dont vous interagissez avec les personnes de toutes sortes et dont vous les saluez est pour lui l'exemple le plus important. Des problèmes surgissent si les rencontres s'accompagnent de trop d'exubérance au moment de dire bonjour. Ils sont dus au fait que le chiot interprète cette exubérance comme un jeu hyperactif, et bien que cela puisse être amusant au début, on s'en lasse vite !

Il vaut beaucoup mieux avoir un plan. Aménagez autant de rencontres que possible entre votre chiot et différentes personnes. Vous devez suivre la même habitude, que la personne ait 9 ans ou 90 ans, qu'elle soit vêtue sobrement, en uniforme ou déguisée.

Les mères ont raison de dire que les bonnes manières commencent chez soi. Saluez votre chiot sans effusion. Même si vous êtes fou de joie de le voir, restez calme et n'interagissez avec lui que s'il est calme.

Habituez le chiot à une laisse et un collier, et gardez-les sur lui quand il rencontre de nouvelles personnes. Servez-vous-en pour le guider, comme quand vous tenez un enfant par la main. Si possible, demandez à ces personnes d'ignorer ses réactions extrêmes, telles que l'hyperactivité, la crainte ou une attitude défensive. Tout simplement, en cas de réaction extrême, faites comme si le chiot n'était même pas présent. Au bout de quelques minutes, cette approche produira la désescalade de la réaction extrême et incitera le chiot à observer votre propre réaction pour l'imiter.

Lorsque la présence de la personne est bien établie aux yeux du chiot, ce qui prend d'une à cinq minutes, agenouillez-vous auprès du chiot et maintenez-le assis en passant le pouce au-dessous du collier (voir figure 7.1). Répétez « Dis bonjour » tandis que la personne caresse votre chiot.

Si votre chiot est effrayé ou tendu, demandez à la personne d'agiter une boîte de friandises et de lui en donner pour l'inciter à prendre une attitude plus positive. D'une manière générale, pensez à toujours associer la présence ou la rencontre de personnes étrangères à quelque chose d'agréable pour votre chiot (récompenses friandises, jeu…).

Figure 7.1 : Le maintien assis rassure votre jeune chiot lors d'une rencontre avec des gens qu'il ne connaît pas.

Le cas des chiots plus âgés

Votre chiot plus âgé a-t-il un comportement débridé lors de la rencontre de nouvelles personnes ? Que cela ne vous décourage pas. Il peut devenir hyperactif en entendant la sonnette de la porte d'entrée, avoir une réaction défensive en voyant des hommes en uniforme, ou manifester de la méfiance à l'égard des enfants qui commencent à marcher, mais vous pouvez changer son attitude avec de la patience, un peu d'imagination et un calme systématique.

ATTENTION !

Si l'on n'y remédie pas, de tels comportements peuvent produire un chien qui a régulièrement peur des enfants ou se montre défensif envers tout livreur. Vous ne voulez pas vivre avec ce comportement anormal pendant une dizaine d'années ou davantage – je vous assure que ce n'est pas drôle. C'est pourtant l'un des rares cas où vous avez le pouvoir de remodeler votre avenir.

Quelles que soient ses habitudes antérieures, gardez à l'esprit ces trois principes clés chaque fois que votre chiot rencontre de nouvelles personnes ou de nouvelles situations.

- Quiconque se trouve devant est celui qui dirige la manœuvre.
- Une attitude corporelle assurée et calme reflète la confiance en soi.
- Toute instruction dite d'une voix ferme sera suivie.

Quel que soit le comportement du chiot, il provient pour une grande part de l'attention que vous lui portez. Les chiots répètent tout ce qui assure l'interaction – ils se moquent de savoir s'il s'agit d'une interaction positive ou négative. Si votre chiot est trop excité, vous allez vraisemblablement essayer de le calmer en mettant la main sur sa fourrure, en le poussant ou en le tenant. Quand une réaction défensive ou de méfiance entraîne une remarque faite avec une voix douce mais sur un ton aigu, comme « ce n'est rien », cette remarque est perçue comme l'expression d'une crainte partagée. Ce dont le chiot a besoin est un exemple de confiance, donné au moyen d'une directive claire et d'une posture corporelle droite et calme.

Pour régler le dilemme des salutations qui se passent mal et rééduquer votre chiot, voici ce que vous pouvez faire :

- Créez un poste de salutation en vue de la porte où se passent les rencontres, mais au moins à 2 mètres de distance (de la manière décrite au chapitre XIII).
- Attachez une laisse courte de 50 centimètres à ce poste et répétez « Derrière » en guidant le chiot et en l'attachant avant d'ouvrir la porte.
- Ignorez le chien jusqu'à ce qu'il se soit calmé complètement.

Il peut vous paraître difficile d'ignorer ses manifestations vocales et ses contractions musculaires du début, mais il comprendra vite qu'une posture détendue est récompensée par une attention immédiate. Encouragez tout le monde chez vous à adopter cette approche : personne ne doit faire attention au chiot tant qu'il n'est pas devenu beaucoup plus calme. Vous pouvez laisser un os ou un jouet près de son poste de salutation pour l'aider à surmonter son excitation ou sa frustration.

Si votre chiot adopte une posture défensive ou a peur, faites-lui porter un licol pour chien. Ce collier détend aussitôt le chiot parce que le poids qu'il fait peser sur son museau et derrière ses oreilles stimule les mêmes points de pression qu'utilisait sa mère pour le calmer.

En outre, pour l'aider à s'habituer à de nouvelles situations et de nouvelles personnes, sortez avec votre chiot et faites-lui rencontrer autant de personnes différentes que vous le pourrez. Enseignez-lui les ordres « Allons-y », « Pas bouger », « En dessous », « Attends », et « Derrière » décrits au chapitre XIV. Voici ce que ces ordres enseignent à votre chiot :

- **Allons-y** : donne à votre chiot l'ordre de marcher derrière vous et d'observer vos directives.
- **Pas bouger** : met l'accent sur le contrôle des impulsions et la focalisation. Faites précéder cet ordre des ordres « Assis » ou « Couché ».
- **En dessous** : donne l'ordre à votre chiot de se coucher sous vos jambes ou sous une table. Ces endroits sûrs soulignent que vous êtes son gardien et son protecteur.

- **Attends** : dit à votre chiot de s'arrêter immédiatement et de vous regarder avant de continuer.
- **Derrière** : dit à votre chiot de se tenir derrière vous et lui rappelle que c'est vous le chef.

ATTENTION !

Si votre chiot se méfie de quelqu'un, demandez à cette personne d'ignorer le chiot et d'éviter tout contact visuel. Le contact visuel est souvent interprété comme annonciateur de la prédation ou de la confrontation et ne fera qu'intensifier la réaction de votre chiot.

Présentez au chiot des gens de toutes les formes et de toutes les tailles

Pour que votre chiot soit à l'aise dans la vie, il convient de lui présenter la variété des gens qu'il rencontrera au cours de son existence. Chaque personne a une allure et une odeur particulières. Pour éviter que votre chiot ne devienne un chien hostile à qui que ce soit, vous devez le socialiser très tôt avec tout le spectre des futures rencontres éventuelles. Suivez les conseils détaillés sur le tableau 7.2.

TRUC

Vous pouvez utiliser des récompenses particulièrement appréciées de votre chiot (jambon, crème de fromage…) pour encourager l'interaction modérée. Leur usage peu fréquent fera que votre chiot sera ravi de toute situation lui permettant de goûter ce délice.

Tableau 7.2 : Rencontre de nouvelles personnes

Personne	*Directives*	*Laisse*	*Position*	*Où donner une friandise*	*Commentaire*
Bébé	« Calme-toi » et « Pas bouger »	Oui, si excitable	Maintenu assis pour éviter qu'il saute	Sur le sol	Dites « Hep, hep » pour décourager tout contact avec le visage.
Enfant	« Assis », « Couché », « Derrière », « Pas bouger », « Gentil », « Suis-moi » et « Dis bonjour »	Oui. Envisagez d'en mettre deux pour que l'enfant puisse diriger si le chien est digne de confiance.	Maintenu ou derrière vos pieds	Dans le meilleur des cas, l'enfant donne une friandise au chiot. Elle peut aussi lui être jetée si le chiot est excité ou méfiant.	Une substance crémeuse au bout d'une cuiller peut être tendue à un chiot calme dans la position « Assis » ou « Couché ». Enseignez à votre chiot un tour (chapitre XXII) qu'il exécutera pour établir une interaction heureuse.
D'un autre sexe que le vôtre	« Suis-moi », « Attends », et « Dis bonjour »	Seulement en public, ou si le chiot a une réaction extrême	Maintenu assis ou à côté de vous si le chiot a une réaction qui le demande	L'autre personne donne la friandise sauf si le chiot est méfiant. La friandise peut alors être donnée ou lancée par vous tout près de l'autre personne.	Soyez calme et à l'aise, et pas exagérément enthousiaste ou affectueux. Les chiots détectent les sentiments feints et trouvent la chose bizarre et peu convaincante.
Déguisement	« Derrière », « Pas bouger », et « En dessous »	Absolument. Les déguisements sont effrayants pour les chiots, et la laisse vous permet de « tenir votre chiot par la main »	Maintenu dans la position « Pas bouger ». Agenouillez-vous devant lui et maintenez-le bien. Ne le caressez pas tant qu'il n'est pas calme.	Oui, au début	Mettez le déguisement vous-même. Placez-le sur le sol et entourez-le de friandises. Laissez le chiot vous observer tandis que vous le revêtez.
Personnes d'une autre origine ethnique	« Derrière » « Pas bouger » et « Dis bonjour »	Dans un lieu public, ou si le chiot est incontrôlable à la maison. Sinon, pas de laisse.	Maintenu assis pendant les salutations. Utilisez une balle ou un jouet pour encourager une réaction normale.	Oui, si vous rencontrez la personne directement. Sinon, c'est inutile.	Les chiens ne sont pas racistes, mais certains remarquent les variations de couleur de peau. Recherchez des environnements variés pour y habituer votre chien.

Personne	*Directives*	*Laisse*	*Position*	*Où donner une friandise*	*Commentaire*
Individus de forme et taille inhabituelles	« Derrière », « Pas bouger », « Suis-moi », et « Dis bonjour »	Utilisez une laisse, « Suis-moi », et « Dis bonjour »	Maintenu assis lors des salutations. Utilisez une balle ou un jouet pour encourager une réaction normale.	Oui, si vous rencontrez la personne directement. Sinon, c'est inutile.	Une visite en ville exposera votre chiot à toute une variété de gens de tailles et d'aspects différents.
Uniformes	« Suis-moi », « Pas bouger », et « Dis bonjour »	En laisse la première fois et toujours dans un lieu public.	Marchez nonchalamment et dites « Suis-moi ». Maintenez-le assis s'il est perturbé. Utilisez l'ordre « Pas bouger » pour calmer sa réaction.	Utilisez des friandises pour encourager le chiot à faire attention à vous quand cette personne est présente.	Portez un chapeau ou un déguisement si votre chien réagit de manière excessive. Exposez-le très tôt et souvent aux uniformes, notamment ceux des livreurs.
Équipement de sport	« Pas bouger » et « Renifle »	Oui	Découvrez la *zone rouge* de votre chiot (voir encadré plus haut dans ce chapitre). Observez à distance et rapprochez progressivement votre chiot.	Utilisez des friandises ou un jouet pour attirer l'attention du chien sur vous.	Disposez l'équipement sur le sol et dites au chiot « Renifle » tandis que vous examinez l'équipement ensemble.
Personnes tenant un équipement	« Pas bouger » et « Renifle »	Oui, à moins que ce ne soit vous qui tenez l'équipement.	Découvrez la *zone rouge* de votre chiot (voir encadré plus haut dans ce chapitre). Observez à distance et rapprochez progressivement votre chiot.	Utilisez des friandises ou un jouet pour attirer l'attention du chien sur vous.	Laissez l'équipement sur le sol ou tenez-le vous-même. Quand vous voyez une autre personne tenant un équipement, donnez des friandises à votre chiot en restant à distance.

Accoutumez votre chiot aux surprises de la vie

Habituer votre chiot à toutes les surprises de la vie a autant d'importance que son éducation au cours de sa première année. Votre chiot peut se comporter parfaitement dans votre salon, mais s'il est désemparé dès qu'il sort de chez vous, vous ne pourrez l'emmener nulle part. Et bien d'autres surprises l'attendent que la variété des personnes qu'il est susceptible de rencontrer. En l'exposant à toutes sortes de surprises, vous l'encouragerez à accepter calmement et avec une saine curiosité tout ce qui est nouveau pour lui.

Autres animaux

J'ai travaillé récemment avec un bâtard terrier/whippet femelle d'un an qui avait été sauvé de l'ouragan Katrina. Non seulement la neige était une nouvelle expérience pour elle, mais les écureuils lui paraissaient fascinants. Douce et réservée, elle changea complètement devant la perspective de poursuivre dans le jardin ces petits animaux gris et très actifs. Trois ordres convenaient à la situation : « Derrière », « Assis, pas bouger », et « Attends ». L'objectif était le contrôle des impulsions.

N'OUBLIEZ PAS !

Que votre chiot soit jeune ou plus âgé, il doit apprendre à maîtriser ses impulsions quand il découvre d'autres animaux dans son environnement. Si vous remarquez une bête quelconque avant votre chiot, donnez-lui l'ordre « Derrière » et guidez-le pour le faire se ranger à vos côtés. Puis agenouillez-vous en faisant face à cette bête et utilisez l'ordre « Assis, pas bouger » pour inciter le chiot à la retenue. Si le radar du chiot détecte l'animal en premier, vous le remarquerez à ses oreilles, dressées et immobiles. Il s'orientera dans la direction de l'apparition. À ce moment-là, donnez l'ordre « Derrière » et agenouillez-vous pour le maintenir assis. Puis donnez l'ordre « Pas bouger ».

Au fur et à mesure que votre chiot réussit mieux à contrôler ses impulsions, encouragez-le à vous suivre en utilisant l'ordre « Suis-moi ». Vous pouvez décourager tout intérêt intempestif en le contrôlant fermement à l'aide de la laisse. Félicitez-le et récompensez-le pour avoir résisté à la tentation.

Le mauvais temps

Le premier orage de votre chiot peut être un événement mémorable. La meilleure chose à faire est précisément de ne rien faire. Les efforts faits pour le rassurer seront compris à tort comme une crainte partagée, et peuvent engendrer une phobie du phénomène en question. En restant calme, en lisant un livre et en adoptant un profil bas, vous donnez l'exemple de la façon de se comporter en cas d'orage. Envisagez aussi d'enregistrer un orage et de l'écouter à un niveau sonore plus faible pendant que le chiot est en train de jouer ou de manger, jusqu'à ce qu'il soit habitué au bruit.

TRUC

Si votre chiot a déjà développé une réaction de frayeur à l'égard des orages, mettez-lui un licol pour chien et promenez-le en laisse chaque fois qu'il y a un orage, en faisant comme s'il ne se passait rien. Si possible, restez au rez-de-chaussée, sans proposer au chiot rien d'autre qu'un os qui a bon goût pour lui. Ne faites attention à lui que s'il est détendu. Ses réactions s'amélioreront avec le temps. Demandez à votre vétérinaire s'il y lieu de prévoir un remède au cas où la laisse resterait sans effet.

Certains chiots n'aiment pas rester dehors par temps de pluie et d'autres ne veulent pas rentrer à la maison. Il y a peu de chance que votre chiot change d'avis sur la pluie, mais vous pouvez essayer de le laisser à l'intérieur tandis que vous jouez sous la pluie – mais jouez à un endroit où il peut vous voir. Si cela ne marche pas, c'est le moment de prendre un grand parapluie et d'envisager de faire de rapides sorties avec votre chiot.

N'OUBLIEZ PAS !

La neige et le froid soulèvent d'autres problèmes, notamment pour les races petites ou au pelage peu épais. Quand la température chute, les muscles du chiot se contractent. Cette contraction affecte également les muscles de la vessie, ce qui rend l'élimination plus difficile, voire impossible. Envisagez de lui mettre un manteau, et oserai-je le dire, des petites bottes, quand il fait trop froid. Si le chiot est petit, envisagez de l'emmener faire ses besoins aussi, ou même exclusivement, sur des journaux. Si vous n'aimez pas voir ces journaux étalés dans votre intérieur, prévoyez de les placer dans l'entrée ou dans le garage et de ne les utiliser qu'en cas de mauvais temps. Consultez le chapitre XII pour plus d'informations sur l'accoutumance à l'utilisation des journaux.

Objets

Vous marchez dans la rue, sifflant et flânant gaiement quand vous remarquez soudain trois gigantesques sacs poubelle s'agitant dans le vent. Vous visualisez la situation et arrivez aussitôt au terme du processus mental vous permettant de savoir ce dont il s'agit. Mais ce n'est pas aussi simple pour votre chiot. Les chiots évaluent les objets avec le museau et ne sont sûrs de rien tant qu'ils n'ont pas flairé un bon coup. Dans la mesure du possible, faites face à la situation comme le ferait un chien adulte. Ce faisant, vous lui donnerez avec la plus grande assurance l'exemple qu'il doit suivre. Laissez la laisse s'allonger si cela ne comporte pas de danger et tenez la poignée en approchant l'objet. Agenouillez-vous ou penchez-vous au niveau du chiot et faites comme si vous flairiez l'objet avec confiance. Attendez patiemment que le chiot prenne la mesure de votre réaction. Quand il s'approche, parlez calmement, caressez-le et placez-le contre votre flanc dès lors qu'il se montre plus à l'aise.

Si vous ne pouvez approcher l'objet, agenouillez-vous simplement à côté de votre chiot et maintenez-le en lui disant « Pas bouger » et ensuite « Suis-moi ».

Bruits divers

Ma liste de bruits importants à l'égard desquels j'ai socialisé mon chiot, Whoopsie, incluait les feux d'artifice, les camions, les bruits des sites de construction, les sirènes et les pleurs d'un bébé. Chaque fois que je m'approchais d'un bruit ou que j'en provoquais un, je m'agenouillais et maintenais Whoopsie assise. Si elle était effrayée, je revenais en arrière jusqu'à ce qu'elle soit calmée, puis je répétais le même traitement. Dès qu'elle pouvait supporter le bruit calmement, je lui disais tranquillement « Pas bouger ». Progressivement nous nous approchions, jusqu'à ce que finalement l'ordre « Suis-moi » suffise à la rassurer, parce qu'elle avait inscrit le bruit dans son banc de mémoire réservé aux stimuli. Je vous recommande d'adopter la même procédure avec votre chiot.

Si votre chiot a une réaction plus vive ou s'il est plus âgé et ne connaît pas encore un bruit ou une situation, vous avez intérêt à adapter votre approche en limitant l'intensité du bruit ou de la situation. Si votre chiot vous donne l'impression qu'il va attaquer ou se sauver, c'est qu'il est visiblement dans un état de panique. Battez en retraite immédiatement et déterminez quelle est la zone rouge de votre chiot (reportez-vous à l'encadré plus haut dans ce chapitre). Mettez en œuvre des leçons à base de friandises et de jouets, maintenez-le en position assise et rapprochez-vous progressivement de la source de son désarroi.

Si un bruit spécifique dérange votre chiot, enregistrez-le. Faites-le-lui entendre à des volumes sonores de plus en plus élevés tandis qu'il joue ou qu'il mange. S'il est toujours perturbé par le bruit, baissez le volume et faites-le lui entendre depuis une pièce éloignée.

Lieux

Il est préférable que votre chiot soit vacciné pour l'emmener loin dehors. Mais dès que le vétérinaire vous donne le feu vert, allez-y ! En dehors de sa demeure, confronté à l'inconnu, votre chiot deviendra brusquement hyperactif, excité, effrayé ou défensif. Chaque réaction vous donne une occasion d'intervenir et de le diriger au moyen de toutes les techniques décrites aux chapitres XVI et XVII. Bien que ces techniques demandent un certain temps au début, elles vous apporteront plus tard la liberté d'emmener le chien partout où vous allez ! Quelle que soit la réaction de votre chiot, utilisez les ordres « Allons-y », « Pas bouger » et « Attends » lorsque vous parcourez ensemble de nouveaux lieux. Ce faisant, vos ordres et votre attitude disent à votre chiot : « C'est moi qui décide, suis-moi ! » En outre, apportez avec vous un tapis ou un couchage habituel pour l'emmener en voiture et pour qu'il s'y asseye quand vous voulez qu'il se tienne tranquille. Si vous vous rendez à un restaurant où les repas se prennent à l'extérieur, chez le vétérinaire ou à un cours, emportez son tapis avec lui et incitez-le à s'y installer. Le tapis contribuera à le rassurer, et il se sentira heureux et en sécurité.

Calmer une réaction d'excitation extrême

Pour certains chiots, l'arrivée dans un lieu inconnu provoque une excitation débridée. Équipez le chiot d'un collier de tête et maintenez-le assis fréquemment. S'il est motivé par la nourriture, servez-vous-en pour détourner son attention vers vous. Restez très calme et soyez l'exemple que vous voulez qu'il suive. Maintenez-le assis avant que des gens ne s'approchent de vous.

N'OUBLIEZ PAS !

Vous devez vous donner beaucoup de mal pour que ce genre de chiot ne saute pas après les gens. S'il se met le ventre en l'air à l'occasion d'une rencontre, dites « Ventre en l'air » pour encourager cette réaction.

Corriger une réaction de frayeur

Un chiot effrayé a besoin d'un gardien et d'un protecteur pour lui donner du courage et le diriger. C'est à vous de jouer ! Résistez à la tentation de vous pencher et d'apaiser votre chiot. Au lieu de cela, utilisez un harnais d'éducation à la marche pour le guider – un collier autour du cou peut intensifier la peur parce qu'il peut lui donner l'impression de l'étrangler. Maintenez-le assis quand son désarroi est très grand et écartez ses admirateurs jusqu'à ce qu'il soit plus posé. Le moment venu pour les présentations, apportez des friandises et soyez généreux. L'utilisation de la technique consistant à pointer du doigt est un autre moyen d'aider le chiot à prendre confiance ; cette technique est décrite au chapitre XI.

Remédier rapidement aux réactions défensives

Un chiot défensif prend la vie trop au sérieux. Il est indispensable de le socialiser pour calmer l'intensité de ses réactions. Faites-lui porter un harnais d'éducation à la marche et obligez-le à s'asseoir à la lisière de la scène d'une rencontre ou d'une réunion. Enseignez à votre chiot le terme « Derrière » qui veut dire : « Reste derrière, car c'est moi qui suis en charge de la situation. » Répétez « Pas bouger » si nécessaire et rappelez-lui « Suis-moi ». Au bout d'un certain temps, son attitude s'améliorera. Prenez la résolution de socialiser complètement votre chiot. Mais dites-vous bien qu'il faudra le sortir souvent de chez vous pour en faire un chien qu'il est agréable d'emmener partout avec soi.

Chapitre 8

Les enfants et les chiots

Dans ce chapitre :

- Les liens entre les enfants et le chiot
- Déshabituez votre chiot à mordiller et tirer
- Surmonter le syndrome de la rivalité

L'un des grands repères de mon enfance a été ma chienne, Shawbee, un mélange de husky et de berger. Elle était ma compagne de tous les jours, m'attendait à l'arrêt du bus, m'attendait à la sortie de l'école où je prenais mes leçons de danse, partageait mon cornet de glace par les chaudes journées d'été. De nos jours, les chiens et les enfants ont rarement la possibilité de se lier les uns aux autres à ce point. Le monde actuel est différent de celui de mon enfance. Nous avons des ordinateurs. La plupart des communes imposent de tenir les chiens en laisse. Les chiens qui vont dehors sont volés. Les gens ont même davantage la phobie des chiens. Malheureusement, les temps ont changé et de nouveaux problèmes ont surgi.

Aujourd'hui, les enfants sont souvent stimulés à l'excès à un très jeune âge, et ils ont moins de temps à passer avec des chiens. Se promener à bicyclette est souvent possible seulement dans des parcs d'où les chiens sont exclus. De plus, les jeunes chiots et les jeunes enfants ne s'entendent pas toujours bien. Dans certaines circonstances, le chiot considère l'enfant comme un autre chiot qu'il peut mordre et dominer. J'ai eu affaire à des situations où les enfants ne veulent plus jouer avec le chiot, car « il mord trop fort ». Dans d'autres cas, l'enfant devient jaloux de l'attention portée au nouveau venu, ce qui déclenche la guerre à outrance entre l'enfant et le chien. Toutes ces remarques peuvent sembler déprimantes, mais elles concernent des faits auxquels vous devez réfléchir. Les bonnes relations entre l'enfant et le chiot sont possibles, mais elles demandent du temps, de la patience et de la compréhension. Ne vous inquiétez pas. Ce chapitre peut vous aider.

Encouragez les interactions positives entre les enfants et le chiot

Les chiots et les enfants ont de nombreux points communs. Les uns comme les autres aiment être liés aux adultes et recevoir des directives de ceux qui semblent mieux informés qu'eux. À un très jeune âge, ils sont étonnamment conscients de ce qui attire l'attention sur eux, et cherchent soit à contenter ceux qu'ils respectent, soit à mener la danse. Quand les chiots et les enfants grandissent, leurs impulsions et leurs hormones mûrissent, et il en résulte des manières égocentriques, un besoin d'attention exclusive, un manque de respect. Bien que contrariants, ces comportements sont le signe réconfortant d'un développement normal. Plus tard, à l'adolescence, l'un comme l'autre peuvent vous regarder d'un air buté. L'adolescence est une période de troubles. Au moment de la puberté, les jeunes des deux espèces peuvent vouloir vous renier complètement – vous souvenez-vous d'avoir connu toutes ces émotions quand vous aviez cet âge ? Ce n'est pas une période amusante, que vous marchiez sur deux ou quatre membres.

Pour que les choses se passent au mieux dans votre famille, prenez en compte le stade d'évolution émotionnelle de vos enfants, et ce dont le chiot est capable actuellement. Votre enfant et votre chiot coopéreront d'autant mieux qu'ils seront compris et que vous resterez positif.

Utilisez des expressions positives

Les enfants ne réagissent pas bien au harcèlement. Les expressions telles que « Ne fais pas ceci » et « Ne fais pas cela » ont tendance à entrer par une oreille et à ressortir par l'autre. Comme les chiens et les chiots, les enfants réagissent mieux à une approche plus positive.

Des expressions clés telles que les suivantes peuvent s'avérer très efficaces :

- **« Règle des quatre pattes »** : Cette expression rappelle aux enfants de ne pas caresser Oscar tant que ses quatre pattes ne reposent pas sur le sol. Cette expression est de loin préférable à « Arrête d'appeler le chien pour qu'il monte sur le canapé ». (Après quoi, je ferais exactement ce que vous dites de ne pas faire, si j'étais l'enfant.)
- **« On dirait qu'il va pleuvoir »** : Quand les enfants reviennent de l'école, demandez-leur de « regarder s'il pleut » jusqu'à ce que le chiot soit calmé – ce qui veut dire, demandez-leur de croiser leurs bras devant leur poitrine et de regarder en l'air (voir figure 8.1). Vous pouvez aussi demander à vos enfants de chercher s'il pleut (regarder en l'air) quand le chiot saute après eux pour attirer leur attention. Ce langage corporel indique calmement que sauter est une manière incorrecte d'interagir.

Figure 8.1 : Les enfants devraient « regarder s'il pleut » jusqu'à ce que le chiot soit calmé.

- « **Touche** » : Ce truc est fabuleux. Frottez un morceau de fromage crémeux ou frais sur le dos de la main des enfants, demandez-leur de tendre les mains, et dites ensemble « Touche ». Ce truc non seulement apprend au chiot à embrasser une main qui se tend vers lui, mais en outre il décourage le mordillement.
- « **Pouce en dessous** » : C'est la version pour enfant du maintien dans la position assise. Montrez à vos enfants comment passer le pouce dans le collier du chien et ouvrir leurs doigts en éventail contre la poitrine du chiot. Cette technique est un bon moyen de décourager les sauts et de calmer votre chiot.

Ces expressions ne sont que quelques-unes de mes expressions favorites. Soyez créatif et imaginez des expressions qui marchent pour vous. Tenez-moi au courant, car je suis toujours à la recherche de procédés astucieux pour aider les enfants et les chiens à vivre en bonne intelligence.

Jouez à des jeux amusants

Pas de tir à la corde, s'il vous plaît ! Même si le chiot le demande et si vos enfants aiment ce jeu, découragez-le. Votre chiot doit apprendre que lorsque les mains touchent un objet, les dents doivent le laisser partir – point final. Le tir à la corde peut avoir de graves conséquences parce que votre chiot ne sera pas capable de distinguer entre un jouet en peluche ou une laisse et un article d'habillement (voir figure 8.2).

Figure 8.2 : Un simple jeu de tir à la corde incite le chiot à mordre et à tirer.

Briser le cycle du tir à la corde

Une petite fille de 6 ans a été étranglée et est morte après avoir été priée de sortir jouer avec son golden retriever de 3 ans. Le golden retriever était stimulé à l'excès par le jeu et se mit à tirer sur le cache-col de la petite fille jusqu'à ce qu'elle suffoque et meure. Aucun mot ne peut décrire le désespoir de la famille, mais cette histoire a une morale : votre chien doit apprendre à ne jamais tirer sur un objet porté ou tenu par un humain. Les chiots adorent tirer quelque chose, autant et plus que les enfants : tirer est un jeu servant au développement du contrôle et de la puissance. Mais ce jeu n'a pas sa place avec des enfants. Les enfants peuvent facilement avoir le dessous en luttant avec un chiot qui ne sait pas distinguer entre un jouet, un vêtement, un animal en peluche, une poupée ou des mains et des doigts.

- Si votre chiot est accro au tir à la corde, essayez les remèdes suivants : attachez un objet à des choses qui ne peuvent pas bouger, telles qu'une balustrade ou un arbre, et encouragez votre chiot à tirer sur cet objet. La balustrade ne bougera pas, un arbre non plus – cette technique est excellente pour permettre à votre chiot d'évacuer l'énergie dont il déborde.
- Référez-vous au chapitre XXIII pour apprendre à votre chiot la réaction « Donne ».
- Attachez votre chiot à une laisse courte et qu'il traîne avec lui. Vous pouvez ainsi intervenir rapidement s'il devient trop turbulent. Si vous voyez qu'il devient trop excité, attrapez la laisse et tirez un coup sec en disant « Non ». Puis détournez son attention vers une autre activité.
- Incitez votre chiot à jouer avec un jouet ou à s'en saisir. Tirez brutalement sur la laisse s'il se précipite ou se saisit du jouet de façon trop impulsive. Ce geste enseignera à votre chiot que, quelle que soit la tentation qu'il éprouve, il ne doit pas se saisir d'un objet tenu ou porté par vous ou quelqu'un de votre famille.

Consultez l'encadré « Briser le cycle du tir à la corde » pour voir comment décourager votre chiot de jouer à ce jeu. Pour éradiquer l'instinct du tir à la corde, vous devez cacher les jouets comportant des cordes, les animaux en peluche des enfants, et les chaussettes. Avertissez les enfants que vous ne tolérerez absolument pas les luttes ni les poursuites avec le chiot. Alors, direz-vous, comment l'enfant est-il censé s'amuser ? Consultez le chapitre XXIII, qui décrit d'excellents jeux auxquels vous pouvez jouer avec votre chiot.

N'OUBLIEZ PAS !

Le singe voit, le singe fait. Vous êtes le meilleur exemple pour vos enfants. Si vous restez calme et méthodique avec votre chiot, les enfants vous copieront. Si vous manquez de cohérence ou si vous encouragez le chiot à jouer de façon brutale, les enfants copieront aussi ces comportements.

Impliquez vos enfants dans des projets motivants

L'arrivée d'un chiot est un plus dans la vie – mais il y a beaucoup à faire au début. Les multiples repas, les sorties fréquentes pour les besoins, le jeu, le jeu et encore le jeu. Si vous perdez patience avec le chiot et si vous vous vous plaignez de ses transgressions, votre entourage perdra son enthousiasme pour le nouveau venu. Je vous conseille d'instaurer des activités susceptibles de développer la coopération de tout un chacun. Voici quelques propositions :

- **Tableau à pastilles collantes** : préparez un tableau d'activités, et chaque fois que l'un de vos enfants accomplit une tâche (nourrir le chiot, le promener ou le brosser), il peut ajouter une pastille collante dans sa colonne. Si vous avez plus d'un enfant, vous prévoyez plusieurs colonnes pour chaque jour. Voir un exemple sur la figure 8.3.
- **Création d'un programme « super »** : les enfants adorent être créatifs. Demandez-leur de vous aider à créer un « programme SUPER pour OSCAR ». Prévoyez l'heure de toutes les opérations : nourriture, brossage, jeu, et sieste. Laissez les enfants décorer les marges, et suspendez le programme terminé à un endroit où tout le monde peut le voir.
- **Mettez en place des stations de jeu** : demandez aux enfants de vous aider à aménager dans chaque pièce un endroit où le chiot peut jouer (le chapitre V présente une station de jeu typique). Désignez un endroit où le chiot peut se coucher, mettez-y ce qu'il aime ronger, et un jouet. Chaque fois que vous entrez dans la pièce, envoyez le chiot à sa station de jeu avec un mot approprié tel que « Va à ta place ». Si le chiot ne se montre pas disposé à rester à sa place, attachez sa laisse à un objet inamovible (voir chapitre XIII).

Tableau hebdomadaire des réjouissances

Heure	Activité	L	M	M	J	V	S	D
7 heures	Sortie							
7 h 30	Repas et eau							
8 h 00 – 11 h 30	Laisse, station de jeu ou parc, liberté surveillée							
11 h 30	Sortie et jeu							
Midi	Repas et eau							
12 h 15	Sortie et jeu							
12 h 30 – 15 h 30	Laisse, station, parc, jeu avec surveillance							
15 h 30	Sortie et jeu – Exploration							
16 heures	Repas et eau							
16 h 15	Sortie							
16 h 30 – 19 h 00	Laisse, station ou parc, liberté surveillée							
19 h00 – 21 h 00	Interaction avec la famille							

Figure 8.3 : Rendez amusantes les opérations quotidiennes au moyen d'un tableau tel que celui-ci.

- **Décorez les accessoires** : faites appel à vos enfants, à leur créativité et leur imagination. Demandez-leur de vous aider à décorer les tasses de friandises, les paquets de snacks et les bols de votre chiot. Si par exemple vous avez acheté très cher un bol en acier inoxydable, demandez à votre enfant de coller des étiquettes colorées tout autour, il sera davantage disposé à s'occuper des repas du chiot.

Faites participer les enfants à des leçons courtes, positives

Les enfants aiment aider et participer, mais les exercices de dressage peuvent leur paraître terriblement ennuyeux. Rendez-vous à l'évidence : pour un gamin de 5 ans, batailler dans la boue pendant deux heures est plus excitant que d'exercer le chiot pendant deux minutes à rester au pied. Les exercices de dressage ne sont pas drôles, et la déclaration « Tu as la charge de donner à manger à Oscar » a une connotation négative. La bonne nouvelle est que vous pouvez inciter les enfants à participer avec bonheur aux soins du chiot, mais que vous avez besoin pour cela de beaucoup d'optimisme et de créativité. Voici quelques suggestions :

- Votre enfant peut enseigner à votre chiot à se mettre au pied au moyen du tour « Par-dessus » décrit au chapitre XXII.
- « Assis » peut être le prélude à « Donne la patte » (voir chapitres XIV et XXII).

Ne donnez pas les ordres sur un ton chantant ou un ton de plainte : votre chiot interpréterait ce ton comme signifiant que c'est le moment de jouer. Enseignez-lui un ton réprobateur pour tout comportement inacceptable tel que mordre, et utilisez-le quand le chiot devient trop excité en compagnie des enfants. J'utilise le son « Hep, hep ».

Déceptions quotidiennes

Renoncez à l'idée que les enfants puissent inculquer au chiot la notion de leadership. Il y a des exceptions, mais en général, la responsabilité de dresser votre chiot vous reviendra. Les jeunes enfants ne peuvent éduquer des chiots tant qu'ils ne sont pas assez hauts pour vous regarder sans lever la tête – jusqu'à 12 à 14 ans. D'ici là, leur taille est trop proche de celle du chiot pour qu'il les prenne au sérieux. De plus, les enfants se penchent et « aboient » beaucoup trop. C'est donc à vous qu'il appartient d'apprendre au chiot à respecter les enfants.

Mettez en scène des situations auxquelles votre chiot peut être confronté – comme des enfants qui courent comme des fous, leurs jeux de construction ou les poupées – pour apprendre au chiot comment se comporter. Utilisez la laisse de la manière décrite au chapitre XIII. Grâce à de bonnes techniques d'apprentissage, vous pouvez remédier aux difficultés qui peuvent survenir chaque jour dans les relations entre les enfants et le chiot – comme mordre, se saisir de la nourriture, poursuivre. Consultez le chapitre XVI pour plus de précisions sur la façon de surmonter ces difficultés et quelques autres.

Mordre

Un jeune chiot a besoin de beaucoup de sommeil : 16 à 18 heures jusqu'à l'âge de 12 semaines. S'il est trop stimulé ou trop fatigué, un chiot se met à mordre très fort ! Quand il commence à mordre les enfants, envisagez de l'isoler et de le mettre au calme pour voir s'il n'a pas simplement besoin de repos.

Si votre chiot continue de mordre et de s'exciter quand les enfants sont auprès de lui, attachez une laisse à son collier – vous trouverez au chapitre V une description plus précise de la laisse sans boucle qu'il peut traîner avec lui. Il peut porter cette laisse légère dans toute la maison, ce qui permet de corriger plus facilement ses comportements indésirables. Quoi que vous fassiez, votre chiot considère les jeunes enfants comme des chiots de la même portée. Avec eux, son comportement ludique sera différent de ce qu'il est avec vous, plus interactif et impulsif. Au bout du compte, vos enfants auront avec le chiot une relation spéciale, qui évoluera au fur et à mesure qu'ils grandissent. Mais il vous appartient d'enseigner à votre chiot de quelle manière il doit se comporter avec les enfants, autrement il inventera et imposera ses propres règles.

Abstenez-vous de crier en cas de débordement d'énergie. Le chiot pensera que vous participez au jeu, et que vous vous confrontez à lui. Au lieu de crier, adoptez l'approche décrite au chapitre XVI, qui vous permettra de corriger plus efficacement la tendance du chiot à mordre.

À l'assaut des vêtements

La vie d'un chiot peut être parfois un peu ennuyeuse, car il doit toujours regarder en l'air, et il ne peut réellement bien voir que les objets qui se déplacent au niveau de son museau. Quand une pantoufle fourrée ou un T-shirt qui flotte passe dans son champ de vision, il lui est impossible de ne pas réagir. Si vous remarquez votre chiot en train de se jeter sur les vêtements de votre enfant, vous pouvez mette en œuvre plusieurs approches pour détourner son attention vers d'autres occupations.

Encouragez avant de décourager. Trouvez un jouet ou un objet que vous pouvez placer sur le sol pour recentrer son attention après une intervention corrective. Très vite, il se tournera vers ce nouvel article avant d'attaquer les enfants ! Jouez avec cet objet avant et pendant son comportement répréhensible pour qu'il l'associe à l'interaction avec le groupe.

Trouvez un mot approprié indiquant que votre enfant a besoin de votre aide. Sous mon toit, le terme approprié est « à l'aide ». Quand vous (ou tout adulte) entendez cet appel, réagissez immédiatement sans perdre votre contrôle et punissez le chiot en l'isolant. Mais ne courez pas, car vous seriez aussitôt remarqué. Marchez vite et silencieusement. Quand le chiot a lâché prise, détournez son attention sur un jouet. Il est peut-être alors opportun de satisfaire l'un de ses besoins (éliminer, dormir ou jouer).

Aspergez de produit répulsif l'article qu'il convoite et abandonnez-le pour que le chiot le trouve. Il apprendra par lui-même à s'abstenir de le grignoter ou de tirer dessus.

Envisagez aussi de lui mettre une laisse qui traîne par terre aussi bien dehors qu'à l'intérieur pour le détourner plus rapidement d'un comportement inadéquat. Opérez rapidement et en silence et dites « Non » en tirant sur la laisse pour l'obliger à vous suivre.

L'instinct de poursuite

Ils se lancent, ils tournent en rond, ils regardent fixement, et ils aboient. Eh bien, ces petites créatures à deux jambes sont tout à fait comme les chiots. L'exercice suivant aidera votre chiot à comprendre qu'il ne doit pas les poursuivre et les mordre quand ils passent à toute vitesse devant lui. Il vous faut quelques volontaires – de petits volontaires. Si vous n'avez pas d'enfants, empruntez-en. Puis procédez comme suit :

1. **Commencez à l'intérieur. Mettez votre chiot en laisse et allez dans une pièce dégagée.**
2. **Demandez aux enfants de courir devant vous tandis que vous surveillez le chiot. Voir figure 8.4.**
3. **L'instant où vous détectez la lueur dans l'œil du chiot, celui où il se prépare à bondir vers eux, dites fermement « Non » et tirez sur la laisse pour le retenir.**

Figure 8.4 : Procédez à des mises en scène pour refréner l'instinct de poursuite de votre chiot.

Après avoir maîtrisé l'exercice relatif à la poursuite, vous pourrez essayer celui du contrôle des distances. Répétez la même procédure en utilisant une longue corde (voir chapitre V). Demandez à vos petits volontaires de courir devant vous (sans faire un cercle derrière vous). Refrénez toute idée de poursuite en tirant sur la corde et en disant « Non », et félicitez le chiot de résister à la tentation.

Bataille pour les jouets

« C'est le mien ! » Cette plainte est proférée par tous les enfants qui commencent à marcher – et les chiots réagissent exactement de la même façon. Vous devez cependant faire en sorte que l'enfant reste maître de la situation, en apprenant à votre chiot que dès que l'enfant touche un objet, lui-même doit lâcher prise. Voici quelques suggestions :

- Mettez en application la section « Donne (ou lâche) » du chapitre XXIII pour apprendre au chiot la réaction appropriée à l'ordre « Donne ».
- Encouragez l'enfant à laisser le chiot tranquille quand il ronge ses propres jouets. Demandez aussi à votre enfant de ne pas pousser de cri quand le chiot lui prend l'un de ses jouets, mais je vous souhaite bonne chance – votre chiot peut être plus facile à éduquer que vos enfants !
- Placez aussi des boîtes de friandises (voir chapitre XI) un peu partout dans la maison. Chaque fois que vous voyez votre enfant approcher du chiot en train de ronger un objet, secouez la tasse et dites « Donne ». Récompensez le chiot s'il obéit et couvrez-le d'éloges.
- Si votre chiot fait montre d'un tempérament possessif, et si vous ne réussissez pas à le convaincre de s'incliner devant votre enfant, faites appel à un éducateur de chiens de compagnie spécialisée en rééducation comportementale et/ou un comportementaliste (Voir annexe Carnet d'adresses) Ce type de comportement peut aboutir à une situation grave : alors n'attendez pas…

L'agression sexuelle

Certains chiots agressent sexuellement des enfants (et même des adultes) quand ils sont trop excités. N'en soyez pas trop embarrassé. Ce geste est davantage un signe de domination ou de frustration que l'expression d'une préférence sexuelle. Le fait de le comprendre ne rend pas toutefois la chose acceptable. Les chiens qui agissent ainsi sont des chiens qui sont stimulés excessivement dans certaines situations. Voici comment remédier à ce problème.

1. **Conservez une laisse d'une longueur de 1,20 m attachée à son collier, dehors comme à la maison.**
2. **Dès qu'il entre en action, saisissez calmement la laisse courte et tirez dessus fermement.**

   Ne faites pas face à un chiot dans cette situation. N'établissez pas non plus de contact visuel et ne le repoussez pas. Vous pourriez déclencher une réaction de confrontation, ce qui aggraverait son comportement au lieu de le modérer.

3. **Lorsque le chiot est de nouveau sur ses quatre pattes, dressez-vous bien droit, lancez-lui un regard courroucé, et dites « Non ».**
4. **Attachez le chiot pendant quinze minutes sans lui accorder aucune attention.**
5. **S'il devient agressif, cessez d'utiliser ces remèdes et mettez en œuvre ceux décrits au chapitre XVIII.**

Chapitre 9

Vivre avec le chiot dans le monde tel qu'il est

Dans ce chapitre :

- Soyez un bon voisin
- Aidez le chiot à s'adapter aux évolutions
- Voyagez en avion ou en voiture

Oui, la vie au-delà de vos quatre murs recèle d'infinies possibilités, et vous devriez emmener votre chien partout où la vie vous conduit. La clé de la réussite est de diriger votre chiot, afin qu'il soit bien accueilli partout où vous allez. Savoir comment gérer toutes les situations qui peuvent se présenter dans votre vie commune – comme rencontrer par hasard ou accueillir chez vous d'autres personnes ou d'autres animaux, devoir maîtriser l'instinct de poursuite –, tel est l'objet de ce chapitre.

Envisagez-vous d'emmener votre chiot avec vous pour un voyage d'une journée ou de plus longue durée ? Ce chapitre vous révèle tous les secrets d'une telle entreprise, depuis la préparation des bagages jusqu'à la réservation des billets d'avion. Ajoutez-vous un nouvel animal de compagnie ou un bébé à votre cercle familial ? Votre chiot ne sera pas enchanté par cette intrusion. Mais ne vous inquiétez pas – je vous enseigne des techniques éprouvées pour transmuer sa rancœur en enthousiasme.

Vivre avec les voisins

« C'est une journée magnifique dans notre voisinage... » jusqu'au moment, bien sûr, où le calme idyllique est brisé par les aboiements incessants d'un chien ! Je suis très attachée à l'endroit où j'habite, mais par un jour d'été calme et chaud, mes voisins sont partis à la plage après avoir attaché leur beagle de 3 mois. Ce jour-là, j'avais envie de déménager pour la Barbade.

Toutefois, ce n'était pas la faute du beagle. Après trois heures d'aboiements, je suis allée voir et j'ai constaté que le bol d'eau de la chienne était vide. Je lui ai donné un bol d'eau fraîche et un os à ronger, ce qui a suffi à l'occuper le reste de l'après-midi. J'avais enfin retrouvé la paix.

Cinq signes montrant que vous êtes un mauvais voisin avec un chien

Un voisin a ramené plus d'une fois votre chiot qui s'était échappé. Votre chien aboie constamment dehors (surtout quand vous partez). Votre chien attaque les chiens du voisinage durant les promenades. Votre chiot visite les jardins des voisins pour y remanier les plantations, ramener les journaux et faire ses besoins sur le gazon. Vos voisins semblent avoir peur de votre chiot.

Vous devez penser à beaucoup de choses pour essayer d'être un bon voisin avec chien, et cette section peut vous aider à ne rien oublier.

Respect des voisins

Certains voisins sont tolérants avec leurs chiens. Ils savent quand accepter ces situations auxquelles on ne peut rien. Ils nettoient lorsqu'ils ont sali, et ils sont relativement silencieux. D'autres, en revanche, se fâchent pour des broutilles. Ils salissent, ils font du bruit et sont intimidants.

N'OUBLIEZ PAS !

La question est : dans laquelle de ces deux catégories de voisins voulez-vous être classé avec votre chiot ? C'est à vous de choisir, mais si vous voulez être bien vu – suivez les conseils ci-après (reportez-vous au chapitre XIV pour des indications plus détaillées) :

- Donnez l'ordre « au pied » en vous promenant dans le voisinage et apprenez au chiot à vous suivre.
- Utilisez l'ordre « Attends » pour apprendre à votre chiot à attendre avant de traverser la rue ou à attendre quand vous visitez un magasin ou regardez une vitrine.
- Enseignez-lui l'ordre « Non » pour le décourager de courir après tout ce qui le tente, comme des voitures, des joggeurs, et d'autres animaux. (Vous pouvez l'initier au concept « Non » dès l'âge de 16 semaines.)

  TRUC

  Si votre chien se précipite au bout de sa laisse pour atteindre ce qui attire son attention, vous arrivez trop tard pour le décourager. Son instinct l'emportera, mais si vous pouvez anticiper ses réactions en surveillant ce qui vous entoure pour y détecter les tentations et le corriger juste avant qu'il ne réagisse, vous pourrez détourner son attention avant qu'il ne cède à son instinct.

- Veillez à ce que votre chiot fasse ses besoins à l'intérieur de votre propriété. En s'approchant de l'âge adulte, les chiots deviennent capables de reconnaître avec leur nez les limites de propriété. Aidez votre chiot à reconnaître à quel endroit se termine son territoire en le tenant attaché très court tandis que vous parcourez le périmètre de votre jardin. Pour remédier à un éventuel accident, ayez un sac avec vous qui vous permettra d'éliminer les souillures du gazon du voisin. Et n'omettez pas de jeter le sac dans un endroit approprié.

Les autres chiens du voisinage

La plupart des chiens aiment à croire qu'ils possèdent tout le voisinage. Le problème est qu'il y a en général plusieurs chiens dans un même groupe de maisons. Livrés à eux-mêmes – s'ils sont libres d'aller où ils veulent, en quelque sorte –, les chiens établissent une hiérarchie et se supportent très bien. Mais les chiens du voisinage ne sont généralement pas libres d'aller où ils veulent. Au contraire, quand ils se rencontrent, ils sont en laisse, ce qui veut dire qu'ils sont retenus. La posture qu'ils prennent pour se libérer de cette contrainte met leur corps dans une attitude de confrontation qui n'est pas naturelle et ne reflète pas leur personnalité.

La laisse doit servir à indiquer le leadership – le leadership humain. Les chiots, toutefois, n'entendent pas toujours ce message. Certains chiots pensent qu'ils sont censés promener leur maître. Un chiot sûr de lui conduisant son propriétaire veut approcher d'autres chiens, et quand il se sent soudain retenu par une sensation d'étouffement au niveau du cou ou de la poitrine, il prend une attitude très défensive. Il tire plus fort et s'impatiente. Devenu plus grand, il menace de loin quand il aperçoit d'autres chiens. Il vaut beaucoup mieux utiliser l'ordre « Au pied », qui apprend au chiot à vous regarder pour savoir quoi faire, et en même temps, l'aide à se sentir en sécurité et protégé (voir chapitre XIV).

Un chiot prudent, en revanche, ressent une panique intense quand il est approché par un autre chien. Si personne ne lui fait sentir qu'il est soumis à un leadership, il cède à la panique, souvent avec un mouvement de recul, et se cache dans les jambes de son propriétaire. Ce comportement peut sembler touchant, mais un chiot se cachant derrière vos jambes est comme un enfant s'accrochant à la jupe de sa mère. Ce chiot a besoin d'être éduqué pour apprendre que vous êtes là pour le diriger dans toutes les situations. Un licol pour chien ou un harnais d'éducation à la marche (voir chapitre V) est idéal pour ce type de personnalité, parce que ces deux outils vous permettent de guider calmement votre chiot sans lui donner l'impression que vous l'étranglez. Des salutations normales entre chiens comportent un mélange d'intérêt excité, de soumission respectueuse ou de jeu de chiots. Les chiots se soumettent normalement à des chiens plus âgés en se couchant sur le dos, en appuyant la tête sur le sol, en levant une patte, en retroussant les babines ou en léchant les lèvres de l'autre chien. Quand deux chiots se rencontrent, ils sont souvent excités et se touchent à maintes reprises avec les pattes et la gueule.

Résistez à la tentation de rassurer un chiot effrayé. Vos intentions sont pures, mais comme le chiot perçoit les gestes visant à le rassurer comme des signes de crainte et de soumission, vous ne ferez que renforcer les craintes de votre chiot. Agissez bravement et calmement, et parlez sur un ton directif. Agenouillez-vous et maintenez votre chiot assis de la manière décrite au chapitre VIII, et utilisez des ordres qui lui sont familiers pour l'aider à maîtriser sa peur.

Quand votre chiot approche un autre chien ou est approché par lui, gardez les points suivants à l'esprit :

- Ne regardez pas l'autre chien.
- Passez devant le chien d'un pas rapide.
- Gardez votre chien constamment derrière vous.

Que faire si vous voulez laisser votre chiot jouer avec sa nouvelle connaissance canine ? Gardez votre chiot à côté de vous en traversant la rue ou tandis que les chiots se rapprochent l'un de l'autre. Puis laissez aller votre chien en détendant la laisse avec un ordre tel que « OK ».

Si vous êtes approché avec votre chiot en laisse par un chien menaçant, hors laisse, quittez les lieux rapidement, en empêchant votre chiot de faire face à l'agresseur. Si l'un de vous deux établit un contact visuel avec l'autre chien, vous risquez d'être attaqué. Si votre chiot est assez petit, prenez-le dans vos bras et quittez rapidement l'endroit. Enveloppez doucement de la paume de la main le museau du chiot pour prévenir sa nervosité.

Le chiot seul à la maison

Pour être un bon voisin, vous devez faire en sorte que votre chiot garde le silence quand vous le laissez tout seul chez vous. Les chiots n'aiment pas être seuls – ils sont sociables par nature. Ne soyez pas surpris si le vôtre s'invente certaines activités pour passer ces heures de solitude – creuser, mordiller de façon destructive, ou aboyer. Ne vous inquiétez pas. Le fait d'avoir un chien ne vous condamne pas à rester chez vous pendant une dizaine d'années. Vous disposez de nombreuses options quand il vous faut laisser votre chiot seul. Vous pouvez le mettre dehors ou à l'intérieur. Vous pouvez l'enfermer dans une pièce ou le laisser libre d'aller et venir. Vous pouvez l'attacher ou le mettre dans un enclos. Qu'est-ce qui est préférable ?

Mettez-vous à la place du chiot. L'extérieur, c'est bien – il aura de l'air frais et du soleil –, mais s'il est obligé de rester à l'extérieur de la maison, il sera stressé parce qu'il a besoin d'un compagnon pour le protéger, interpréter les événements et l'aider à apprécier la vie. La plupart des chiots préfèrent rester à l'intérieur sur une couverture douillette avec un os à ronger.

TRUC

Préparer votre départ présente des avantages durables. Faites les choses suivantes avant de partir :

- Occupez-vous de votre chiot pendant dix minutes.
- Faites suivre le jeu d'une séance d'éducation de deux minutes.
- Laissez quelques jouets qu'il peut ronger et parfumez-les en les frottant dans les paumes de vos mains.
- Si vous laissez le chiot à l'intérieur, placez-le dans un espace clos avec une lumière diffuse, sur une vieille chemise ou une couverture, avec une radio jouant de la musique douce.
- Si vous le laissez à l'extérieur, il doit avoir accès à un endroit ombragé et à de l'eau fraîche en quantité.

Si vous vous attendez à du mauvais temps, ne laissez pas votre chiot dehors. Allez avec lui jusqu'à l'endroit où il fait ses besoins et ramenez-le à l'intérieur dès qu'il a fini.

ATTENTION !

Si votre chiot souffre de l'anxiété due à la séparation et s'il dévore des choses auxquelles il ne devrait pas toucher, mettez-le dans son parc à chien ou placez-le dans un espace restreint avec un gros os et sans couchage, car il pourrait le manger s'il se sent désemparé du fait de votre absence.

Ramassez les saletés faites par votre chiot

Prenez l'habitude de nettoyer aussitôt les crottes de votre chiot. Indépendamment de l'aspect sanitaire de la question, quand votre chiot vous voit les ramasser à l'endroit approprié, il est incité à revenir faire ses besoins à ce même endroit. Oui, ramasser les crottes de chien est tout un art. Vous pouvez acheter des sacs spéciaux de luxe conçus pour opérer à la manière d'un bulldozer, mais ils sont encombrants et peu commodes. Mes suggestions ? Prenez un sac en plastique vide, mettez la main dedans, attrapez les crottes, retournez le sac et attachez le nœud. Voilà ! J'utilise des sacs ayant servi à emballer mes achats alimentaires, mais vous pouvez aussi trouver des sacs bleus parfumés au magasin d'articles pour animaux de compagnie si le cœur vous en dit !

Il existe sur le marché depuis peu toute une variété de ramasse-crottes discrets, amusants et pratiques que vous pourrez utiliser en toute discrétion. Vous pourrez également trouver des poubelles spéciales crottes de chiens à installer dans son jardin et des distributeurs fixes pour sacs à déjections.

L'instinct de poursuite

La poursuite est un comportement instinctif remontant à l'ancêtre canin – le loup – qui devait chasser pour vivre. Bien que les propriétaires de chiens leur offrent tous les luxes de la retraite (sous la forme d'un buffet de croquettes deux fois par jour), beaucoup continuent de penser que poursuivre (n'importe quoi, mais de préférence des chats) est un passe-temps formidable.

Poursuite des chats des voisins

Quand un jeune chiot approche un chat, de deux choses l'une : le chat se sauve, ce qui entraîne – devinez quoi – la poursuite, ou bien il ne cède pas de terrain, parfois crache ou donne des coups de patte au chiot s'il persiste. Quelle que soit la réaction du chat, vous devez rester en dehors de cette interaction. Crier et poursuivre un chiot en proie à ses instincts sauvages ne fait que les renforcer.

Si votre chiot a déjà pris l'habitude de poursuivre, ne vous affolez pas. Vous pouvez encore y remédier. Procédez comme suit :

1. **Attachez une laisse en Nylon de deux mètres au collier de votre chiot.**
2. **Surveillez les oreilles du chien tout en marchant (les oreilles qui se dressent signalent qu'une poursuite est imminente).**

   Pour régler le problème de la poursuite, vous devez contrer le processus mental, et non attendre que la poursuite ait commencé. Les oreilles des chiens fonctionnent comme des radars intégrés. Elles peuvent détecter des sons venant de n'importe quelle direction. Malheureusement, si les oreilles du chiot sont à l'écoute de tout ce qui peut le distraire, il ne fait pas attention à vous. Et dans ce cas, le dressage est indispensable.
3. **Si les oreilles du chien se lèvent quand le chat apparaît, tirez la laisse rapidement et dites : « Non ! »**

   Ne regardez ni le chat ni le chiot en faisant ce geste. Le contact visuel trahit un intérêt.
4. **Éloignez-vous du chat avec une allure confiante. Encouragez le chiot à vous suivre avec l'ordre : « Allons-y ! »**
5. **Continuez de tirer sur la laisse et de la relâcher et de dire « Non » jusqu'à ce que le chiot fasse attention à vous.**

Ne tirez pas sur le chiot pour l'éloigner de l'objet de son attention. Contentez-vous de tirer et de relâcher la laisse, et attendez que votre chiot vienne avec vous de bonne grâce.

Poursuite des voitures du voisinage

La poursuite des voitures est un problème terrifiant. Les jeunes chiots sont généralement intimidés par les voitures jusqu'à leur quatrième ou cinquième mois. Vers cette époque, la crainte fait place à la fascination et les objets mobiles paraissent encore plus excitants s'ils sont poursuivis. Pour étouffer le problème dans l'œuf, vous devez penser quelques étapes avant votre chien. Si votre chiot est très jeune (moins de 12 semaines), prenez un air effrayé quand vous voyez une voiture. Pleurnichez comme un chiot et réfugiez-vous sur le bord de la route ou du trottoir. Quand vous commencerez l'éducation (semaines 16 à 18), procédez comme suit à la vue d'une voiture :

1. **Éduquez votre chien à comprendre l'ordre « Sur le bord » et courez rapidement jusqu'au trottoir.**
2. **Dites « Attends » tandis que la voiture passe, en l'amenant derrière vos talons.**
3. **S'il regarde la voiture, dites « Non ! » très fermement et détournez son regard à l'opposé en vous aidant de votre main d'un geste assuré.**

TRUC

Utilisez cette même technique pour les bicyclettes et les joggeurs. Retenez votre chien à la seconde où il envisage de poursuivre quelque chose. Quand il est en mouvement, c'est trop tard.

S'adapter aux changements de la vie

Le changement est inhérent à la vie. De nombreux changements apportent une amélioration, mais tous les changements sont stressants. Pas seulement pour les humains – les chiens sont eux aussi sujets au stress. La différence entre leur stress et le nôtre est dans la manière dont ils l'expriment. Il est vrai que j'absorbe des calories supplémentaires quand je suis angoissée, mais je ne détruis pas le canapé ; votre chiot, lui, peut le faire. Et savez-vous ce qui arrive si vous corrigez un chiot anxieux ? Il est encore plus stressé et détruit d'autres objets – peut-être la couverture de votre lit, par exemple. D'autres signes de stress sont l'agression, l'aboiement, l'hyperactivité, et l'extrême repli sur soi. Le chiot a-t-il un mauvais comportement ? Pas nécessairement. Il est seulement désorienté et inquiet, et a besoin de votre aide pour s'adapter.

Déménagement

Déménager est l'un des changements les plus stressants. Pour commencer, les décisions à prendre au plan financier peuvent entraîner des discussions plus dramatiques que celles d'une journée moyenne. Ensuite viennent les opérations d'emballage, d'expédition, et les allées et venues entre l'ancienne et la nouvelle demeure. Quand le grand jour arrive enfin, vous n'avez plus d'énergie, vous êtes épuisé. J'ai mal pour vous, mais mon cœur saigne en pensant à votre chiot en développement. Le chaos est terrible pour lui. Sa nature biologique fait qu'il a besoin de prévisibilité pour se sentir en sécurité. Durant cette période de changement, vous remarquerez peut-être que votre chiot retombe dans des comportements de chiot plus jeune : il peut devenir hyperactif, demander votre attention, mordre, sauter après vous ou mordiller. Pardonnez-lui, et décidez de l'aider à surmonter ce mauvais moment.

Voici quelques suggestions que vous pouvez suivre pour l'aider :

- **Jouez de la musique classique pendant que vous discutez de votre déménagement**. Tout le monde deviendra plus calme.
- **Impliquez votre chien dans les activités d'emballage**. Ne l'isolez pas dans le jardin. S'il vous gêne, installez-le avec un os à ronger, et caressez-le quand il se couche tranquillement.
- **Si vous faites des va-et-vient jusqu'à la nouvelle maison, conduisez le chien en utilisant des ordres familiers comme « Attends » et « Allons-y ».**
- **Créez dans votre nouvelle maison des emplacements pour le chien, au moyen des jouets, des laisses et du couchage auxquels il est habitué.**
- **Si vous passez la journée dans votre nouvelle maison, n'oubliez pas d'apporter avec vous de la nourriture pour chien et de l'eau**. Prenez ses bols habituels.
- **Gardez votre chien avec vous pendant le déballage**. Laissez-le flairer les objets au fur et à mesure que vous les sortez ; il reconnaît les objets avec son nez et sera heureux s'il reconnaît quelque chose.

La première fois que vous laisserez votre chiot dans votre nouvelle maison, il pourra avoir une attaque de stress, qui se traduira par dse grignotages destructeurs ou des aboiements excessifs. Enfermez le chiot dans une petite pièce avec l'une de vos vieilles chemises et un jouet favori qu'il peut ronger. Ne corrigez-le pas s'il détruit quelque chose. Prenez des dispositions pour qu'il n'ait plus grand-chose à détruire dans la pièce où vous le laissez. S'il a néanmoins fait des ravages en votre absence, n'y prêtez pas attention et remettez les choses en place plus tard à un moment où le chiot est occupé.

Ne permettez pas à votre chiot d'errer sans laisse dans votre nouveau jardin à moins qu'il ne soit clos, ou que vous n'ayez attaché le chiot à une longue corde. Il sera désorienté pendant quelques semaines et pourrait se perdre s'il se sauve. Votre ancienne demeure avait-elle une clôture ? Si votre chien est habitué à courir librement dans un jardin mais ne peut plus le faire, vous devez compenser cette perte de liberté. Utilisez une longe ou une laisse enrouleuse et découvrez quelques bons jeux pour lui permettre d'utiliser toute son énergie. Revenez au chapitre V pour plus d'informations sur les laisses et les longes et sautez au chapitre XXIII pour découvrir des jeux amusants pour chiots.

Déménagez-vous dans un climat différent ? Aller du froid extrême à la chaleur ou vice-versa peut être alarmant pour votre chiot. Vous pouvez lui mettre un sweater dans un climat froid, et un grand bol d'eau est indispensable si la chaleur devient brusquement étouffante.

La perte d'un être aimé

J'ai perdu deux proches au cours de ma vie. Dans les deux cas, je suis restée plusieurs semaines dans un état de grande dépression. J'avais du mal à me sortir du lit. J'avais perdu mon tonus. Certes, mes chiens ressentaient une perte eux aussi, mais je pense qu'ils étaient davantage perturbés par mon état mental. Voici quelques-unes des choses que j'ai faites pour les aider :

- J'ai demandé à une amie de venir les sortir le matin, et l'un des enfants du voisinage passait les voir l'après-midi.
- Je mettais mon réveil à sonner au moment de leurs repas.
- Je réservais cinq minutes chaque jour à une leçon d'obéissance.
- Je leur ai acheté de nouveaux os à ronger et j'ai joué avec eux l'après-midi au jeu consistant à renverser la bouteille (leur jeu préféré).

Perdre un être aimé est une expérience terrible. Votre monde est changé pour toujours, mais les exigences de la vie de tous les jours persistent – notamment celles relatives à ceux qui dépendent de vous. Il faut vivre un jour après l'autre, demander de l'aide si l'on en a besoin, et se consoler par l'amour de ceux qui vous entourent.

Et avec le bébé nous serons trois : l'extension de la famille

Que vous preniez un autre animal de compagnie, que vous donniez naissance à un enfant ou que en vous adoptiez un, ou que vous invitiez des gens de la famille à habiter chez vous, tous ces changements seront remarqués par votre chiot. Tous veulent dire qu'il recevra moins d'attention. Avec un peu de prévoyance et la coopération de votre entourage, vous pouvez éviter le pire et même montrer à votre chiot que le changement présente des avantages pour lui.

Préparer le chiot à l'arrivée prévue

Un nouveau bébé dans la maison est l'un des plus merveilleux changements de toute une vie – pour les humains. Les chiots, en revanche, se sentent souvent repoussés et négligés. Pour éviter que votre compagnon à quatre pattes ne se sente oublié, commencez par préparer la nouvelle arrivée.

Imaginez que le bébé soit ici. Une adorable petite créature de seulement quelques semaines. Vos instincts de parents sont exacerbés. Voici maintenant votre chiot. Est-il habitué à s'allonger sur le canapé ou à sauter pour attirer votre attention ? Vous demande-t-il de lui caresser le dos en vous touchant avec sa patte, en aboyant ou en se pressant contre vous ? Il ne renoncera pas à ces comportements uniquement parce que vous avez un nouveau-né dans les bras. Ne criez pas après lui et ne l'isolez pas – vous le rendriez méfiant et jaloux de votre bébé. Heureusement, vous pouvez prendre par avance quelques dispositions pour que le chiot ne se sente pas renvoyé à la niche.

- **Dès que possible, socialisez votre chiot à l'égard de petits enfants**. Mettez des céréales (les céréales ont moins de calories que les biscuits pour chien, et ce ne sera pas grave si les enfants sont très généreux) dans une tasse, et secouez et donnez ces friandises jusqu'à ce que le chiot associe le bruit à une récompense. Puis invitez quelques amis qui ont des enfants et demandez-leur de répéter ces mêmes gestes. Restez calme pendant leur visite, mais gardez votre chien en laisse si vous êtes vous-même mal à l'aise. Les chiens devinent les états d'âme et votre chiot détectera le vôtre immédiatement.
- **Emmenez votre chiot jusqu'à un terrain de jeu pour enfants**. Gardez le chiot au bout d'une laisse de 2 mètres, et si un parent et un enfant s'en approchent, demandez à l'enfant de s'arrêter pour donner une friandise au chien.

  Si votre chiot donne le moindre signe d'agressivité, faites appel à un professionnel. Votre réaction peut aggraver le problème. Caresser ou apaiser renforce le comportement, et si vous punissez, le chiot se sentira encore plus menacé.
- **Prévoyez un horaire d'exercices compatible avec vos nouvelles responsabilités**. Les matinées peuvent être très chargées, et aidez votre chiot à se contenter des ébats de l'après-midi.
- **Prévoyez un emplacement pour le chien dans la chambre du bébé ou tout à côté, et habituez le chiot à s'y installer sur ordre**. Dites-lui « À ta place » et attachez-le à une laisse d'un mètre de long s'il vous semble agité.

- **Vaquez à vos occupations quotidiennes en ayant avec vous une poupée en peluche**. Laissez le chiot la renifler régulièrement. Quand vous changez le bébé (aussi bien la poupée que le bébé lui-même), pratiquez les ordres « Attends » et « Pas bouger » (voir chapitre XIV). Quand vous mettez le bébé dans sa chambre pour qu'il dorme, guidez le chiot jusqu'à son emplacement et dites « À ta place ». Tandis que vous donnez des soins au bébé, donnez au chiot quelque chose à ronger et placez son tapis ou son lit près de vos pieds.
- **Attention à ce que vous dites**. Des expressions utilisées jusqu'ici telles que « Quel bon petit bonhomme », si elles ressemblent à ce que vous pouvez dire à propos du bébé, doivent être remplacées par d'autres, comme : « Quel chien formidable ! » Votre chiot sera troublé si vous vous exprimez de façon similaire envers lui et le bébé.
- **Fixez de nouvelles règles en ce qui concerne les canapés**. Les chiens ne doivent pas être autorisés à sauter sur un canapé à côté d'un nouveau-né. Si vous attendez que le bébé soit arrivé pour asséner cette règle à votre chiot, il pourra se sentir rejeté, et donc vous devez appliquer la nouvelle règle à l'avance. Laissez une courte laisse attachée au collier du chiot, et s'il monte sur un canapé ou un fauteuil, tirez rapidement sur la laisse et dites « Non ». Souvenez-vous que le pousser est un geste interactif, considéré comme une incitation à jouer.

  TRUC Si vous voulez avoir votre chien sur les fauteuils ou canapés, ne lui accordez ce luxe que sur ordre. Dites-lui « Saute » en tapant sur le coussin quand vous voulez qu'il vienne. Utilisez « Non » en tirant sur la laisse s'il y vient sans y être invité.

- **N'OUBLIEZ PAS !** **Habituez votre chiot à une heure sans la moindre attention chaque jour**. Oui, je veux que vous ignoriez votre chiot complètement. Vous pouvez décomposer ce temps en deux segments de trente minutes ou trois de vingt minutes, mais vous devez habituer le chiot à vivre sans être chouchouté par vous. Si votre chiot peut avoir votre attention partout, chaque fois qu'il en a envie, il sera perturbé quand vous vous occuperez du bébé.
- **Cessez tout jeu impliquant une confrontation, comme tirer à la corde, et éliminez toute poursuite à l'intérieur de la maison**. Réservez les jeux au jardin, et enseignez à votre chiot des manières calmes à l'intérieur de la maison.
- **Examinez les jouets de votre enfant pour voir s'ils ressemblent à des jouets favoris de votre chiot**. Donnez à votre chiot quelques objets avec lesquels il peut jouer ou qu'il peut ronger, remettez-les dans le couchage du chiot s'ils sont déplacés, et usez d'une approche calme pour le décourager de prendre les jouets du bébé sur le sol. Évitez toute réaction exagérée si votre chiot se trompe d'objet ; approchez-le calmement, enlevez l'objet, et encouragez-le à prendre son jouet à lui. Si votre chiot ne peut s'empêcher de prendre les articles interdits,

placez-le dans son emplacement réservé (pièce, parc à chien…) avec ses jouets et attendez qu'il soit calmé pour lui permettre de revenir. Consultez le chapitre XVI pour plus d'indications sur la façon de décourager la mastication intempestive.

- **Prenez votre chiot par la peau et tirez-le quand vous le récompensez ou le félicitez**. Les bébés et les petits enfants aiment prendre à pleines mains et tirer, et votre chien peut être surpris si le geste du bébé est sa première expérience de cet ordre. Alors, tirez sur sa robe, tirez-lui la queue et serrez-le bien fort. Quel chiot merveilleux. N'est-ce pas formidable ? N'oubliez pas non plus d'émettre des sons de bébé, pour compléter le tableau.
- **Ne donnez à votre chiot aucune chaussure, chaussette, aucun chiffon, aucun jouet en plastique ou en peluche**. Si vous le faites, le chiot pensera qu'il a droit à tout objet de cet ordre. Aïe ! A-t-il déjà pris cette habitude ? Eh bien ! Vous devez l'en débarrasser immédiatement. Restez calme, et si votre chiot se trompe, enlevez l'objet sans faire d'histoires et servez-vous-en pour enseigner à votre chiot le concept de « Non » décrit au chapitre XIV. Puis offrez-lui un jouet lui appartenant.

Quand le moment est venu d'accueillir le bébé à la maison

Ce jour arrivera. Le bébé viendra au monde, et votre vie ne sera jamais plus la même. Voici comment faire pour aider votre chiot à s'en accommoder :

- **Demandez à l'infirmière si vous pouvez apporter quelques draps ou couvertures de la clinique**. La demande peut paraître étrange, mais je suis certaine que vous ne serez pas la première à la faire. Demandez à un ami ou à un membre de la famille de les mettre dans l'emplacement de jeu du chiot ou son parc ainsi qu'à l'endroit où vous prendrez soin du bébé. Félicitez le chiot s'il les renifle, mais découragez toute tentative de les mordiller ou de les déchirer. (Gardez-le en laisse si nécessaire.)
- **Faites-lui réviser les leçons d'obéissance pendant que la maman est à la clinique**. Les chiots adorent la structure.

N'OUBLIEZ PAS !

- **Faites appel à un promeneur de chiens, à un voisin ou à un membre de la famille si la maison est vide**. La solitude est stressante pour les chiots.
- **Présentez le bébé et le chiot l'un à l'autre en terrain neutre**. Si possible, faites les présentations au moment où vous quittez la clinique ou à l'extérieur de la maison. Faites prendre de l'exercice au chiot avant la rencontre et amenez avec vous des friandises pour détourner l'attention du chiot si vous vous sentez nerveux. Ne tirez pas sur la laisse du chiot et ne criez pas après lui – c'est déstabilisant et ferait une mauvaise première impression.
- **Planifiez votre retour chez vous**. Gardez le chiot en laisse et laissez-le accueillir le bébé lui aussi. Utilisez les mêmes approches que lors de la première rencontre pour que l'arrivée se passe bien.

- **Si votre chiot est trop exubérant, dites « Non » ou ignorez-le jusqu'à ce qu'il se calme**. Mettez un peu de fromage à pâte sur votre main et dites « Touche ».
- **Laissez le chiot traîner une laisse et utilisez-la pour corriger tout comportement inopportun**. Regardez votre chiot et félicitez-le quand il est calme.
- **Si votre chiot est agité quand il est à sa place habituelle, mettez-lui la laisse d'un mètre et attachez-le en lui donnant l'ordre « à ta place ».**

Figure 9.1 : Utilisez du fromage crémeux pour apprendre à votre chiot à donner des baisers au bébé.

Certains chiots aiment les couches, et ne soyez pas surpris si vous trouvez le vôtre en train d'en grignoter une. Mieux vaut toujours prévenir que guérir, évitez de laisser les couches traîner, prévoyez une poubelle qui se ferme avec poignée et dans la mesure du possible ne laissez pas votre chiot entrer dans la pièce à langer de votre bébé.

Si votre ami à quatre pattes est soudainement exclu des activités quotidiennes, il vous en voudra et associera ce changement avec le nouvel arrivant. Si votre chiot gronde auprès du bébé, faites immédiatement appel à un professionnel pour évaluer la situation. Ne laissez jamais votre bébé sans surveillance seul avec votre chiot même si vous avez confiance.

Amener chez soi un nouveau chien ou chiot

Un nouveau chien est pour vous une expérience excitante, mais votre chiot actuel peut ne pas être du même avis. Certains chiots acceptent les nouvelles pattes sur la moquette, d'autres non. Pour rendre la transition aussi douce que possible, suivez les conseils donnés dans cette section.

Premières présentations

Il vaut beaucoup mieux présenter les chiens l'un à l'autre dans un endroit neutre, tel qu'un parc ou un parking. Si le lieu de rencontre est à l'extérieur, attachez le chiot et le nouveau chien à des cordes de 6 mètres et restez à distance tandis qu'ils font connaissance. Que vous ayez ou non la possibilité d'organiser une rencontre dans ces conditions, la façon dont vous observez leur interaction influence leur relation future. Gardez ces deux points à l'esprit :

- **Restez très calme**. Avec ou sans laisse (tirer sur la laisse est un signe de tension), si vous criez des ordres ou si vous disputez l'un ou l'autre des deux chiens quand ils se rencontrent, ils seront sur les nerfs et des chiens énervés sont disposés à attaquer.
- **Même un jeune chiot peut bluffer et se manifester de façon bruyante et spectaculaire lors d'une rencontre initiale**. Quand les deux chiens se rencontrent, vous pouvez observer toutes sortes de postures et de grondements. Ne vous en inquiétez pas. C'est naturel et c'est nécessaire. C'est l'équivalent de « Salut ! Comment va ? Qu'est-ce que tu fais comme métier ? » Les poils du chiot peuvent être dressés, et il peut même grogner. Rencontrer quelqu'un pour la première fois peut être un peu effrayant. Mais si vous intervenez, les chiens peuvent se battre. Restez à l'écart et ignorez-les. N'interagissez avec eux que quand la tension initiale a disparu.

Certains chiens ne peuvent tout simplement pas se sentir. Si vous rapprochez deux chiens du même sexe qui ont l'un et l'autre été habitués à être des « enfants uniques », ils risquent de se battre. Soyez prêt : prévoyez deux personnes prêtes à se saisir des laisses et à courir dans deux directions opposées.

Conseils pour assurer le bonheur d'une maisonnée à deux chiots

Si vous ajoutez deux chiots à votre ménage, vous ne manquerez pas d'occupations. La première année sera un numéro de funambule. Régler les questions de la propreté, du déchiquetage, des morsures, des sauts après les gens pour deux chiots peut doubler la charge de travail. Vous devez faire très attention et être très cohérent. Cela dit, élever deux chiots peut vous apporter des heures de distractions, passées à les voir jouer et faire l'expérience de la vie commune.

Laissés seuls 24 heures par jour, vos chiots se lieront très fortement l'un à l'autre, ce qui est une bonne chose. Cependant, cela veut dire qu'ils seront moins attachés à vous, et qu'il vous sera plus difficile d'influencer leur comportement. Pour éviter la formation de cet attachement, séparez-les au moins deux fois par jour et, si possible, faites-les dormir dans des pièces distinctes. Utilisez des parcs différents pour les initier à la propreté, les laisser ronger leurs jouets ou leurs os, ou pour le cas où ils auraient du mal à dormir.

Voici quelques conseils supplémentaires pour rendre la vie plus agréable à tous les habitants d'une maison à deux chiots :

- **Un chiot est un chiot**. Rien n'est plus vrai. Les chiots ont tous des points communs. Toutefois, comme les humains, chacun d'eux a sa propre personnalité et son propre tempérament qui détermine ses relations avec le reste du monde. Dans un environnement à plusieurs chiens, chacun doit être sensible aux besoins individuels de chaque chiot.
- **Laissez vos chiens établir leur hiérarchie**. La personnalité détermine les relations des chiens entre eux. Les groupes de deux chiots ou plus forment une hiérarchie, les plus vifs, les plus décidés imposant leur leadership.

  Les chiots ne basent pas la hiérarchie sur la taille, ni sur la question de savoir qui était là le premier ou qui est le plus brutal. La hiérarchie se fonde sur la responsabilité. Le chiot qui combine l'intelligence et la force l'emporte sur les autres.

  Les jeunes chiots ont une attitude soumise, mais ils peuvent remettre en cause le statut de leader en mûrissant, et bien que cela puisse aller contre toutes vos réactions instinctives, vous devez réorganiser les privilèges et prendre en compte leur choix du leader.
- **Les règles en matière de discipline**. Si vous ne savez pas qui l'a fait, vous ne devez punir aucun des deux chiots. C'est la règle. Si vous découvrez les dégâts après coup, renoncez à punir. Punir les deux chiots ne fera qu'affaiblir votre rapport avec eux et renforcer leur attachement commun. Vous trouverez des suggestions relatives à des problèmes spécifiques aux chapitres XVI, XVII et XVIII.
- **Tolérez la lutte, jusqu'à un certain point**. Apprenez à vos chiots à aller à certains endroits de la maison ou à l'extérieur pour y jouer. Si le jeu dégénère, équipez-les de laisses courtes dans la maison pour pouvoir les interrompre et les orienter vers autre chose. Dites « chhhh ! » en les séparant, puis demandez-leur d'aller jouer « Dehors » ou dans un autre endroit. Si vous n'avez pas assez de place pour cela, donnez l'ordre « Assis », et réorientez-les vers des jouets à grignoter. Mettez-les dans leurs parcs ou leurs emplacements respectifs s'ils ne se calment pas.
- **Jouez au jeu des noms**. Apprenez aux chiots deux noms : leurs noms respectifs et un nom collectif à utiliser quand ils sont ensemble, tel que « Chiens », « Filles », « Garçons » ou « Bébés » – ce qui convient dans votre cas. Un nom unique permet de les appeler beaucoup plus facilement.
- **Donnez-leur à manger séparément**. Si vous avez du mal à les séparer, créez deux postes d'alimentation distincts (voir chapitre V).

- **Ne déclenchez pas une guerre des jouets**. Je sais, vous voulez qu'ils aient chacun un jouet. Mais un chiot insiste pour les avoir tous les deux. Vous en redonnez un à l'autre, et il le reprend. Donner et reprendre pourrait durer toute la journée. Souvenez-vous de la règle des privilèges : si le leader veut les deux jouets, le leader garde deux jouets. Point final.
- **Quoi que vous fassiez, ne criez pas au cours d'une bataille de chiens**. Les cris sont perçus comme des aboiements menaçants et rendent le problème plus aigu au fur et à mesure que le chiot devient plus mature. En cas de bataille de chiens, la meilleure chose à faire est de sortir de la maison en claquant la porte. Pas de mot ni de punition – vous partez brusquement. C'est habituellement votre présence qui déclenche un désaccord. Vous pouvez aussi essayer d'arrêter la dispute en jetant un seau d'eau sur leur tête ou en les arrosant avec un jet s'ils sont dehors. Il existe aussi un excellent produit appelé Direct Stop, utilisable en cas de bataille de chiens ; c'est un spray violent de citronnelle qui n'est pas nocif mais suffit pour séparer des chiens. Vous pouvez vous le procurer dans des magasins ou sur Internet.

  Le calme revenu, réfléchissez à votre comportement. Avez-vous pris parti ? Ce n'est pas bien. En outre, si vous décelez une bataille sur le point d'éclater, disputez les deux chiens et isolez-les. Si ces incidents se répètent, faites appel à un professionnel. (Voir annexe Carnet d'adresses.)

Excursions, conseils, voyages

Tout le monde aime prendre des vacances. Le plus triste, cependant, est la séparation d'avec votre compagnon bien-aimé. Vous garderez en mémoire son regard douloureux pendant des heures. Pourquoi ne pas l'emmener avec vous ? Avoir son chien avec soi peut être très amusant, mais cela comporte quelques risques. Je vous propose dans cette section quelques règles pratiques pour vous aider à prendre votre décision.

Préparer un sac de voyage

Un voyage nécessite bien des préparatifs. Vous devez penser à tout, depuis les chaussettes jusqu'à la brosse à dents. On peut comprendre que vous en oubliiez certains besoins de votre chiot. Cependant, ses objets familiers ont autant d'importance pour lui qu'une couverture douillette pour conforter un enfant. N'omettez pas d'emporter une valise supplémentaire – pour votre chiot ! Voici une liste à cocher pour ne rien oublier :

- Un tapis habituel ou autre couchage
- La nourriture normale, répartie en doses pour chaque prise, plus un repas ou deux en plus pour le cas où
- Une sélection des os et des jouets habituels
- Des gamelles pour la nourriture et l'eau
- De l'eau, si vous allez dans un lieu où l'eau en bouteille est recommandée pour les humains

Voyage en avion ou en train avec votre chiot

Je redoute les avions, et vous pouvez imaginer ma nervosité à l'idée d'un chien dans le ventre d'un de ces gros animaux d'acier. Personnellement, j'évite d'emmener n'importe quel animal dans un avion à moins de ne pouvoir faire autrement. Même si seulement un chien sur 90 en meurt, je ne veux pas être celle qui tient la laisse vide. Mais parfois, le voyage en avion est inévitable, et voici donc quelques principes à suivre pour qu'il se déroule dans les meilleures conditions.

Les mesures à prendre avant le vol

Voici quelques conseils à suivre pour que tout aille pour le mieux :

N'OUBLIEZ PAS !

- Choisissez des vols tard dans la soirée ou tôt le matin pour réduire le temps que le chiot passera dans l'avion. Les zones de bagages où sont mis les animaux de compagnie avant et après les vols ne sont ni chauffées ni refroidies. Respectez les règles des compagnies aériennes si vous voyagez avec votre chien dans une chaleur extrême : la suffocation est le plus gros risque du voyage en avion.
- Faites la réservation pour le chiot en même temps que la vôtre. Les avions n'acceptent qu'un nombre limité de voyageurs à quatre pattes.
- Réservez sur un vol direct dans un grand avion. Les grands avions ont une meilleure circulation d'air que les petits.

TRUC

  Les chiens ne dépassant pas un poids de forme de plus de 5 kilos peuvent voyager à vos pieds dans un bagage à main homologué par la compagnie aérienne.

- Si vous voyagez souvent, achetez une cage de transport homologuée pour les voyages en soute et profitez-en pour faire un bon apprentissage à la récompense en amont pour que votre chien aime y être enfermé. L'idéal aura été le choix judicieux de ce type de cage comme couchage à la maison, votre chiot s'y sentira en sécurité même dans l'avion.

- Si vous allez avec votre chiot dans un autre pays, renseignez-vous suffisamment à l'avance auprès de l'ambassade de ce pays sur les règles en vigueur et les papiers nécessaires, car il est quelquefois long de réunir tous les papiers administratifs. En outre, consultez les autorités concernées au sujet des règles applicables pour le retour de votre chiot.
- Les compagnies aériennes exigent des certificats de bonne santé et des preuves de vaccination, et vous devez vous les procurer auprès de votre vétérinaire et en fournir immédiatement une copie à la compagnie aérienne. Ayez-en une également le jour du vol, pour le cas où il y aurait une contestation concernant l'acceptation du chien pour le voyage.

  Renseignez-vous auprès de votre compagnie aérienne, mais suivant votre destination vous ne serez pas autorisé malgré une escale de plusieurs heures à sortir votre chiot si celui-ci voyage en soute. Certaines compagnie aériennes n'acceptent pas les chiens soumis à la loi des chiens dits dangereux appartenant à la catégorie 1 et 2.

Pour les voyages en train, sachez que vous devrez être muni d'un titre de transport pour votre chien. Votre chien devra être tenu en laisse et muselé pendant le voyage. Les chiens ne sont pas autorisés à voyager dans l'Eurostar.

Voyager dans l'Union européenne

Tout chien provenant de l'Union européenne devra, lorsqu'il réalise un déplacement intracommunautaire, être identifié, vacciné contre la rage et être en possession d'un passeport standardisé complété par le vétérinaire. Certains pays exigent un traitement contre l'échinococcose et un traitement antiparasitaire. Les chiens doivent disposer d'un passeport européen. Tout chien voyageant doit être identifié par puce électronique. Le tatouage lisible est encore provisoirement autorisé comme moyen d'identification sauf dans certains pays.

Préparer le chiot pour le voyage

Voici ce qu'il faut faire pour que le chiot voyage le plus confortablement possible :

- Achetez une cage de transport solide et adaptée à la taille de votre chiot. Elle doit être seulement assez grande pour qu'il puisse se lever et se tourner à l'intérieur.
- Habituez le chiot à sa cage de transport quelques jours avant le départ.
- Écrivez ANIMAL VIVANT en lettres de 2 centimètres en haut de la cage de transport ainsi que sur les côtés. Collez dessus d'immenses flèches pour indiquer la position verticale.

- Sur le dessus de la cage, en lettres de 1 centimètre, inscrivez la destination du vol, ainsi que votre nom, l'adresse et le numéro de téléphone de la personne à qui vous rendez visite.
- Enlevez tous les colliers. Votre chiot doit porter un collier bien ajusté avec des badges d'identification.
- Ne donnez rien à manger à votre chiot dans les six heures précédant le voyage.
- Aménagez la cage pour l'envol en la garnissant d'un couchage léger et de papier (fixé avec du ruban collant) à l'une de ses extrémités pour absorber les éventuelles déjections. Fixez deux récipients spéciaux (souvent fournis avec la cage de transport) à l'intérieur. Congelez de l'eau dans l'un d'eux pour que votre chiot puisse boire durant le vol.

  Si votre chiot est un champion du grignotage, vous pouvez être obligé de renoncer au couchage. Certains chiots sont tellement stressés par le voyage en avion qu'ils mangeraient votre chemise s'ils étaient placés à côté de vous. Si vous pensez que votre chiot sera déprimé, demandez un sédatif à votre vétérinaire et offrez-lui un jouet à mâchouiller que vous puissiez farcir de récompenses type Kong (voir annexe Carnet d'adresses).
- Si le vol dure plus de douze heures, attachez un sac de nourriture avec du ruban collant à l'extérieur du chenil avec des instructions pour l'alimentation du chiot. Ne soyez pas trop déçu si personne n'est disponible pour donner à manger à votre chiot ; tout ce que vous pouvez faire, c'est espérer.
- Laissez votre chiot faire ses besoins juste avant de le placer dans la cage. La plupart des chiots ne pouvant pas retenir leur vessie très longtemps, équipez-vous de serviettes en papier et d'eau pour nettoyer la cage quand vous serez enfin réunis.
- Ne cadenassez jamais la cage, si vous ne voulez pas que votre chiot soit pris au piège en cas d'urgence.

À l'arrivée, allez immédiatement à la réception des bagages et insistez pour voir votre chiot. Faites un scandale si nécessaire. Attendre dans les halls de stockage des bagages est stressant pour un jeune chien, et dangereux si c'est un champion de l'évasion. Imaginez votre chiot courant sur la piste de décollage pour essayez d'attraper un jet. Vous aurez beau crier « Médor, reviens ! », ça ne marchera pas. Recommandation :

Voyage en voiture

Je n'ai jamais eu de chien ou de chiot qui n'adore les déplacements en voiture. Je connais certains chiens qui les apprécient beaucoup moins, mais même ceux-là peuvent changer d'avis si on les habitue patiemment à la voiture (voir les détails au chapitre XIII).

Prendre quelques précautions

Les voitures peuvent être dangereuses pour les chiens, et vous devez prendre certaines précautions :

- **Ne laissez jamais votre chiot dans la voiture un jour où il fait chaud**. Même en abaissant les vitres, votre voiture chauffera comme un four, et votre chiot sera mal à l'aise ou mourra. Rien ne justifie cela.

  TRUC

  Placez un jeu supplémentaire de clés dans la boîte à gants en vue d'une situation d'urgence éventuelle. Si vous devez quitter votre chiot, laissez tourner le moteur en ayant mis la climatisation à fond et verrouillez les portes. Emportez le second jeu de clés avec vous pour pouvoir rentrer dans la voiture.
- **Vous avez une camionnette ?** Le chiot doit être avec vous dans la cabine. Qu'il soit ou non en laisse, un chien n'est pas à sa place sur la plate-forme d'un camion.
- **Laissez les fenêtres seulement très légèrement entrouvertes**. Certaines personnes pensent que c'est un bonne idée de laisser un chien passer la tête par la fenêtre. En fait, c'est dangereux. Les chiens peuvent être jetés hors de la fenêtre au cours d'un accident ou recevoir des débris dans les yeux, qui peuvent alors être endommagés durablement.
- **Ne permettez jamais à votre chiot de s'installer sur le siège du conducteur**. Non seulement vous et le chiot seriez en danger, mais il en irait de même pour tous ceux que vous rencontrez dans la rue ! Vous ne pouvez pas conduire et tenir le chien en même temps.

Règles pour la route

N'OUBLIEZ PAS !

La voiture doit être pour le chiot un endroit soumis à des règles. Sinon, il pensera qu'elle lui appartient, ce qui peut entraîner une cascade de problèmes, dont le moindre est qu'il aboiera à propos de tout ce qui bouge. Vous disposez de plusieurs options :

- **Placez votre chien dans une cage de transport lors des déplacements en voiture**. Les cages de transport sont encombrantes et peuvent prendre un peu trop de place, mais elles maintiennent votre chiot en place pendant que vous conduisez. Achetez une cage solide en maillage métallique ou en plastique dur (en vue d'une bonne aération), adaptée au poids et à la race de votre chiot. Garnissez le fond d'un tapis, d'un tissu ou d'un autre élément de couchage pour fournir une surface dans laquelle le chiot pourra enfoncer ses pattes tandis que vous conduisez.

- **Installez une grille de séparation**. Les grilles de séparation enferment votre chiot dans la partie arrière d'une familiale ou d'un 4 x 4. Elles ne sont pas très esthétiques, et les modèles bon marché cassent facilement, mais un bon modèle peut vous permettre d'enfermer votre chiot en sécurité.
- **Utilisez un harnais de sécurité**. Un harnais se fixe autour du corps du chiot et le maintient attaché (voir figure 9.2). Les seuls inconvénients sont qu'un harnais est difficile à mettre et que le chiot n'apprécie pas tellement d'être enfermé dedans.
- **Attachez votre chiot à la ceinture de sécurité**. Réservez au chiot une place de passager quand vous roulez. Attachez une laisse courte (pas plus de 50 à 90 cm) à l'appui-tête ou à la ceinture de sécurité et attachez-la au harnais de voyage du chien (que vous trouverez dans une boutique pour animaux de compagnie). Agrémentez son espace d'un tapis et de jouets pour qu'il soit à l'aise et occupé pendant le trajet. Cette simple organisation ne prend que quelques minutes à mettre en place et vous permettra de voyager l'esprit en paix, car votre chiot sera en sécurité tandis que vous conduirez.

Figure 9.2 : Ce chiot est en sécurité et prêt pour la route.

Principes à suivre pour les longs voyages

Prévoyez-vous un long voyage ? Voyager avec un chiot peut être une joie ou un cauchemar ; cela dépend en grande partie de la façon dont vous organisez l'aventure. Voici quelques conseils pour vous permettre d'arriver agréablement à bon port :

- **Vérifiez que le collier de votre chiot comporte bien des badges d'identification à jour**. Si vous prévoyez un séjour prolongé, rajoutez un badge temporaire avec votre adresse et votre numéro temporaire. La plupart des magasins pour animaux de compagnie ont des machines qui fabriquent immédiatement des badges d'un prix abordable.
- **Ne changez pas le régime et les horaires alimentaires de votre chiot**. Un changement peut bouleverser son système – un problème facile à éviter.
- **Évitez de voyager par une chaleur extrême à moins d'avoir une climatisation**. S'il fait très chaud, prévoyez de voyager de nuit ou tôt le matin.
- **Ne laissez jamais le chiot seul dans la voiture**. En cas de températures extrêmes (s'il fait très chaud ou très froid), ayez un jeu de clés supplémentaires pour faire marcher la climatisation ou le chauffage tandis que vous faites ce que vous vouliez faire après avoir verrouillé la voiture.

ATTENTION !

- **Gardez votre chiot en laisse à *chaque* arrêt**. En voyage, le système permettant au chiot de retrouver son chemin jusqu'à vous cesse de fonctionner. S'il s'éloigne ou est momentanément distrait, il peut avoir du mal à vous retrouver. La circulation est aussi un danger, et donc soyez prudent.
- **Donnez de l'eau à votre chiot et faites-lui prendre de l'exercice à chaque aire de repos où vous vous arrêtez**. Donnez-lui à manger avant de le promener, et laissez-lui dix minutes pour digérer avant de reprendre la route.
- **Si vous prévoyez un séjour à l'hôtel, renseignez-vous sur le type d'accueil réservé aux chiens en faisant vos réservations.**

TRUC

  Si vous cherchez des endroits acceptant les animaux de compagnie, vous disposez de quelques ressources. Il existe de nombreux livres consacrés précisément à ce sujet, comme vous pourrez vous en assurer dans une librairie près de chez vous.
- **Aidez votre chiot à s'adapter à votre nouvel environnement en lui passant une laisse et en l'installant la nuit sur une couverture bien connue avec un bon vieil os habituel.**

En arrivant à destination

Bien que vous puissiez être ravi d'en avoir fini avec le voyage et de voir vos amis ou vos proches, restez calme jusqu'à ce que votre chiot se soit habitué au nouvel environnement. Prenez à l'avance des dispositions appropriées si vous savez que votre chiot rencontrera un autre chien ou d'autres animaux de compagnie à son arrivée. Décidez où se feront les présentations (les présentations entre chiens sont traitées plus haut dans ce chapitre). En entrant dans un nouveau logement, veillez à ce que le chiot s'arrête à la porte et vous laisse entrer le premier. Donnez-lui quelques minutes pour flairer le nouvel espace. Ne soyez pas trop surpris si votre chiot élimine. C'est sa manière de dire ; « J'urine, donc je suis. » Ne faites pas un drame et nettoyez discrètement. Surveillez-le attentivement, et s'il continue d'éliminer à l'intérieur, limitez sa liberté et revoyez les habitudes que vous aviez mises en place chez vous.

N'OUBLIEZ PAS !

Si au terme de votre voyage, vous avez affaire à un climat inhabituel, soyez patient. Votre chiot peut réagir de manière imprévisible : la neige peut remettre en cause les progrès réalisés en matière de propreté, et la pluie éliminer tout espoir d'aventure en plein air. Si vous confrontez votre chiot à des activités dans la neige ou dans l'eau, gardez-le en laisse pour pouvoir le diriger calmement. En criant ou en courant après votre chiot, ou en intervenant physiquement dans une situation inhabituelle, vous pourriez le déstabiliser à un point tel qu'il prenne la fuite, au risque de se perdre.

Troisième partie

Éducation de votre chiot

« Tu sais, tu n'arriveras jamais à apprendre à ce chien à faire ses besoins dans ton camion-benne téléguidé. »

Dans cette partie...

Commencez-vous à penser que votre chiot vous donne autant de travail qu'un enfant ? Vous avez raison. L'un comme l'autre ont besoin d'éducation et de structure. L'un et l'autre ont besoin d'aide pour maîtriser leurs mauvais instincts. Quant à vous, vous avez besoin d'aide pour que tout se passe bien.

Dans cette partie, vous apprenez tout sur les leçons d'éducation – depuis celles visant à donner à votre chiot un minimum de contrôle et de politesse jusqu'à l'apprentissage des ordres de base. Vous y trouverez aussi des suggestions en vue de la résolution de certains problèmes, ainsi que des indications sur la façon de trouver une assistance supplémentaire si nécessaire.

Chapitre 10

Mettre tout le monde dans le coup

Dans ce chapitre :

- Obtenir un comportement cohérent de votre famille et de vos amis
- Créer un clan d'assistants
- Les écoles pour chiots et les éducateurs professionnels de chiens de compagnie

Élever un chiot accompli dans la société d'aujourd'hui n'est pas le travail d'une seule personne, même si vous habitez seul. Mais si vous êtes entouré d'une famille et d'amis, trouver un équilibre entre la coopération et la cohérence requiert quelques efforts. Vous vous apercevrez rapidement que votre chiot est parfois plus facile à éduquer que la personne qui habite avec vous. Trouver de l'aide ailleurs – un vétérinaire, un éducateur de chiens de compagnie amusant qui complétera votre information – est également de la plus grande importance.

Un effort d'équipe : trouver de l'aide auprès de la famille et des amis

N'OUBLIEZ PAS !

Le simple fait que vous lisez ce livre prouve que vous disposez des connaissances et du bon sens qui vous aideront à impliquer vos amis et votre famille dans l'éducation de votre chiot. Mais cela ne veut pas dire que tout le monde approuvera l'approche que vous avez choisie. Voici ce que vous devez faire pour que vos amis et votre famille acceptent votre approche :

- Fixez des limites dès le départ.
- Démontrez l'efficacité par l'exemple.
- Communiquez vos méthodes d'une manière positive (l'éducation par le renforcement positif ne s'applique plus seulement aux chiots !).

Veillez à ce que votre famille et vos amis soient cohérents dans leur comportement envers votre chiot

Si je devais donner à lire un seul paragraphe de ce livre aux familles, ce serait celui-ci. Les incohérences peuvent être tellement déroutantes pour un chiot. Imaginez que vous êtes un chiot dans un scénario comme celui-ci ; une personne dit : « Viens sur mes genoux », et l'autre crie : « Descends du canapé ! » L'une décourage les sauts, et l'autre veut danser. L'une refuse de me donner des choses que mangent les humains, l'autre me glisse de petits morceaux de nourriture sous la table.

ATTENTION !

Les messages contradictoires peuvent engendrer des manipulateurs des rituels – surtout quand de nouvelles personnes se présentent. Au lieu d'avoir une idée claire de la façon de réagir, le chiot se démène en tous sens pour essayer de déterminer quelles sont les règles de la nouvelle personne.

S'il vous plaît, épargnez ce tohu-bohu à votre chiot. Asseyez-vous autour d'une table avec vos amis et votre famille et préparez un tableau de cohérence. Le tableau 10.1 est l'un de ceux utilisés chez moi.

Tableau 10.1 : Tableau de cohérence

Comportement	*Habitude*	*Comment s'opposer à un mauvais comportement*	*Ordres donnés*
Salutations	Le chiot doit s'asseoir, se mettre sur le dos ou aller chercher un jouet	Croisez les bras sur votre visage ou tirer sur la laisse accrochée au chien	« Assis », « Sur le dos » ou « Cherche ton jouet ».
Aboiement pour attirer l'attention	Trouver un autre moyen d'attirer l'attention	Ignorer complètement le comportement du chiot	« Cherche ton jouet » quand il cesse d'aboyer.
Mordre	Le chiot doit lécher ou signaler un besoin	Passer un doigt sous le collier du chiot ou attraper sa laisse et l'éloigner	« Touche », « Dehors » ou « Va à ta place »

Décorez votre intérieur

Il n'est pas nécessaire d'être un décorateur pour élever un chiot, mais vous avez probablement constaté (ou vous vous en apercevrez bientôt) que tout ce qui se trouve au niveau du sol est bon à grignoter pour votre chiot. En laissant des choses de valeur à la portée de votre chiot, vous provoquez les méfaits, ce qui ne manque pas d'entraîner le désordre et la confrontation. Une once de prévention vaut mieux qu'une tonne de remèdes. Commencez par réaménager votre intérieur : faites des rangements et mettez tout hors de portée de votre chiot. Puis rendez chacun responsable de ses propres affaires. Si votre compagnon ou votre compagne se plaint de la destruction de ses pantoufles préférées, vous pourrez dire : « Je t'avais prévenu(e) ! »

Après avoir dégagé le sol, demandez à votre famille de vous aider à aménager un coin de jeu dans chaque pièce (voir le chapitre V au sujet de la création d'une station de jeu). Placez-y tous les jouets et tous les os du chiot. Votre chiot s'attachera rapidement à cet endroit où vous lui dispenserez de l'attention et des récompenses.

Que votre exemple serve de guide à tous les autres – votre chiot est d'autant plus heureux et obéissant qu'il sait qu'il possède son propre coin.

Un tableau des causes et des effets

Pour montrer à votre famille les effets des interactions avec le chiot, créez un tableau des causes et des effets. La moindre modification de comportement peut aider votre chiot à comprendre, et motiver votre famille à participer au processus éducatif. Le tableau 10.2 vous propose un exemple.

Tableau 10.2 : Tableau des causes et des effets

Mauvais comportement	*Réaction qui l'encourage*	*Réaction qui le décourage*
Sauter lors des salutations	Pousser, crier ou interagir	Ignorer, regarder ailleurs ou croiser les bras devant le visage
Mordre en jouant	Punir physiquement ou retirer la main brusquement	Garder une laisse au collier et la tirer pour l'éloigner ; déterminer s'il y a un besoin pressant ; jouer à un jeu ou isoler pour un petit somme
Voler un objet	Crier, poursuivre et capturer	Sortir de la maison ou secouer une boîte à récompenses et récompenser dès qu'il vous restitue l'objet
Aboyer à la porte	Crier ou punir physiquement	Lui faire porter une laisse qu'il traîne avec lui et intervenir sans rien dire – diriger le chiot vers vous ; détourner son attention avec une leçon assortie d'une friandise

Mauvais comportement	Réaction qui l'encourage	Réaction qui le décourage
Uriner quand il est excité	Crier ou lui mettre le nez dedans	Ignorer votre chiot jusqu'à ce qu'il soit calmé ; détourner son attention au moyen d'un jouet ou d'une boîte à récompenses

Les mauvais comportements peuvent devenir des habitudes du fait de l'attention qu'ils provoquent, et qui même bien intentionnée, n'en est pas moins interactive.

Non, vous ne devriez pas acheter votre famille pour qu'elle coopère à la bonne éducation de votre chiot. Mais vous pourriez avoir à le faire. Faites tout ce qu'il faut pour finir en beauté la première année de votre chiot, lui avec un bon état d'esprit et vous avec un équilibre mental intact. Et qui sait ? voyant à quel point la compagnie de votre chiot est distrayante, peut-être vos proches se disputeront-ils le plaisir de le sortir, de lui donner à manger et de jouer avec lui !

Il faut un village : l'aide extérieure

Quelles que soient vos inclinations politiques, vous avez peut-être mémorisé cette déclaration de Hillary Clinton : « Il faut tout un village pour élever un enfant. » Eh bien, dans la société d'aujourd'hui, avec toute son agitation, il en va de même pour un chiot. Prenez le temps de vous entourer d'un clan d'assistants extérieurs, et gardez leurs coordonnées à portée de la main, car vous dépendez de ces gens-là plus que vous ne le pensez ! Les sections suivantes vous donnent des idées sur la composition possible de votre clan.

Votre vétérinaire

Voyez en votre vétérinaire l'équivalent de votre médecin et du pédiatre qui suit votre enfant. Les connaissances médicales sont essentielles, mais de bonnes manières au chevet du malade sont comme la cerise sur le gâteau. Parlez avec les réceptionnistes et venez avec votre chiot pour faire connaissance avant votre première visite. Parlez au vétérinaire comme s'il était votre voisin. Vous sentez-vous à l'aise pour lui confier toutes vos préoccupations canines ?

Si vous hésitez sur le choix d'un vétérinaire, interrogez les gens autour de vous. Vous pouvez demander à vos proches et à vos amis qui ils ont choisi et pourquoi.

ATTENTION !

Les chiots sont très impulsifs – ils avalent souvent ce qui leur paraît mangeable avant même de se demander si c'est bien le cas. Pour cette raison, lors de votre première visite, demandez à votre vétérinaire s'il peut vous recommander une méthode pour provoquer le vomissement. Vous devriez aussi trouver le numéro d'un centre antipoison (voir annexe Carnet d'adresses), et le garder auprès du téléphone. Les accidents pouvant survenir en dehors des heures ouvrables des cliniques vétérinaires, prenez vos précautions et demandez à votre vétérinaire si vous pouvez le contacter 24 heures sur 24 ; sinon qu'il vous indique un vétérinaire remplaçant. Gardez aussi ce numéro à côté de votre téléphone. Sinon vous pouvez toujours contacter des centres d'urgence vétérinaire (voir annexe Carnet d'adresses).

Promeneurs de chiens

Les promeneurs pour chiens sont des professionnels qui prennent à domicile votre chien pour une promenade plus ou moins longue en compagnie d'autres congénères. Faire appel à un promeneur réunit plusieurs avantages : des promenades dans des lieux variés, une socialisation aux congénères, une éducation du quotidien, une habituation aux voyages en voiture...).

N'OUBLIEZ PAS !

Si votre genre de vie implique des absences régulières ou que des circonstances particulières vous obligent à modifier votre emploi du temps, le fait de connaître un promeneur de chiens peut faire la différence entre un chiot heureux et un chiot rongé par le stress. Comme les bébés humains, les chiots sont très dépendants de leurs besoins. Un chien adulte peut se retenir jusqu'à ce que vous arriviez à la maison ou survivre jusqu'à un repas donné tardivement, mais si vous êtes coincé dans un embouteillage, votre chiot risque de se mettre à manger les murs. Un promeneur de chiens digne de confiance est une véritable bénédiction dans de telles occasions.

Ce métier est encore émergeant et peu développé ; cependant interrogez votre vétérinaire, surtout si vous habitez dans une grande ville et principalement à Paris : peut-être en connaît-il. Sinon vous pouvez aussi contacter les éducateurs des environs ou des toiletteurs, car ils peuvent être en contact avec des associations ou pensions canines qui peuvent dispenser ce type de service. Se préparer à l'avance permet de bien mieux surmonter les situations de crise. Mais avant tout, souvenez-vous que la réputation du promeneur compte, mais aussi et surtout la réaction de votre chiot ; certes demandez des références, mais permettez aussi à votre chiot de donner son avis sur le candidat. S'il remue la queue et lui donne des bisous, c'est qu'il le trouve formidable surtout après plusieurs sorties en sa compagnie !

Toiletteurs

Les toiletteurs font un métier difficile, et je considère qu'ils ont beaucoup de mérite. Beaucoup de chiens se mettent en marche arrière avant même d'arriver à leur porte. Beaucoup grognent quand ils les approchent, et certains doivent même être muselés. C'est souvent un travail ingrat. Vous pouvez influencer grandement l'opinion du chiot sur le toiletteur en faisant prendre de l'exercice à votre chiot avant de le lui amener, en le brossant régulièrement entre les visites successives (pour éviter les nœuds douloureux), et en l'habituant à la façon dont le toiletteur le manipulera.

N'OUBLIEZ PAS !

Observez les techniques de manipulation du toiletteur. Les toiletteurs doivent être plus énergiques que vous ne le seriez, mais il leur est inutile de jurer ou d'utiliser des gestes brutaux. Demandez au responsable comment les tarifs sont établis et quels horaires sont prévus pour amener et reprendre le chien. Interrogez-le aussi sur ce qui est prévu quand un chien a besoin d'éliminer, ou le fait à l'endroit où il attend son tour ou son maître. N'acceptez aucune autre réponse que « nous emmenons le chien et nous nettoyons immédiatement ».

Pension canine à la journée

J'aime beaucoup le système de la garde de chiens à la journée, très utile si vous travaillez toute la journée. La vision d'une bande de chiens courant en tous sens dans un jardin ou une pièce garnie de tapis me remplit de joie. Voici les questions à poser lorsque vous choisirez un centre de garde de chiens à la journée :

- Comment les chiens ou les chiots sont-ils groupés ?
- Que fait-on dans le cas d'une bataille entre des chiens ?
- Quel membre du personnel est vétérinaire ? S'il n'y a pas de vétérinaire sur place, où se trouve celui qui intervient ?
- Peut-on garder des chiens d'un jour à l'autre ?
- Qu'est-il prévu si vous êtes retardé ?
- Le centre propose-t-il d'autres services, tels que le toilettage, l'éducation canine ou des soins médicaux ?

Pensez que votre chiot peut être épuisé après son séjour à la garde de chiens. Si vous tenez à promener, éduquer et cajoler votre chiot, reportez ces activités à un autre jour. Votre chiot peut arriver chez vous dans un état de fatigue béate.

ATTENTION !

Les chiots, comme les enfants, adoptent les bonnes comme les mauvaises habitudes de leurs amis. Si vous constatez que votre chiot est insupportable ou vous défie alors qu'il ne le faisait jamais, demandez à rencontrer les chiens avec lesquels il joue. Si ses compagnons de jeu ont sur lui une mauvaise influence, vous pouvez envisager de demander qu'il soit placé dans un autre groupe. Ou encore, envisagez de renoncer à la garde à la journée jusqu'à ce que le chiot soit davantage mature, car un chiot ou un chien plus âgés risquent moins d'acquérir de mauvaises habitudes. Il existe à Paris une halte-garderie pour chiens, où vous pouvez déposer votre chien pour quelques heures suivant votre emploi du temps (voir annexe Carnet d'adresses). Ce type d'établissements devrait se multiplier dans les années à venir.

Classes pour chiots

Un bon programme de classes pour chiots vaut son pesant de biscuits pour chiens. Les contacts avec autrui associés à de la structure et de la formation sont bénéfiques et distrayants pour tout le monde. Je vous recommande de rechercher un cours accueillant les familles (si vous souhaitez venir avec quelqu'un d'autre), qui limite les inscriptions de quatre à huit chiots, et dont le professeur soit une personne avec qui vous pensez pouvoir parler facilement. Si le professeur semble gentil avec votre chiot mais distant envers vous, cherchez quelqu'un d'autre. Vous avez autant et même plus besoin de formation que votre chiot. Et le cours doit aussi être un plaisir pour vous !

N'OUBLIEZ PAS !

Les chiots sont impulsifs et excitables. Trouvez un cours où le professeur n'en soit pas étonné et ne considère pas chaque chiot comme problématique. Votre chiot est comme il est : le but du cours pour chiot est de découvrir sa personnalité ainsi que la bonne manière pour vous de communiquer avec lui.

La partie socialisation ou de *récréation* est le moment où les chiots courent en tous sens, jouent et font connaissance avec les autres chiots présents et les personnes de la classe. La récréation est un moment important de mes classes pour chiots. Certains chiots sont tout d'abord décontenancés, mais après trois récréations, ils s'intègrent au cours et sont ensuite plus à l'aise dans différents contextes sociaux. Pour vous assurer que votre chiot pourra bénéficier de cette socialisation, demandez aux classes pour chiots consultées si la récréation fait partie de leur programme de cours.

Beaucoup de professionnels de l'éducation canine proposent des classes pour chiots structurées et encadrées, dans lesquelles vous pourrez également être conseillé sur l'éducation à la maison, sur les meilleurs jouets à acheter, les soins à apporter… Dans certaines classes sont également introduits des chiens adultes équilibrés, qui apprendront à votre chiot à bien se comporter avec la gent canine adulte. C'est une éducation non négligeable et tout à fait souhaitable. (Voir annexe Carnet d'adresses.)

Certaines cliniques vétérinaires proposent également des classes pour chiots. Cependant il est à noter que votre vétérinaire peut être un très bon praticien mais un médiocre éducateur canin ; préférez celles où le vétérinaire est assisté par un éducateur professionnel et compétent. Sinon, comme l'un n'empêche pas l'autre, demandez à assister aux cours.

Certains clubs d'éducation canine dispensent un cours pour chiots appelé École du chiot © ; ces cours sont dirigés par des bénévoles formés par la CNEA (voir annexe Carnet d'adresses). N'hésitez pas à vous rendre sur place pour assister aux cours avant d'y introduire votre chiot, car certains peuvent être surchargés, ce qui nuit inévitablement à une prise en charge de qualité. L'avantage en est le moindre coût.

Chapitre 11

Des gadgets astucieux et amusants

Dans ce chapitre :

- Éducation du chiot par le renforcement positif
- Rôle éducatif des boîtes à récompenses et des sacs de récompenses
- Découvrir les bases du clicker-training
- Améliorer la communication avec votre chiot grâce aux cibles

Que vous le croyiez ou non, vous résolvez plus de problèmes par l'encouragement que par la punition. J'ai utilisé chacune des techniques de ce chapitre, souvent concurremment, et je vous assure que ces approches amusantes sont bien plus efficaces. Dans un cadre où il est amusant de coopérer et naturel d'apprendre, les journées d'un chiot sont dépourvues de stress et de comportements négatifs. Je brûle de vous faire part de ces informations, tout comme, j'en suis sûre, vous brûlez de les découvrir.

Le comportement de votre chiot est déterminé par ce qui attire votre attention, peu importe que cette attention soit positive ou négative. Sélectionnez une technique parmi celles décrites dans ce chapitre ou retenez-les toutes (le clicker, les cibles, les sacs de récompenses...) pour souligner ce que le chiot fait correctement, et les comportements corrects qui deviendront des habitudes. Enseigner au chiot de multiples talents améliorera de façon spectaculaire son attention comme son bien-être mental – vous n'en reviendrez pas !

Renforcement positif en vue d'une coopération heureuse

Imaginez que vous êtes un chiot. Vous êtes petit, inexpérimenté, et souvent vous vous ennuyez, comme tous les esprits jeunes et agités. Jour après jour, vous voilà en train d'observer ce groupe de chiens géants sur deux pattes vaquant à ses activités. Les paroles humaines ne sont rien d'autre que du bruit pour vos oreilles de chiot. Les activités, comme la télévision, les bavardages au téléphone, et la cuisine sont relativement incompréhensibles. Prenez une minute pour examiner votre vie du point de vue de votre chiot : qu'en pense-t-il au juste ?

Le seul moment gratifiant pour le chiot est son interaction avec vous. Les chiens aiment participer à des activités de groupe. Ils veulent savoir ce qui se passe et être associé à votre processus mental. Ils distinguent nettement les comportements qui provoquent une réaction, et ils adaptent leurs comportements aux vôtres et à vos actes habituels.

Par exemple, avez-vous remarqué que votre chiot reproduit tout ce qui lui garantit ne serait-ce qu'un instant d'attention de votre part ? Réfléchissez : tous ces cris plaintifs, ces vols, ces sauts, ces coups de museau visent à vous faire intervenir. Les chiots peuvent faire preuve d'une grande créativité pour susciter votre attention : à la recherche de vos points sensibles, ils vous regardent fixement, bavent, vous poussent avec la patte. Et maintenant, si je vous disais d'utiliser la même logique pour encourager le bon comportement ?

Quels que soient les comportements auxquels vous prêtez attention, vous les renforcez. Faites attention à un bon chien, et vous aurez un bon chien. Emportez-vous quand il se comporte mal, et ce sera l'horreur.

Avec un effort infime, vous pouvez apprendre à votre chiot à partager des objets au lieu de les voler, à s'asseoir pour attirer votre attention au lieu de sauter, et à apporter une balle pour vous inciter à jouer avec lui au lieu de vous aboyer au visage. Vous le voyez, c'est à vous de choisir. Je devine ce que vous pensez : « Bon, j'ai tout fait à l'envers. Puis-je remettre les choses d'aplomb ? » La réponse est un « Oui » sans réserve. Souvenez-vous simplement que votre chiot préfère la gaieté au stress. Les sections suivantes guideront vos efforts, lesquels seront récompensés par un chiot se comportant beaucoup mieux.

Si votre chiot a déjà pris de mauvaises habitudes, utilisez les conseils du chapitre XVI pour réorganiser votre environnement, décourager son intérêt et restructurer ses activités pour satisfaire tous ses besoins.

Encourager les bonnes habitudes avec un peu de générosité : les boîtes à récompenses et les sacs de récompenses

La question qui se pose depuis longtemps est « Récompenser ou ne pas récompenser ? » Ma réponse est de récompenser, et de récompenser souvent. Sachez cependant que j'ai débuté dans mon métier en étant très anti-récompense. L'éducation anti-récompense est possible, mais ce n'est pas très drôle. Dans une vie remplie de responsabilités et de stress, il est préférable de trouver plaisir à éduquer votre chiot et à apprendre avec lui. Par conséquent, n'hésitez pas à utiliser sans compter les boîtes à friandises et les sacs de friandises.

Boîtes à récompenses

Les boîtes à récompenses sont faciles à fabriquer et amusantes à utiliser. Trouvez un récipient en plastique vide, faites un petit trou dans le couvercle, et remplissez-le à moitié avec de petites friandises ou avec la nourriture de votre chiot. Secouez-le et donnez des friandises jusqu'à ce que votre chiot associe le bruit à l'obtention d'une récompense. Secouer, récompenser, secouer, récompenser, secouer, récompenser… Bientôt, le bruit le fera accourir. Ensuite, vous pouvez associer ce son pour souligner les moments positifs passés avec votre chiot et pour susciter une association avec des mots ou des personnes. Vous pouvez créer de nombreuses boîtes à récompenses et les disposer dans maison, dans votre voiture, et dans la maison des grands-parents. Vous n'aurez jamais trop de boîtes à récompenses. Toutefois, pensez à les mettre hors de portée du chiot, pour qu'il ne se gave pas lui-même.

TRUC

Vous avez des enfants ? Faites un projet familial de la décoration des boîtes à récompenses avec des marqueurs, des papiers de couleur et des stickers.

Boîtes à récompenses, résolution de problèmes et conditionnement

Utilisez la boîte à récompenses pour obtenir la coopération joyeuse de votre chiot. Dans un environnement de calme et de compréhension, un chiot devient un chien calme et facile. Faites-moi confiance, ça marche. Par exemple, si vous voulez que votre chiot s'asseye, mais s'il saute, tenez la boîte très haut, hors de sa portée. Quand il finit par se calmer, félicitez-le et donnez-lui une récompense friandise. La même méthode marche avec son jouet favori, comme vous pouvez le voir sur la figure 11.1.

Figure 11.1 : Si votre chiot saute, levez le jouet ou la boîte de récompenses hors de sa portée. Récompensez quand il s'assied poliment.

L'échange d'objets avec une boîte à récompenses

Chaque fois que votre chiot met quelque chose dans sa gueule (bonne ou mauvaise, à lui ou à vous), cherchez la boîte à récompenses et secouez-la. Dites « Donne » en l'approchant calmement et échangez une friandise contre l'objet qu'il tient dans la gueule. J'ai entendu cet argument 10 000 fois : « Mais la boîte à récompenses ne récompense-t-elle pas un mauvais comportement ? » Comprenez-moi bien. Un jeune chiot grignote n'importe quoi. Il grignote tout ce qui lui semble agréable, que ce soit du cuir non tanné, des chaussures ou du tissu. Crier ne fait que créer une tension et du stress, conduisant à – vous l'avez deviné – plus de grignotage et de destruction. En plus de cela, les cris sont interprétés comme l'envie de gagner le prix et souvent dégénèrent en scènes sur le thème « attrape-moi si tu peux » ou, pire, en agression.

N'OUBLIEZ PAS !

Secouer une boîte à récompenses et encourager votre chiot à donner ne lui apprendra qu'une chose : vous apporter ce qu'il a trouvé, intact. Accordez une attention toute particulière et positive aux objets qui lui appartiennent, et il finira par s'en contenter.

Tasse de friandises et jeux

TRUC

Utilisez votre tasse de friandises pour jouer à des jeux éducatifs amusants, tels que les suivants :

- **Jeu « je me sauve et tu viens »** : secouez la boîte et éloignez-vous de votre chiot en courant. Appelez-le sur un ton enjoué, dites « Viens » et donnez-lui une friandise pour le récompenser d'arriver près de vous.
- **Jeu des « noms et de la boîte de récompenses »** : faites faire au chiot la navette entre deux ou trois personnes. Utilisez son nom ainsi que celui des participants. Votre chiot connaîtra bientôt les prénoms de tout le monde, y compris le sien !
- **Jeu « vite assis »** : secouez la boîte et mettez le chiot en position assise. Il sera vite incité à s'asseoir chaque fois qu'il entendra la boîte en train d'être secouée – et aucune parole ne sera nécessaire. Une fois que le chiot maîtrise le jeu « vite assis », utilisez-le à l'arrivée de visiteurs.

Sacs de récompenses

Pour faire un sac de récompenses, trouvez ou achetez l'une de ces trousses en tissu qui s'attachent à la ceinture, garnissez-la de friandises et d'un clicker si vous en utilisez un (voir la section « La joie du conditionnement au clicker » plus loin dans ce chapitre). Commencez à donner des friandises (ou à cliquer et récompenser) votre chiot quand il coopère. Il ne lui faudra pas longtemps pour voir d'où viennent des friandises. Récompensez-le pour tout ce qu'il fait bien – c'est-à-dire pour tout ce qu'il ne fait pas mal.

ATTENTION !

Dire « Bon chien » sur un ton aigu peut susciter tant d'excitation que votre chiot peut abandonner son bon comportement pour un autre plus ludique comme mordiller ou sauter. Si vous utilisez un clicker, cliquez avant de donner la friandise. Si vous n'utilisez pas de clicker, utilisez un mot bref, comme « Oui » ou « Bien » pour souligner le comportement précis que vous souhaitez voir votre chiot reproduire. L'avantage du clicker est la précision, plus vous serez précis pour récompenser le bon comportement de votre chiot, et plus celui-ci vous le reproduira en retour.

Suis-je censé donner tout le temps des friandises ?

Que faire si votre chiot vient constamment vers vous pour obtenir des friandises ? S'il le fait, tant mieux : vous avez maintenant le pouvoir d'influencer son comportement. Ignorez tout comportement que vous voulez voir disparaître et ne procédez à la distribution de friandises que s'il est assis calmement ou se comporte avec de bonnes manières.

Si votre chiot vous charge ou bloque votre chemin, ignorez-le. Regardez ailleurs et continuez d'avancer. S'il aboie ou pleurniche sans cesse, ne cédez pas. Et évitez tout contact visuel ou toute interaction physique. S'il fait des bonds dans le salon avec l'un de vos sous-vêtements, ignorez-le et quittez la pièce. Il se lassera de ce comportement et finira par s'asseoir ou bien s'arrêtera parce qu'il n'en peut plus. Et quand il le fera, récompensez-le ! Il comprendra vite ce que vous attendez de lui.

Il n'y a pas de règle vous interdisant de demander à votre chiot de gagner ses repas en travaillant. J'avais pris l'habitude de promener mon chiot avec son petit déjeuner dans son sac de récompenses pour encourager sa coopération lors du travail hors laisse. Si vous en avez le temps, placez la moitié du repas de votre chiot dans votre sac de récompenses et faites-lui exécuter les exercices ou les ordres habituels.

Conditionner le chiot à venir à vous naturellement

La plupart des chiots viennent quand ils sont petits, et rares sont ceux qui s'éloignent, parce que le monde est nouveau pour eux et impressionnant. Toutefois, dès que la vie devient plus prévisible, ils sont saisis par l'esprit d'aventure, et ils s'en vont. Les cris, les hurlements ou la poursuite du chiot ne font qu'empirer les choses – votre zèle est perçu comme interactif, *non* comme directif.

Bien que les enclos soient indispensables et les longes irremplaçables, vous pouvez utiliser votre sac de récompenses pour conditionner le chiot à venir à vous de lui-même. Chaque fois que le chiot passe près de vous, cliquez avec le clicker (voir les détails à la section suivante) ou dites votre mot marqueur (par exemple « Oui ») et donnez-lui immédiatement une friandise.

Si votre chiot semble ne trouver aucun intérêt à votre présence, utilisez une tentation qui attirera à coup sûr son attention, telle qu'une tasse de friandises ou un jouet favori. Il m'est arrivé de m'agenouiller pour jouer avec des petits bouts de bois ou de faire semblant d'avoir trouvé quelque chose de merveilleux sur le sol : ça marche à tous les coups !

Le clicker-training – Éduquer dans la joie

Si l'éducation par le *clicker-training* ne vous a pas encore été présentée formellement, permettez-moi de le faire.

Le clicker-training repose sur la récompense ou le renforcement positif des bons comportements et l'ignorance des mauvais comportements à l'aide d'un petit instrument appelé clicker. Ce petit objet tenu dans la main émet un son ressemblant à un clic chaque fois que vous appuyez dessus. Associez systématiquement ce son à une récompense sous forme de nourriture, et vous découvrirez son pouvoir d'action sur votre chiot, dont Pavlov eût été fier. Dès que votre chiot aura associé ce fameux clic à l'obtention d'une récompense friandise, il n'aura de cesse de reproduire toute action qui déclenche le clicker. Utilisez convenablement le clicker vous permet d'apprendre en quelques secondes un bon comportement à votre chiot. Cela vous paraît-il trop merveilleux pour être vrai ? Il n'en est rien, et vous pouvez commencer à utiliser ce procédé avec des chiots de tous âges.

« Photographier » l'instant

Le meilleur usage du clicker est de renforcer les bonnes réactions à l'instant où elles se produisent : rester assis ou couché calmement, venir quand vous appelez, vous laisser récupérer son jouet dans sa gueule… C'est un peu comme « photographier » un instant que vous voulez revoir. Votre chiot s'assied : cliquez et récompensez. Il revient avec un jouet dans la gueule (ou il revient avec n'importe quoi) : photographiez son comportement en cliquant et en donnant une friandise.

Pour tirer le meilleur parti de la combinaison cliquer/récompenser, concentrez-vous sur le timing. Cliquez à l'instant précis où le chiot accomplit une tâche (telle que « Assis » ou « Couché ») ou durant une période où il se comporte comme il faut.

Vous constaterez rapidement que cliquer au bon moment s'apparente à la photographie du sourire d'un enfant : une fraction de seconde de retard, et l'instant a disparu. En outre, modérez votre enthousiasme et vos compliments jusqu'au moment où vous distribuez la récompense.

La formule du procédé est : un clic, une friandise. Toute autre formule serait incohérente, et l'incohérence est troublante pour votre chiot. S'il réalise un progrès gigantesque, donnez-lui une poignée de friandises, ce qu'on pourrait appeler un jackpot, mais n'utilisez qu'un seul clic pour souligner sa bonne conduite.

Cliquer et donner une friandise : indissociables

Remarquez que chaque fois que je vous dis cliquer, ce mot est suivi du mot friandise. J'utilise ces deux mots ensemble parce qu'ils sont mariés pour la vie. Ils sont inséparables. Votre chiot comptera sur cette association : les clics vides éteindraient son enthousiasme. Le clic isolé devient alors la déception canine numéro un. Il ne faut pas que vous deveniez accro du clicker, et c'est pourquoi, plus loin dans cette section, j'explique en détail comment abandonner progressivement l'usage du clicker. Vous devez alors faire disparaître à la fois le clic et la friandise considérés comme une unité.

Précisions sur le clicker

Êtes-vous prêt à utiliser ce merveilleux outil ? Vous pouvez l'utiliser à tout moment pour conditionner le bon comportement, ou à l'occasion de séances d'éducation ponctuelles pour préciser un objectif d'obéissance spécifique. J'aimerais utiliser le clicker tout le temps, j'ai constaté que son usage pour des actions précises et au cours de séances courtes donne les meilleurs résultats dans mon cas. (Par ailleurs, j'ai une enfant de 2 ans qui adore copier, et un clicker dans ses mains nous épuiserait rapidement…)

Renforcement permanent

TRUC

Si vous voulez utiliser le clicker toute la journée, attachez-le à un bracelet autour du poignet ou à une lanière passée autour du cou. Garnissez vos poches ou votre sac de récompenses de friandises pour en avoir toujours sous la main, puis cliquez et récompensez à votre gré.

Leçons à base de clicker

Une autre solution consiste à limiter l'usage du clicker à des moments prédéfinis ou à des leçons organisées. Vous risquez moins de devenir accro au clicker en utilisant cette approche, mais vous risquez alors d'avoir un chiot qui ne vous écoute que quand vous avez un clicker en main. Pour éviter cet écueil, utilisez des mots directifs ou des signes de la main en toute occasion ; si votre chiot vous ignore, remettez-le à sa place simplement en utilisant les points de pression décrits au chapitre XIV.

N'OUBLIEZ PAS !

Si vous choisissez cette approche, réservez du temps pour une à quatre leçons au clicker d'une dizaine de minutes chaque jour. Concentrez-vous sur une ou deux tâches, et cliquez et récompensez chaque fois que le chiot coopère.

Les dix meilleures associations au clicker

Voici les dix ordres et comportements qui bénéficient le plus de leur association au clicker :

- **Nom** : Prononcez le nom de votre chiot. S'il vous regarde, cliquez et récompensez-le. Sinon, ignorez-le et faites autre chose.
- **Assis** : Chaque fois que vous attendez de lui un comportement courtois, encouragez-le à se mettre « Assis », par exemple quand vous lui donnez

une friandise ou un jouet, avant de lancer un bâton, quand vous entrez dans la maison ou en sortez. Cliquez au moment où son derrière touche le sol, et récompensez aussitôt.

- **La propreté** : Cliquez et récompensez si vous désirez que votre chiot apprenne à éliminer dans un endroit spécifique, comme le caniveau.
- **Couché** : En utilisant les techniques décrites aux chapitres XIV et XV, apprenez à votre chiot à se coucher par terre. Cliquez et récompensez au moment où ses coudes touchent le sol, et dites « Couché » tandis qu'il s'abaisse pour prendre la position voulue.
- **Ne saute pas** : Quand vous dites bonjour à votre chiot, ignorez-le jusqu'à ce qu'il se soit assis à votre côté ou jusqu'à ce qu'il aille chercher un jouet. Récompensez l'une ou l'autre de ces actions en cliquant et en donnant immédiatement une friandise.
- **Donne** : Pour que votre chiot apprenne à lâcher à la demande des jouets ou d'autres objets qu'il tient dans sa gueule, tendez-lui une friandise quand il a quelque chose dans la gueule. Dites « Donne » et cliquez et récompensez à l'instant où il lâche l'objet. S'il hésite, utilisez un appât plus tentant.
- **Viens** : Si vous voulez que votre chiot revienne vers vous régulièrement, cliquez et récompensez chaque fois qu'il se trouve près de vous. Avec cette combinaison, il n'ira jamais bien loin.

Récompenser un chiot parce qu'il est près de vous n'est pas la même chose qu'inciter le chiot à venir jusqu'à vous. Beaucoup de gens ont essayé d'utiliser le clicker pour inciter leur chiot à venir, mais la coopération obtenue est de courte durée – surtout quand la tentation de s'éloigner est plus forte que l'attrait de la récompense.

- **Décourager la poursuite impulsive** : Pour décourager le chiot de poursuivre vos enfants, des chats ou d'autres cibles, utilisez les exercices avec la laisse décrits au chapitre VIII, puis utilisez le clic et la friandise pour récompenser son retour d'attention sur vous.
- **Cessation de l'aboiement** : Personne ne se plaint d'un chiot qui aboie un peu, mais c'est une autre affaire s'il aboie tout le temps ou trop fort. Utilisez le clic et la récompense dès que votre chiot arrête d'aboyer, puis pour lui apprendre à cesser l'aboiement sur ordre. Si vous voulez mettre fin à un aboiement incessant, le chapitre XVII donne plus de détails sur la façon de traiter un chiot trop bavard.

Faites très attention au timing quand vous apprenez à votre chiot à arrêter d'aboyer. Si vous cliquez quand il respire seulement un bon coup ou fait seulement une pause prolongée, votre combinaison de clic et friandise ne fera qu'inciter à davantage de vacarme. Attendez que votre chiot soit totalement apaisé et se concentre sur vous pour le récompenser de sa coopération.

- **S'installer et grignoter un os ou un jouet** : Ah, enfin un moment de paix, votre chiot est à sa place et ronge tranquillement un os. C'est le moment de le couvrir de votre attention et de vos éloges.

Ranger le clicker

Non, vous n'êtes pas dépendant du clicker à vie. Vous ne l'utilisez que temporairement pour inscrire dans la mémoire du chiot une relation positive mot/comportement. Toutefois, faire disparaître le clicker exige une certaine habileté, pour éviter que le chiot n'oublie ce qu'il a appris. Vous y parviendrez grâce au renforcement aléatoire, ce qui veut dire que vous éliminerez progressivement le clicker d'une manière telle que le chiot ne puisse plus en prévoir l'usage. Ce système accentue sa motivation et son intérêt jusqu'à ce que chaque nouvelle relation ordre/comportement soit gravée dans sa mémoire – avec ou sans clic ! Voici une séquence utilisable pour introduire puis éliminer progressivement l'usage du clicker, l'ordre « Assis » étant pris comme exemple.

1. **Quand vous donnez l'ordre « Assis » pour la première fois, utilisez le renforcement continu pendant une semaine – cliquez et récompensez par une friandise chaque fois que vous donnez cet ordre.**

   La friandise incite le chiot à prendre la position, mais vous remarquerez bientôt l'association immédiate réalisée par le chiot. À ce stade, il suffit de lui montrer le clicker ou la friandise pour qu'il s'asseye automatiquement. Cela dit, vous pouvez aussi remarquer que votre chiot est moins attentif en l'absence du clicker et de la friandise.

2. **Après avoir renforcé de cette manière l'ordre « Assis » pendant une semaine, introduisez un nouvel ordre, tel que « Couché », en utilisant le renforcement continu. En même temps, vous devez commencer à réduire l'usage du clicker avec l'ordre « Assis » et le remplacer par un éloge verbal.**

   Ne stoppez pas l'utilisation du clicker d'un seul coup. Alternez l'usage du renforcement par le clic et la friandise avec l'usage de l'éloge. Par exemple, cliquez et récompensez pour deux réactions, puis n'utilisez que des éloges pour les deux ou trois réactions suivantes. Utilisez le clicker trois fois de suite, puis l'éloge. Au bout d'une semaine, faites pencher la balance dans l'autre sens : le clicker une fois, l'éloge trois fois. Au bout de trois semaines, l'éloge suffira à inciter votre chiot à poursuivre son comportement positif.

   TRUC

   Tandis que vous procédez à l'élimination progressive du renforcement continu pour un ordre spécifique, mettez en œuvre le renforcement continu à d'autres moments de la journée, par exemple quand vous donnez à manger au chiot, quand vous lui jetez un jouet ou lui donnez un os. Des petites lumières clignoteront dans sa tête, et il associera cet ordre à des compliments et des récompenses.

En éliminant progressivement le clicker, n'oubliez pas de complimenter votre chiot. Finalement, quand toutes les leçons seront comprises, vous rangerez définitivement le clicker, et la seule chose qui motivera le bon comportement de votre chiot sera le son de votre voix.

Les cibles

Vous avez le choix entre trois procédés, que vous pouvez utiliser séparément ou ensemble, pour mieux communiquer avec votre chiot et pour mieux l'inciter à apprendre. Le tableau 11.1 donne une vue d'ensemble de ces trois procédés.

Tableau 11.1 : Le ciblage

Type d'enseignement	*Capacité du chiot*	*Outil*	*Leçon*
Cibler avec le doigt	Rester concentré	Votre doigt	Toute exécution d'un ordre et « Va voir » (une personne ou un objet)
Cibler avec une baguette	Suivre	Baguette	Toute exécution d'un ordre et « Va voir » (une personne ou un objet)
Utiliser une cible fixe	Se tenir debout	ne pas bouger	Exécution des ordres de mouvement, tels que « Pas bouger », « Attends », « Va voir », et « Sors »

Le principe sur lequel est fondé l'apprentissage des cibles est simple : par le renforcement au moyen de la voix et de la nourriture, vous apprenez au chiot à aller jusqu'au bout de votre doigt, d'une baguette tenue dans la main, ou jusqu'à une cible fixe (qui peut être n'importe quel objet tel qu'un couvercle, une carte de visite, une boîte d'allumettes). Utilisés séparément ou ensemble, ces outils encouragent l'interaction du chiot avec vous et vous aident à souligner sa coopération au moment où elle se manifeste.

Cibler avec le doigt

Dans l'ensemble, l'espèce humaine prête davantage attention aux ordres donnés verbalement. Votre chiot, lui, fait davantage attention aux indications visuelles. Cibler avec le doigt consiste à diriger votre chiot avec le bout de votre doigt, qui vous permet de rester constamment en communication avec lui. Les signaux de la main accentuent en outre l'attention qu'il vous porte avec ses yeux et votre influence sur lui.

Avez-vous remarqué avec quelle fréquence votre chiot vous regarde pour demander quoi faire ? Les jeunes chiots s'informent toute la journée pour obtenir de simples indications sur ce qu'ils doivent faire. Si vous ignorez cette occasion offerte de lui donner un ordre, votre chiot peut grandir en pensant que vous avez besoin d'aide pour prendre des décisions simples. En revanche, cibler avec le doigt fera la différence entre un chiot qui se sent associé aux activités de tous les jours et un chiot qui se sent ignoré. Cibler avec le doigt contribue fortement à la compréhension de tous les ordres par le chiot, « Assis », « Viens », « Va dire bonjour »... Il aide même les chiots timides à surmonter leur inhibition et les chiots agressifs à retenir leurs impulsions.

N'OUBLIEZ PAS !

Pour apprendre à votre chiot à suivre votre doigt, vous devez passer par trois phases (présentées sur la figure 11.2a-c) pour aboutir au résultat final (visible sur la figure 11.2d). Les deux premières phases utilisent la nourriture comme incitation, et la troisième vise à apprendre au chiot à se passer de cette incitation. L'ensemble du processus prend de dix jours à deux semaines.

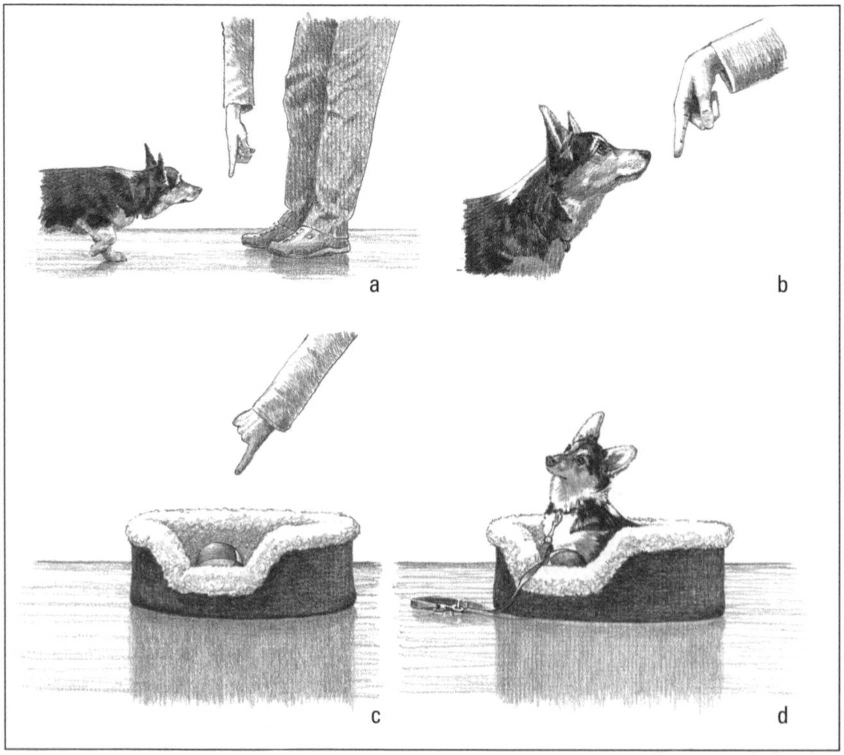

Figure 11.2 : Ce simple signal aide votre chiot à se sentir impliqué et non plus ignoré.

Phase 1 : récompense instantanée

Cette étape fait découvrir au chiot que suivre votre doigt est le concept sous-jacent. Bien que votre but à long terme soit que le chiot suive votre signal sans être récompensé par de la nourriture, vous le récompensez immédiatement à chaque étape. Voici comment faire :

1. **Placez dix friandises sur une table haute. Utilisez un clicker ou un mot de marquage (tel que « Oui ») pour souligner le moment où votre chiot porte son attention sur le bout de votre doigt.**
2. **Pointez votre index directement vers le sol, et repliez les autres doigts sur la paume de la main.**
3. **Glissez une friandise dans la paume de la main.**
4. **Tenez votre index pointé à 8 centimètres du nez de votre chiot.**
5. **Quand il approche pour toucher votre doigt, dites « Oui », et cliquez et récompensez en ouvrant la main pour révéler la friandise.**
6. **Répétez ce simple exercice jusqu'à ce que toutes les friandises aient été utilisées.**

Après épuisement des dix premières friandises, variez légèrement la forme de l'exercice. Tenez votre main plus éloignée du nez de votre chiot, et exigez qu'il touche votre doigt deux fois avant de lâcher la friandise. Faites signe à votre chiot de prendre la position « Assis » ou « Couché », et récompensez-le par une friandise dès qu'il prend cette position.

Les leçons doivent être brèves (cinq à dix minutes), et données une à quatre fois par jour.

Phase 2 : récompense différée

Passez par les mêmes étapes que dans la phase 1, mais au lieu de tenir les friandises dans la main, mettez-les dans une poche. Votre chiot remarquera un décalage évident du fait du temps nécessaire pour prendre la friandise, ce qui accentuera sa curiosité et sa conscience de votre présence. Faites varier la durée de cette attente pour le rendre encore plus attentif. La grande leçon enseignée ici est la patience. Commencez de la même manière que dans la phase 1. Ensuite, tenez une friandise devant vous et variez la position demandée, en allant jusqu'à plusieurs exécutions dirigées par le pointage de votre doigt.

Phase 3 : supprimez progressivement les friandises

Cessez de manière aléatoire de récompenser votre chiot pour des positions qu'il prend selon l'indication de votre doigt, et intégrez le pointage du doigt dans les ordres donnés quotidiennement. Vous voulez qu'il monte l'escalier ? Montrez le chemin du doigt. Vous lâchez votre chiot pour qu'il aille saluer quelqu'un ? Dites « Va dire bonjour » en ciblant avec le doigt au niveau des yeux du chiot, ce qui le découragera de sauter. Vous envoyez votre chiot sur sa couche ? Continuez de cibler avec le doigt. Chaque fois que votre chiot coopère, félicitez-le sur un ton joyeux. La vie est tellement plus drôle quand vous pouvez communiquer l'un avec l'autre !

Baguette cible

Considérez la baguette cible comme une extension du ciblage avec le doigt. Vous pouvez utiliser un ustensile de cuisine, une règle, un piquet de tente. Choisissez votre outil, et apprenez à votre chiot à en toucher l'extrémité en récompensant l'intérêt qu'il manifeste. Suivez les étapes ci-après, analogues à celles du ciblage avec le doigt :

1. **Pointez l'extrémité de la baguette vers le sol et tenez-la à une dizaine de centimètres du nez de votre chiot.**
2. **Aussitôt que votre chiot s'approche pour la renifler, dite « Oui », puis cliquez et récompensez par une friandise.**
3. **Continuez en vous contentant d'un seul contact chaque fois, jusqu'à ce que la réaction du chiot soit systématique. Puis variez la distance et l'orientation de la baguette.**
4. **Augmentez le nombre de contacts entre les récompenses et augmentez la variété des ordres en incluant les suivants :**
   - **« Allons-y »** : tenez la baguette sur votre côté et donnez cet ordre en marchant.
   - **« Va voir »** : avec un partenaire, faites aller et venir le chiot en utilisant l'ordre « Va voir ». Vous pouvez utiliser deux baguettes.
   - **« Couché »** : signalez « Couché » comme si la baguette était une extension de votre doigt. La baguette vous permet d'augmenter la distance entre vous et votre chiot.
   - **« File »** : utilisez cet ordre pour apprendre à votre chiot à ne plus rester collé à vos côtés. Il est idéal pour les exercices destinés à renforcer sa confiance en lui, et pour les aventures hors laisse telles que l'agility, les promenades et les concours d'obéissance.
   - **« Viens ici »** : la baguette de pointage est un outil idéal pour attirer l'attention du chiot et le faire revenir de loin lorsqu'il est hors laisse.

Cible fixe

Les cibles fixes sont utiles pour aider votre chiot à mieux interpréter votre regard et à coopérer en conséquence. Fabriquez un disque avec un papier épais ou utilisez le couvercle d'un récipient en plastique. Cette technique demande une certaine ingéniosité et de la patience. Voici comment faire :

1. **Placez une cible sur le sol.**
2. **Dès que le chiot montre de l'intérêt pour la cible – ne serait-ce que parun reniflement –, dites « Oui », puis cliquez et donnez une friandise.**

   Poursuivez cet exercice d'association jusqu'à ce que son intérêt soit régulièrement suscité par la vue du disque.
3. **Puis attendez qu'il touche le disque avec la patte (voir figure 11.3) pour récompenser l'intérêt qu'il lui porte.**

   N'OUBLIEZ PAS !

   Cela peut prendre du temps au début, mais vous devez attendre qu'il ait compris. Le fait qu'il mette sa patte sur l'objet n'implique pas qu'il a compris, et le clic peut même avoir un effet opposé à l'effet désiré. Au moment où il marche sur le disque, dites « Oui », puis cliquez et récompensez. Incitez-le à comprendre de mieux en mieux jusqu'à ce qu'il pose complètement la patte sur le disque.
4. **Quand votre chiot commence à comprendre qu'il doit poser la patte sur le disque, répétez l'opération souvent pour cimenter sa compréhension. Commencez à associer le mot à ce comportement.**
5. **Commencez maintenant à déplacer le disque d'une séquence à la suivante.**

   Effectuez trois déplacements par leçon.
6. **Au moment où votre chiot met la patte sur la cible, donnez-lui l'ordre « Attends ». S'il coopère, utilisez une laisse légère ou une courte laisse pour le stabiliser tandis que vous introduisez des ordres qui lui sont familiers.**

   Commencez par des ordres de mouvement comme « Assis » et « Couché ». Si votre chiot est habitué à l'ordre « Pas bouger », utilisez également cet ordre. Augmentez progressivement le temps pendant lequel vous voulez que votre chiot ne bouge pas.
7. **Placez la cible de plus en plus loin de vous.**

Quand votre chiot montre qu'il ressent un lien avec **la cible**, placez-la sur son couchage et envoyez-le se coucher en disant : « Va sur ta couche. »

Reportez-vous à l'annexe Carnet d'adresses pour savoir où vous procurer clickers, cibles, baguettes cibles…

Figure 11.3 : La cible en action ! Apprenez à votre chiot à se placer sur la cible quel que soit l'endroit où il se trouve.

Chapitre 12

La propreté

Dans ce chapitre :

- Diriger et non corriger pour réussir l'apprentissage de la propreté
- Importance de l'habitude pour l'apprentissage de la propreté
- Différences entre les besoins faits sur les journaux ou à l'extérieur
- Gardez le sourire et soyez gentil avec le chiot pendant son apprentissage de la propreté

J'aimerais recevoir un euro chaque fois que j'entends : « Il sait qu'il a fait quelque chose de mal ! Regarde ses yeux – la culpabilité est inscrite sur son visage ! » Curieusement, bien que les chiots sachent quand vous êtes en colère, ils ne peuvent pas relier votre réaction à leurs propres actions, même si elles ont eu lieu seulement quelques secondes avant.

Les chiens ne devraient pas souiller la maison, mais certains le font – surtout les jeunes chiots. Je sais – une flaque ou une crotte sur la moquette sont horribles à voir, mais pensez-y du point de vue de votre chiot : son espèce le prédispose à la vie de l'âge des cavernes. Laissé dehors, il ne verrait pas d'inconvénient à utiliser l'arbre ou le buisson le plus proche comme cabinet d'aisances (ou comme jouet, selon le besoin ressenti sur l'instant). En général, un chiot ne se soucie pas de l'état dans lequel se trouvent votre maison, vos meubles ou votre parquet en chêne. À ce stade de sa vie, il est davantage focalisé sur ses besoins que sur votre décor.

Certes, vous voulez que votre chiot respecte votre maison et les règles d'hygiène, mais certaines approches visant à inspirer le respect sont frustrantes pour lui et créent encore davantage de tension. Pour être efficace, vous devez simplement comprendre le dilemme de votre chiot et faire preuve d'empathie à son égard. Ensuite, vous devez vous employer à conditionner des habitudes qui riment avec ses instincts en matière de propreté (ou leur inexistence).

Donc, si la perspective d'enseigner la propreté vous déprimait, retrouvez le sourire. Cet enseignement est un projet requérant cohérence et coopération, mais parfaitement réalisable. Si vos efforts se sont avérés peu efficaces jusqu'ici, adoptez une nouvelle approche et mettez-la en œuvre du début à la fin. Il vous faut un programme applicable, que la cible des besoins de votre chiot soit l'herbe, les journaux, le béton de la ville ou le gravier. Apprendre la propreté à votre chiot n'est qu'une question de temps.

Comprendre les impulsions naturelles de votre chiot en matière d'élimination

Les activités d'élimination de votre chiot sont conformes à un schéma. Par exemple, les jeunes chiots font leurs besoins régulièrement après les activités ci-après :

- Manger
- Boire
- Se reposer ou sortir d'une période d'isolement
- Jouer
- Grignoter

Ma suggestion de sortir le chiot après chaque activité peut sembler excessive, mais un très jeune chiot (de 8 à 10 semaines) ne peut contrôler ses impulsions. Toutefois, en établissant une habitude dès le début, il est possible de lui inculquer la compréhension du concept « se retenir » jusqu'à ce qu'il soit parvenu à l'endroit prévu.

Sachez que le muscle de la vessie de votre chiot est le dernier à se développer : très mince et petit, il se remplit très vite, et jusqu'à la maturité sociale (vers l'âge de 5 mois), il faut le vider souvent. Demander au chiot « attends seulement une seconde » pendant que vous lacez vos chaussures peut tout simplement ne pas marcher.

N'OUBLIEZ PAS !

Votre chiot vous fera souvent savoir qu'il a besoin de sortir avant d'éliminer. Comme un enfant, il est poussé à communiquer son inconfort physique, mais au lieu de pleurer pour attirer l'attention, il mordillera à l'excès et deviendra agité. Le corriger pour qu'il cesse de mordre ne fera que le perturber. Envisagez plutôt une course jusqu'à l'endroit réservé à l'élimination s'il devient hargneux, et pensez toujours à le diriger avec des mots familiers.

ATTENTION !

Si vous constatez que votre chiot ne peut absolument pas retenir son urine – il se laisse aller même dans son parc à chiot ou quand il est à sa place –, il se peut qu'il souffre d'une infection de l'urètre. Si vous pensez que ce peut être le cas, demandez l'avis de votre vétérinaire. Pour obtenir un échantillon de son urine, prenez un récipient en matière plastique et récupérez un jet de son urine du matin en mettant le récipient au-dessous du chiot au moment opportun. Puis portez-le dans l'heure chez le vétérinaire ou réfrigérez-le en vue de sa conservation.

Direction par opposition à correction

Corriger un chiot après un accident aboutit en général à un échec total en matière d'apprentissage de la propreté. Les chiots n'ont vraiment aucune idée de ce que vous essayez de leur faire comprendre. J'ai moi-même éprouvé votre frustration, croyez-moi (j'ai eu une chienne qui avait encore des accidents à l'âge de 9 mois !), mais votre chiot ne comprend vraiment pas vos objectifs. Délicieusement centré sur lui-même et absorbé par les nuances de son monde à lui, votre chiot n'adoptera une habitude que si elle lui est présentée d'une manière claire et pratique.

Avez-vous un petit chiot et une grande maison ? Si vous ne réduisez pas son espace de liberté, il peut prendre l'habitude de courir jusqu'à un endroit inoccupé pour faire ses besoins au lieu de vous interrompre. Oui, c'est pour lui un comportement poli, mais ce n'est évidemment pas agréable. Pour l'en empêcher, limitez sa liberté et soyez patient jusqu'à ce que des habitudes appropriées soient fermement établies.

Si vous avez du mal à trouver le temps de respecter une habitude cohérente, votre chiot aura du mal à se concentrer sur votre plan. L'apprentissage de la propreté demande du temps, des directives, et de la régularité. En utilisant ces trois ingrédients, vous irez loin.

Du temps

Si vous n'avez jamais appris la propreté à un enfant ou à un chiot, vous serez surpris : cela prend du temps. Dans le cas du chiot, il faut du temps pour trouver une laisse et aller jusqu'à l'endroit voulu. Puis il faut attendre que la petite lumière de l'élimination s'allume dans sa tête. Renoncez à tout espoir de succès à court terme, parce que l'apprentissage de la propreté peut prendre des jours, des semaines ou des mois.

Consacrez le temps nécessaire à l'enseignement de la propreté, et considérez qu'il est prioritaire de vous y prendre correctement. Votre attitude peut atténuer les incompréhensions de votre chiot, mais si vous laissez les contrariétés affecter votre humeur, votre tension le stressera complètement.

De l'incitation

Votre chiot n'arrivera pas chez vous en sachant où aller faire ses besoins. Même s'il a appris la propreté, vous devez lui faire comprendre où aller. Choisissez un endroit dehors ou à l'intérieur, et engagez-le à s'y rendre avec un mot spécifique chaque fois que vous l'y emmenez. Dirigez-le à l'aide de cet ordre de façon répétitive, et aidez en outre votre chiot en associant l'acte d'élimination à un autre ordre particulier tel que « Fais tes besoins », que vous donnez pendant qu'il s'exécute. Bientôt il saura quand et où aller, simplement en entendant ces ordres. N'est-ce pas commode ?

Établissez une association avec le clicker

Pour accélérer l'apprentissage de la propreté, utilisez un clicker. Le clicker, décrit en détail au chapitre XI, souligne le moment où votre chiot coopère par l'émission d'une sorte de craquement, que vous faites suivre de la remise d'une friandise. Par exemple, trouvez un biscuit pour chien dont votre chiot raffole, et récompensez-le après le clic au moment où il élimine au bon endroit.

Choisissez un petit endroit discret, soit proche de la maison, soit dans une pièce calme et retirée. Tout comme les gens, les chiens n'aiment pas faire leurs besoins dans un espace découvert, et il ne faut pas leur apprendre à errer pour éliminer. L'élimination mettant les chiots dans une position vulnérable, il vaut mieux choisir un endroit privé.

De la régularité

La régularité est le fondement de toute habitude – notamment celle de la propreté ! Faites comprendre à votre famille et à vos amis les points ci-après :

- Où emmener votre chiot faire ses besoins
- Quand l'emmener faire ses besoins
- Quels sont les signes comportementaux (va-et-vient, sorties brusques, mordillements) annonçant son envie
- Votre itinéraire jusqu'à l'endroit désigné, accompagné de rituels sonores et/ou d'un ordre verbal ou gestuel
- Vos paroles rituelles pendant l'élimination, telles que « Fais tes besoins »

L'établissement d'une structure et d'une routine

Vous pouvez éduquer certains chiots en quelques jours. Mais pour d'autres, cet apprentissage peut prendre des mois. La meilleure façon d'enseigner la propreté à votre chiot est d'établir une stratégie et de suivre des habitudes. Voici comment vous pouvez instituer une routine cohérente :

- **Régularisez l'attention et les promenades**. Le plus important est de comprendre l'intérêt des reconnexions différées. Par exemple, vous savez que votre chiot vit pour sa relation avec vous. Mais quand votre chiot s'éveille d'un petit somme (à n'importe quel moment de la journée), ne le saluez pas, ne le caressez pas, ne lui parlez pas. Dirigez-le simplement avec l'ordre approprié, tel que « Dehors », « Ascenseur » (si vous habitez dans un immeuble), ou « Journaux ». Renouez tendrement avec lui dès qu'il a fait ses besoins.
- **Établissez un itinéraire**. Suivez toujours le même chemin jusqu'à l'endroit approprié. Insistez pour que tout le monde utilise ce même itinéraire. Sortez toujours par la même porte jusqu'à ce que le chiot soit complètement habitué à la propreté. La figure 12.1 vous propose un exemple d'itinéraire.

  Si vous avez un petit chien ou un jeune chiot, ne le portez pas jusqu'à l'endroit où il fait ses besoins. Faites-le marcher pour qu'il apprenne à faire le parcours de lui-même.
- **Pas de vagabondage**. Une fois arrivé sur place, ignorez votre chiot jusqu'à ce qu'il élimine. Ne marchez pas un peu partout en le laissant renifler ou faire ses besoins aux abords de la maison du voisin. Un parent humain n'enseignerait pas la propreté à son enfant en l'envoyant chez les voisins, et vous ne devez pas le faire non plus pour votre chiot.
- **Gravez la mémoire comportementale**. Tandis que votre chiot élimine, utilisez un second ordre tel que : « Fais tes besoins ! » Après avoir entendu cette expression pendant un mois, votre chiot devrait être en mesure de s'exécuter sur ordre.
- **Ne soyez pas avare d'éloges**. Quand votre chiot a fait, saluez, complimentez, et promenez-le comme d'habitude.

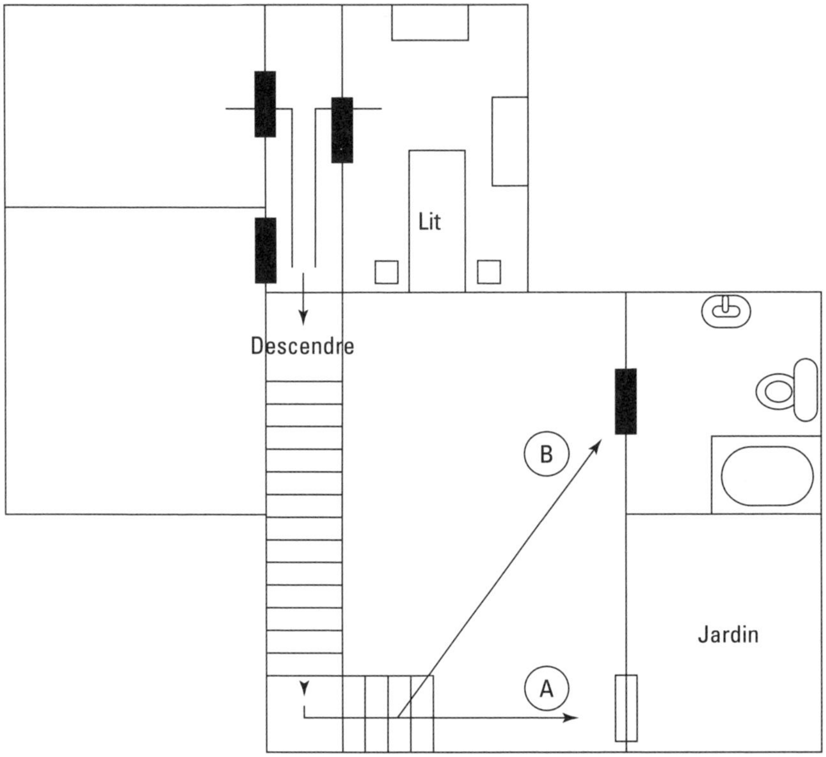

Figure 12.1 : Suivez le même chemin jusqu'à l'endroit où votre chiot fait ses besoins, car la cohérence facilite la compréhension.

L'adoption d'un horaire pour les besoins

Combien de pauses pour les besoins sont-elles nécessaires à votre chiot ? Cela dépend. Les très jeunes chiots – moins de 12 semaines – peuvent avoir besoin de sortir chaque heure ou toutes les deux heures. Les chiots plus âgés peuvent se retenir nettement plus longtemps.

N'OUBLIEZ PAS !

Respectez les ordres de grandeur suivants :

Âge du chiot	*Nombre de sorties par jour*
6 à 14 semaines	8 à 10
14 à 20 semaines	6 à 8
20 à 30 semaines	4 à 6
30 semaines à l'âge adulte	3 à 4

Basez votre horaire quotidien des pauses pour les besoins sur les indications ci-dessus. Si vous pouvez être chez vous dans la journée, suivez l'horaire indiqué sur le tableau 12.1. Si vous travaillez hors de chez vous dans la journée, suivez l'horaire du tableau 12.2. ***Note*** : dans les deux tableaux, les actions en italique peuvent devenir superflues quand votre chiot grandit.

Tableau 12.1 : Horaire pour les besoins dans le cas d'un propriétaire travaillant chez lui

Moment de la journée	***Les besoins***
Réveil tôt le matin	Sortir
Petit déjeuner	Sortir après le petit déjeuner*
Milieu de la matinée	*Sortir*
Repas de l'après-midi	*Sortir après le repas**
Milieu de l'après-midi	Sortir
Dîner (16 à 18 heures)	Sortir après le dîner*
19 h 30	Enlever l'eau
Milieu de la soirée	*Sortir*
Avant le coucher	Sortir
Milieu de la nuit	*Sortir si nécessaire*

**Un jeune chiot peut avoir besoin d'éliminer après avoir été isolé ; si votre chiot ne montre pas d'intérêt pour son repas, sortez-le rapidement avant chaque repas.*

Tableau 12.2 : Horaire pour les besoins dans le cas d'un propriétaire travaillant hors de chez lui

Moment de la journée	***Les besoins***
Réveil tôt le matin	Sortir
Petit déjeuner	Sortir après le petit déjeuner
Repas de la pause du déjeuner et promenade	Sortir
Milieu de l'après-midi	*Les jeunes chiots ont besoin de sortir*
Arrivée à la maison	Sortir
Dîner (16 à 18 heures)	Sortir après le dîner
19 h 30	Enlever l'eau
Avant le coucher	Sortir
Milieu de la nuit	*Sortir si nécessaire*

Les chiens de tous âges ont besoin d'interaction entre les heures indiquées dans les tableaux, et donc n'oubliez pas que les temps de jeu sont extrêmement importants toute la journée. Si vous travaillez en dehors de chez vous, essayez de rentrer chez vous pour déjeuner ou faites appel à un promeneur de chiens pour partager en deux la journée de votre chien. S'il a la possibilité de bien courir à midi, votre chien devrait pouvoir supporter d'être enfermé pendant que vous êtes hors de chez vous.

N'OUBLIEZ PAS !

Si vous travaillez hors de chez vous, faites attention : si vous attendez que votre chiot retienne sa vessie tandis que vous êtes absent dans la journée, vous serez déçu. Les muscles de la vessie des chiots ne sont pas à la hauteur d'un pareil exploit. Si vous devez abandonner votre chiot toute la journée, préparez un espace qui lui permet de s'étendre confortablement, et qui comporte un endroit pour ses besoins. Cependant, pensez que votre chiot ne comprendra plus très bien quand vous lui demanderez de sortir pour faire ses besoins quand vous êtes chez vous.

Si vous travaillez hors de chez vous, voici comment prévenir les accidents. Choisissez un endroit où le chiot sera tout seul – une petite pièce, par exemple – ou investissez dans un parc de jeu, que vous pourrez acheter dans la plupart des magasins pour animaux de compagnie (assurez-vous que la base de ce parc de jeu n'absorbe pas les liquides). Mettez le couchage de votre chien, ses bols et ses jouets dans une partie de l'espace. Couvrez le reste de l'espace de journaux ou d'autres matières absorbantes. Au début, recouvrez une surface plus grande que nécessaire, et fixez les coins avec du ruban collant, ou si votre chiot a tendance à déchirer les matières absorbantes, achetez une enveloppe faite spécialement pour protéger le pourtour de la surface absorbante. Dans la plupart des cas, un chiot choisira d'éliminer sur la surface absorbante, ce qui est bien pratique. Emmenez votre chiot dehors quand vous rentrez chez vous et suivez les habitudes décrites dans le tableau 12.2. Pour éviter les accidents à l'intérieur de la maison, empêchez le chiot d'accéder à l'endroit où vous le mettez quand il est seul, dès lors que vous êtes chez vous.

TRUC

Si possible, planifiez l'accueil du nouveau chiot de telle sorte qu'il coïncide avec vos vacances. Cette période initiale d'attachement réciproque et d'éducation est une manière idéale de commencer votre vie commune !

Changer les habitudes

Cessez progressivement de l'escorter jusqu'à l'endroit des besoins en laissant d'abord tomber la laisse en cours de route. Pour commencer, marchez à côté de lui, et arrêtez-vous aux trois quarts du chemin, puis à mi-chemin, puis à un quart du chemin, avant de cesser de l'accompagner et de lui permettre d'aller de lui-même jusqu'à son emplacement pour les besoins.

Aidez votre chiot à communiquer son besoin de sortir

Les besoins d'un jeune chiot peuvent le perturber. Juste avant d'éliminer, il sait que quelque chose se passe en bas dans la région de la vessie, mais il ne sait pas vraiment quoi. Après tout, il vient d'être mis au monde.

N'OUBLIEZ PAS !

Dans le cas d'un besoin pressant, un jeune chiot se met souvent à gémir, à tourner en rond, ou à mordre. Mordre est la réaction la plus courante – considérez cela comme une façon saine de solliciter votre aide. Même si vous souhaitez lui enseigner plus tard un signal plus civilisé, pour l'instant, songez que les mordillements d'un jeune chiot peuvent souligner son envie de faire ses besoins. Dirigez-le par les mots « Dehors ! » ou « Journaux ! » Quoi que vous fassiez, ne le corrigez pas.

En grandissant, votre chiot acquerra un meilleur contrôle de sa vessie et deviendra capable d'identifier un besoin pressant.

Utiliser des journaux plutôt que de sortir

Vous pouvez décider que vous allez apprendre à votre chiot à faire ses besoins sur des journaux. Autrement dit, vous voulez qu'il aille faire ses besoins à un endroit à l'intérieur de la maison au lieu de lui apprendre à sortir.

TRUC

Apprendre à faire les besoins sur des journaux est une solution appropriée si vous avez un petit chiot, si vous habitez dans un appartement, si vous avez un handicap physique ou si vous n'aimez pas sortir. Cet apprentissage a plusieurs points communs avec l'éducation à la propreté à l'extérieur (voir « L'établissement d'une structure et d'une routine », plus haut dans ce chapitre) :

- Utilisez systématiquement le même endroit pour les besoins (dehors ou dedans).
- Utilisez un mot ou une expression – comme « Journaux » – en conduisant votre chiot à l'endroit choisi.
- Après avoir amené le chiot à l'endroit voulu, ignorez-le jusqu'à ce qu'il élimine.
- Au moment où votre chiot est en train d'éliminer, utilisez un mot ou une expression comme « Fais tes besoins ».
- N'utilisez pas l'endroit comme zone d'interaction ou de jeu.

L'apprentissage de la propreté avec des journaux reste cependant différent puisque les journaux sont à l'intérieur de la maison. Si vous choisissez les journaux, gardez-les loin des bols de nourriture et d'eau du chiot et des endroits où il dort. Placez-les dans un endroit retiré, comme un coin de la cuisine ou de la salle de bains, sur une surface non absorbante (carrelage, linoléum ou bois imperméabilisé), qui soit aisément accessible pour votre chiot, même si vous n'êtes pas chez vous.

Apprentissage mixte : aller dehors ou à l'intérieur pour faire ses besoins

Vous vous demandez peut-être s'il est possible de mélanger les genres : s'organiser pour que votre chiot élimine sur du papier s'il y en a, et dehors quand il n'y en a pas. Ce scénario est idéal pour les gens qui travaillent ou pour les régions subissant des conditions météorologiques extrêmes. (Apprendre la propreté à un husky au milieu de l'hiver peut ne pas présenter de problème, mais si vous demandez à un minuscule chihuahua d'aller faire pipi par moins dix degrés, il ne le fera pas.)

Cette approche mixte est un peu plus difficile à faire comprendre à votre chiot, mais on peut faire adopter n'importe quelle habitude à condition d'être cohérent. Il vous suffit d'indiquer clairement ce que vous attendez – qu'il élimine sur du papier quand vous n'êtes pas là ou en cas d'intempéries extrêmes, dehors dans tous les autres cas – et il finira par suivre les habitudes. Voici quelques suggestions :

- Établissez l'habitude de sortir quand vous êtes chez vous et par tous les temps, sauf intempéries extrêmes.
- Quand vous n'êtes pas chez vous, placez votre chiot dans une petite pièce ou un parc de jeu avec des journaux ou une autre matière absorbante. Nettoyez-les devant votre chiot (pour renforcer l'élimination au bon endroit) calmement en rentrant chez vous et vaquez à vos occupations habituelles. Gardez votre chiot près de vous s'il essaie de s'aventurer pour aller faire ses besoins ailleurs dans la maison.
- En cas de sérieuses intempéries, placez les journaux dans un lieu retiré à l'intérieur de la maison, de préférence dans le garage ou une buanderie, dans l'entrée ou près de la porte de sortie. En approchant de cet endroit, criez « Journaux ! » et mettez-les en place.

  Si votre chiot n'élimine pas dans les cinq minutes, emmenez-le, mettez-le dans son parc, en laisse, ou maintenez-le tranquille d'une autre manière pendant cinq à quinze minutes avant d'essayer de nouveau. Non seulement vous éviterez ainsi un accident, mais aussi vous aiderez le chiot à renforcer les muscles de sa vessie et son aptitude à « se retenir ».

Les gémissements et les mordillements continuels sont des signes qu'il peut avoir besoin d'éliminer.

Soyez un bon propriétaire de chien : ramassez !

Quel que soit l'endroit où vous habitez, c'est une bonne idée de ramasser ce que fait votre chien. Ses déjections attirent les insectes et les vers. Dans les villes et dans de nombreuses banlieues, la loi vous oblige à ramasser sous peine d'être pénalisé. Des dispositifs de ramassage se vendent dans les magasins pour animaux de compagnie, mais vous pouvez faire comme moi :

1. Mettez la main dans un sac en plastique.
2. Attrapez les crottes en refermant les doigts.
3. Retournez le sac.

Il est très facile d'emmener des sacs lors des promenades, et vous n'auriez aucune excuse si vous ne ramassiez pas après votre chiot.

Pour réussir l'apprentissage de la propreté

En suivant les simples recommandations ci-après, vous renforcerez la compréhension de votre chiot. Si vous définissez votre rituel et l'expliquez à toutes les personnes participant à l'opération, votre chiot apprendra la propreté beaucoup plus vite !

- **Commencez par un petit espace isolé**. Les chiots sont des animaux de tanière, et la tanière classique de leurs ancêtres n'avait pas plus de 8 mètres carrés. La plupart des chiens jeunes ou non éduqués ne souillent pas la surface qui les entoure immédiatement, mais ils sont très heureux de courir pour aller se soulager à l'étage au-dessus ou dans une pièce adjacente.

  C'est pourquoi vous avez intérêt à confiner votre chiot. Mettez-le dans sa cage de transport pour la nuit, quand vous êtes sorti, ou attachez-le à son emplacement de la manière indiquée au chapitre V. Lorsqu'il a appris les règles, vous pouvez lui accorder plus de liberté, mais pas maintenant. Avant de laisser votre chiot courir à sa guise dans toutes les pièces de la maison, consultez le chapitre V qui vous propose une approche graduelle.

- **Nettoyez discrètement après tout accident**. Ne laissez pas votre chiot vous voir en train de nettoyer les saletés qu'il a faites. Il y verrait une acceptation soulignée par votre dévouement, et une invitation à recommencer. Isolez votre chiot dans une autre pièce ou en compagnie d'un membre de la famille pendant que vous nettoyez.

- **Neutralisez l'odeur**. Votre chiot a un nez très sensible. Il retournera automatiquement aux endroits où son odeur est concentrée. Utilisez une formule que vous trouverez dans un magasin pour animaux de compagnie ou un mélange moitié vinaigre et moitié eau pour éliminer l'odeur.

N'OUBLIEZ PAS !

- **Savoir quand les corrections ont un effet**. Si vous découvrez votre chiot en train d'éliminer, surprenez-le. Tapez dans vos mains en disant : « Hep, hep, hep ! » Sautez en l'air comme un chimpanzé excité ou donnez des claques sur le mur avec la paume de la main. Après avoir interrompu votre chiot, adoptez une posture plus calme et dirigez-le tranquillement vers l'endroit approprié comme si rien n'était arrivé. Quand il a fini, félicitez-le.
- **Savoir quand les corrections n'ont pas d'effet**. Vous pouvez penser que votre chiot est humain, mais il ne l'est pas, et votre exaspération et votre colère envers lui vous feront paraître ridicule. Bien que je l'aie entendu dire mille fois, je ne suis pas convaincue qu'« un chiot comprend le sens d'une correction ». Bien sûr, vous pouvez effrayer un chiot et lui faire prendre une posture apeurée, mais lui faire peur n'est pas le but poursuivi.

  Si vous surprenez votre chiot en train de souiller un autre endroit que celui prévu, vous pouvez l'interrompre, mais renoncez à toute autre correction.
- **Si votre chiot fait ses besoins dans la maison, éliminez les friandises**. Si vous lui donnez à manger de façon sporadique dans la journée, ses besoins d'élimination deviendront aléatoires.
- **Surveillez son absorption d'eau**. Les chiots, surtout très jeunes, boivent trop d'eau s'ils s'ennuient ou sont énervés. Si vous avez des problèmes de propreté avec votre chiot, contrôlez ce qu'il boit en lui donnant accès à son bol d'eau à l'heure des repas et avant de l'emmener à l'endroit prévu pour éliminer.

  ATTENTION !

  Veillez à ne pas déshydrater votre chiot. S'il halète ou devient léthargique, donnez-lui un bol d'eau. Enlevez son eau après 19 h 30. S'il a soif par la suite, donnez-lui des cubes de glace pour qu'il joue avec ou une petite quantité d'eau (un quart ou la moitié d'un verre) pour étancher sa soif.

Problème du confinement des chiots issus d'une animalerie

Les chiots des animaleries n'ont guère eu la possibilité d'intégrer le concept *ne souille pas ta surface*. Après tout, ils n'avaient pas le choix au cours de cette période de séparation de leur maman pendant laquelle se gravent tant d'habitudes. Si les chiots venaient d'une usine à chiots, il est plus que vraisemblable qu'ils ont dû faire dans leur chenil, probablement par-dessus les déjections d'autres chiots obligés de faire comme eux. Si n'importe quelle maman chienne avait été présente, elle aurait appris à ses petits à s'éloigner de l'endroit où ils dorment pour faire leurs besoins. Si votre chiot venant d'une animalerie souille l'endroit où il dort, la cage de transport ou le parc à chiot peut ne pas être la meilleure solution pour l'habituer à la propreté, parce qu'il symbolise pour lui un endroit propice aux déjections. La nuit, un jeune chiot peut dormir auprès de votre chevet dans une grande boîte dépourvue de couvercle ou attaché en laisse à votre lit (après avoir été éduqué à porter une laisse et avoir été habitué à se tenir le jour à son ou ses emplacements). Dans la journée, gardez votre chiot avec vous ou confinez-le dans une petite pièce, en l'emmenant dehors ou jusqu'à ses journaux aussi souvent que votre emploi du temps vous le permet (à des intervalles d'une demi-heure à deux heures). Emmenez-le chaque fois au même endroit, encore et encore, en suivant la routine décrite dans les sections relatives à la propreté (« L'établissement d'une structure et d'une routine » et « Utiliser des journaux plutôt que de sortir »). Il est utile d'avoir un autre chien qui élimine à ce même endroit, car l'odeur peut donner à votre chiot l'idée d'en faire autant. Si vous constatez qu'en grandissant votre chiot ne s'améliore pas quant à l'apprentissage de la propreté et ceci malgré la mise en place du programme ci-dessus, parlez-en à votre vétérinaire et contactez immédiatement un éducateur de chiens de compagnie (voir annexe Carnet d'adresses).

Chapitre 13

Enseigner l'art de bien se tenir tous les jours

Dans ce chapitre :

- Préparez votre chiot à la liberté complète
- Habituez votre chiot à vos allées et venues
- Les déplacements en voiture
- Emmenez votre chiot en public
- Apprenez à votre chiot à dire bonjour poliment

Un chiot bien élevé est un invité accueilli avec plaisir, un compagnon quand vous regardez un défilé ou participez à un pique-nique, et un fan supplémentaire à l'occasion d'un match après l'école. Malheureusement, votre chiot n'apprendra pas tout seul les bonnes manières, et il sera influencé (en bien ou en mal) par toutes les personnes qui l'entourent.

La clé de l'apprentissage de l'étiquette à un chiot est de bien fixer les objectifs et d'en faire part à vos proches et vos amis – et même à des inconnus. Considérez ce chapitre comme une façon d'envoyer votre chiot suivre un cours à « L'école d'étiquette de miss Sarah », laquelle dispense un enseignement à court terme assurant à long terme des libertés et des récompenses.

Éduquez votre chiot une pièce après l'autre

Accorder à votre chiot une liberté complète de mouvement avant qu'il ne soit éduqué peut être une grave erreur ! Imaginez-vous en train de galoper comme une folle, un rouleau de papier hygiénique à la main, ou de le voir voler la nourriture dans votre cuisine et de vous mettre à courir en tous sens pour essayer de mettre la main sur une boule de poils récalcitrante ? Cette vision peut devenir une réalité si vous ne prévoyez pas une présentation méthodique de votre maison à votre chiot. Vous obtiendrez les meilleurs résultats en l'éduquant une pièce après l'autre. À moins que vous ne vouliez que votre chiot considère votre demeure comme un immense terrain de jeu, préparez pour lui un emplacement dans chaque pièce et consacrez quelques jours pour lui faire comprendre pas à pas ce que sont vos attentes. Faites-le en le tenant en laisse, pour qu'il ne cède pas à la tentation de partir comme une flèche. Accordez-lui progressivement plus de liberté, quand vous lui aurez d'abord permis de se déplacer avec une laisse qui traîne depuis son collier (voir chapitre V).

Bien que les premiers jours de leçons d'étiquette impliquent de garder votre chiot en laisse, considérez que cette approche vise moins à le contrôler qu'à le guider en le tenant par la patte. Ces techniques lui apprendront à contenir ses impulsions et le feront accéder sans à-coups à la liberté de mouvement dans la maison.

La laisse

Le principe de la laisse consiste à guider votre chiot dans la maison en le tenant en laisse. Vous pouvez attacher la laisse à votre taille ou la tenir confortablement dans la main, en utilisant des ordres spécifiques tandis que vous vous déplacez ensemble. J'appelle ces ordres répétés souvent des *ordres fondamentaux*. Finalement, votre chiot réagira à ces ordres sans la laisse. D'ici là, vous devez le conduire.

Il y a quelques années j'ai breveté une laisse que j'ai appelée la laisse d'apprentissage. Depuis, de nombreuses ceintures mains libres sont sorties sur le marché qui sont confortables, pratiques et résistantes. Vous pouvez vous en procurer un peu partout dans les boutiques pour chiens sur Internet ou bien en consultant : `http://www.animalinboutique.fr`. Vous pouvez aussi en réaliser une vous-même en attachant une laisse classique autour de votre taille. (Voir le chapitre V pour plus de détails sur la laisse d'apprentissage.)

Plus tôt vous habituerez votre chiot à votre maison, plus vite il deviendra mature. Comme les enfants, les chiots s'adaptent plus facilement à de nouvelles expériences quand ils sont jeunes.

La liste suivante vous indique ce qu'il faut faire pour commencer immédiatement l'apprentissage de l'étiquette :

1. **Assurez-vous que vous disposez du bon collier.**

   Si vous ne savez pas quel collier convient à votre chiot, examinez les options disponibles, en consultant le chapitre V ou en rendant visite au site `http://www.animalinboutique.fr`. Jusqu'à ce que votre chiot atteigne l'âge de 16 semaines, utilisez un collier normal à boucle, ou un harnais d'éducation à la marche et un licol pour chien si nécessaire.

2. **Tenez la laisse ou attachez-la à votre taille comme une ceinture.**

   Disposez la laisse de sorte que la partie reliée au chiot aboutisse à la hanche gauche si vous voulez qu'il marche à votre gauche, ou à la hanche droite si vous voulez qu'il marche à votre droite. Prévenez vos amis et vos proches qu'ils doivent faire comme vous pour éviter un manque de cohérence qui troublerait votre chiot.

3. **Pour enseigner à votre chiot des manières convenables lorsqu'il est en laisse, emmenez-le dans un couloir ou une pièce dégagée. Mettez-vous à marcher.**

4. **Dès l'instant où le chiot passe devant vous, appelez-le par son nom et tournez dans l'autre direction.**

   Félicitez-le, même si vous ressentez une secousse.

5. **Continuez de vous éloigner de lui jusqu'à ce qu'il fasse attention à son nom et cesse d'essayer de se précipiter devant.**

   Maintenant vous marchez avec style. Votre chiot vous suivra partout où vous le conduirez. Toutes les décisions relatives à votre intérieur sont votre affaire à vous. Garder le chiot attaché à vous peut vous sembler incommode au début, mais bientôt vous ne saurez même plus s'il est là. Vous pouvez même vous dire que c'est amusant. N'oubliez pas que vous enseignez à votre chiot de vous suivre, et en cas de conflit (s'il veut tourner à droite quand vous voulez aller à gauche), prenez toujours la direction que vous avez choisie et encouragez-le à vous suivre.

   Certains chiens adorent promener leur maître. Ils trouvent extrêmement amusant de vous tirer dans la rue parce que cela leur rappelle vos sessions communes de tir à la corde. De même, si le chien prend la laisse dans sa gueule, tirez-la vers *l'intérieur* de sa gueule et ignorez-le. Accordez-lui votre attention et complimentez-le quand il coopère.

6. **Tout en promenant votre chiot un peu partout, commencez à utiliser vos ordres fondamentaux (voir la section suivante « Enseigner les ordres fondamentaux en conduisant »). Encouragez tout le monde à utiliser ces mêmes ordres.**

   Pour donner des ordres, parlez clairement, ne donnez les ordres qu'une fois, et articulez les syllabes parce que les chiots comprennent les sons, non les mots.

Toute personne en mesure de conduire le chiot de cette façon devrait le faire. Votre position de leader ne doit pas devenir une dictature. La seule combinaison inacceptable est celle d'un petit enfant avec un grand chiot. Sinon, tous les occupants de la maison devraient participer. Si la laisse est trop longue pour un petit enfant, il peut utiliser une laisse courte ou la porter comme un baudrier en travers de la poitrine.

Enseigner les ordres fondamentaux en conduisant

Voici six ordres fondamentaux par lesquels vous pouvez commencer :

- « **< Nom >, suis-moi** ». Donnez cet ordre chaque fois que vous commencez à marcher ou que vous changez de direction. Quand vous tournez, gardez la tête droite et ne regardez pas votre chiot jusqu'à ce qu'il tourne avec vous.

  Si votre chien ou chiot n'est pas entraîné à porter une laisse, mettez des biscuits dans une tasse, mettez le chien en laisse, et secouez la boîte de récompenses en marchant d'un endroit à l'autre, en l'encourageant à vous suivre par les mots : « < Nom >, suis-moi ! » Puis ramassez la laisse et continuez à marcher avec la tasse. Arrêtez-vous environ tous les 6 mètres et donnez une friandise au chien.

- « **Assis** ». Utilisez cet ordre chaque fois que vous offrez à votre chien quelque chose de positif comme de la nourriture, un éloge, un jouet ou une tape amicale. Donnez l'ordre une fois seulement parce que les chiots comprennent les sons et non les mots, de sorte que « Assis-Assis-Assis » paraît très différent de « Assis ».

  Votre chiot est-il seulement en train d'apprendre « Assis » ? Pour le positionner convenablement, évitez d'appuyer sur sa colonne vertébrale. Avec la main droite, levez doucement son menton ou tirez vers le haut avec le collier, en même temps que vous pincez gentiment sa taille entre votre pouce et votre index gauches. Ce point de pression lui fait prendre la position convenable sans appuyer sur son squelette.

- « **Attends** » **et** « **C'est bon** ». Ce duo est un véritable bienfait. Imaginez de pouvoir stopper votre chiot avant qu'il ne se précipite pour descendre l'escalier ou pour franchir un seuil. Chaque fois que vous passez un seuil ou que vous traversez une zone où la circulation est intense, donnez-lui l'ordre « Attends », et amenez le chien derrière vous avec sa laisse. Il peut s'exciter, et donc attendez qu'il se calme avant de lui dire : « C'est bon. » Veillez à ce que vos pieds franchissent le seuil en premier. Les leaders doivent toujours montrer le chemin.

- « **Pardon** ». Utilisez cet ordre chaque fois que votre chiot traverse devant vous ou derrière vous. Servez-vous-en également s'il se presse contre vous ou vous bloque le passage. En disant : « Pardon », repoussez doucement votre chiot en dehors de votre chemin avec le pied ou le genou (les mains sont perçues comme interactives).

- « **À ta place** ». Apprendre à votre chien à se coucher tranquillement dans un nouvel environnement n'est pas une tâche aisée. Lisez la section suivante sur « l'ancrage » et « le stationnement », et bientôt votre chien se calmera à la demande.

Qui pourrait résister aux oreilles et au visage adorable de ce basset hound. Ce chiot deviendra un chien sociable mais têtu, avec des manières joyeuses mais indépendantes. Vous fait-il envie ?

Ces trois chiots saint-bernards tout petits qui jouent à faire coucou sous les couvertures sont adorables et semblent vous inviter à les prendre dans vos bras. Mais ne fermez pas les yeux trop longtemps. Cette race géante grandit vite, et avant que vous n'ayez compris ce qui vous arrive, ils seront plus grands que vous ! (Consultez la première partie pour apprendre comment choisir le chiot idéal.)

Ce Malamute d'Alaska semble adorable et très doux !
Les chiens de cette race le sont en effet mais leur robe épaisse, leur nature indépendante et leur haut niveau d'énergie les destinent à des gens qui respecteront et satisferont leurs besoins.

Le Welsh borgi cardigan est une race basse sur pattes avec un esprit décidé ! Conçu pour diriger du bétail, il est indépendant et ne respecte que les ordres transmis avec autorité.

Mignon et majestueux à la fois, le cavalier King Charles est une race petite, mais avec un goût pour le sport et une disposition secrète à se faire chouchouter.

Comment choisir votre chiot parmi cette adorable portée de bichons maltais ? Reportez-vous au test de personnalité de la partie I pour savoir quel caractère de chiot vous correspond le mieux.

Si vous êtes séduit par les tâches, ces chiots dalmatiens vous feront sûrement sourire. Mais avant d'adopter un chiot de cette race très énergique, comprenez leur nature vigilante et soyez sûr de disposer du temps nécessaire dès le départ à leur dressage (chapitre XIV) et à leur socialisation (chapitre VII).

© BSIP / P. WEGNER / ARCO

Ce chiot berger allemand de 8 semaines a déjà la belle allure et la réactivité qui font le charme des bergers. Attention bientôt il pèsera un poids conséquent. Cette race nécessite un exercice régulier qui lui permettra de dépenser toute son énergie.

© ISABELLE FRANCAIS

Ce chiot Border collie, beau et raffiné, ne se contentera jamais de n'être qu'un simple ornement. Il éprouve un grand besoin d'exercice et de direction, dont la satisfaction vous prendra encore plus de temps que les exigences de sa race en matière de toilettage. Il faut une certaine disponibilité pour élever et dresser un membre de cette adorable race de chien de troupeau.

© ISABELLE FRANCAIS

Les enfants et les chiots : y a-t-il une meilleure combinaison ? Avant de choisir une race, analysez la structure de votre famille en tenant compte de l'âge et des passe-temps de vos enfants, ainsi que de leur bonne volonté pour participer au dressage du chiot. Le chapitre VIII fournit de bons principes à cet égard.

Est-ce surprenant que le terrier Yorkshire ait toujours été l'une des races jouets les plus populaires ? Attendez-vous seulement à faire beaucoup de toilettage ! Quand ces chiots deviennent adultes, leurs poils sont considérablement plus longs !

Bien qu'il y ait peu de choses aussi adorables qu'une portée de chiots golden retriever apparemment tous identiques, chacun a son propre tempérament et sa propre personnalité, que l'on peut tester à un très jeune âge. Utilisez les tests d'évaluation de la personnalité et du tempérament (chapitre IV) pour trouver lequel de ces chiots conviendra le mieux à votre style de vie.

Ce chiot Beagle et ce chaton nous prouvent bien que chiens et chats font parfois bon ménage. Pour être sûr que l'entente sera au rendez-vous, il faut les faire se rencontrer dès leur plus jeune âge.

Ce chiot cocker spaniel ne serait pas plus attirant avec des rubans attachés à chaque oreille. Loyaux et aimants, les chiens de cette race s'habituent bien à la vie familiale mais n'aiment pas se retrouver seuls.

Cherchiez-vous un grand chien dans un petit emballage ? Ne cherchez plus. Le carlin est une race qui satisfait les amateurs de grands chiens qui n'ont ni le temps ni l'espace requis pour un grand chien.

Le caniche est un chien vif, intelligent et joueur. Sa petite taille vous permettra de l'emmener partout avec vous et de ne pas le laisser seul ; il déteste cela.

Les labradors sont une des races numéro un en France, et ce n'est pas surprenant : ils ont une bonne nature, ils sont athlétiques et débordent d'énergie, il est facile d'en prendre soin, et ce sont d'excellents chiens pour une famille.

Ce chiot épagneul prend ses aises et s'octroie un petit moment de détente. Cette race vous ravira par sa présence et ses manifestations pressantes de tendresse.

Ces sept chiots cockers spaniel anglais forment une magnifique photo de groupe ! Bien qu'un peu plus doux que les cockers spaniel américains, ces chiens sont tout aussi prêts à l'interaction, à suivre ou à aller chercher que leurs cousins d'Amérique.

© BSIP / F. LUKASSECK / ARCO

Le rottweiler est un chiot calme et attentif. Il grandira rapidement et mettra à l'épreuve votre rôle en tant que leader. Soyez ferme, et il vous respectera.

© Isabelle Francais

Ces trois chiots schnauzers semblent très satisfaits de se reposer dans cette plate-bande de fleurs. Quand ils deviendront adultes, leur nature exubérante et déterminée fera fuir les souris et impressionnera tout le monde.

© BSIP / C. STEIMER / ARCO

Après une bonne partie de jeu, ces chiots labrador s'offrent un repos bien mérité. Faites de même pendant qu'ils dorment car une fois réveillés, ils réclameront toute votre attention et votre énergie !

Dire s'il te plaît (en quelque sorte)

Non, vous ne pouvez pas apprendre à votre chiot à dire littéralement « S'il te plaît », mais il peut signaler par un geste qu'il veut quelque chose. Si vous incitez systématiquement votre chiot à se mettre « Assis » quand vous lui offrez une chose perçue comme positive, il s'assiéra quand il veut quelque chose, aussi normalement que la plupart des chiens sautent en pareil cas. Voici quelques situations où vous voulez que votre chiot dise « S'il te plaît » :

- En recevant un repas, des friandises, et de l'eau
- Avant le lancement d'une balle ou l'offre d'un jouet
- Avant l'ouverture d'une porte pour entrer ou sortir
- Si votre chiot veut une chose posée sur un comptoir ou une table
- Avant d'entrer dans la voiture ou d'en sortir
- Au cours de toutes les salutations
- Lors de la présentation à des enfants ou des adultes

Si votre chiot ne s'assied pas automatiquement, positionnez-le simplement selon la technique décrite sous la section « Enseigner les ordres fondamentaux en conduisant ».

Remédier aux résistances pendant la conduite

Certains chiens aiment à imiter les mules et enfoncent les talons dans le sol pour tenter de stopper le mouvement quand ils sont en laisse. Ce comportement vient soit de l'insécurité provoquée par la laisse (traitée plus loin dans ce chapitre), soit d'une forme de résistance passive. Votre chiot espère vous voir vous retourner et lui accorder beaucoup d'attention, mais n'en faites rien. Voici deux approches possibles pour lutter contre cette habitude – selon le chiot et la situation :

- **Continuez d'avancer**. Ne vous retournez pas. Sautillez, sautez et vantez la qualité de l'air devant vous tout en marchant un peu plus vite : votre chiot résistera au début mais ensuite se mettra à courir pour vous rattraper. Quand il vous rattrape, complimentez-le avec joie et continuez. Cette méthode marche bien avec les grandes races qui ont la réputation d'être têtues.
- **Agenouillez-vous vers l'avant**. Si vous avez affaire à une race plus délicate ou à un chiot au tempérament timide, agenouillez-vous devant votre chiot (en vous tournant vers l'avant) quand il se met à freiner. Tapotez le sol ou secouez une tasse de friandises et encouragez-le à vous suivre. Quand il vous suit, félicitez-le chaleureusement. Puis allez jusqu'au bout de la laisse et recommencez. Il vous rattrapera bientôt.

N'accordez jamais d'attention à votre chiot en cas d'arrêt entêté, et ne le prenez surtout jamais dans les bras.

L'ancrage

Quand vous conduisez votre chiot ici et là, vous pouvez avoir besoin de vous asseoir pour parler au téléphone, travailler sur l'ordinateur ou accueillir des visiteurs. Si vous libérez votre chiot, obsédé par le désir d'attirer votre attention, il peut déchaîner une tempête. En sautant sur le comptoir ou en dévorant les rideaux, il ne manquera pas d'attirer les regards – notamment ceux des visiteurs !

Pour décourager de telles habitudes tandis que vous êtes assis, je vous suggère d'utiliser une méthode appelée ancrage. Voici comment faire :

1. **Le chiot étant attaché sur votre côté, faites passer le mousqueton de la laisse à la hauteur de votre coccyx et asseyez-vous sur la partie libre de la laisse.**
2. **Laissez assez de longueur pour que votre chien se couche confortablement derrière vos pieds et offrez-lui un jouet favori à mâchouiller.**
3. **Donnez l'ordre « À ta place » et caressez et félicitez le chiot quand il s'exécute.**

Le stationnement

Tous les chiots aiment la compagnie, et s'il a le choix, votre chiot voudra toujours être auprès de vous. Trop de solitude est une mauvaise chose, parce qu'un chiot tire sa personnalité des influences du groupe. Quant à l'isolement dans un endroit confiné, il crée une grande anxiété. Dans la mesure du possible, utilisez la technique du stationnement pour garder le chiot avec vous, lui apprendre comment se comporter dans chaque pièce, et être sûr qu'il peut communiquer avec vous s'il a besoin de sortir.

Votre chiot doit être âgé d'au moins 12 semaines pour que vous puissiez commencer le stationnement. En attendant, la surveillance, le séjour dans le parc à chiot, et la liberté dans une pièce sûre sont les meilleures solutions. Les jeunes chiots sont curieux, impulsifs et… maladroits. Ils peuvent se mettre dans des situations dont ils ne peuvent plus se sortir. Les enclos (voir chapitre V) reproduisent la sécurité d'une tanière.

Pour déterminer le temps pendant lequel vous pouvez faire rester en place votre chiot, vous devez prendre en compte son âge et son état d'esprit. Un endormi de n'importe quel âge peut tenir une heure ou davantage, et un chiot plus âgé peut supporter un stationnement de plus longue durée. Le meilleur critère est le comportement de votre chiot – gardez-le près de vous et restez attentif à d'éventuels signaux. Si votre chiot, après être resté endormi à son emplacement pendant une heure, se lève brusquement et devient agité, il a probablement besoin d'aller faire ses besoins. S'il ronge un os pendant quinze minutes, puis commence à sauter comme un kangourou, c'est probablement qu'il déborde d'énergie et a besoin de jouer.

Pour apprendre à votre chiot à rester en place, vous devez d'abord sélectionner vos emplacements. Allez dans chaque pièce où vous voulez que votre chiot se comporte correctement et choisissez un emplacement où il pourra s'installer – peut-être près du canapé dans la pièce où vous regardez la télévision, mais à l'écart de la table de la salle à manger. Placez-y un coussin ou une couverture confortables et un jouet qu'il aime mâchouiller. Grâce à quoi votre chiot reconnaîtra l'endroit comme sa place réservée, sa « station ». Les chiots aiment avoir un endroit à eux. Ce en quoi ils nous ressemblent : dans votre salon, n'avez-vous pas votre sofa ou votre fauteuil préféré ?

Les chiots s'agitent, et vous devez penser à les installer loin des escaliers, des fils et des prises électriques et d'autres entraves. Soyez sûr que l'objet auquel vous attachez votre chiot soit inamovible, robuste et ne puisse pas se renverser. S'il n'y a pas d'objet où vous puissiez attacher la laisse, fixez un piton dans le mur pour l'y accrocher.

Quand vous attachez votre chiot, limitez sa liberté de mouvement à un peu moins d'un mètre pour l'encourager à rester calme et l'empêcher de faire des dégâts ou de souiller la pièce. La raison d'être de la station, comme celle du parc à chiot, est d'apprendre à votre chiot à rester tranquille ou à mâchonner ses jouets. S'il grignote sa laisse, utilisez un spray répulsif pour chien, ou encore une laisse faite de chaînons métalliques.

Votre chiot finira par aller naturellement jusqu'à son emplacement. Mais au début vous devrez l'y attacher, jusqu'à ce qu'il ait appris à s'y rendre. Attachez-le toujours par son collier. Si vous utilisez une laisse d'apprentissage, passez la laisse autour d'un objet inamovible et rattachez le mousqueton terminal à l'autre extrémité de la laisse.

Quand vous commencerez à pratiquer la procédure de stationnement, conduisez le chiot à son emplacement en le montrant du doigt et en donnant l'ordre « à ta place ». Au début de l'apprentissage, restez avec votre chien. Veillez à son confort et encouragez-le à ronger son os. Ne le quittez que lorsqu'il est occupé à mâchouiller un jouet ou se repose.

Quand vous quittez le chiot, faites-le tranquillement et donnez l'ordre « Attends ». Les brèves absences sont utiles parce qu'elles habituent le chiot à rester seul tout en lui montrant que vous ne l'abandonnez pas. Si votre chiot s'excite quand vous revenez, ignorez-le pour ne pas renforcer ce comportement. Lorsqu'il est calmé, vous pouvez lui accorder votre attention.

Certains chiens paniquent au début quand on les fait rester en place. Si c'est le cas de votre chiot, déterminez si sa réaction est une véritable attaque de panique ou simplement une protestation énergique. Vous pourrez le voir parce que des chiens en état de panique ne se focalisent pas sur vous. Au contraire, un chien qui proteste se focalise fortement sur vous et généralement aboie. Ignorez le chien qui proteste. Si votre chiot est vraiment dans un état de panique, ne le laissez à sa place pour commencer que si vous pouvez rester auprès de lui. Encouragez le grignotage d'un os et ne commencez à le quitter que lorsqu'il dort. Il s'habituera bientôt au stationnement.

Ignorez bravement tout gémissement ou aboiement, à moins que votre chiot ne veuille vous faire comprendre un besoin (par exemple, vous avez sauté un repas, une sortie ou une session de jeu). S'il aboie et si vous le réconfortez, vous lui apprenez une leçon qu'il retiendra aussitôt et que vous aurez du mal à lui faire oublier. Dans le même ordre d'idées, ne libérez le chiot d'un emplacement que s'il est calme et silencieux. Vous risquez autrement de renforcer un comportement négatif.

Si l'apprentissage au stationnement s'avère trop laborieux, utilisez le clicker pour l'aider à comprendre ce que vous désirez de lui, en cliquant et en récompensant le comportement que vous attendez de lui, une position calme. Vous pouvez aussi, de façon systématique, lui offrir un jouet rempli de friandises, type jouet Kong, qui l'occupera et lui fera apprécier ces moments de stationnement ou plus simplement lui offrir un os à mâchouiller.

Ding dong ! Comportement courtois envers des visiteurs

Quand on sonne à l'entrée, voici ce qui arrive : un chiot court à la porte, projette les pattes dans toutes les directions et saute après tous les visiteurs. Et comme tous les regards sont braqués sur lui, il s'excite encore davantage – seulement jusqu'au moment où il est banni et confiné dans un endroit où il se retrouve seul. Le scénario ci-dessus est tout à fait courant. Personne ne maîtrise la situation et personne n'est à l'aise, sauf peut-être le chiot. Mais son bien-être cesse quand vous l'isolez. Heureusement, on peut s'y prendre autrement.

Qui contrôle la porte d'entrée dirige la tanière

En définitive, votre chiot est resté un chien. Il peut être domestiqué, mais il continue de voir le monde du point de vue d'un loup, et s'adapte à votre maison comme si elle était une tanière. La porte d'entrée est le principal accès à la tanière, et quiconque en est le maître dirige les opérations.

Par suite, avec cette image en tête, définissez la structure. Donnez au chiot l'ordre « Attends » avant d'entrer et de sortir, comme pour dire « Laisse-moi m'assurer qu'il n'y a aucun danger ». Outre que vous apprendrez ainsi la courtoisie à votre chiot, vous agirez en leader – et votre chiot s'en apercevra. Après qu'il a obéi à l'ordre « Attends », passez devant lui ou lâchez-le dans un jardin clos.

Pour commencer, soyez rigoureux dans la mise en œuvre de la nouvelle approche, et ferme avec ceux qui vous entourent. Ils ont encore plus besoin de discipline que votre chiot. Au lieu de les inciter à l'adulation de votre chiot, demandez-leur de vous aider à enseigner à votre chiot la règle « des quatre pattes » pour qu'il dise bonjour sans sauter. La règle des quatre pattes dit que votre chiot doit garder ses quatre pattes en contact avec le sol. Après avoir éduqué les humains, suivez les suggestions ci-après pour apprendre à votre chiot comment se comporter quand on sonne à la porte :

- **Aménagez un poste d'accueil**. Désignez un emplacement près de la porte, où vous enverrez votre chiot à l'arrivée de visiteurs. Attachez une laisse à cet endroit et placez-y un jouet ou un os favori du chiot. Réalisez les mises en scène décrites au paragraphe suivant et attachez le chiot à cet emplacement quand la sonnette retentit.

  N'OUBLIEZ PAS !

  Règle pour toute la maison : chacun doit ignorer le chiot jusqu'à ce qu'il soit calme – même si cela prend une heure.

- **Pratiquez des exercices de sonnette**. Placez quelqu'un à la porte et demandez-lui de faire marcher la sonnette dix fois à des intervalles de dix secondes ; dites au visiteur que vous ouvrirez la porte à la dixième sonnerie. Entre la première et la dixième sonnerie, promenez votre chiot dans la maison comme s'il ne se passait rien. Puis emmenez-le au poste d'accueil quand vous allez ouvrir la porte. Pratiquez ces exercices deux fois par jour jusqu'à ce que votre chien modère sa réaction.

  TRUC

  Si votre chien est vraiment très excité, augmentez son envie de modérer son comportement en cliquant dès qu'il s'apaise et en le récompensant avec une friandise très appétissante, recommencez plusieurs fois.

- **Procédez à la contre-réaction**. Attachez une laisse de 1,20 m au collier en Nylon de votre chiot. Faites un nœud à cette laisse, à 10 centimètres de l'endroit où elle passe au niveau des pieds de votre chien. Avant d'ouvrir la porte, marchez sur le nœud. Votre chiot sautera, mais ce dispositif le tirera vers le bas. Incitez vos visiteurs à ne faire attention au chien que s'il est calme.

- **Prévoyez un jouet de salutation**. Si votre chiot est fanatique de la balle de tennis (ou de tout autre jouet), privez-le de ce jouet jusqu'au moment où vous avez des visiteurs. Chaque fois que vous rentrez chez vous ou que des visiteurs se présentent, attendez que le chiot soit calmé, et quand il est calme, donnez-lui le jouet en disant « Jouet ». Il finira par aller chercher le jouet dès qu'il remarquera une arrivée.

Apprenez à votre chiot à vivre tranquillement les départs et les arrivées

Quand votre chiot est seul, il y a des risques pour qu'il éprouve une anxiété due à la solitude. Cela ne doit pas vous empêcher de dormir : les enfants éprouvent la même chose, et cela fait partie des ajustements aux réalités de la vie. Votre chiot s'en remettra, à condition que vous restiez calme et que vous le traitiez de manière cohérente chaque fois que vous partez et que vous revenez. Voici ma méthode pour apprendre à votre chiot à surmonter votre départ et votre retour – utilisez-la, que vous laissiez votre chiot dans un espace clos par une barrière ou dans son parc.

Le départ : pas de drame, s'il vous plaît

Quand vous quittez votre chiot, restez impassible. Bien que des larmes versées au moment de la séparation puissent vous donner moins mauvaise conscience, votre stress ne fera que rendre votre chiot fou de désespoir ! Si vous avez du mal à capturer votre chiot à la dernière minute, faites-lui traîner une laisse de 1,20 m avant votre départ. Quand arrive le moment de vous en aller, allez tranquillement au bout de la laisse, conduisez-le calmement à son espace clos, et n'oubliez pas de détacher la laisse avant de partir.

Si vous remarquez que le fait de prendre vos clés ou votre manteau déclenche son anxiété, mettez fréquemment en scène un départ, mais restez chez vous et jouez avec votre chiot au lieu de vous en aller. Bientôt le bruit des clés prendra d'autres significations, et l'anxiété ne sera plus la seule chose qui occupera son esprit. Quand vous partez pour de bon, donnez-lui un jouet favori qui l'occupera tandis que vous gagnez la porte.

Quand vous partez, dites quelque chose comme « Je reviens » tout en conduisant tranquillement le chien à l'endroit où il vous attendra. Vous pouvez lui donner quelques friandises ou le caresser tendrement, mais évitez toute manifestation d'émotion ! Je sais – les chiots peuvent réellement vous émouvoir avec leurs aboiements frénétiques, leurs pleurs incessants, et leurs yeux qui vous fixent avec une douceur angélique. Mais à moins de réorganiser votre vie pour rester à la maison avec lui pour toujours, vous devez ignorer votre chiot une partie du temps. Il s'adaptera, comme tout le monde doit le faire à un moment ou à un autre. Votre attitude calme sera contagieuse et préparera l'évolution au terme de laquelle vous pourrez laisser à votre chiot une complète liberté de mouvement dans la maison pendant vos absences.

Le retour : restez cool

Bon, vous êtes parti une heure, ou deux, ou peut-être trois. Votre chiot ne peut mesurer le temps qui passe aussi bien que vous, mais une vessie pleine ou un estomac affamé peuvent effectivement faire pression sur lui. Selon toute vraisemblance, il a fait un somme reposant et sera ravi de vous voir. C'est maintenant à vous de décider si vous voulez participer à un rituel d'accueil frénétique – avec des pattes qui courent en tous sens, des griffes qui s'accrochent à vous et un bonjour bruyant émis par une gueule qui bave – ou simplement voir votre chiot remuer la queue, lui lancer un jouet ou lui frotter le ventre. Je ne sais ce que vous préférez, mais personnellement j'appartiens au camp des jeteurs de jouet et des frotteuses de ventre.

N'OUBLIEZ PAS !

Si votre chiot est excité à votre retour, ignorez-le purement et simplement. S'il est derrière une barrière (dehors ou dedans), il s'appuiera vraisemblablement dessus ou la griffera. Ne le regardez pas, ne lui parlez pas, ne le touchez pas. Oui, il sera extrêmement troublé – surtout si vous avez provoqué ce comportement en le libérant immédiatement. Mais les choses changeront rapidement : en quelques jours ou semaines. Quand votre chiot s'est suffisamment calmé, relâchez-le, mais restez calme et posé. Toute manifestation d'excitation de votre part déclencherait une crise. Agenouillez-vous près de votre chiot, caressez-le ou jetez-lui un jouet. Si vous le retrouvez de la manière dont vous aimeriez être accueilli en vous éveillant après un petit somme, vous en ferez un chien par lequel tout le monde aimerait être accueilli en rentrant chez soi.

Les chiens autour de la table

Si votre chiot cherche à manger dans votre assiette, vous devez faire son éducation. Si toutes les règles d'hygiène excluent la possibilité d'amener un chien avec soi dans un restaurant aux États-Unis, cette pratique se rencontre assez souvent en Europe. Sans aller jusque-là, rien ne vous empêche d'apprendre à votre chiot à rester assis tranquillement quand vous êtes à table – chez vous. Cette éducation commence par l'organisation de ses propres repas, et par un conditionnement relatif à des aliments qui conviennent aussi bien pour vous que pour lui !

En ce qui concerne les repas de votre chiot, apprenez-lui à s'asseoir et à attendre tandis que vous préparez sa nourriture. S'il ne partage pas vos idées sur ce point, marchez sur sa laisse – en lui laissant juste assez de liberté de mouvement pour rester assis ou debout. Ignorez son excitation et ne posez sa nourriture par terre que lorsqu'il est calmé.

TRUC

Lors de vos propres repas, reservez un emplacement à votre chiot, à 1 ou 2 mètres de la table, où il pourra rester assis ou jouer tandis que vous et votre famille prenez vos repas. Si vous avez déjà encouragé des interruptions, il est certain qu'il ne restera pas tranquille dès le début. Vous devez alors l'attacher à cet endroit, de la manière décrite plus haut dans ce chapitre. S'il a toujours du mal à se tenir tranquille, faites-lui prendre de l'exercice et jouez avec lui juste avant vos repas, et mettez de côté pour lui un jouet spécial ou quelque chose à ronger que vous lui donnerez seulement pendant vos repas.

N'OUBLIEZ PAS !

Regarder votre chiot revient à l'inviter à participer au festin. Pour encourager les bonnes manières canines, ignorez-le pendant que vous mangez. Je sais que cela vous paraît dur, mais vous devez lui apprendre que c'est le moment de somnoler ou de rattraper tranquillement son retard de grignotage.

Des déplacements en voiture calmes et heureux

Mettez-vous à la place de votre chiot. Pour lui, votre automobile est une vitrine sur roues. Pour vous, dépasser des voitures, vous arrêter pour laisser passer des bicyclettes et freiner pour ne pas écraser un écureuil sont autant d'actions ordinaires, alors qu'elles exacerbent les instincts de poursuite et de territoire de votre chiot. Quand il aboie ou se précipite, les proies (les voitures, les bicyclettes et les écureuils) se sauvent et disparaissent. Il pense donc être chaque fois victorieux, un champion ! Non seulement les proies s'en vont, mais elles s'enfuient à toute vitesse. Si votre intention est de l'emmener faire une promenade réussie, l'apprentissage des bonnes manières doit commencer au cours du trajet jusqu'à la promenade. Attachez votre chiot à l'intérieur de la voiture, distrayez-le avec un os ou un jouet qu'il mâchouillera, et vous arriverez l'un et l'autre en bonne forme à destination.

Les corrections n'apprennent pas les bonnes manières dans une voiture. Les cris sont perçus comme des aboiements – comme une collaboration et une justification. Par ailleurs, la discipline et la conduite ne font pas bon ménage – quelqu'un doit garder l'œil sur la route. Pour mettre fin aux comportements débridés ou apprendre à un chiot à bien se tenir en voiture, vous devez suivre quelques habitudes simples.

Installer le chiot dans la voiture

Appliquez cette méthode chaque fois que vous allez en voiture avec votre chiot :

1. **Conduisez votre chiot jusqu'à la voiture au moyen des ordres « Au pied » et « Suis-moi ».**
2. **Ouvrez la porte de la voiture et dites « Attends », puis arrêtez-vous.**
3. **Dites « À ta place » et dirigez le chiot jusqu'à un emplacement préparé pour lui dans la voiture ou dans une cage de transport.**

   Un emplacement dans une voiture est comme tout emplacement aménagé pour le chiot dans la maison. Marquez-le par un tapis et des jouets, et attachez une laisse à un collier pour empêcher le chiot de trop bouger et de s'agiter pendant que vous conduisez. Pensez à utiliser le harnais de sécurité.

4. **Attachez votre chiot (voir les options décrites au chapitre IX), montrez-lui un jouet et dites-lui « Pas bouger ».**

   Vous pouvez maintenant vous rendre à votre destination. Les choses se passent toujours mieux quand elles sont organisées.

Si votre chiot aboie dans la voiture, restreindre ses mouvements diminuera la tension et vous permettra un trajet plus calme.

Et si votre chien refuse de sauter dans la voiture ? S'il est tout petit, sa répugnance est compréhensible. Si par contre, il s'agit d'un danois de 55 kilos, c'est que vous le lui aurez appris. Vous devez réagir et surtout ne plus jamais le soulever pour le mettre dans la voiture. Si vous le faites, vous le mettez dans un état d'incapacité volontaire. Conduisez-le jusqu'à la voiture, en emmenant certaines de ses friandises ou personnes préférées, et essayez de le faire entrer en l'appâtant. S'il ne se laisse pas convaincre, allez dans la voiture, et tout en lui offrant une friandise, tirez-le doucement vers vous. Vous n'y arrivez toujours pas ? Faites intervenir un ami, passez-lui la laisse dans la voiture, et demandez-lui de tirer tandis que vous encouragez le chien à avancer. S'il résiste encore, entrez physiquement chaque membre dans la voiture, l'un après l'autre, mais vous ne devez absolument pas le soulever.

Faire sortir le chiot de la voiture

Vous arrivez enfin à votre destination, et le moment est venu de faire sortir votre chiot de la voiture. Ici encore, du point de vue du chiot, la situation est assez excitante – nouvelles choses à voir, nouvelles odeurs, nouveaux visages. S'il ne fait pas attention à vous ou n'écoute pas vos ordres, ne prenez pas la chose en mauvaise part. Votre défi est de retenir son attention. Voici comment faire :

1. **Avant d'ouvrir la porte pour qu'il sorte, donnez-lui l'ordre « Attends ».**
2. **S'il s'élance, attrapez la laisse de la voiture, dites « Non » et tirez-le en arrière.**
3. **Redonnez l'ordre « Attends » et attendez qu'il se calme.**
4. **Attachez-le à une laisse et dites « C'est bon » en le laissant sortir.**
5. **Donnez-lui l'ordre « Au pied » ou « Suis-moi » tandis que vous l'emmenez à vos côtés, puis poursuivez votre aventure.**

Le mal de voiture et la peur

Certains chiens ont vraiment peur en voiture. La cause remonte généralement à des transports effectués lorsqu'ils étaient tout petits, mais leur frayeur peut aussi se déclencher plus tard dans leur vie. Si votre chiot a peur de la voiture, évitez de le rassurer ou d'intervenir trop fermement. Ces deux réactions renforcent la peur. Si vous devez l'emmener quelque part, prenez-le dans vos bras, si possible, ou emmenez-le à la voiture tandis qu'il fait un petit somme. Parlez-lui ou chantez doucement en le plaçant dans la voiture. Ayez préparé la voiture à l'avance et allumé la radio avec de la musique classique. Équipez son emplacement d'une couverture habituelle et placez-y un jouet favori.

Certains chiens n'aiment pas la voiture parce que le mouvement dérange leur oreille interne, et comme les chats, préfèrent rester à la maison. Mais comme rester tout le temps à la maison est rarement envisageable, vous devez habituer progressivement votre chien aux trajets en voiture. Voici ce que vous pouvez faire :

1. **Réservez et aménagez un emplacement pour votre chiot sur le siège arrière ou dans la partie destinée aux bagages.**

   Une cage de transport est utile si le trajet en voiture rend votre chien anxieux et si votre voiture est assez grande. Mettez toujours un tapis dans la cage de transport pour qu'elle soit plus confortable et pour que le chien ne glisse pas.

2. **Sortez la voiture dans un espace dégagé, et toutes ses portes étant ouvertes, utilisez-la comme terrain de jeu.**

   Montez dans la voiture et descendez-en avec votre chiot tout en suscitant son intérêt au moyen de jouets et de friandises.

3. **Après avoir bien joué, faites une pause dans la voiture, en donnant de l'eau et de la nourriture si c'est l'heure du repas.**

4. **Jouez avec votre chiot au jeu « Trouve la voiture ».**

   Dites à votre chiot « Trouve la voiture » tandis que vous courez jusqu'à la voiture. Récompensez votre chiot s'il vous suit. Continuez avec ce jeu jusqu'à ce qu'il aime bien se trouver près de la voiture.

5. **Après avoir mis le moteur en marche, répétez les étapes précédentes.**

6. **Après un temps de jeu, placez votre chiot à l'intérieur de la voiture dans son parc, ou attachez-le avec sa laisse à son emplacement, et emmenez-le pour un tout petit trajet (par exemple en allant au bout de l'allée de votre propriété et en revenant aussitôt).**

   Répétez cette opération jusqu'à ce que votre chiot la tolère bien.

7. **Faites progressivement des trajets plus longs et envisagez de vous arrêter quelque part pour une joyeuse partie de balle ou une promenade en cours de route, afin d'inciter votre chiot à considérer le trajet en voiture comme une activité désirable.**

ATTENTION !

Si vous devez faire participer votre chiot à un trajet assez long, ne lui donnez pas grand-chose à manger ou à boire dans les deux heures précédant le départ pour qu'il ne se remplisse pas l'estomac ni la vessie. Faites-lui prendre de l'exercice avant de partir et déployez des serviettes à son emplacement. Vous pouvez prier pour qu'il n'ait pas d'accident, mais à votre place j'emmènerais des serviettes en papier pour le cas où…

Aller dans la rue : soignez l'image de votre chiot en public

Sortir en public requiert quelque effort, mais avant de commencer, ayez en tête quelques règles universelles :

- **Gardez-le en laisse**. La laisse de votre chiot vous permet de le diriger tranquillement. Ne lui enlevez sa laisse en public pour quelque raison que ce soit. Il y a trop de dangers.
- **Ne ménagez pas les encouragements**. La gaîté est contagieuse.

- **Gardez toujours ses pattes derrière vos talons**. Souvenez-vous, vous dirigez, et il suit.
- **Maintenez en permanence la communication**. Les ordres fournissent à votre chiot une structure et une sensation de sécurité.
- **Pas d'élimination en public**. Veillez à ce que l'élimination s'opère chez vous. (Mais apportez un sac pour remédier à un éventuel accident.)
- **Sachez quand dire « Non »**. Vous direz « Non » à votre chiot et à d'autres personnes.

TRUC

Avant d'aller dans les rues pour de bon, vous pouvez vous entraîner dans des endroits où vous pouvez concentrer toute votre attention sur votre chiot. Au bout d'un certain temps, être en public ne vous demandera plus aucun effort, et vous serez bien accueilli partout. Toutefois, votre première apparition en public peut vous exposer à des difficultés inattendues. Vous pouvez penser : « Si sortir en public peut tourner au cauchemar, pourquoi s'en donner la peine ? » Voici trois raisons pour lesquelles vous devez dresser votre chiot à sortir en public :

- C'est de plus en plus facile.
- Il est amusant de partager avec d'autres un chiot bien élevé.
- Être à l'extérieur développe l'attention de votre chiot. C'est vous qui regarderez avec confiance des territoires nouveaux, inexplorés.

Je sais qu'aller en public avec un chiot semble un défi, mais quand vous y serez habitué, cela vous semblera parfaitement naturel. C'est une question de leadership.

N'OUBLIEZ PAS !

Quand vous êtes parvenu à votre destination, les cinq premières minutes sont les trois quarts de la bataille. Quel que soit le lieu choisi – un jardin public, une ville, la maison d'un ami, ou un bâtiment –, les premières impressions seront déterminantes. Si vous prenez le contrôle immédiatement et donnez des ordres compréhensibles, le reste n'est plus qu'un battement de la queue.

Supposons par exemple que vous veniez de mettre votre chiot au pied après avoir fermé la porte de la voiture. Sur-le-champ, votre chiot aura l'une des deux réactions suivantes : il deviendra tout fou ou sera terrifié. Continuez à lire pour savoir comment opérer dans chacune de ces deux hypothèses.

Contrôler le chiot surexcité

Si votre chiot est du genre tout fou, son nez va se contracter à toute allure, il va pivoter vers chaque nouvelle stimulation et il tirera sur la laisse pour examiner chaque brin d'herbe. Il est utile d'avoir recours au harnais d'éducation à la marche, qui l'empêchera de vous tirer vers l'endroit désiré.

- **Dirigez-le sur vos talons (au moyen de l'ordre « Au pied » ou « Suis-moi »)**. Maintenez ses pattes derrière vos chevilles.

- **Dites aux inconnus de rester à distance tant que votre chiot n'est pas dressé**. C'est embarrassant, je sais, mais il le faut. Vous ne voulez pas que votre chiot saute et griffe quelqu'un, même si c'est involontaire.

Souvenirs des premières sorties

La première sortie en ville avec votre nouveau chiot peut tourner à la catastrophe, mais ne vous découragez pas. Même moi, j'ai eu des mésaventures avec mon chiot, Whoopsie. Elle était un chiot têtu, vif, et joueur qui ne pouvait pas se contrôler. Pire, elle n'avait aucune sensibilité à la laisse, ce qui veut dire que j'avais beau tirer, elle tirait dans l'autre sens. Elle m'a tirée dans des flaques d'eau, par-dessus un banc, et à travers les plates-bandes de fleurs de quelqu'un d'autre, et tout cela lui paraissait parfaitement normal. Lorsque des gens l'entouraient pour la caresser ou quand un autre chien s'approchait, elle m'oubliait complètement. Mais cette première sortie est passée et Whoopsie a appris qu'on attendait d'elle un bon comportement n'importe où, qu'il s'agisse de saluer tante Caroline à la porte ou de rencontrer dix écoliers dans le parc. Les compliments qui m'ont été adressés sur les bonnes manières de Whoopsie m'ont fait oublier mon embarras initial, mais mes débuts étaient loin de la perfection, et les vôtres le seront probablement aussi.

- **Renforcez vos demandes**. Si vous demandez « Assis, pas bouger », obtenez « Assis, pas bouger ». Repositionnez régulièrement votre chiot, gardez-le immobile au moyen du maintien en position assise (comme je l'explique plus loin dans ce chapitre).
- **N'en attendez pas trop**. Votre chiot pouvant avoir du mal à se concentrer, remettez-le en place quand il n'écoute pas (même si tout se passe très bien quand il est chez vous).

Donner confiance au poltron

Si vous avez un chiot passif ou peureux, il peut être terrifié en arrivant dans un nouvel endroit. Sa queue peut disparaître (entre ses pattes), son corps peut s'affaisser, et quand il est stimulé, il peut essayer de se cacher derrière vous ou faire pipi sans le savoir. Souvenez-vous seulement qu'en vous penchant pour rassurer votre poltron, vous renforcez sa réaction de peur. Je sais, il est tentant de le rassurer. Toutefois, continuez de vous répéter : « Rassurer augmente la peur. Rassurer augmente la peur. » Au lieu de le rassurer, essayez l'approche suivante :

- **Ayez un air confiant et tenez-vous droit**. Confronté à de nouvelles situations, il se mettra bientôt à vous imiter.
- **Apportez des friandises et un jouet favori – quelque chose sur quoi il puisse fixer son attention**. Lui retirer ces objets à la maison peut rendre la nouvelle aventure vraiment excitante.
- **Utilisez souvent les ordres « Au pied » et « Pas bouger »**. Les sons familiers apaisent l'anxiété.
- **Veillez à maintenir un environnement calme et sûr**. Écartez les admirateurs éventuels jusqu'à ce qu'il se sente en sécurité.

  TRUC : Sortez-le avec un harnais d'éducation à la marche, qui a un effet apaisant.

Dessous et derrière : des ordres commodes quand vous allez n'importe où

Avez-vous observé avec admiration un chien couché patiemment sous la table ou sous des jambes humaines ? C'est une vision apaisante pour tous, car le chien sait que son maître est en sécurité et maîtrise la situation. Heureusement pour vous, rien n'est plus facile que d'enseigner ce comportement à votre chiot.

N'OUBLIEZ PAS ! Votre chiot veut vraiment que vous soyez son gardien et son protecteur. Que vous soyez au repos chez vous, avec d'autres, ou en ville dans un café, votre chiot se sent le plus serein quand il repose en sécurité derrière vos jambes (voir figure 13.1).

Pour obtenir ce résultat, apprenez à votre chiot l'ordre « Dessous », qui le calme et l'aide à se sentir en sécurité quand vous êtes avec d'autres personnes :

1. **Asseyez-vous au bord d'une chaise avec les jambes repliées devant vous.**
2. **Agitez une friandise pour attirer votre chiot.**
3. **Dirigez-le sous vos jambes.**

   TRUC : Si nécessaire, utilisez les points de pression pour l'encourager à prendre la position « Couché » (voir la section « Éduquez votre chiot une pièce après l'autre », plus haut dans ce chapitre).

4. **Dites-lui « Attends » s'il est familiarisé avec cet ordre, et donnez-lui un os ou un jouet pour l'occuper. Si votre chiot est jeune et n'a pas encore appris l'ordre « Attends », guidez-le doucement pour qu'il prenne la position et distrayez-le avec un os ou un jouet.**

Figure 13.1 : Ce chiot est calme et serein et attend patiemment que son maître ait fini son repas.

Un autre ordre, « Derrière », apprend à votre chiot à reculer et à se placer derrière vos pieds. Cet ordre est idéal pour les sorties et les rencontres en société où son enthousiasme peut diminuer son attention. Pour l'encourager avec une friandise, ramenez-la directement sous son menton et appuyez doucement sur sa poitrine en guidant son corps derrière vous. S'il s'assied ou se couche, maintenez son corps en hauteur en glissant la paume de la main sous son ventre.

Se faire des amis : présentez votre chiot à d'autres chiens

Un chiot bien socialisé se fait des amis à chaque occasion. Rencontrer d'autres chiens et d'autres chiots sera tout en haut de la liste de ses priorités. Toutefois, vous devez lui apprendre à contrôler ses impulsions, sinon il peut se précipiter vers le trafic ou vers un candidat inamical.

Si vous voyez un chien quand vous êtes en promenade, ne l'approchez pas immédiatement. Prenez d'abord le contrôle de la situation de la manière suivante :

1. **Si votre chiot prend une attitude excitée, donnez-lui l'ordre « Derrière » et rappelez-lui « Au pied » si ces ordres lui sont familiers. Sinon, tirez-le calmement en arrière jusqu'à votre côté, utilisez « Allons-y » et procédez comme indiqué ci-après.**
2. **Continuez dans la direction où vous alliez en accélérant l'allure.**

   Votre but est de quitter l'endroit au cas où le chien vous percevrait comme des intrus sur son territoire.
3. **Ne regardez pas, n'approchez pas et ne suivez pas l'autre chien. À moins que vous ne le connaissiez bien, ne vous en approchez pas.**
4. **Si votre chiot continue de s'agiter, accélérez et continuez de tirer la laisse.**
5. **Complimentez-le de se focaliser sur vous plutôt que sur le chien.**
6. **Ne cédez jamais et ne laissez jamais faiblir votre détermination.**

   Vous ne voulez pas habituer votre chien à vous abandonner en courant chaque fois qu'il voit un ami potentiel.

Et si le dressage s'effectue dans l'autre sens ?

Supposez que vous et votre chiot faites une promenade et que vous soyez approché par une personne qui enseigne à son chiot les rites de la socialisation et veut que son chiot salue le vôtre à titre d'exercice de socialisation. Êtes-vous obligé d'accepter ? Non. Si vous n'en avez pas envie ou si votre chiot est trop excité, dites simplement non. Mais si vous êtes d'accord, mettez votre chiot en place derrière vous, puis relâchez-le en disant : « Bon, va jouer ! » Rappelez-le par l'ordre « Au pied » quand la période de jeu est terminée.

Va ! Comment donner le feu vert à votre chiot

Après avoir mis votre chiot sous votre contrôle, vous pouvez permettre une rencontre en disant : « Bon, va jouer. » Mais avant de le faire, assurez-vous que l'autre chien est amical et que son maître respecte vos efforts de dressage. Quand le temps de jeu est écoulé, appelez votre chiot « Au pied » et continuez la promenade. Si votre ami a un chien et si vous désirez faire jouer les chiens ensemble, laissez-les d'abord se rencontrer en terrain neutre, par exemple un terrain de jeu vide ou un champ. Vous éviterez ainsi une féroce réaction territoriale. Quand ils se rencontrent pour la première fois, attendez-vous à toutes sortes de rodomontades, par exemple à ce qu'ils grognent, se prennent par la gueule, et se montent. N'en avalez pas votre laisse. Ce comportement est naturel, et votre intervention provoque souvent une bagarre. Restez calme et observez soigneusement. Les chiens doivent déterminer une hiérarchie. Lorsque ce sera fait, ils se calmeront d'eux-mêmes. Si vous êtes certain qu'une bagarre a commencé, séparez-les au moyen des laisses. Ne touchez pas à des chiens qui se battent.

Si vous êtes approché par un chien hors laisse, n'hésitez pas, ne le regardez pas et ne laissez pas le chiot regarder le chien. Marchez seulement plus vite pour quitter cet endroit. Vous devez l'un et l'autre éviter un contact visuel. Un chien hors laisse défend son territoire. Toutefois, si vous partez sans qu'il y ait confrontation, il arrêtera la poursuite immédiatement pour conserver sa combativité en vue d'un ennemi plus menaçant.

Présentation de votre chiot à des gens

La rencontre avec des personnes ne doit pas être une expérience épouvantable. Si votre chiot se comporte bien en laisse, comprend ses ordres, et est amical, vous avez tout ce qu'il faut pour le présenter à des inconnus.

Avant de vous aventurer sur la scène des rapports sociaux, lisez les recommandations suivantes. Si vous vous reconnaissez dans l'une d'elles, suivez mes instructions spécifiques et sautez le reste de la section.

- **Première recommandation**. Si votre chiot est agressif, la seule personne à qui vous devez le présenter pour l'instant est un éducateur de chien ou un comportementaliste spécialisé dans la rééducation des chiens agressifs. Comment trouver un tel expert ? Demandez à votre vétérinaire. Il vaut mieux prendre ses précautions que d'avoir un procès.
- **Deuxième recommandation**. Si vous remarquez que votre chiot est nerveux ou tendu en présence de personnes qu'il ne connaît pas, inscrivez-vous à un cours ou travaillez sous la direction d'un spécialiste. Ne réglez pas la question tout seul.
- **Troisième recommandation**. Si vous ne pensez pas avoir les talents requis pour éduquer votre chiot, vous ne l'éduquerez pas. La confiance est contagieuse, mais il en va de même du manque de confiance. Faites appel à une aide extérieure si vous en avez besoin.

Les cinq règles clés

Voici cinq règles à suivre au cours des débuts de votre chiot en société :

- **Règle n° 1**. Assurez-vous que votre chiot est familiarisé avec les lieux et s'y trouve à l'aise avant de le présenter à qui que ce soit. Ne le présentez à personne le jour de votre première sortie.
- **Règle n° 2**. Les pieds humains doivent toujours précéder les pattes de chien. Tirez-le doucement en arrière s'il oublie, et remettez-le en place s'il tente de se précipiter en avant.
- **Règle n° 3**. Dites aux admirateurs : « Nous sommes en pleine éducation », pour qu'ils respectent vos efforts et modèrent leur propre enthousiasme (espérons qu'ils le feront).
- **Règle n° 4**. Focalisez-vous plus sur votre chiot que sur son admirateur. Tirez-le en arrière pour le remettre à sa place s'il tente de partir ou maintenez-le en position assise selon le procédé décrit dans la section suivante.
- **Règle n° 5**. Ayez foi dans vos propres connaissances. Le fait que chacun ait son opinion ne veut pas dire qu'il a raison. « Cela ne me dérange pas qu'il saute » est absurde. Cela vous dérange, ne cédez pas.

Présentation du chiot exalté

La façon de présenter votre chiot ne dépend de rien d'autre que de votre chiot. Si votre chiot est excessivement enthousiaste et exalté, vous devez modérer son expressivité. La clé est de fixer son attention sur vous.

Demandez aux gens d'attendre que votre chiot surexcité soit calmé avant de l'approcher. Obligez-le à « Assis, pas bouger », en gardant vos pieds devant ses pattes. Mettez-le en position assise en plaçant votre main gauche, doigts vers le bas, autour de sa taille et au-dessous des côtes, et votre pouce droit accroché autour du collier, tourné vers le bas. Maintenez-le dans cette position pour éviter qu'il saute. Si la personne le désire, elle peut caresser votre chiot. Rappelez-lui l'ordre « Pas bouger » et ne relâchez pas votre surveillance jusqu'à ce que la personne soit partie. Ouf ! Quel travail.

Présentation du poltron

Pour présenter un poltron, demandez à votre comparse d'attendre que vous et votre chiot soyez prêts. Faites comprendre à votre chiot l'ordre « Derrière » pour lui faire savoir que vous êtes en charge des opérations et placez-le dans la position « Assis, pas bouger ». Agenouillez-vous à ses côtés, et si vous avez une main libre, prenez la main de la personne. Laissez votre chiot renifler les deux mains ensemble. S'il ne veut pas relever la tête, soulevez-la en lui frottant doucement la poitrine.

TRUC

Si votre chiot est un peu hésitant quand des gens s'approchent de lui, placez dans votre poche avant de partir des friandises qu'un admirateur pourra lui tendre.

Entrer tranquillement dans des bâtiments

Choisissez un bâtiment que vous prévoyez de visiter avec votre chiot : le bureau du vétérinaire, la quincaillerie, le magasin d'articles pour animaux de compagnie, ou l'école des enfants. Le comportement de votre chiot dépend de celui ou celle qui entre en premier dans ce bâtiment. S'il vous conduit, il est en charge de la visite. Si vous conduisez votre chiot, vous êtes la figure d'attachement à suivre. Quiconque commence par être en charge reste en charge. Après avoir choisi le bâtiment, approchez-vous-en avec votre chiot en laisse et comportez-vous comme suit :

1. **Placez votre chiot au pied en sortant de la voiture.**

   S'il est familiarisé avec cet ordre, dites son nom et « Au pied ». Dites « Ch… » s'il commence à s'exciter.

2. **Arrêtez-vous devant la porte et dites « Attends ».**

   N'ouvrez pas la porte tant qu'il n'est pas calmé.

3. **Si votre chiot se jette en avant, tirez-le en arrière et dites « Derrière ».**

   Arrêtez-vous de nouveau jusqu'à ce que votre chiot soit calme.

4. **Dites « Bon » en le conduisant par la porte d'entrée.**

5. **Une fois à l'intérieur, mettez le chiot sous vos jambes ou sur un tapis étendu à côté de vous.**

Donnez-lui un os si vous pensez devoir attendre.

TRUC

Certains chiens sont nerveux quand ils entrent dans un nouveau bâtiment. Si c'est le cas de votre chiot, ne renforcez pas son anxiété. Ne le caressez pas et ne lui dites pas pour le rassurer que tout ira bien. Au lieu de cela, emmenez des friandises pour l'encourager à vous suivre en approchant du bâtiment. S'il freine, agenouillez-vous, (ne revenez pas en arrière), et encouragez-le à entrer avec des friandises et en tirant doucement sur la laisse.

Comment impressionner votre vétérinaire

Je vais vous dévoiler un secret : les vétérinaires adorent les chiens bien élevés. Ils facilitent grandement leur tâche. Pour impressionner votre vétérinaire, faites comme suit :

1. **Apportez le jouet que votre chiot préfère mâchouiller pour le cas où vous devriez attendre, parce que votre chiot sera probablement excité ou apeuré.**

2. **Prenez les choses en main dès que votre chiot saute pour sortir de la voiture. Dites « Au pied » en marchant jusqu'à la porte et « Attends » quand vous y arrivez.**

3. **Si vous devez attendre pour voir le vétérinaire, placez le chiot sous vos jambes ou à côté de vous sur un tapis. Donnez-lui un os à ronger et ordonnez-lui « Pas bouger ».**

4. **Donnez-lui l'ordre « Attends » à l'entrée dans la salle d'auscultation pour qu'il soit calme et concentré.**

5. **Placez son tapis sur la table d'auscultation pour calmer votre chiot, ce qui fera plaisir au docteur.**

Certains chiots n'aiment pas beaucoup les assistantes vétérinaires (ASV) et ne sont pas non plus très impressionnés par les vétérinaires. Mettez en scène une visite préparatoire et demandez à l'assistante vétérinaire de vous rencontrer dehors. Donnez-lui la boîte à récompenses de votre chiot (voir chapitre XI), et demandez-lui d'éviter tout contact visuel avec votre chiot. S'il est tendu, évitez la confrontation. S'il veut s'approcher, demandez à l'assistante vétérinaire de le récompenser avec des friandises.

Chapitre 14

Leçons en fonction des phases de développement du chiot

Dans ce chapitre :

- Leçons de base pour les chiots nouveau-nés
- Les exercices de l'âge difficile
- L'éducation au début de l'adolescence
- L'éducation durant la puberté
- Les leçons avant l'âge adulte

Bienvenue à l'école. L'école des chiots bien sûr ! Ce chapitre porte sur tous les ordres que tous les chiots doivent apprendre pour se sentir totalement intégrés dans votre monde à vous. La compréhension réciproque fait plus que créer des chiens qui acceptent des ordres – elle établit un lien de communication sans pareil.

Je vous suggère de pratiquer chaque exercice cinq à dix minutes par jour. Vous remarquerez que votre chiot apprend certains ordres rapidement, mais que d'autres prennent plus de temps. Ne vous inquiétez pas. C'est un phénomène habituel. Après tout, pensez à ce que vous aurez réussi : vous apprenez votre langage à une autre espèce. Je vous conseille de rester patient au cours des nombreuses phases de l'apprentissage, car un chiot apprend d'autant plus vite que son professeur se montre plus compréhensif.

Leçons pour nouveau-nés : 8 à 12 semaines

N'attendez pas trop des chiots de ce groupe d'âge. Bien qu'un chiot de cet âge soit capable d'apprendre, son cerveau ne finit de se développer qu'à 12 semaines. Il apprend bien mieux quand l'enseignement est incorporé dans son temps de jeu. Restez près de lui, utilisez son nom en lui offrant de bonnes choses (comme des jouets et des friandises), et habituez-le à la laisse

– des choses assez élémentaires. Commencez l'apprentissage de la propreté à cet âge-là, mais n'espérez pas obtenir un chiot totalement propre en quatre semaines.

Oubliez la discipline à ce stade, votre chiot étant trop jeune pour la comprendre. Vous ne réussiriez qu'à l'effrayer et à compromettre votre relation.

Utilisez le nom de votre chiot

Choisissez un petit nom ou un surnom qui établira une association et une attention joyeuses. Utilisez-le chaque fois que vous offrez au chiot quelque chose de positif, comme de la nourriture ou un compliment. Quand vous appelez votre chiot, parler avec un ton net et ferme connotant la camaraderie et la direction. Évitez les tons chantants qui, interprétés comme des pleurnichements, éveillent la pitié ou sont ignorés. Vous trouverez une façon amusante d'utiliser le nom de votre chiot au chapitre XXIII, qui décrit le jeu du nom et de la boîte à récompenses.

Commencez l'apprentissage de la laisse

Mettez immédiatement un collier à votre chiot. Il protestera au début, mais ne vous inquiétez pas – il finira par s'y habituer. Ensuite, attachez une laisse légère à ce collier et laissez-le la traîner derrière lui. Après un jour, ramassez la laisse et suivez-le en le tenant. Quand il sera habitué à être suivi par vous, commencez à dire son nom et à l'encourager à vous suivre. Faites toutes sortes de choses étranges pour éveiller son intérêt. Quand il commence à vous suivre, félicitez-le chaleureusement. Dites « Suis-moi ! » et agenouillez-vous souvent pour le serrer dans vos bras. S'il résiste fortement, ne courez pas vers lui ; vous renforceriez sa résistance. Tirez sur la laisse doucement, et penchez-vous vers lui en le félicitant.

Les chiots grandissant vite, jetez un coup d'œil à la taille du collier et desserrez-le quand c'est nécessaire.

Travaillez « Assis » et « C'est bon »

Dites « Assis » en positionnant votre chiot. Pour lui faire prendre la position, mettez la main droite sous son menton et utilisez la main gauche pour presser les muscles de la taille au-dessous des côtes.

Servez-vous du mot d'encouragement « C'est bon » pour donner au chiot une permission. Dites « C'est bon » quand vous lui donnez des choses qu'il aime : un repas, une petite tape amicale, un jouet, et ainsi de suite.

Les escaliers

L'escalier peut être un obstacle formidable pour les chiots. Certaines races petites peuvent tout simplement ne pas être assez hautes pour franchir les marches, et doivent être portées à la montée ou à la descente. Ce n'est pas gênant, car bientôt, les chiots en question monteront et descendront les escaliers à toute allure comme les grands chiens. Certains chiens de races plus grandes sont assez hauts pour utiliser les escaliers, mais ils ont peur, car leur perception de la profondeur n'est pas encore complètement développée.

Si votre chiot a la phobie des escaliers, aidez-le à se déplacer dans les escaliers en mettant la main sous son ventre et en guidant ses pattes. Si possible, demandez à quelqu'un de s'accroupir quelques marches plus loin et de l'encourager. Vous pouvez également cliquer dès que votre chien franchit une marche et s'applique à faire attention à ce qu'il fait.

Porter une attention toute particulière aux hanches et aplombs des chiens quand ils descendent les marches. Certains éleveurs déconseillent fortement de faire monter et descendre les marches à un chiot avant l'âge de 6 mois. Soyez prudent et soyez toujours présent pour que votre chiot ne tombe pas dans les escaliers.

Travailler les manipulations et la socialisation

Quand vous tenez le chiot dans vos mains, vous lui enseignez que le contact humain est bon. Faute de contacts manuels fréquents et doux, votre chiot deviendra un chien qui se méfiera des gens. En outre, les chiots qui ne sont pas socialisés développent souvent une crainte des situations et des personnes inconnues. En touchant et en socialisant votre chiot, vous l'aidez à grandir en devenant un chien bien adapté, gentil, à l'aise avec les gens et les situations nouvelles.

Manipulation

Quand vous caressez tranquillement votre chiot, jouez de temps à autre au vétérinaire ou au toiletteur. Regardez dans ses oreilles et regardez ce qui se passe dans sa gueule et dans ses yeux. Appuyez doucement sur son estomac et manipulez la base de sa queue. Prenez ses pattes comme pour lui faire les ongles. Pour qu'il n'ait pas peur quand vous le manipulez, félicitez-le gentiment ou donnez-lui une friandise. En habituant votre chiot à se laisser manipuler et en associant cela à quelque chose d'agréable, vous vous rendez service à vous-même ainsi qu'à votre vétérinaire, qui apprécie toujours un bon patient.

Socialisation

Les chiots de cet âge sont trop jeunes pour pouvoir être emmenés en ville, mais l'âge de 8 à 12 semaines est celui qui convient le mieux pour le mettre en contact avec de nouvelles personnes et d'autres chiens. Pour socialiser votre chiot, invitez vos voisins et vos amis à venir vous voir, empruntez un groupe d'enfants très actif, ou organisez une rencontre pour le faire jouer avec un autre chiot en bonne santé.

Dans cette phase de socialisation, tenez-le toujours en laisse si vous êtes près d'une route, ou laissez-lui traîner une longe (voir chapitre V) si vous lui permettez de jouer librement dans un grand jardin. Si des gens s'approchent pour le caresser, encouragez-le à s'asseoir en plaçant les mains sur lui de la manière appropriée pour lui faire adopter la position « Assis ». Gardez-le à vos côtés ou juste derrière vous de façon qu'il soit conscient de votre présence. Demandez aux gens de lui offrir des friandises et de le caresser pour qu'il soit à l'aise aussi avec les autres.

La nourriture et les jouets

Les chiots ont tendance à protéger leur nourriture et leurs jouets – ils les gardent instinctivement contre les autres chiens, et peuvent avoir les mêmes réactions défensives quand vous approchez d'eux. Pour les empêcher d'adopter cette attitude envers vous : allez tous les deux jours jusqu'à votre chiot pendant l'un de ses repas. Offrez-lui un biscuit et donnez-lui une petite tape en disant : « Bon chien ! » Une autre fois, s'il s'est attendu à recevoir un biscuit, enlevez le bol tandis qu'il mange le biscuit, puis remettez-le en place et partez. À ce stade, si vous avez des enfants dans la maison, faites-les venir et recommencez le processus depuis le début.

Le conditionnement précoce avec le bol de nourriture empêche votre chiot de garder farouchement sa nourriture dans la suite de son développement.

Corriger les attitudes malveillantes

TRUC

Si votre chiot est brutal ou s'il saute quand vous jouez avec lui, attachez une courte laisse à son collier. S'il se conduit mal, prenez la laisse et tirez-le pour l'éloigner de la personne après laquelle il saute. L'utilisation de vos mains pourrait provoquer une escalade, vos mains étant considérées comme interactives, et dans l'esprit de votre chiot, l'interaction est ce qu'il y a de mieux dans le monde.

Si votre chiot est attaché à une laisse, vous pouvez contrôler tout mauvais comportement sans interaction physique. Par exemple, si un chiot met sa patte sur mes genoux et si je le repousse avec mes mains, je l'encourage à recommencer, parce que dans son esprit, une poussée est interactive. Si au lieu de le pousser, j'attrape la laisse et l'éloigne de mes genoux, puis l'ignore jusqu'à ce qu'il soit calme, il apprend que les chiots calmes reçoivent des caresses.

Leçons pour l'âge difficile : 12 à 16 semaines

Au cours de cette phase, votre chiot commence à reconnaître les comportements qui attirent votre attention, les jeux qui semblent durer le plus longtemps (et qui ne sont pas nécessairement ceux auxquels vous voulez jouer), et qui est l'initiateur (et à ses yeux, ce peut ne pas être vous). Bien qu'il se comporte avec une certaine assurance au cours de cette phase, il a toujours besoin d'être dirigé par vous. Les conseils de cette section vous aideront à guider votre chiot pour qu'il traverse avec succès cette phase de l'âge difficile.

Gardez le contrôle

Quand vous êtes chez vous, sachez toujours où se trouve votre chiot. Si vous lui donnez une liberté totale, il fera des bêtises et vous les paierez – de plusieurs façons. Sans surveillance, un chiot peut refaire le rangement de vos placards, manger les ordures, et dévorer les fauteuils.

N'OUBLIEZ PAS !

Vous avez toujours affaire à un jeune chiot. Gardez-le près de vous de l'une des façons suivantes :

- Au moyen des concepts de la conduite et du stationnement (décrits au chapitre XIII) ;
- En l'observant dans un espace clos, tel qu'une cuisine fermée par une barrière ;
- En le mettant dans une cage de transport ;
- En vous assurant qu'il est toujours avec vous lors de vos déplacements dans la maison. (Attachez-le à une laisse qui traîne par terre, reliée à son collier à boucle.)

Quand il est enfermé, veillez à ce qu'il ne fasse pas de bêtises.

Travaillez dix ordres fondamentaux

Votre chiot est encore très jeune. Bien qu'il puisse apprendre beaucoup de choses, il est encore très sensible et impressionnable. Restez calme. La frustration et l'énervement ne font que l'effrayer et le rendre moins réactif à votre égard.

TRUC

Voici quelques suggestions pour réussir son éducation dans cette phase :

- Vos leçons doivent être concises et brèves, ne jamais excéder quelques minutes.
- Donnez vos ordres clairement et énoncez bien les syllabes. Ne dites un ordre qu'une fois, parce que des ordres répétés semblent très différents des ordres uniques (« AssisAssisAssisAllonsAssieds-toiS'ilteplaît » est indéchiffrable).
- Continuez d'utiliser les ordres pendant les périodes de jeu.
- Servez-vous des signes de la main pour attirer l'attention visuelle. Utilisez aussi des friandises avec certains ordres. Cependant, une fois l'ordre assimilé, les récompenses sous forme de nourriture doivent être éliminées progressivement pour éviter la dépendance.

Que vous le croyiez ou non, votre chiot peut posséder un vocabulaire de dix mots à l'âge de 4 mois. Il connaît déjà son nom, et vous pouvez déjà cocher un mot sur cette liste de dix. Continuez à lire pour voir les neuf autres ordres que vous pouvez apprendre à votre jeune chiot.

Regarde

Ce jeu apprend à votre chiot à réagir à son nom et à se focaliser sur vous. Tenez-vous debout au-dessus de lui et dites son nom en levant un jouet ou une friandise de ses yeux jusqu'aux vôtres. Variez le temps pendant lequel il doit vous fixer pour recevoir sa récompense. Bon chien !

Suis-moi

Utilisez l'ordre « Suis-moi » chaque fois que vous promenez votre chiot en laisse ou que vous l'encouragez à vous suivre. S'il ne s'intéresse pas à vous, commencez à lui enseigner cet ordre en secouant une tasse à récompenses remplie de friandises ou de croquettes et en le récompensant en cours de route. Augmentez progressivement la distance qu'il parcourt entre deux récompenses.

TRUC

Cet exercice est idéal pour le clicker si vous en utilisez un : cliquez quand il coopère, puis récompensez-le. Consultez le chapitre XI pour plus de précisions sur ce remarquable outil d'éducation.

Si votre chiot s'arrête net en apprenant à suivre, ne le traînez pas. Vous pourriez non seulement lui faire mal, mais aussi l'effrayer. Vous vous demandez sans doute : « Que faire alors ? » Soyez inventif. Vous pouvez secouer des boîtes à récompenses, vous mettre à sauter en l'air, faire couiner un jouet ou vous agenouiller pour l'encourager. Cependant, vous devez faire tout cela sans le regarder. Récompensez-le et regardez-le une fois qu'il est de nouveau près de vous, et il restera près de vous.

N'OUBLIEZ PAS !

L'obéissance à l'ordre « Suis-moi » n'est pas facultative. Si votre chiot ne veut pas venir et si vous vous arrêtez pour le cajoler, vous renforcerez sa résistance. Donnez l'ordre sur un ton optimiste et puis sautillez, sautez ou foncez devant – faites votre possible pour susciter une participation rapide et spontanée.

Assis

Apprendre à votre chiot à s'asseoir, c'est un peu comme apprendre à un enfant à dire s'il te plaît. C'est une bonne manière qui durera toute sa vie, et comme dans le cas des enfants, c'est à la maison que votre chiot apprend les bonnes manières ! Pratiquez l'exercice suivant deux fois par jour pendant quatre jours :

1. **Prenez votre chiot à part avec une poignée de friandises.**
2. **Prenez une friandise entre le pouce et l'index et dites « Assis » en amenant la friandise légèrement au-dessus du nez du chiot (voir figure 14.1a).**
3. **Quand il s'assied, donnez-lui la friandise, dites « C'est bon », et félicitez-le (figure 14.1b).**

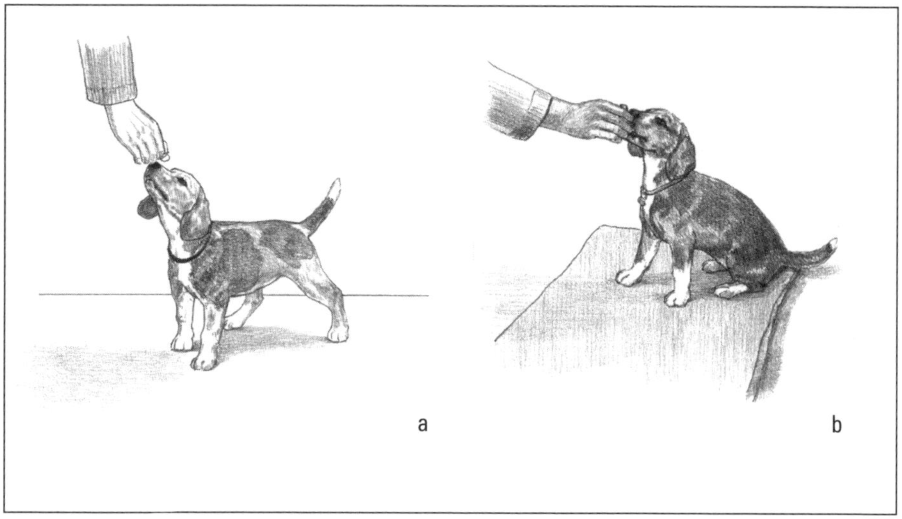

Figure 14.1 : Utilisez des friandises et beaucoup d'éloges pour apprendre à votre chiot à s'asseoir.

Pour qu'il n'oublie pas, pratiquez l'exercice souvent en limitant les répétitions à trois ou quatre par session. Après quelque temps, vous pouvez commencer à utiliser des signes de la main, comme lever votre index au-dessus du nez du chien, pour l'inciter à s'asseoir. Au bout de quelques jours, si votre chiot semble avoir compris, essayez de donner l'ordre et le signal en dehors d'une heure de leçon et sans friandise. Après environ quatre jours, abandonnez progressivement les friandises et cessez d'utiliser l'ordre dans des leçons. Continuez d'utiliser l'ordre et le signal dans le courant de la journée.

Couché

Quand votre chiot maîtrise l'ordre « Assis », commencez à l'utiliser en cours de journée et amorcez l'apprentissage de l'ordre « Couché » de la façon suivante :

1. **Prenez votre chiot à part avec une poignée de friandises.**
2. **En tenant une friandise entre les doigts, dites-lui « Assis ». Cependant, avant de lâcher la friandise, laissez tomber la main entre les pattes du chiot et dites « Couché ».**
3. **Votre chiot peut ne pas savoir quoi faire, et donc, tandis qu'il regarde en bas, appuyez doucement entre ses omoplates avec le pouce gauche et faites-lui prendre ainsi la position couchée (voir figure 14.2).**
4. **Lâchez la friandise quand ses coudes touchent le sol, félicitez-le et dites « C'est bon » pour lui rendre sa liberté.**
5. **Répétez les étapes 2 à 4 cinq fois.**

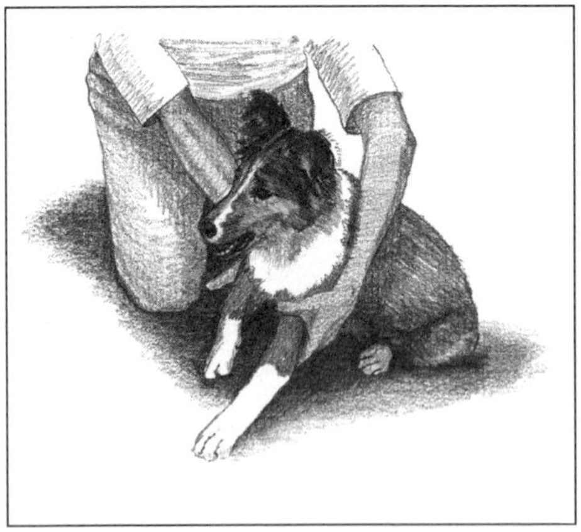

Figure 14.2 : Enseignez l'ordre « Couché » en appuyant sur les épaules du chiot et en le guidant doucement jusqu'à la bonne position.

Le signe de la main à utiliser pour finir consiste à pointer vers le sol. Après quatre jours, cessez progressivement de cacher une friandise dans la main qui fait signe et commencez à l'obliger à exécuter l'ordre en le mettant en place vous-même doucement.

TRUC

Les points de pression du chiot

Si vous avez du mal à obtenir que votre chiot fasse ce que vous voulez qu'il fasse, utilisez des points de pression sur son corps, qui, lorsqu'on appuie doucement dessus, le guident jusqu'à la position voulue. Voici ceux que j'utilise couramment pour différents ordres :

- **Assis** : avec l'index et le pouce, appuyez doucement sur les muscles des hanches du chiot, situés derrière sa dernière côte (de part et d'autre de sa colonne vertébrale).
- **Couché** : le point de pression pour cet ordre est situé entre les omoplates. Avec le plat du pouce, appuyez régulièrement tout en soulevant l'une de ses pattes (si nécessaire) pour créer un effet de tripode.
- **Debout** : pour encourager votre chiot à se mettre debout, glissez la main entre sa cuisse et son ventre. Chatouillez son ventre avec le bout du doigt s'il reste couché.
- **Avance** : pour encourager votre chiot à avancer, placez sa queue entre ses pattes et guidez doucement sa tête vers l'avant.
- **Derrière** : faites reculer votre chiot en appuyant sur les muscles de part et d'autre des vertèbres du cou (au-dessous du cou). Si ce procédé le fait s'asseoir, glissez la main le long de sa cuisse pour le faire se lever.
- **À côté** : servez-vous du côté de la main et appuyez sur son flanc pour le faire aller à gauche ou à droite.

Debout

L'ordre « Debout » est pratique pour nettoyer des pattes boueuses, et au cours des sessions de toilettage général. Deux fois par jour pendant quatre jours, prenez votre chiot à part en ayant avec vous des friandises et procédez comme suit :

1. **Prenez une friandise entre les doigts et dites « Debout » en tirant sur un fil imaginaire allant du nez du chiot vers une position plus avant.**
2. **Quand votre chiot se lève, arrêtez le mouvement des doigts et passez la main sous son ventre en répétant « Debout ».**
3. **Marquez une pause, puis lâchez-le avec « C'est bon » en permettant à votre chiot de prendre la friandise.**

   Votre chiot peut essayer de prendre la friandise précocement, mais tenez-la fermement, découragez-le en disant « Hep, hep » et ne la lâchez pas tant qu'il n'est pas debout.
4. **Répétez cet exercice cinq fois.**

Le signe de la main à utiliser finalement consiste à pointer brièvement du doigt en avant de son nez. Après quatre jours, cessez progressivement de lui donner des friandises et arrêtez l'utilisation de cet ordre pendant les leçons. Continuez de l'utiliser, ainsi que le signal, dans le courant de la journée.

Donne

La plupart des chiots aiment s'occuper avec des jouets, mais comme les jeunes enfants, ils n'aiment pas l'idée de les partager un moment. Pour aider votre chiot à donner, jouez au jeu suivant. Commencez avec le chiot en laisse et des friandises ou un clicker dans la poche. Emmenez le chiot dans une petite pièce calme avec une balle favorite ou un jouet couineur et procédez comme suit :

1. **Agenouillez-vous sur le sol et félicitez-le chaleureusement pendant à peu près une minute avant de sortir le jouet.**
2. **Quand vous sortez le jouet, lancez-le en l'air (et attrapez-le) pour susciter son intérêt et jetez-le près de lui.**
3. **S'il prend le jouet, laissez-le-lui quelque temps.**

   Vous voulez qu'il comprenne que vous n'êtes pas ici pour le défier en ce qui concerne la possession du jouet.
4. **Sortez maintenant la friandise (et le clicker si vous en utilisez un). Quand vous lui donnez la friandise, il doit lâcher le jouet. Quand il le fait, dites « Donne » et cliquez et récompensez ou récompensez en le félicitant.**
5. **Redonnez-lui l'objet aussitôt.**

   Cette action souligne vos bonnes intentions qui sont de jouer et non de voler son jouet.
6. **Continuez les étapes 2 et 3 jusqu'à ce que vous remarquiez qu'il vous regarde dès qu'il a pris le jouet.**
7. **Encouragez-le à venir vers vous avec le jouet en vous sauvant et en disant « Apporte ».**

   Votre chiot devrait relâcher rapidement le jouet, mais s'il ne le fait pas, vous pouvez l'encourager à le faire en pressant la partie supérieure du museau juste derrière les canines. Félicitez-le dès qu'il relâche le jouet.
8. **Répétez ces manœuvres cinq fois et félicitez-le chaleureusement quand le jeu est terminé.**

Pratiquez ces ordres à l'intérieur d'une petite pièce pendant cinq jours, puis utilisez-les dans des endroits de la maison où il peut y avoir d'autres personnes. Supprimez progressivement les friandises.

À ta place

Dans chaque pièce, votre chiot doit avoir un coin particulier ou un espace équipé avec un lit et un os à ronger. Votre but final est de réussir à envoyer votre chiot à cet endroit sur ordre – une tactique particulièrement utile à vos propres heures de repas, ou quand vous avez des visiteurs.

Pour lui apprendre ce principe, aménagez des emplacements dans chaque pièce, puis, avec votre chiot en laisse, dites « à ta place » et pointez sur l'emplacement avec votre main libre. Comme il aura probablement besoin d'être escorté, conduisez-le jusque-là. S'il est hésitant, restez avec lui, et finissez par l'attacher avec une courte laisse. Restez avec lui jusqu'à ce qu'il soit très occupé à ronger un jouet ou qu'il se repose paisiblement. Le plaisir d'avoir son emplacement à lui et de s'y rendre pour y trouver des jouets et de l'attention l'incitera à coopérer. Bientôt il ira de lui-même à sa place quand il sera fatigué.

Votre chiot doit être complètement habitué à la laisse et avoir plus de 12 semaines avant d'être attaché, pour qu'il n'ait pas l'impression d'être pris dans un piège, courante chez les jeunes chiots. Avant de commencer à enseigner cet ordre, soyez sûr d'avoir bien compris le concept du stationnement, décrit en détail au chapitre XIII.

Attends et C'est bon

En approchant des portes ou des escaliers, utilisez l'ordre « Attends » et amenez le chiot derrière vos pieds. La meilleure façon de réussir cette manœuvre est de mettre la laisse derrière le dos. Arrêtez-vous quelques secondes et dites « C'est bon » en avançant le premier.

Le leader doit toujours conduire (et le leader c'est vous !)

Pardon

Les chiots aiment bien se mettre en travers de vos mouvements. Votre chiot vous bloque pour attirer votre attention, mais aussi vous place dans une position de subordonné, et ce peut être dangereux si vous trébuchez ou marchez sur lui. Chaque fois que votre chiot vous fait trébucher, passe du mauvais côté de la laisse, s'appuie contre vous ou simplement vous gêne, dites « Pardon » et déplacez-le avec la laisse ou en le repoussant après avoir passé un pied sous son corps. Ne criez pas après lui et ne lui donnez pas un coup de pied, et n'utilisez pas les mains (il interpréterait ces actions comme des invitations à jouer). Remerciez-le de vous respecter, et bientôt il se déplacera en remuant la queue.

Continuez de travailler la manipulation et la socialisation

Continuez de manipuler et de toucher les pattes, les oreilles, les yeux, le ventre et la queue comme si vous le toilettiez ou lui donniez des médicaments. Si votre chiot doit être avec des enfants, faites en sorte qu'il puisse les supporter. Agissez comme un enfant : tirez doucement son pelage, poussez des cris, et faites des mouvements brusques. Félicitez votre chiot et donnez-lui des friandises pendant ces opérations. Et n'oubliez pas la socialisation, parce que votre chiot adore la compagnie. Il adore les amis à quatre pattes et les amis à deux jambes. S'il est trop jeune pour que vous le sortiez (demandez à votre vétérinaire), invitez des gens chez vous – y compris des enfants. Si vous n'avez pas d'enfants, empruntez-en. Lorsque votre vétérinaire a terminé les vaccins, commencez à emmener votre chiot en ville et à le présenter à tous ceux que vous rencontrez. Emmenez-le dans trois nouveaux endroits chaque semaine.

TRUC

Renseignez-vous pour l'inscrire dans une classe pour chiots, qui est un bon moyen pour rencontrer d'autres chiots et d'autres personnes.

N'OUBLIEZ PAS !

Une socialisation poussée ne produit pas un chien qui ne protégera pas sa maison et sa famille. La socialisation encourage simplement votre chiot à avoir confiance dans votre jugement sur les gens. En revanche, l'absence de socialisation produit un chien excessivement attaché à sa famille et qui ne tolère pas les visiteurs. Selon sa race et son tempérament, ce chien peut devenir méfiant et défensif à l'égard des gens, aussi bien à l'intérieur qu'à l'extérieur de votre propriété. De tels chiens sont difficiles à gérer et sont un souci constant en présence d'autres personnes. Évitez-vous ce cauchemar et socialisez votre chiot.

Le début de l'adolescence : semaines 16 à 14

À l'amorce de l'adolescence, un chiot, tout comme un humain au même stade, peut avoir envie de se cacher dans un placard. Certains jours sont vivables, mais d'autres jours, vous pouvez avoir envie de déménager. Votre chiot n'écoute pas ou ne réagit pas à des ordres qu'il connaît. Il fonce tout d'un coup, poursuit, et se met à mordre tout ce qui bouge. Il exige votre attention et aboie ou vous monte dessus quand il n'obtient pas ce qu'il veut. Il insiste pour être le centre de l'attention à chaque moment de la journée.

N'oubliez pas que cette phase est normale. J'y ai survécu, et vous ferez de même. Au cours de cette phase, vous devez prévoir un programme de dressage systématique. Vos sessions de dressage doivent être brèves et animées, et vous ne devez utiliser chaque nouvel ordre au cours des leçons que dans la première semaine ; après quoi, vous pouvez essayer de l'utiliser à d'autres moments de la journée.

N'OUBLIEZ PAS !

Cette approche assure la réussite de votre chiot : il maîtrisera chaque ordre avant qu'il ne s'applique dans le contexte de tous les jours – les enfants apprennent à faire des additions à l'école, bien avant qu'on envisage de leur confier des opérations comptables.

Accordez progressivement une plus grande liberté de mouvement dans la maison

Continuez à faire porter une laisse à votre chiot durant ses moments de liberté dans la maison, à moins que vous ne puissiez lui accorder une attention constante dans un endroit fermé.

La différence entre caresser et féliciter

Quand votre chiot apprend quelque chose de nouveau, c'est très excitant pour tout le monde. Mais essayez de vous modérer. Quand vous vous excitez, votre chiot en fait autant. Apprendre demande beaucoup de concentration, et un chiot excité n'apprend pas grand-chose. En pratiquant les exercices, souvenez-vous qu'il y a une différence entre les compliments et les caresses. Les caresses viennent de votre main – elles excitent votre chiot et communiquent une intention de jouer. Les compliments viennent de votre voix et de vos yeux et sont émis depuis une position droite, et ils exprimant votre leadership. Souvenez-vous de ce principe : « les compliments entre les exercices ; les caresses après les exercices ».

S'il commence à bien obéir de lui-même, attachez à son collier une laisse de 1,20 m qu'il traînera avec lui, et accordez-lui une liberté de mouvement progressivement de plus en plus étendue. Mais n'allez pas trop vite. S'il se comporte bien dans l'ensemble mais si tout déraille quand arrivent des visiteurs, tenez-le en laisse en présence de visiteurs.

Poursuivez l'apprentissage des bonnes manières

Continuez à utiliser l'ordre « Assis » toute la journée. Utilisez-le avant de le caresser, de placer par terre son bol de nourriture, ou de lui offrir une friandise. Servez-vous-en avant de le laisser sortir de la voiture ou de la maison ou avant que ses admirateurs l'approchent.

Donnez l'ordre « Assis » une fois seulement. Si votre chiot vous regarde comme s'il ne vous connaissait pas, tirez sur sa laisse et dites « Non », ou simplement, faites-lui prendre la position. Ne prenez pas l'habitude de répéter les ordres, il pourrait ne plus jamais obéir !

Ajoutez un mot par semaine

Tandis que votre chiot se développe, physiquement et mentalement, vous devez commencer à lui apprendre ces ordres très utiles : Au pied, Non, Pas bouger, Viens, et Debout, pas bouger. L'application du principe « un mot par semaine » vous permettra de faire mûrir plus vite votre chiot tant en ce qui concerne sa compréhension que ses manières !

Au pied

Un chiot arrêté debout tranquillement à côté de son maître, se mettant en mouvement en même temps que lui, et s'asseyant quand il s'arrête, est un magnifique spectacle. Oui, vous pouvez obtenir ce degré de contrôle vous aussi, en étant patient. Bien qu'il faille du temps pour parvenir à une parfaite synchronisation, vous pourrez manœuvrer dans des rues très fréquentées et appeler votre chiot de loin pour qu'il vienne au pied. Cela vous paraît-il tenir du miracle ? Servez-vous des exercices suivants pour apprendre à votre chiot à se tenir à vos pieds. De combien de façons vous a-t-on appris à vous tenir à table ? Vraisemblablement, d'une seule façon. Devinez combien de façons il y a de mettre un chien au pied ? Vous avez raison – une. Représentez-vous votre chiot à votre côté, vos pieds et vos têtes tournés dans la même direction, n'est-ce pas une image agréable ?

Le simple cercle

Pratiquez cet exercice au pied dans un lieu dégagé, calme (à l'intérieur ou dehors). Faites de la place pour pouvoir marcher sur un cercle. Placez le chiot à côté de vous sur la gauche, la tête dans la même direction que la vôtre, les pattes du chiot alignées avec votre pied (voir figure 14.3). Vous êtes prêt à faire les manœuvres suivantes :

1. **Laissez tomber vos bras, en gardant le pouce gauche derrière la couture du pantalon. Tirez la laisse vers l'arrière chaque fois que le chiot tire pour quitter votre côté.**
2. **Instruisez votre chiot en disant « < Nom >, au pied » en commençant à marcher en cercle dans le sens contraire des aiguilles d'une montre (le chiot à l'intérieur).**

Figure 14.3 : Préparation du simple exercice au pied, en cercle.

Ayez une démarche joyeuse, la tête droite et les épaules en arrière pour donner l'exemple de la bonne attitude.

3. **Félicitez votre chiot de marcher avec vous.**

   Si vous voulez, utilisez le clic et une friandise pour le remercier de sa coopération. Remettez-le en bonne position si son attention commence à se relâcher.

4. **Arrêtez-vous après chaque cercle en ralentissant et en lui rappelant l'ordre « Au pied ».**

5. **Mettez votre chiot en position assise.**

   TRUC

   Pour mettre votre chiot en position assise, attrapez avec la main droite la base de la laisse (à l'endroit où elle s'attache au collier) et utilisez la main gauche pour appuyer sur son point de pression au niveau de la taille.

6. **Parcourez cinq cercles deux fois par jour.**

ATTENTION !

Si votre chien se tourne vers vous pour vous regarder, devinez quoi ? Il vous fait face en vue du jeu, de la confrontation ou pour prendre une autre direction. Pour décourager ce mouvement, vous pouvez soit tenir sa taille pour le maintenir dans la bonne position en vous arrêtant, soit vous mettre le long d'un mur ou d'une barrière pour qu'il ne puisse pas changer sa position.

Tirer correctement sur la laisse ne devrait pas mettre en jeu des muscles des doigts, des épaules ou de la poitrine. Imaginez que votre coude est une charnière. Sans la laisse, balancez votre coude d'arrière en avant. Imaginez maintenant que je tiens ma main derrière votre dos. Donnez-moi une claque sur la main sans rien faire d'autre que contracter votre triceps en pliant légèrement le coude. Maintenant prenez la laisse. En tenant la laisse derrière le dos, servez-vous de votre coude. Faites comme si ma main était là et comme si vous vouliez la frapper.

Annoncez la fin

Quand vous vous préparez à vous arrêter, ralentissez légèrement l'allure, levez le pied gauche en l'air (comme si vous étiez en train de défiler), puis laissez-le tomber légèrement sur le sol. Cette action donne à votre chiot une indication supplémentaire pour l'inciter à s'arrêter et s'asseoir.

Changez d'allure

Pour changer d'allure, gardez la main qui tient la laisse souple derrière la couture du pantalon. Déplacez-vous plus vite en trottant. Ralentissez l'allure tout en faisant des pas plus longs. Changez de vitesse en douceur et prévenez des changements en disant « clk, clk » ou « ch… » Souvenez-vous que votre chiot est un canin, pas une Porsche.

Faites un changement de direction

En marchant à vitesse normale, dites « Au pied » et pivotez sur la droite. Pour permettre au chiot de rester à votre niveau, ralentissez en tournant. Faites un claquement de langue, pliez les genoux ou tapez sur votre jambe pour qu'il aille avec vous. Marchez six pas, stoppez et faites-lui prendre la position assise, puis serrez votre chiot dans vos bras pour avoir si bien travaillé. (Pensez à ne pas l'étrangler en tournant trop brusquement.)

Conseils pour l'entraînement « Au pied »

Vous savez que votre chiot est prêt à exécuter l'ordre « Au pied » dans des situations de tous les jours quand il réagit sans pression sur son collier. Utilisez cet ordre partout :

- **Gardez une laisse courte attachée au collier de votre chiot dans la maison**. Prenez la laisse de temps à autre et dites « Au pied » en marchant d'une pièce à une autre.
- **Utilisez l'ordre « Au pied » durant vos promenades**. Si votre chiot est jeune ou commence seulement à apprendre, mettez-le au pied pendant un quart de la promenade. Augmentez la distance parcourue au pied pendant tout le mois suivant jusqu'à ce que votre chiot marche toujours à vos côtés.
- **Pratiquez le déplacement « Au pied » dans un parking ou dans d'autres lieux où il y a du monde (mais pas trop)**. Ne permettez pas qu'il flaire les autres chiens du voisinage ou se précipite vers eux et surveillez votre chiot, quelles que soient les choses qui risquent de le distraire.

ATTENTION !

Restez calme si vous perdez le contrôle des opérations quand vous êtes en public. Si vous criez « Au pied, au pied, au pied » et si vous tirez sur votre pauvre chiot dans tous les sens, il sera encore plus excité. Si vous rencontrez ce problème, demandez-vous si vous n'en exigez pas trop, trop tôt. Peut-être votre chiot a-t-il besoin de plus d'exercices avant de pratiquer cette manœuvre en public.

N'OUBLIEZ PAS !

Veillez à ce que votre main soit toujours derrière vous – le bras gauche détendu et derrière le dos (voir figure 14.4). Si votre main gauche est devant votre cuisse, c'est votre chiot qui vous indique la direction, pas vous.

Figure 14.4 : La bonne façon de tenir la laisse pour la position au pied.

TRUC

Votre chiot est-il trop fort pour que vous puissiez le manœuvrer ? Essayez la *poussée de la fesse*, qui transfère la tension de la laisse de vos bras à tout votre corps. Voici comment faire : faites passer la laisse derrière vous et saisissez-la dans les deux mains. Faites glisser vos pouces l'un contre l'autre et reposez-les sur la fesse gauche. Tenez vos bras tendus et souples, et quand votre chiot se précipite en avant, poussez dans l'autre sens avec la fesse.

N'hésitez pas à vous munir d'un harnais d'éducation à la marche pour ce type d'exercice, cet accessoire vous facilitera l'apprentissage.

Non

Il y a quelques anomalies dans la façon dont les gens utilisent ce petit mot, laissant les chiots perplexes quant à sa signification.

- **Les gens ont l'habitude de le crier**. Crier après un chiot est perçu comme un aboiement. L'aboiement provoque-t-il plus d'excitation ou incite-t-il au calme ?

- **Ils l'utilisent avec le nom de leur chiot**. (En fait, de nombreux chiots pensent que Non est la deuxième partie de leur nom : « Bibi Non ! », « Tristan Non ! », « Mélanie Non ! » Vous ne devriez utiliser le nom de votre chiot que quand vous êtes heureux, pas quand vous êtes en colère.
- **Ils l'utilisent après l'action qu'ils veulent interdire**. Si je crie après vous après que vous avez mangé un bol de soupe, comprenez-vous que je suis en colère parce que vous avez ouvert la boîte qui la contenait ? Dit au mauvais moment, « Non » ne communique rien.
- **Ils l'utilisent de façon répétitive**. « Non, non, non » ne ressemble pas à « Non ».

Que doit faire un propriétaire de chiot pour l'empêcher de faire des choses dangereuses ou des bêtises ? Heureusement, j'ai la réponse. D'abord, vous devez enseigner à votre chiot le concept de Non en mettant en scène des situations où vous pouvez bloquer le processus mental. Pour entraîner votre chiot à comprendre Non, travaillez d'abord à l'intérieur, puis dehors. À l'intérieur, mettez le chiot en laisse et demandez à quelqu'un de placer un morceau de fromage dans une pièce voisine (c'est votre appât). Faites les opérations suivantes en faisant attention au timing.

1. **Placez votre chiot dans la position au pied et marchez comme si de rien n'était vers le fromage.**
2. **La seconde où le chiot remarque le fromage, arrêtez-vous net et dites : « Non ! »**

   Votre chiot dispose d'un système d'antennes intégrées : ses oreilles. Si ses oreilles se dressent, votre chiot est en alerte. Pour lui apprendre Non, surveillez ses oreilles.
3. **Continuez de marcher comme si rien ne s'était passé.**

   Souvenez-vous : vous devez être déterminé. Non veut dire non.
4. **Passez devant le fromage plusieurs fois pour vous assurer que votre chiot a bien reçu le message.**

Si vous avez utilisé « Hep, hep » avec votre chiot, conservez « Non » pour des infractions majeures comme voler de la nourriture sur le comptoir ou poursuivre les chats ou des enfants. Vous pouvez continuer d'utiliser « Hep, hep » si vous observez votre chiot en train de flairer quelque chose dans la rue ou s'il s'apprête à faire une bêtise.

Après le dressage à l'intérieur, mettez « Non » en pratique pendant une promenade. Quand votre chiot remarque un joggeur qui passe, une voiture, un autre chien ou deux écureuils grimpant à un arbre, dites « Non » comme vous l'avez fait pour le fromage. Résistez à la tentation de souligner votre désapprobation. Continuez à dire non chaque fois que vous voyez se lever les antennes que sont ses oreilles. Félicitez votre chiot quand il se focalise sur vous au lieu de son système de radar.

Pas bouger

Si « Pas bouger » est votre ordre de rêve, vous n'êtes pas le seul. Je ne sais pas bien pourquoi les gens ont tant de mal à enseigner cet ordre. Une hypothèse est que peut-être ils veulent aller trop vite. Ils enseignent l'ordre un jour et espèrent que le chien s'immobilisera le lendemain tandis qu'ils accueillent des visiteurs ou vont dans la cuisine se préparer un sandwich. Promettez-moi une chose : ne pas précipiter les choses. Enseigné progressivement, cet ordre est formidable.

N'OUBLIEZ PAS !

Voici quelques règles à suivre pour enseigner l'ordre « Pas bouger » :

- Regardez au-dessus de la tête de votre chiot en utilisant cet ordre ; ne le regardez jamais dans les yeux. C'est trop menaçant pour lui.
- Tenez-vous droit. Quand vous vous penchez, vous donnez l'impression de vouloir jouer.
- Restez près de votre chiot au début. Il doit y avoir 15 centimètres de vos doigts de pied à sa patte. Une trop grande distance trop tôt peut effrayer votre chiot.
- En faisant cet exercice, tenez la laisse directement au-dessus de la tête de votre chiot. Ainsi, s'il confond « Pas bouger » avec « On y va », vous pouvez corriger immédiatement.
- Quand vous revenez sur le côté de votre chiot à la fin de chaque exercice, variez la longueur de la pause avant de le libérer en disant : « C'est bon ! » Ceci l'empêchera de deviner à l'avance l'enchaînement des deux indications et l'incitera à faire davantage attention à ce que vous dites.
- Résistez à la tentation de caresser votre chiot jusqu'à ce que vous ayez fini de lui apprendre les étapes de l'ordre « Pas bouger ». Trop de caresses nuisent à sa concentration.

Pratiquez la séquence simplifiée ci-après deux fois par jour jusqu'à ce que votre chiot soit fier de ce qu'il réussit à faire. Pour préparer la première leçon :

1. **Emmenez le chiot dans une pièce tranquille.**

   Pas de télé. Pas d'enfant. Pas de chat. Seulement vous deux.

2. **Remontez le collier très haut près de la tête et centrez-le entre ses oreilles.**
3. **Pliez la laisse dans la main gauche au niveau de la hanche.**
4. **Placez le chiot derrière vos talons.**

Vous êtes maintenant prêt à donner à votre chiot sa première leçon. Vous faites six séquences, ni plus, ni moins.

Pour enseigner l'ordre « Pas bouger », tenez-vous près de votre chiot pour commencer (voir les étapes précédentes) et faites les manœuvres suivantes :

1. **Donnez l'ordre « Assis » et alignez le chiot avec vos chevilles.**
2. **Donnez l'ordre « Pas bouger » en plaçant la main devant le nez de votre chien. Enlevez le signal de la main et attendez cinq secondes.**
3. **Dites « C'est bon » en lançant le bras en avant et en changeant de position.**
4. **Une fois de plus, dites « Assis, pas bouger ». Cette fois, pivotez pour regarder dans une direction opposée à votre chiot et faites une pause de dix secondes. Revenez à votre position de départ et libérez-le en disant : « C'est bon ! »**
5. **Remettez-vous à la position de départ. Dites « Pas bouger ». Pivotez devant votre chiot. Attendez. Maintenant marchez au pas pour créer une distraction physique qui apprendra à votre chiot à se retenir.**

   Oui, j'ai dit « marchez au pas », comme à la parade ! Marchez lentement au début, comme un somnambule. Votre chiot étant resté tranquille malgré cela, augmentez progressivement vos mouvements physiques.
6. **Dites « Pas bouger », et pivotez et marquez une pause. Essayez maintenant de sauter et d'agiter les bras.**

   Allez-y doucement pour commencer. Maintenant faites du bruit.
7. **Pivotez, marquez une pause, puis stimulez votre chiot en sautant, en bougeant un peu plus. Puis revenez, arrêtez-vous, et libérez-le.**

   N'OUBLIEZ PAS !

   Ne fixez pas le chiot des yeux. Continuez de regarder au-dessus de sa tête. Ajoutez le bruit stimulant de son jouet préféré si vous pensez qu'il peut y résister.
8. **Depuis votre position de départ, dites « Pas bouger », pivotez devant lui, et faites une pause de trente secondes.**

   Tenez-vous droit, relâchez les épaules, et gardez la laisse au-dessus de la tête du chiot, pour le cas où il serait tenté de bouger.
9. **Quand le temps est écoulé, revenez à ses côtés, faites une pause et libérez-le par « C'est bon ! »**
10. **Maintenant vous pouvez serrer dans vos bras ce chiot bien élevé !**

N'OUBLIEZ PAS !

Certains chiots ont un temps d'attention réduit et peuvent au début ne pas pouvoir rester tranquilles longtemps. Assurez-vous de bien suivre le protocole : vous tenez-vous droit devant lui en augmentant les distractions ? Tenez-vous la laisse au-dessus de sa tête pour l'obliger à rester tranquille ?

Lui enseignez-vous cet ordre dans un endroit tranquille ? Trop de distractions font qu'il lui est impossible de se concentrer.

Vous êtes maintenant prêt à augmenter les 3 D :

- **Distraction** : Accentuez votre marche au pas, ajoutez un mouvement aérobic, marchez autour de votre chiot en décrivant un cercle complet, et gesticulez à côté de lui. Pouvez-vous faire tous ces gestes excentriques sans inciter votre chiot à bouger ?

  Vous demandez-vous pourquoi vous vous agitez en tous sens et vous faites du bruit pendant que votre chiot est censé rester immobile ? En fin de compte, votre chiot devra rester concentré en étant confronté à des distractions provenant de mouvements et de bruits, et vous l'aidez ainsi à s'habituer aux tentations.
- **Durée** : Allongez l'immobilité de trente secondes jusqu'à deux minutes.
- **Distance** : Augmentez la distance de 30 centimètres à la fois. Si cela réussit, réintroduisez les distractions progressivement et augmentez la durée.

Vous devriez maintenant l'un et l'autre penser que vous êtes des pros.

TRUC

Les signes de la main peuvent aider votre chiot à se concentrer

Votre chiot peut commencer à apprendre les signaux de la main dès l'âge de 12 semaines, mais je recommande d'insister sur cet aspect de sa formation à partir de 4 mois. Ces indications visuelles intensifient la concentration de votre chiot – et comme vous le savez, s'il a appris à vous observer, il ne s'en ira pas au loin.

Utilisez les signes de la main devant le nez de votre chiot pour attirer son attention sur vous. Révisez la leçon de pointage du chapitre XI, puis utilisez le pointage pour signaler vos ordres. Voici ma liste :

- **Assis** : pointez le doigt en balançant le bras droit du nez du chiot jusqu'à votre visage, comme si vous alliez chercher son attention pour la ramener vers vous et dites « Assis ».
- **Pas bouger** : aplatissez la main comme pour en faire une pagaie. Placez-la rapidement devant le nez de votre chiot et dites « Pas bouger ».
- **File** : pointez le doigt et balancez votre bras droit en l'éloignant du nez du chiot et en faisant un pas en avant. Dites « C'est bon » pour lui dire : « Tu as bien travaillé ! »
- **Viens** : quand votre chien est près de vous, balancez un doigt pointé depuis son nez jusqu'à votre œil pour encourager d'heureuses retrouvailles. S'il est à une certaine distance de vous, utilisez un mouvement de balayage pour attirer son attention en l'appelant par son son nom et en disant « Viens ».

N'hésitez pas à utiliser des friandises ou un clicker pour les phases d'apprentissage, cela augmentera la détermination de votre chiot à vous offrir le bon comportement.

Viens

Vous êtes maintenant prêt pour « Viens », un autre ordre fortement désiré. Vous devez d'abord vous poser plusieurs questions : avez-vous dit « Viens » plusieurs fois et l'avez-vous même crié à plusieurs reprises ? Avez-vous poursuivi votre chiot et l'avez-vous acheté en lui donnant sa friandise favorite ? Si c'est le cas, attendez-vous à des difficultés. Votre chiot pense que « Viens » veut dire désobéissance ou annonce le moment de jouer. Heureusement, vous pouvez remodeler sa compréhension, mais il y faudra du temps, de la concentration, de la structure, de la patience et beaucoup de félicitations. Continuez à lire pour apprendre comment faire.

Le contrôle à courte distance pour commencer

Apprenez à votre chiot à interagir avec vous physiquement de sorte que quand il entend « Viens », il veuille revenir vers vous. Quand vous lui apprendrez à venir d'une plus grande distance, il voudra réduire l'écart qui vous sépare.

Le but, quand vous dites « Viens », est que votre chiot revienne et prenne contact avec vous. Chaque fois que vous utilisez cet ordre, donnez-lui une petite tape, récompensez-le, ou manipulez-le d'une manière ou d'une autre pour qu'il apprenne que « Viens » veut dire « être ensemble et interagir ». Voici comment enseigner à votre chiot à revenir depuis une courte distance :

1. **Marchez devant votre chien tandis qu'il se tient debout tranquillement.**
2. **En vous tenant bien droit, dites : « < Nom >, viens » en levant votre doigt le long de votre ventre depuis le niveau de son nez jusqu'à celui de vos yeux.**

   Faites un bruit étrange pour susciter son attention : claquez de la langue, sifflez, faites un bruit de baiser, ou inventez autre chose !

3. **S'il ne lève pas la tête, placez son corps en position assise et caressez tendrement les côtés de sa tête. « Viens » doit être associé à des retrouvailles pleines de chaleur et d'amour.**

   Pour mettre votre chiot en position assise, soulevez son collier et mettez la partie arrière de son corps en place en appuyant légèrement sur les muscles de la taille vers le bas au-dessus des côtes.

   Évitez tout mouvement brusque, n'appuyez pas sur sa colonne vertébrale, ne le disputez pas et ne vous répétez pas en le mettant en place. En agissant ainsi, vous ne feriez qu'associer «Viens » à un élément brutal et désagréable.

4. **Après que votre chien vous a regardé, serrez-le contre vous ou donnez-lui une caresse sur la tête.**

Renouvelez cet exercice à tout moment de la journée, chaque fois que vous avez quelque chose de positif à lui donner – une caresse, une friandise, un jouet ou même son repas. Il faut que les premières notions associées par votre chiot à cet ordre soient les bienfaits et la chaleur de l'accueil.

Le contrôle à distance

Avant que vous puissiez enseigner à votre chiot de venir depuis une certaine distance, il doit avoir compris que « Viens » veut dire être ensemble. Quand il l'a compris, vous pouvez amorcer le contrôle à distance. (Non, vous n'êtes pas encore au stade hors laisse. Soyez patient.)

Pratiquez cet exercice dans une pièce calme et faites qu'il soit court et joyeux.

Pour enseigner le contrôle à distance, faites porter par votre chien une laisse enrouleuse et procédez comme suit :

1. **Faites-lui exécuter trois « Assis, pas bouger », puis revenez à côté de votre chiot et libérez-le en disant : « C'est bien ! »**
2. **Gardez votre chiot dans une position Pas bouger et marchez jusqu'au bout de la laisse.**
3. **Attendez. (Variez la durée chaque fois.)**
4. **Dites : « < son Nom >, viens ! » en le stimulant. Signalez cet ordre en balançant votre bras droit le long de votre corps.**
5. **Dès que vous avez donné l'ordre, reculez le plus vite possible pour attirer votre chiot vers vous et laissez la laisse se rembobiner (ne lâchez pas l'extrémité de la laisse).**
6. **Quand votre chiot arrive près de vos pieds, faites monter vivement votre doigt du niveau de son nez jusqu'à vos yeux et tapez du pied sur le sol pour l'inciter à s'arrêter et à vous regarder.**
7. **Encouragez le contact visuel en vous tenant debout ou agenouillé et en faisant des bruits de baiser.**
8. **Libérez-le avec « C'est bien », et n'oubliez surtout pas de féliciter votre chiot.**

Pratiquez « Viens » trois fois par session. C'est tout. Plus serait stressant pour votre chiot.

Développer la focalisation en introduisant des distractions

Si votre chiot s'excite quand il entend « Viens », vous avez bien travaillé. Vous pouvez maintenant encourager sa focalisation dans le contexte de distractions modérées et en augmentant la distance depuis laquelle vous l'appelez. Voici quelques suggestions (vous pouvez enrichir cette liste) : tentez cet exercice devant la télé, dans le jardin, devant les enfants, et au cours de vos repas. Dans un couloir ou un garage calme, attachez la laisse rétractable (voir chapitre V) et augmentez progressivement la distance.

N'OUBLIEZ PAS !

Utiliser l'ordre « Viens » avec des distractions est plus difficile que dans un salon tranquille. La plupart des chiens essaient de faire attention à la fois à vous et aux distractions, ce qui est impossible. Si votre chiot est perplexe, tirez sur la laisse et utilisez les compliments ou une boîte à récompenses pour le focaliser.

Si vous avez du mal à retenir l'attention de votre chiot au milieu des distractions, vous n'êtes pas le seul. Mon conseil : insistez. N'abandonnez pas. Considérez le mot « Viens » comme équivalent de l'expression « se serrer l'un contre l'autre » et encouragez votre chiot à comprendre qu'être ensemble est ce qu'il y a de plus sûr, de plus merveilleux. Exercez-vous dans une pièce calme pendant un jour, en félicitant chaleureusement votre chiot s'il se concentre correctement. Puis essayez de nouveau avec la télé allumée :

1. **Laissez-le flairer un peu partout en traînant la laisse derrière lui.**
2. **Aménagez des pauses de durée variables avant de l'appeler.**
3. **Prenez une attitude détendue et dites : « < son Nom >, viens ! »**
4. **Faites-lui signe de venir.**
5. **Encouragez-le à s'asseoir ou à s'appuyer contre vous pour être serré dans vos bras.**
6. **Si vous utilisez une friandise ou une combinaison clicker-friandise, récompensez-le à l'instant où il entre en contact avec vous.**

Augmentez lentement l'intensité des distractions. Si votre chiot est trop stimulé, pratiquez dans l'intervalle des distractions plus modérées pendant quelque temps.

N'OUBLIEZ PAS !

Vous n'êtes pas pressé. Éduquer votre chiot n'est pas un marathon. Et quoi que vous fassiez, ne soyez pas frustré. La frustration tue l'enthousiasme.

Utilisez « Viens » chaque jour dans deux des situations suivantes (vous pouvez allonger la liste, mais ne pratiquez pas « Viens » plus de deux fois par jour) :

- Quand votre chiot est distrait au cours d'une promenade, au cours d'une session de formation normale, ou au bout d'une laisse enrouleuse.

- En outre, vous pouvez quitter votre chiot en courant, à tout moment de la journée, pour l'encourager à venir vers vous au moyen d'une boîte à récompenses ou d'un clicker assorti d'une récompense pour souligner vos retrouvailles.

Faites et ne faites pas

Voici quelques points à garder à l'esprit en enseignant l'ordre « Viens » :

- **Utilisez-le modérément**. Si vous abusez de « Viens », les chiens cessent d'y faire attention.

  Quand votre chiot comprend l'ordre, évitez de l'utiliser tout le temps. Dites-le peu souvent et faites-le suivre de généreuses récompenses. (N'oubliez pas les autres ordres qui figurent dans votre arsenal : « Rentre » pour rentrer dans la maison, « Allez » pour qu'il vous suive, et « Au pied » pour qu'il reste à vos côtés.)
- **Ne poursuivez pas votre chiot s'il ne vient pas**. Pratiquez en laisse pour le moment ou utilisez une longe pour lui donner davantage de possibilités d'exploration.
- **Ne l'appelez pas en vue d'une interaction négative**. Devez-vous brosser, baigner ou isoler votre chiot ? En pareil cas, n'utilisez pas « Viens ». Essayez de ne pas l'utiliser non plus quand vous êtes en colère. Vous ne réussiriez qu'à lui faire peur.
- **Si votre chiot se sauve, ne l'appelez pas à plusieurs reprises et ne le corrigez pas**. Je connais la frustration que l'on éprouve en marchant au milieu d'une nuit froide, humide et pluvieuse à la recherche de son chiot, mais si vous appelez votre chiot pour le punir, vous lui apprenez seulement à vous fuir. Si votre chiot se sauve, voici ce que vous pouvez faire :
  - Appelez la police ainsi que vos voisins.
  - Si vous pouvez voir votre chiot, bloquez les routes pour éviter un accident.
  - Faites semblant, en exagérant, de jouer avec un bâton ou de creuser un trou. Concentrez-vous sur cette activité pour que votre chiot soit intrigué. Attendez qu'il soit revenu à vos côtés pour le saisir tranquillement.
  - Si vous avez pratiqué les jeux énumérés au chapitre XXIII, trouvez quelques éléments qui leur correspondent (ou emmenez-les avec vous) pour amorcer un jeu et montrer combien vous vous amusez. Votre chiot ne pourra pas résister. – Par prudence pensez toujours dans un premier temps à partir vous promener avec son jouet préféré dans votre poche au cas où vous auriez à vous en servir pour le motiver à revenir vers vous d'urgence.

- **Ne punissez pas votre chiot quand il revient vers vous.** Il ne reviendrait pas aussi vite la fois suivante.
- **Utilisez un ordre différent pour faire rentrer votre chiot à la maison.** Revenir à l'intérieur n'est pas drôle pour votre chiot, pas plus amusant que d'être laissé seul ou d'être ignoré. Utilisez « Viens » pour faire rentrer votre chiot en fait un ordre négatif. Servez-vous d'un ordre spécifique comme « Rentre ». Commencez à l'utiliser en laisse quand vous ramenez votre chiot à la maison. Dépêchez-vous de lui offrir une friandise ou de lui jeter une balle.

Debout, pas bouger

L'ordre « Debout, pas bouger » est excellent pour essuyer des pattes couvertes de boue ou pour le toilettage. Heureusement, si vous vous y prenez comme suit, vous ne trouverez pas cet ordre difficile à enseigner :

1. **Agenouillez-vous sur le sol à côté de votre chiot.**
2. **Placez la main droite, paume vers l'extérieur, sur le collier de votre chiot.**
3. **Glissez la main gauche sous le ventre de votre chiot.**
4. **Dites « Debout, pas bouger » en plaçant votre chiot en position debout.**
5. **Relâchez la main droite et faites glisser la main gauche pour qu'elle repose sur la cuisse de votre chiot.**
6. **Faites une pause, variable de deux à cinq secondes, et libérez-le en disant : « C'est bien ! »**
7. **Augmentez le temps de pause jusqu'à une minute.**
8. **Recommencez les opérations 2 à 7 en étant debout.**
9. **Mettez votre chiot dans la position voulue.**
10. **Rappelez-lui « Pas bouger » et retirez votre main gauche.**
11. **S'il ne bouge toujours pas, enlevez doucement la main droite de son collier.**

    Rappelez-lui « Pas bouger » aussi souvent qu'il le faut.

Une fois que votre chiot a compris, utilisez cet ordre chaque fois que la situation le demande. A-t-il les pattes couvertes de boue ? Donnez-lui l'ordre « Debout, pas bouger ». Bien sûr, il peut s'agiter. En ce cas, dites : « Ch… – Debout, pas bouger. » Pour le brossage, essayez la même chose.

Quand vous commencez à utiliser cet ordre pour le toilettage, pensez à récompenser avec une friandise agréable tel un carré de jambon que vous donnerez à votre chiot pour être resté calme en position « Debout, pas bouger ». Après quelques essais se sera inscrite une bonne association dans l'esprit de votre chiot entre toilettage et récompense, il aura envie d'être toiletté, avec ou sans récompense ! Le toilettage deviendra un vrai plaisir pour votre chiot.

Leçons pour la puberté du chiot : 6 à 9 mois

À ce stade, le monde de votre chiot est gouverné par deux forces contradictoires : le désir de vous faire plaisir et le besoin de mettre à l'épreuve les capacités de ses leaders encore une fois, seulement pour s'assurer que ce qu'ils prétendent est vrai. Ne prenez pas cela en mauvaise part. Quand votre chiot aura compris que vous voulez bien dire ce que vous dites, c'est bien vous qui serez au volant. Voici quelques règles pour vous aider à traverser cette phase sans encombre :

- **Restez calme**. Ne laissez pas votre chiot voir que vous êtes en colère ou déçu. À ce stade de développement, quelle que soit l'espèce, la vue de votre mécontentement procure un plaisir pervers.
- **Ne permettez pas à votre chiot de vous ignorer**. Si votre chiot vous défie à la suite d'un ordre et s'il est en laisse, renforcez ce que vous attendez de lui. S'il est hors laisse et s'il ignore un ordre en faisant la sourde oreille, ignorez-le et retirez-vous.

  N'OUBLIEZ PAS !

  Une retraite digne n'est pas un échec.
- **Augmentez son niveau de conscience**. Apprenez-lui ou rappelez-lui le sens de « Non ». Regardez les détails dans la section consacrée à « Non », plus haut dans ce chapitre.

Parler à votre chiot pubescent

Quand vous parlez à votre chiot durant cette phase, ayez à l'esprit les cinq conseils suivants :

- **Détachez-vous**. Le détachement est davantage un exercice de méditation qu'une technique d'éducation. À la base, cette technique est avantageuse pour vous, bien que votre tranquillité mentale touche aussi votre chiot. Vous serez davantage concentré, et qui ne respecterait pas cela ! Inspirez et expirez et détachez-vous de votre chiot. Évitez de vous sentir affecté personnellement par son comportement. Vous pouvez penser que son éducation a été une perte de temps, mais il n'en est rien. Élever un chiot égale patience plus persévérance.
- **Restez maître de vous**. Quand votre chiot fait le malin, utilisez toute votre énergie pour rester cool. Si vous vous mettez en colère ou si vous êtes tendu, il saura qu'il vous porte sur les nerfs. À ce stade, vous entrez dans son jeu et vous suivez ses directives.

- Attention au contact visuel. Les chiots sont très préoccupés du statut à cet âge : « Suis-je un leader ou un suiveur ? »

  Si votre chiot réussit à vous amener à le regarder plus que vous ne l'amenez à vous regarder, vous êtes le suiveur. Ignorez les tentatives de votre chiot pour attirer votre attention. Caressez-le et regardez-le quand il est dans un état d'esprit tranquille. Accordez-lui un contact visuel pour diriger son comportement.

- **Revenez en arrière, s'il le faut**. Même si vous avez habitué votre chiot à se passer de la laisse, vous en aurez probablement besoin de nouveau dans cette phase. Quand il est stimulé à l'excès et incapable de se concentrer, attachez-le à votre côté ou laissez-le à sa place un moment avec un os.
- **Ayez des solutions de rechange**. En cas de troubles comportementaux – par exemple un accueil débridé des visiteurs, des vols d'objets, des fugues, et ainsi de suite – utilisez vos ordres, s'ils marchent. La plupart des chiens, cependant, deviennent temporairement sourds dans de telles situations, et vous devez avoir des solutions de remplacement. Vous en trouverez dans la section suivante « Traitement de problèmes courants ».

Traitement de problèmes courants

Certains problèmes peuvent surgir – ou resurgir – quand votre chiot arrive à la puberté. Un chiot qui avait l'habitude de saluer calmement les visiteurs devient maintenant frénétique quand les gens arrivent. Ou une porte ouverte peut être une tentation trop forte, et il file dehors. Voici quelques suggestions pour vous aider à surmonter des situations auxquelles votre chiot et vous pouvez être confrontés.

Accueil des visiteurs

Demandez toujours à vos visiteurs d'ignorer votre chiot jusqu'à ce qu'il soit calmé. Les trois solutions dont vous disposez sont de lui assigner une station d'accueil selon les modalités décrites au chapitre XIII, d'accrocher la laisse autour de votre taille pour en garder le contrôle, et si rien d'autre ne marche, de le mettre dans son parc ou de l'enfermer dans une pièce avec un jouet favori. Laissez-le sortir quand il est calmé.

Vol d'objets

Quand votre chiot vole un vêtement (ou tout autre objet), quittez l'endroit et fermez la porte derrière vous. À cet âge, les chiots ont plus envie de jouer que de détruire. Si vous l'ignorez, il cessera de trouver le jeu intéressant. Une autre solution est de quitter la maison : mettre votre manteau et prendre vos clés est une façon de le détourner de ses bêtises. Sortez votre chiot pendant une minute ou deux si vous essayez ce truc. Sinon, il comprendra votre ruse. En dernier recours, suivez-le sans contact visuel ni corrections, et coincez-le lentement dans un espace restreint. Retirez l'objet calmement en pinçant son museau et en disant « Donne ». Ne corrigez jamais un chiot en utilisant l'ordre « Donne », il perdrait rapidement confiance en vous.

Chiot fugueur

La fuite d'un chiot est plus que pénible – elle est dangereuse. Vous ne devez jamais laisser votre chiot hors laisse à moins d'être dans un endroit clos. Si vous voulez le laisser libre dans un endroit ouvert, attachez-le à une longue corde de 8 à 16 mètres, afin de pouvoir saisir cette corde rapidement si nécessaire. Si votre chiot réussit à se faufiler, ayez des plans tout préparés. Voici quelques conseils :

- Essayez un ordre ou deux. S'ils ne marchent pas, arrêtez. Ne paniquez pas.
- Essayez de courir en tous sens comme si vous étiez devenu fou (sans contact visuel), en criant et en agitant les bras. Laissez-vous tomber sur le sol et voyez si ce comportement étrange et intéressant le fait accourir.
- Essayez de monter dans la voiture. Beaucoup de chiens ne supportent pas de ne pas participer à un voyage.
- Si rien ne marche, suivez-le calmement pour vous assurer qu'il ne court pas de danger. Crier ne ferait qu'empirer la situation. Arrêtez la circulation si vous le pouvez, et demandez de l'aide si vous en avez besoin.

Ne vous fâchez pas contre votre chiot après les faits. Sinon, il se méfiera encore plus de vos ruses. N'utilisez jamais des friandises dans l'espoir de l'acheter, car les friandises utilisées de cette manière renforcent les mauvais comportements.

Si votre chiot réitère les fugues, faites appel rapidement à un professionnel qui saura vous guider. (Voir annexe Carnet d'adresses.)

Les cinq ordres principaux

Quand vous faites de l'éducation dans cette phase, il y a lieu de renforcer votre maîtrise de tous les ordres appris jusqu'ici par votre chiot (voir les sections précédentes). Voici les cinq ordres que je vous encourage à utiliser le plus souvent :

Les promenades avec « Au pied »

Continuez d'utiliser « Au pied » pour contrôler votre chiot durant les promenades. En outre, servez-vous de cet ordre pour appeler votre chiot à venir à côté de vous. Pour lui enseigner ce principe :

1. **Mettez-le en laisse et faites-le marcher devant vous.**
2. **Brusquement, appelez-le par son nom et donnez l'ordre « Au pied » en tapant sur votre cuisse gauche.**
3. **Faites un pas de géant vers l'avant en le tirant jusqu'à votre côté et en enroulant la laisse.**

   Conduisez-le jusqu'à votre côté gauche en lui faisant décrire un U ou jusqu'à votre côté droit en le faisant passer derrière vous. Quand il arrive à votre côté, assurez-vous qu'il s'assied avant de lui dire « C'est bon ».

TRUC

Lorsqu'il maîtrise l'ordre « Au pied » (avec une claque sur votre cuisse), commencez à l'encourager à venir auprès de vous malgré des distractions (en laisse dans un premier temps) quand vous êtes assis. Donnez toujours l'ordre de façon positive, habituez-le à s'asseoir correctement et félicitez-le chaleureusement avant de lui rendre la liberté en disant « C'est bien ».

Renforcer les bonnes manières avec « Assis »

Continuez de demander « Assis » à votre chiot dans toutes les situations. L'exécution de cet ordre est l'équivalent de l'expression humaine « s'il te plaît ». Ne donnez l'ordre qu'une seule fois. S'il n'obéit pas, tirez-le avec la laisse pour lui faire comprendre « Non » et donnez-lui l'ordre à nouveau. Mettez-le en place s'il ne vous écoute pas.

Utilisation de « Couché » dans toutes sortes de situations

Continuez de travailler l'ordre « Couché » même si votre chiot ne veut pas coopérer (voir figure 14.5). Mettez-le en place en appuyant sur ses points de pression situés entre ses omoplates, et en soulevant l'une de ses pattes pour modifier son équilibre. Ignorez-le s'il se roule par terre en faisant le fou ou mordille vos lacets de chaussures (marchez sur la laisse pour qu'il puisse seulement rester couché confortablement). Ne lui dites « C'est bien » que lorsqu'il s'est calmé.

Figure 14.5 : L'ordre « Couché » utilisé avec un chiot récalcitrant pendant la puberté.

Quand votre chiot commence à coopérer, utilisez « Couché » pour tout, comme la remise d'une friandise (tenez-la près du sol et dites « Couché ») et avant son repas (couvrez sa gamelle avec votre main et, en la posant par terre, dites « Couché » ; dès qu'il se couche, retirez votre main).

Pratiquer « Attends » parmi d'autres distractions

Continuez d'utiliser l'ordre « Attends » pour attirer l'attention de votre chiot près des portes, des voitures, des escaliers, ou en entrant dans une zone de fortes stimulations (par exemple le cabinet du vétérinaire, une pièce pleine d'enfants, ou un cours d'éducation canine). Cet ordre devrait arrêter instantanément votre chiot et le faire attendre avant de vous suivre. Si vous réussissez à l'utiliser dans les situations décrites dans la section « Attends et C'est bien » (plus haut dans ce chapitre), commencez à l'employer durant les promenades en laisse. Voici comment utiliser « Attends » en laisse :

1. **Arrêtez-vous d'un seul coup en disant « Attends ».**
2. **Stoppez net si le chiot ne s'arrête pas avec vous.**
3. **Rendez-lui la liberté en disant « C'est bien ».**

Utilisation de « Non » à l'extérieur

Quand votre chiot a compris que quand vous dites « Non », il doit vous prendre au sérieux, commencez à utiliser cet ordre à l'extérieur avec les chiens, les cyclistes et les autres tentations qu'il rencontre. Tirez sur la laisse un bon coup en disant « Non » sur un ton de grande fermeté.

Les leçons de la période avant l'âge adulte : 9 à 12 mois

Au cours de la phase précédente (la puberté du chiot), je déconseille toutes les techniques correctives sauf les plus douces lors de son apprentissage. Maintenant que votre chiot est devenu plus mûr, il est prêt, du point de vue émotionnel, à apprendre que tout ce qu'il fait ne vous plaît pas nécessairement. Votre chiot se comporte d'une façon naturelle en testant votre souplesse quant aux ordres qu'il a appris. Il se demande si peut-être le « Assis » pour des visiteurs ne veut pas dire une chose un peu différente du « Assis » pour vous. Dans les phases précédentes, vous étiez absorbé par le processus d'apprentissage. Vous avez montré à votre chiot ce que voulait dire exactement chacun des ordres enseignés. Maintenant il le sait. Chaque fois qu'il ne réagit pas ou réagit à sa manière, il vous questionne. Si vous vous répétez ou si vous le mettez vous-même en place, il n'apprendra jamais à réagir de lui-même. Comme un enfant apprenant à lacer ses chaussures, il faut qu'il puisse le faire de façon autonome.

N'OUBLIEZ PAS !

Pour développer la conscience canine, vous devez faire deux choses :

- Décider ce que vous voulez quand vous donnez un ordre.
- Aller jusqu'au bout. Si vos attentes ne sont pas claires, la réaction de votre chiot ne le sera pas non plus.

À ce stade, en pratiquant les ordres, évitez de vous répéter ou de mettre votre chiot en place immédiatement. S'il ne réagit pas, soyez ferme. S'il ne réagit toujours pas, réfléchissez à votre ton (est-il suffisamment sévère ?) et faites des ajustements s'il y a lieu. Si votre chiot continue de vous ignorer, mettez-le en place sans le féliciter.

N'OUBLIEZ PAS !

Si votre chiot change la position quand vous vous arrêtez dans la position « Au pied », s'avance lors des ordres « Pas bouger » ou va se mettre devant vous à des ordres de mouvement, il teste votre détermination et votre cohérence. Si vous le laissez faire, vous récompensez ses capacités de testeur. En pareil cas, repositionnez-le fermement mais sans brutalité immédiatement tout en le manœuvrant avec la laisse. Cette méthode peut nécessiter plusieurs tentatives et mettre votre animal bien-aimé de mauvaise humeur, mais si vous laissez la structure s'en aller à vau-l'eau, vous n'aurez jamais un chien fiable hors laisse (consultez le chapitre XV au sujet de l'apprentissage hors laisse).

Chapitre 15

Passage au contrôle hors laisse

Dans ce chapitre :

- Préparation au contrôle hors laisse
- L'équipement approprié
- Respect des limites du chiot
- Protection du chiot hors laisse par le « Couché » d'urgence

Il est impossible de surestimer le plaisir de vivre avec un chien bien éduqué. Au chapitre XIV, je traite des techniques basées sur l'utilisation de la laisse ; maîtrisez tous les exercices qui y sont décrits avant de commencer les exercices du présent chapitre.

Que votre but soit d'avoir un chiot hors laisse à la maison ou qui réagit bien quand vous êtes en promenade dans un parc, la question qui se pose vraiment est : « Comment savoir si vous et votre chiot êtes prêts pour l'apprentissage du contrôle hors laisse ? » En vérité, il n'y a pas d'âge, de saison ou de jour qui puissent convenir comme par magie : le fait d'être prêt se mesure par l'expérience. Si vous pratiquez les ordres hors laisse et si votre chiot donne des signes de stress (comme lécher ses babines, être hyperactif, mordiller des fils ou mordre), il vous signale la nécessité de réduire vos attentes pour le moment. Les chiots montrent qu'ils sont prêts en établissant le contact visuel de manière concentrée, en réagissant vite et en coopérant. Un chiot a son propre schéma d'évolution à cet égard : le travail hors laisse suppose un contrôle de l'impulsivité qui se manifeste à n'importe quel moment entre les âges de 6 et 18 mois. Continuez à lire pour savoir quand commencer.

Préparation mentale au contrôle hors laisse

Pour avoir le contrôle hors laisse, vous devez le gagner. Souvenez-vous que les chiens sont attirés par la confiance, et vous devez agir avec fermeté, en étant sûr de vous (même si vous êtes obligé de faire semblant). Cependant, en travaillant au contrôle hors laisse, ne soyez pas trop audacieux trop tôt. Quand la laisse disparaît du cou de votre chiot, vous ressentez peut-être une crainte qui vous pince au creux de l'estomac, et votre chiot remarquera que vous avez soudain moins de contrôle sur lui. S'il ne veut pas venir et s'il est libre de courir, vous pouvez rester perplexe et désemparé. Le contrôle hors laisse implique de lire et de relire votre chiot constamment et de vous rendre compte que votre chiot vous lit lui aussi. Pour avoir le contrôle, vous devez avoir l'air d'un leader, avoir confiance et faire montre d'assurance, pour que votre chiot se fie à votre jugement.

N'OUBLIEZ PAS !

Voici trois suggestions relatives à votre préparation mentale :

- **Restez détendu**. La déception vous donne l'air faible. Tandis que vous travaillez pour obtenir le contrôle hors laisse, votre chiot peut se comporter de manière confuse et non réactive parce que vous ne le guidez plus. Vous aviez l'habitude de donner l'ordre et de le guider avec la laisse. Maintenant vous ne le faites plus, et cela lui semble gênant. Quelle que soit la réaction de votre chiot, restez calme. Toute correction ajoute à sa confusion. Rendez votre langage corporel plus animé et renforcez la confiance qu'il vous accorde en utilisant des paroles optimistes.
- **Restez attentif**. Le contact visuel communique le contrôle. Votre chiot doit vous observer. Si c'est l'inverse, vous êtes le suiveur. Pour éviter d'être le suiveur, veillez à toujours travailler dans un espace clos ou avec le chien au bout d'une longe pour pouvoir l'ignorer s'il désobéit. Si vous êtes près de votre maison, rentrez.
- **Revenez en arrière**. Votre chiot réagit merveilleusement hors laisse… jusqu'à ce que quelqu'un sonne à la porte, qu'un écureuil traverse l'allée principale du jardin ou qu'un autre chien passe en trottant devant la grille d'entrée. Soudain tout ce qu'il a appris s'évanouit, et vous revenez au stade où il vous ignore. Laissez-moi vous confier un secret : le contrôle hors laisse prend du temps. Si votre chiot travaille bien mais a toujours du mal dans une situation stimulante, revenez aux exercices en laisse dans des situations assorties de distractions (voir chapitre XIV). L'usage d'une laisse aide à contrôler la situation tout en suscitant un comportement plus adéquat.

Que faut-il pour que votre chiot soit prêt mentalement ? La maturité favorise vos desseins. En devenant adulte, votre chiot devient davantage prévisible. L'aventure et les bêtises risquent de perdre beaucoup de leur attrait pour lui. La joie de votre chien sera davantage suscitée par le travail silencieux en équipe et les activités qu'il partage avec vous. Les phases par lesquelles passe un chiot pour acquérir la maturité ne sont pas très différentes de celles par lesquelles passe un enfant qui devient adulte. Si vous pensez que vous aimez votre chiot maintenant, attendez un peu – l'amour ne fait qu'augmenter. Bientôt, vous penserez et vous travaillerez ensemble en toute harmonie.

Tenez compte des instincts de la race de votre chiot en travaillant pour le rendre fiable hors laisse. Par exemple, un terrier, dont la race a été développée pour qu'il suive indépendamment ses instincts de chasseur, est beaucoup moins impressionné par les ordres que vous lui donnez qu'un berger des Shetland, qui vit pour la compagnie et les directives du berger. Les lévriers et les races nordiques donnent aussi des chiots à surveiller de près, parce que leurs instincts peuvent s'avérer plus forts que les ordres reçus. Faites quelques recherches pour découvrir si la race de votre chiot a été créée pour travailler de concert avec l'homme ou pour travailler indépendamment. Les chiens indépendants ont besoin de davantage de persuasion pour se focaliser sur vous (un clicker et de la nourriture peuvent faire merveille). S'agissant d'un chien indépendant, comprenez que la fiabilité à 100 pour cent peut ne pas être un objectif réaliste.

Achat du bon équipement – et son usage correct

Pour parvenir à l'obéissance hors laisse, vous devez pratiquer des exercices qui étendent votre contrôle à des distances de plus en plus grandes. Avant de commencer, procurez-vous les articles suivants (décrits plus en détail dans la suite de cette section) :

- **Des laisses enrouleuses** : la laisse enrouleuse est indispensable au travail avancé – plus elle est longue, mieux c'est.
- **Laisse d'intérieur traînée par le chien** : une laisse légère d'une longueur approximative de 1 à 2 mètres portée dans la maison.
- **Laisse courte** : cette laisse doit être assez longue pour qu'on puisse s'en saisir mais assez courte pour ne pas distraire votre chien (20 centimètres est une longueur courante).
- **Corde à arbre** : attachez une laisse de 6 mètres à un arbre. Utilisez l'emplacement en question pour pratiquer à distance des ordres « Pas bouger ». Vous pouvez utiliser une simple laisse en tissu ou une corde à linge attachée par un mousqueton que vous trouverez dans une quincaillerie. Servez-vous de cette corde pour le contrôle à distance par les ordres « Attends », « Au pied », « Couché », et « Viens ».
- **Une longe** : une laisse en tissus de 8 à 15 mètres de long ou une corde à linge.

Attachez toutes ces laisses ou cordes au collier de votre chiot.

Les chiens hors laisse ne sont pas créés du jour au lendemain. L'éducation est un processus pas à pas. Servez-vous de votre nouvel équipement pour augmenter la focalisation de votre chiot, mais il ne faut pas que les doigts vous démangent. Le fait qu'il se comporte bien au bout de la laisse rétractable un jour ne veut pas dire qu'il est prêt à courir hors laisse le lendemain. Prenez votre temps. Bien que j'explique séparément comment éduquer au moyen de chacun de ces outils, vous pouvez les utiliser alternativement pour varier la routine de votre chiot, maintenir son intérêt et sa coopération !

La laisse enrouleuse

La laisse enrouleuse est un outil excellent pour l'éducation avec contrôle à distance quand vous travaillez seul dans un espace ouvert. En fait, c'est le seul cas où je recommande son usage. Cette laisse donne à votre chiot une liberté limitée pour explorer, tout en vous permettant d'imposer l'exécution des ordres donnés. Vous pouvez utiliser la laisse enrouleuse comme outil d'éducation pour renforcer les ordres suivants :

- **< Son Nom >** : Prononcez le nom de votre chiot avec enthousiasme. S'il vous regarde, félicitez-le. C'est tout ce dont vous avez besoin – juste un regard. S'il vous ignore, félicitez-le après qu'il a fait attention à vous.
- **Attends** : commencez par demander à votre chiot, par cet ordre, de s'arrêter 1 mètre devant vous. S'il continue d'avancer, dites :« Non, attends » en vous arrêtant net. Augmentez la distance jusqu'à 2 mètres, 2,50 m, 5 mètres, et 8 mètres devant vous.
- **Assis, pas bouger** : utilisez la laisse enrouleuse pour augmenter votre contrôle à distance. Augmentez la distance progressivement. (Pour habituer votre chiot à la tension de la laisse enrouleuse, pivotez devant lui et laissez la laisse se dérouler plusieurs fois.)
- **Au pied** : utilisez cet ordre pour rappeler votre chiot à vos côtés. Dites son nom, puis dites « Au pied » en tapant sur votre jambe. Félicitez votre chiot pendant qu'il obéit, puis marchez une courte distance avant de vous arrêter et de lui rendre sa liberté.
- **Non** : chaque fois que votre chiot se focalise sur quelque chose qu'il devrait ignorer, arrêtez-vous net et dites « Non ». Fixez immédiatement son attention sur un jouet, un bâton ou un ordre différent.

Laisse d'intérieur traînée par le chien

Utilisez une laisse d'intérieur traînée par le chien (une laisse légère ou une corde, de 1,20 m à 1,80 m) pour garder un œil sur lui dans la maison. Tout au long de la journée, mettez-vous près de la laisse et donnez un ordre (« Assis », « Couché », « Attends » ou « Viens »). Si votre chiot ne comprend pas, placez-vous sur la laisse et félicitez-le tout en l'aidant à prendre la position. Par exemple, si vous donnez l'ordre « Couché » et s'il vous fixe d'un regard terne, marchez sur la laisse pour l'arrêter, puis félicitez-le tout en le guidant pour qu'il prenne la position demandée. Votre compréhension peut l'aider à surmonter la perplexité résultant de la situation hors laisse.

Si votre chiot vous donne une réplique canine de défi (un aboiement ou un mouvement brusque d'évitement), marchez sur la laisse et dites « Non ». Puis mettez-le à sa place et ignorez-le pendant quinze minutes – l'équivalent canin de l'enfant renvoyé dans sa chambre et privé de télé.

Une laisse courte

Quand votre chiot obéit de manière fiable avec la laisse traînée, utilisez une laisse courte pour renforcer l'effet de vos ordres de mouvement : « Assis », « Pas bouger », « Couché », « Attends », « Au pied » et « Viens » (consultez le chapitre précédent pour plus d'informations sur ces ordres). La laisse courte ajoute du poids à son collier, lui rappelle la sécurité des ordres donnés en laisse, tout en vous donnant le moyen de le guider calmement s'il ne comprend pas. En plus d'utiliser la laisse courte à divers endroits dans la maison, utilisez-la pour une leçon une fois par jour. Amenez votre chiot dans une pièce tranquille et faites-le travailler des ordres de direction simples. Tenez la laisse au début, puis laissez-la tomber lorsque vous êtes échauffé. Tapez sur votre jambe, et utilisez des signaux de la main assortis d'un langage corporel animé pour renforcer l'attention de votre chien.

Une corde à arbre de 6 mètres

Attachez cette corde à un arbre ou un poteau. Vérifiez tous les nœuds. Laissez la corde sur le sol et réalisez la séquence d'exercices suivante :

1. **Procédez à un échauffement de cinq minutes d'exercices normaux en laisse.**
2. **Arrêtez votre chiot à côté de la corde de 6 mètres et attachez-la discrètement à son collier.**
3. **Enlevez la laisse normale et placez-la sur le sol devant lui ; gardez les mains libres.**
4. **Après avoir donné l'ordre « Pas bouger », éloignez-vous de 3 mètres.**

   Augmentez la distance au fur et à mesure qu'il arrive à mieux se contrôler. Passez les mains dans les cheveux et balancez doucement les bras d'avant en arrière pour souligner que la laisse n'est plus dans vos mains.

5. Au fur et à mesure que votre chiot progresse, réalisez un « Assis, pas bouger » sans le voir, effectuez un « Couché » » depuis un « Assis, pas bouger », et exercez-vous au « Couché, pas bouger ».

Vous pouvez aussi pratiquer la leçon « Viens », sans toutefois appeler à une distance supérieure à ce que permet la corde, au-delà de laquelle le chiot pourrait s'éloigner de vous à toute allure et ignorer votre ordre. S'il exploite une telle occasion pour vous ignorer et fonce pour s'échapper, attendez qu'il soit sur le point d'arriver au bout de la corde pour crier : « Non ! » Remettez-le dans sa position initiale et répétez l'exercice à une distance plus courte.

Si votre chiot désobéit, déterminez si son comportement résulte de l'anxiété, de la perplexité ou du défi. S'il est perplexe ou anxieux, sa posture va se réduire, sa queue s'abaisser, et ses oreilles comme ses yeux auront des mouvements saccadés trahissant la détresse. Ne procédez pas à une correction : elle engendrerait encore plus de stress que quand vous êtes séparés l'un de l'autre. Revenez tranquillement auprès de lui et repositionnez-le gentiment. Répétez l'exercice à courte distance.

Si votre chiot rompt son immobilité comme pour vous tester, il s'en ira en trottant et en vous ignorant complètement ou il essaiera de vous inciter à un jeu de course-poursuite. Sa tête et sa queue se tiendront hautes, ses yeux éviteront le contact ou tenteront de vous défier en se fixant sur vous. Ou bien dites « Non » fermement quand il se bloquera au bout de la corde, ou bien s'il continue à vous tester, revenez tranquillement près de lui et, tout en diminuant la longueur de la corde, dites « Non ». Remettez-le en place et répétez l'exercice à une courte distance ou revenez à la pratique des exercices en laisse.

Une longe de 9 mètres

Attachez votre chiot à la longe de 9 mètres et laissez-le courir librement en gardant un œil sur lui. Provoquez-le en jouant avec un bâton ou une balle et inspectez les environs ensemble. Évitez de donner trop d'ordres. Soyez seulement là et jouissez d'un moment de liberté avec votre chiot. Toutes les cinq minutes, placez-vous près de la corde et donnez un ordre clair et enthousiaste.

Si vous donnez un ordre d'arrêt comme « Assis », « Attends » ou « Couché », arrêtez-vous brusquement et faites un signal en même temps que vous donnez l'ordre. Si vous émettez un ordre de mouvement tel que « Viens » ou « Au pied », courez en reculant tout en encourageant votre chiot à venir vers vous. S'il se précipite vers vous, aidez-le à prendre la position appropriée et étreignez-le un bon coup. Si votre chiot vous ignore, marchez vite sur la corde et dites « Non ». (Ne criez pas ; parlez seulement sur un ton ferme.)

Après cette sanction, donnez à votre chien une autre chance d'avoir la bonne réaction avant de lever la corde pour la tirer ou de faire venir le chien jusqu'à vous en enroulant la corde. Terminez la session par un jeu favori.

Ne marchez jamais sur la laisse quand votre chiot est en pleine course, vous pourriez le blesser. Récupérez la laisse rapidement dans votre main, dans un premier temps ralentissez-le, puis stoppez-le.

Ne pratiquez aucune séance d'éducation avec une longe attachée au cou de votre chien à proximité d'une route : s'il devait s'échapper, une voiture pourrait l'éviter mais ne pourrait éviter de rouler sur la longe.

Jauger les réactions de votre chiot

En pratiquant divers exercices, vous pourriez constater que votre chiot appartient à l'une de deux catégories : celle de l'explorateur excitable ou celle du chiot plus timide et dépendant. Aucune de ces attitudes n'est préférable. L'une comme l'autre justifient que vous les jaugiez si votre but est d'apprécier les moments que vous passez ensemble. Un chiot très excitable est difficile à canaliser et risque de se sauver si vous ne lui apprenez pas à contrôler ses impulsions. En revanche, un chiot inquiet quand il ne vous voit pas n'appréciera pas la splendeur d'une promenade hors laisse et peut sembler menaçant à des personnes qui le croisent. Garder le chiot focalisé sur vous, quelles que soient sa personnalité ou la situation, est la clé de la réussite des expériences hors laisse.

Si vous soupçonnez que votre chiot est distrait, procédez à un exercice rapide pour vous en assurer. Réduisez brusquement votre vitesse, accélérez soudainement ou éloignez-vous de lui. Suit-il votre rythme et votre direction ou avance-t-il à son propre rythme ? Incitez-le à l'aide de sa laisse à revenir vers vous et félicitez-le quand il se recentre.

Un explorateur excitable

Vous savez que vous avez un chiot ayant cette personnalité s'il est extraverti, sociable et d'une insatiable curiosité partout où vous l'emmenez. L'hésitation ne fait pas partie de son vocabulaire ! Avant de faire un exercice hors laisse avec votre explorateur excitable, fatiguez-le un peu. Jouez à des jeux (d'intérieur ou d'extérieur) ne demandant pas une grande conformité à des règles. Le football avec des balles en caoutchouc rebondissantes et le jeu des deux jouets jetés (voir chapitre XXIII) sont deux merveilleuses options. Au début, faites les exercices avant les repas de votre chiot, en vous servant de ses croquettes ou de friandises spéciales pour augmenter sa concentration et sa coopération.

Votre chiot observe

Savez-vous que votre chiot peut vous lire aussi bien, et peut-être mieux, que vous ne pouvez le lire ? Si votre timing est décalé d'un cheveu ou si votre esprit dérive un tant soit peu, il le remarque et sa coopération s'en ressent. Il profite de votre relâchement moins par manque de respect que par besoin d'apprendre les règles de ce nouveau jeu hors laisse. Pratiquez vos leçons seulement quand vous pouvez faire attention aux détails et utilisez une longe pour empêcher tout accident. Si vous perdez vraiment le contrôle, ayez quelques solutions de rechange, comme courir jusqu'à la voiture, faire semblant d'avoir un accident terrible ou secouer une tasse de friandises. Soyez positif quand vous êtes réunis pour qu'il apprécie les retrouvailles.

Un clicker (voir chapitre XI) peut souvent apporter une étincelle d'intérêt supplémentaire pour les leçons. Si votre chiot est trop excité pour réagir correctement, faites les exercices en laisse pendant la moitié de la leçon ou bien revenez aux questions de base pendant quelques semaines de plus.

Un chiot plus timide

Si votre chiot est prudent, il aura moins tendance à courir librement quand vous déferez sa laisse. Sa queue peut immédiatement se coller sous son ventre, ses oreilles se plier vers l'arrière et ses yeux commencer à se tourner en tous sens à la recherche d'un endroit familier pour s'y réfugier.

N'OUBLIEZ PAS !

Ne réconfortez pas votre chiot timide. Agissez avec confiance comme si rien n'avait changé – cette attitude impressionnera votre chiot. Jusque-là, sa laisse jouait le même rôle qu'une couverture à laquelle s'attache un jeune enfant – elle lui donne un sentiment de sécurité, jusqu'au moment de sa disparition. Votre but est d'aider votre chiot à être rassuré par votre présence et les ordres que vous lui donnez. Essayez les procédés ci-après pour inciter votre chiot à plus de confiance en vous et plus de respect pour vos instructions.

- Faites davantage de signes de la main.
- Utilisez une boîte à récompenses et la combinaison clicker-friandises (si le son du clicker n'effraye pas votre chiot).
- Comportez-vous d'une façon qui pique sa curiosité, comme jouer avec un bâton ou un jouet, ou faire semblant d'être intéressé par une odeur.

Le « Couché » d'urgence totalement assimilé

Le chapitre XIV traite de l'ordre « Couché ». Mais dans un souci de sécurité hors laisse, vous devez faire un pas de plus pour parvenir à l'ordre « Couché » des situations d'urgence. Le « Couché » d'urgence (voir figure 15.1) est une version extrême de l'ordre « Couché », qui fera coucher votre chiot en un clin d'œil. Il peut lui sauver la vie. Je l'ai utilisé pour stopper l'un de mes chiots qui avait rompu la position « Pas bouger » pour aller dire bonjour à mon mari, alors qu'il marchait pour rentrer à la maison sur le trottoir opposé d'une rue très fréquentée.

Au début, votre chiot peut être un peu perplexe, et vous devez être patient et rester positif tout au long de vos sessions de dressage. Ne commencez pas à pratiquer cet exercice tant que votre chiot ne maîtrise pas l'ordre « Couché » (voir chapitre XIV). Pour enseigner à votre chiot le « Couché » d'urgence, procédez aux opérations ci-après :

1. **Soyez debout auprès de votre chiot, qui ne doit se douter de rien.**
2. **Dites soudain « Couché » sur un ton urgent en pointant vers le sol.**

   Utilisez le genre de ton que vous prendriez en voyant une personne chère sur le point de tomber dans le vide en marchant le long d'une falaise.

3. **Agenouillez-vous rapidement et aidez le chiot à prendre la position s'il semble perplexe.**
4. **Faites comme si vous étiez catastrophé, vous aussi, en vous agenouillant à côté de votre chiot.**

Figure 15.1 : Le « Couché » d'urgence peut sauver la vie de votre chien à plusieurs reprises.

Votre chiot ne mettra pas longtemps à comprendre. À ce moment-là, commencez à accroître la distance depuis laquelle vous dites « Couché » de votre ton le plus urgent. C'est vrai, le « Couché » d'urgence sauve réellement des vies. Je quittais un jour mes classes d'éducation avec mon husky, Kyia, quand une balle de tennis se détacha et commença à rouler vers la chaussée. Kyia, cette brave chienne, avec les meilleures intentions, courut innocemment pour la ramasser. Prise de panique, je criai « Couché », et elle tomba comme une pierre. Quelle bonne fille !

L'exercice du « Couché » d'urgence est très stressant. Limitez son usage à une séquence totalement inattendue de « Couché » d'urgence par jour.

Savoir quand faire confiance à votre chiot : foire aux questions sur l'éducation sans laisse

Avant de répondre aux questions les plus fréquemment posées sur l'éducation sans laisse, je voudrais vous prévenir : il suffit d'une erreur pour perdre votre chiot. Tant qu'il n'est pas devenu un expert du hors-laisse, il peut rester perplexe. Ou il peut faire une petite comédie et vous quitter en sautant juste pour s'amuser. Vous devez donc effectuer tout le dressage initial dans un espace clos. Ne prenez aucun risque tant que votre chiot n'est pas totalement fiable.

Vous vous posez peut-être beaucoup de questions sur le dressage hors laisse. Voici les questions qui me sont posées le plus souvent :

- **Quand puis-je savoir que je peux faire confiance à mon chien hors laisse ?** Vous devez le sentir. Ce n'est jamais facile au début ; certains jours, vous obtenez une réaction rapide et heureuse ; d'autres jours se passent davantage comme votre première leçon ensemble. Mais restez calme – l'énervement est un signe de faiblesse, et vous pourriez facilement perdre le respect de votre chien. Vous constaterez progressivement que l'hésitation de votre chien diminue. Il réagit avec bonheur, sans se poser de question, et vous éprouverez le sentiment plaisant qu'il aime être près de vous et vous écouter. Jusqu'à ce stade, gardez votre chiot dans un endroit clos ou faites-lui porter une longe traînante pendant vos exercices de sorte que s'il commence à faire des siennes, vous puissiez faire aussitôt machine arrière. Et n'hésitez jamais à revenir aux exercices à la longe ou en laisse pour de rapides révisions.
- **Je suis tellement déçue quand mon chiot m'ignore que j'ai parfois envie de le frapper. Est-ce que je peux le faire ?** Avoir envie de le frapper est acceptable. Le frapper effectivement ne l'est pas. En frappant votre chien, vous nuisez à votre relation et vous réduisez sa confiance hors laisse. Si vous êtes vraiment fâché, partez tranquillement. Une retraite élégante n'est pas une défaite.
- **Mon chiot rompt son immobilité chaque fois que je le laisse dans une position « Assis, pas bouger » avec sa laisse rétractable. Que puis-je faire ?** Augmentez lentement la distance. Par exemple, si votre chiot se lève chaque fois que vous vous éloignez de 5 mètres, faites l'exercice à 3 mètres pendant une semaine, puis à 3,50 m, puis à 4 mètres, et ainsi de suite.

TRUC

En outre, ne regardez pas votre chiot en vous éloignant. Marcher en reculant suscite une réponse à l'ordre « Viens ». Éloignez-vous en toute confiance en tournant le dos à votre chiot et pivotez une fois arrivé à votre destination finale. Rappelez-lui « Pas bouger ».

- **Parfois mon chien s'accroupit et aboie après moi. Comment puis-je le faire cesser ?** Ne le regardez pas. Il essaie de transformer en jeu le dur travail que vous avez accompli. Ignorez-le jusqu'à ce qu'il abandonne son comportement foufou. Travaillez en laisse à de faibles distances s'il devient impossible.

Salutations entre chiens

Si vous rencontrez un chien hors laisse, restez calme. Toute tension peut être mal interprétée, poussant des chiens normalement pacifiques à se bagarrer. Voici à quoi vous devez vous attendre :

- **Salutations normales** : quand ils se rencontrent pour la première fois, il est normal que les chiens adoptent toutes sortes de postures exagérées, pouvant inclure des poils hérissés, des battements de queue, des sauts, des bousculades avec la patte, des grognements, des regards menaçants ou des prises de gueule. Quand deux chiens se rencontrent dans un espace découvert, ils accourent généralement l'un vers l'autre selon des orientations différentes et tournent en rond pour déterminer qui doit être maître. Lorsque les rôles sont déterminés, on peut s'attendre à ce que les chiens s'entendent bien sauf si une intervention humaine vient tendre la situation.
- **Salutations anormales** : un chien ne court pas normalement en ligne droite corps tendu sur un autre chien. Ce comportement dénote une attaque, qui peut être le fait d'une chienne protégeant ses petits ou ce qu'elle perçoit comme étant son territoire. On observe de temps à autre ces réactions chez des chiens médiocrement socialisés ou qui ont connu un isolement excessif. Quand ce type de confrontation se produit, le seul espoir est que l'autre chien se couche en signe de totale soumission ou fasse demi-tour et s'enfuie, ce qui peut se produire ou non. Si la situation le permet, battez en retraite immédiatement devant le chien agressif. Encouragez votre chiot à éviter tout contact visuel direct (et regardez ailleurs vous-même), qui serait perçu comme une confrontation.

- **Les longes ne se prennent-elles pas dans les arbres et les portes ? Oui, cela se produit**. Attachez toutes les cordes au collier du chiot et ne laissez jamais votre chiot sans surveillance. Par précaution et si cela vous inquiète vous pouvez acquérir sur *www.animalinboutique.fr* un collier anti-étranglement, ce collier soumis à une forte pression se déclenche et libère votre chien.

- **Quand je mets une laisse courte à mon chiot, je ne peux pas m'approcher de lui**. Dois-je y renoncer ? Vous devriez travailler avec la laisse traînée par le chiot encore pendant une ou deux semaines. Quand vous essaierez de nouveau la laisse courte, mettez-la avec la laisse qui traîne et corrigez votre chiot en marchant sur la laisse s'il se sauve.

N'OUBLIEZ PAS !

Vous ne devez jamais vous exercer au travail hors laisse dans un espace non clos. Votre chiot est un bijou fragile que vous devez protéger.

Quatrième partie

Problèmes de comportement

« Couché, Skippy, couché ! Michel s'est donné *tant* de mal pour socialiser ce chien pour que nous puissions recevoir des gens sans être embarrassés, mais à l'évidence il a encore besoin de quelques leçons. »

Dans cette partie...

Dans cette partie, vous découvrez la manière de surmonter les difficultés quotidiennes – apprendre à votre chiot ce qu'il peut mâchonner, où faire ses besoins, ainsi que les bonnes manières qui feront de lui le chiot préféré du quartier. Vous y trouverez aussi des indications sur les remèdes à l'agression, à l'anxiété provoquée par la séparation et à d'autres comportements inacceptables en société.

Chapitre 16

Les soucis quotidiens

Dans ce chapitre :

- Comment traiter le problème du mâchonnement
- Que faire si votre chiot mordille ou prend votre bras ou votre main dans sa gueule
- Remèdes pour le chiot qui saute
- La meilleure façon d'éduquer votre chiot

Personne n'aime avoir des tapis abîmés par le mâchonnement des chiots, des portes griffées ou des visiteurs cherchant à éviter un chiot qui leur saute dessus quand vous ouvrez la porte. Le premier pas vers la résolution de ces difficultés, c'est de comprendre que vous et votre chiot ne partagez pas la même vision du monde. Par exemple, quand votre chiot saute après des visiteurs, il vit avec la plus grande joie chacune des minutes de chaos durant lesquelles vous essayez de l'obliger à rester par terre. Et bien que vous n'en soyez pas conscient, le mâchonnement d'un tapis est habituellement un signe d'ennui, d'anxiété ou de dents qui percent. Pour faire disparaître les comportements qui vous déplaisent, vous devez les examiner du point de vue de votre chiot, après quoi vous devrez modifier *votre* comportement pour changer ses réactions.

Dans ce chapitre, je traite le mâchonnement, les sauts, l'aboiement, et la fuite après vol d'objet. (Les infractions graves sont traitées au chapitre XVIII.) La façon de remédier à ces comportements n'est pas très compliquée, à condition de suivre quelques principes directeurs. En suivant les conseils donnés dans ce chapitre, vous observerez des changements positifs dans les comportements et les réactions de votre chiot.

Trois ingrédients d'une bonne correction

Une bonne correction ne doit jamais être perçue comme venant de vous. Pouvez-vous imaginer un gorille de 180 kilos courant, criant ou vous bousculant ? Eh bien, c'est exactement ainsi que vous êtes perçu par votre chiot. Quand vous corrigez votre chiot, vous ne décelez aucune compréhension dans son expression – ce que vous y voyez, c'est de la peur pure et simple. Si votre but est d'apprendre à votre chiot d'éviter certains comportements, faites très attention à la manière dont il perçoit vos réactions, puis modifiez-les pour qu'elles comportent les trois ingrédients d'une correction vraiment utile :

- Elle doit être perçue comme venant de l'environnement, non de vous.
- Elle doit provoquer l'arrêt immédiat de l'interaction.
- Elle implique de diriger l'attention du chiot par un moyen verbal ou physique vers une activité de substitution plus appropriée, récompensée par le rétablissement du lien avec vous.

L'attention (négative ou positive) renforçant le comportement, il est facile de voir pourquoi on peut interrompre une activité par le simple fait de supprimer l'interaction. Une réaction environnementale peut inclure la secousse de la laisse que l'on tire, un jet d'une bouteille de spray ou un bruit violent, comme celui obtenu en secouant une boîte de conserve remplie de pièces de monnaie ou un avertisseur de voiture bruyant. Je vous propose des interruptions spécifiques pour chaque section, mais n'oubliez pas, après l'interruption, de diriger votre chiot vers une autre activité qui rétablit son contact avec vous.

Stopper la frénésie du mâchonnement

Mâchouiller est une chose que font les chiots. Ils ne font pas la différence entre un pied de table, la tête d'une poupée ou un marron. Comme les enfants, ils sont curieux du monde qui les entoure, et ils adorent explorer. Les enfants explorent avec les mains, et les chiots avec la gueule. En outre, les chiots font leurs dents entre 3 mois et 11 mois. Au cours de cette période, ils peuvent se faire les dents sur vos meubles ou sur vos chaussures préférées pour soulager leur inconfort. Pour prévenir d'éventuelles destructions, donnez des jouets faits pour être mâchouillés (type Kong) et encouragez leur utilisation. En même temps, soyez patient et utilisez les techniques éprouvées décrites dans cette section.

Procurez-vous un spray répulsif pour chien – en quantité

Les spray répulsifs, qui ont une substance au mauvais goût, s'achètent dans la plupart des magasins pour animaux de compagnie. Si vous surprenez votre chiot en train de mordiller les meubles proches de son emplacement, aspergez-les tous en évitant d'en mettre sur son lit et son os. De même, s'il ronge d'autres objets comme des fils électriques ou de téléphone, approchez discrètement de votre chiot et mettez-en sur ce qu'il est en train de grignoter. Vous devez toujours lui fournir un autre objet à grignoter après l'avoir découragé, et donc après avoir traité un objet au spray répulsif, dirigez-le vers son os.

Que vous le croyiez ou non, certains chiots aiment le goût de certains sprays répulsifs. Si votre chiot est membre fondateur de ce club, essayez le jus de poivron rouge avec un peu d'ail ou de Tabasco. N'hésitez pas cependant à changer de marque.

Offrez un jouet principal et un surplus de surprises

Trop d'objets parmi lesquels choisir peut troubler votre chiot. Choisissez un jouet ou un os qui satisfait le besoin de mâchouillement de votre chiot, achetez-en de multiples exemplaires, et éparpillez-les dans la maison pour qu'ils soient rapidement accessibles. Voici quelques autres suggestions :

- Gardez votre collection de jouets dans un endroit particulier (un coffre ou un tiroir spécifique), et sortez-en un pour les occasions spéciales d'interaction.
- Affectez un jouet exclusivement aux salutations. J'utilise un os creux garni de pâte alimentaire Kong spécial chiot. (Voir annexe Carnet d'adresses.)

Ayez conscience du phénomène de la mise en valeur sur l'objet

Si vous criez contre votre chiot *après* qu'il a commencé à se saisir d'un objet qu'il ne devrait pas prendre, vous ne faites que nuire à votre relation avec lui. Crier après indique la valeur de l'objet – ce dont le chiot s'est saisi est précieux, car vous le défiez pour le lui reprendre. Si la punition intervient trop tard, votre chiot pense : « Ce que j'ai est formidable – tout le monde veut me le prendre ! »

Au lieu de punir après coup, mettez en scène des situations vous permettant de corriger le processus de pensée de votre chiot (voir la section suivante « Corrigez le processus de pensée »). Vous pouvez aussi utiliser des boîtes à récompenses (voir « Utilisez des boîtes à récompenses quand votre chiot est pris sur le fait », plus loin dans cette section).

Corrigez le processus de pensée

Corriger un chiot de moins de 12 semaines s'apparente à la maltraitance des enfants. Bien sûr, il peut donner l'impression de comprendre qu'il ferait mieux de ne pas déchirer le mouchoir brodé hérité de votre grand-mère, mais j'ai une nouvelle pour vous : il est seulement terrifié. Mettez la situation en perspective : imaginez un monstre géant qui vous poursuit en proférant des épithètes inintelligibles. Ce ne serait pas trop agréable, n'est-ce pas ?

Corriger un chiot de n'importe quel âge après coup est inefficace et nuit à votre relation. En revanche, corriger le processus de pensée – et ensuite s'en prendre à l'objet intéressant – place la focalisation négative en dehors de votre relation.

Mettez en scène une situation comportant une chose qui obsède votre chiot – des mouchoirs en papier, une chaussure, une poupée Barbie ou n'importe quoi d'autre qui l'attire particulièrement – et déroulez les étapes ci-après :

1. **Tandis que votre chiot se repose, placez l'objet sur le sol au beau milieu d'une autre pièce.**
2. **Amenez votre chiot en laisse jusqu'à l'objet.**
3. **L'instant où votre chiot remarque l'objet, dites « Non » et stoppez net.**
4. **Ramassez l'objet sans regarder votre chiot (voir figure 16.1).**

Figure 16.1 : « Vilaine chaussette ! » Criez après l'objet, pas après votre chiot.

Vous avez bien lu : dirigez votre réprimande sur l'objet, pas contre votre chiot. Vous réalisez la version chiot – qui met l'accent non sur l'idée qu'il fait une faute, mais sur le fait que l'objet est dangereux pour lui.

5. **Marchez de nouveau auprès de l'objet.**

   Votre chiot doit l'éviter comme la peste (voir figure 16.2). S'il ne le fait pas, pensez à son âge – il peut être trop impulsif pour assimiler cette leçon (attendez un mois et recommencez cette séquence), vous l'avez peut-être regardé, ou peut-être votre timing était décalé. Dites « Non » tandis que votre chiot approche de l'objet et rangez l'objet en exprimant votre mécontentement mais tout en prenant soin de ne pas regarder votre chiot.

Figure 16.2 : « Quelle chaussette ? » Si vous disputez un objet, ensuite votre chiot l'évitera.

Ne faites pas cet exercice hors laisse. Si vous ne pouvez pas le contenir, il risque de se mettre à danser et à partir comme une flèche, transformant cette leçon en une partie de cache-cache.

Utilisez cette technique pour intercepter votre chiot au cours de son processus de pensée. S'il a déjà un objet dans la gueule, c'est trop tard. Restez très calme à ce stade et concentrez-vous sur l'idée de lui apprendre à partager ce qu'il a trouvé plutôt que de convoiter les objets. Vous pouvez y arriver en utilisant une laisse traînante (voir chapitre V) et vous pouvez faire ce que je fais, qui est d'apprendre à mes chiots à partager leurs trésors en secouant une tasse de boîte à récompenses – pour plus d'informations, continuez à lire.

Utilisez des boîtes à récompenses quand votre chiot est pris sur le fait

Faire une boîte à récompenses est facile ; reportez-vous au chapitre XI pour des indications plus spécifiques. Si votre chiot n'a pas encore appris ce qu'est une boîte à récompenses, secouez-la et offrez-lui des friandises jusqu'à ce qu'il associe le son au fait de recevoir une friandise. Placez ensuite des boîtes à récompenses partout dans la maison. Pour que le son soit le même, utilisez le même type de récipient dans toutes les pièces. Les récipients en plastique des traiteurs sont les plus efficaces.

TRUC

En premier lieu vous devez faire comprendre à votre chiot que votre approche mettant en jeu une boîte à récompenses est une bonne chose. Pour ce faire, chaque fois que votre chiot grignote un objet acceptable, allez le voir en secouant la tasse, dites « Donne », offrez-lui une friandise, et partez. Quand votre chiot prend son repas, secouez la tasse, dites « Donne », donnez-lui une friandise, et partez.

Quand il a compris que votre approche n'est pas menaçante, la prochaine fois que votre chiot prend un objet que vous ne voulez pas qu'il prenne, trouvez une boîte à récompenses, secouez-la et dites « Donne » en lui offrant une friandise. Félicitez-le quand il lâche l'objet et aidez-le à trouver un jouet à mâchouiller. Vous pouvez dire alors « Où est ton os ? » pour l'encourager. Je peux entendre certains d'entre vous me demander : « La récompense n'encourage-t-elle pas le comportement en question ? » Bien que cette technique ne décourage pas le chiot de recommencer, elle l'encourage à partager ses trésors, ce qui peut vous épargner bien des dépenses de remplacement. Un système de restitution est préférable à un chiot destructeur.

TRUC

Considérez tous les objets dont votre chiot s'empare, qu'ils soient bons ou mauvais, comme des trésors, et il sera beaucoup plus coopératif. Pensez à être beaucoup plus engageant pour l'inciter à donner quand il joue avec son jouet. En grandissant, il sera moins focalisé sur les « choses » et plus intéressé par ce qui contribue à votre satisfaction mutuelle.

Dites calmement au revoir aux objets détruits par votre chiot

Si votre chiot a détruit quelque chose, renoncez-y. Crier ou battre votre chiot ne ferait que le rendre nerveux et l'effrayer, et il détruirait encore davantage. Tout propriétaire de chiot peut sympathiser avec vous, et je connais par expérience la colère que vous pouvez éprouver, mais ne la retournez pas contre votre chiot. Il ne peut pas comprendre.

La gueule de votre chiot est l'équivalent de vos mains ; si votre chiot est nerveux ou agité, il mordille. Je suis sûre que si votre chiot pouvait surfer sur le Net, regarder les feuilletons à la télé ou se tourner les pouces, il le ferait, mais il ne le peut pas, et mâchouiller doit lui suffire.

Contrôler la prise dans la gueule et le mordillement

La prise dans la gueule et le mordillement sont deux comportements différents. La *prise dans la gueule* n'est qu'une infraction mineure. Quand votre chiot vous prend la main ou le bras dans la gueule, il vous communique un besoin, vous fait part de son embarras ou vous invite à une interaction ludique. Bien que la prise dans la gueule serre moins fort que le mordillement et soit moins désagréable, elle n'est tout de même pas plaisante. Le *mordillement* par contre est une activité que pratiquent tous les jeunes chiots ; il est à la fois interactif et ludique. (Mais si vous avez un chiot assez âgé qui continue de le faire, lisez le chapitre XVIII sur l'agression.) Les chiots plus âgés qui mordillent sont tyranniques et manipulateurs et ont besoin d'un régime plus ferme. La prise dans la gueule communique le plus souvent un besoin. Cependant, elle est aussi fréquemment utilisée pour attirer l'attention. Si votre chiot s'en sert pour réclamer une petite tape amicale, ignorez-le. Faites comme s'il n'était pas là. Évitez tout contact visuel, tout commentaire, et ne le repoussez pas. L'interaction implique le contact visuel et une manipulation physique – ce qui n'est pas bon, le chiot obtenant ainsi l'attention qu'il recherchait serait récompensé. Ensuite dirigez votre chiot vers un os ou un jouet, et si vous le pouvez, prenez quelques minutes pour jouer avec lui ou l'emmener faire ses besoins.

Les chiots interprètent la discipline comme un jeu impliquant une confrontation. Des corrections corporelles excessives entraînent l'agression, et il est plus sage de garder son calme.

Mordiller est différent de prendre avec la gueule (un mordillement avec de petites dents pointues peut faire mal !), et c'est un autre de ces comportements de jeune chiot que vous devez détourner vers d'autres cibles. Comprenez ceci : quand votre chiot vivait avec ses compagnons de la même portée, il mordillait au cours des jeux. Quand vous amenez le chiot chez vous, ce comportement persiste.

Ce que votre chiot veut déterminer, c'est qui est un chiot et qui n'en est pas un. La réponse détermine le style de prise dans la gueule et de mordillement qu'il utilise : doux ou ludique. Habituellement, tout le monde se voit classer dans la catégorie des chiots. Pourquoi ? D'abord, la plupart des gens retirent la main quand ils se font mordiller. Pour un humain, retirer la main est une manière de se défendre ; pour un chiot, en revanche, c'est une invitation à jouer. Même si vous deviez corriger votre jeune chiot, il ne comprendrait pas (ce serait comme si vous corrigiez un bébé d'un an qui vous tire les cheveux). Alors que devez-vous faire ? Bonne question. Ce que vous faites dépend de l'âge de votre chiot. Lisez la section suivante pour voir comment corriger votre chiot.

Corriger des chiots de moins de 16 semaines

Les jeunes chiots pratiquent beaucoup la prise dans la gueule. Ils le font en jouant, mais aussi pour communiquer leurs besoins. Si votre chiot commence à vous prendre avec sa gueule, demandez-vous : a-t-il faim ou soif ? A-t-il besoin d'éliminer ? A-t-il sommeil ? Veut-il jouer ? Souvenez-vous que les chiots vous prennent avec leur gueule quand ils ressentent un besoin (comme un bébé qui pleure). Donc, si votre chiot n'arrête pas de vous prendre avec sa gueule, demandez-vous s'il n'a pas besoin de quelque chose, comme de sortir ou de boire.

N'OUBLIEZ PAS !

Les corrections corporelles sont interprétées comme une confrontation ludique, et peuvent provoquer l'escalade de la prise dans la gueule jusqu'au mordillement, par une réaction défensive à la correction.

Les conseils ci-après peuvent vous aider à contrôler la prise dans la gueule et le mordillement :

- Si votre chiot n'a besoin de rien mais n'arrête pas pour autant, mettez-le dans son parc ou isolez-le avec un os favori. Ne le disputez pas, amenez-le tranquillement à sa place.
- Chaque fois que votre chiot vous lèche, félicitez-le en lui accordant de l'attention.
- Refusez-lui votre attention s'il vous mordille doucement. Laissez votre main immobile, car la retirer serait une invitation à jouer et à mordiller plus fort.
- Si votre chiot se met à mordiller fort, tournez-vous brusquement, dites « Hep, hep » et regardez-le dans les yeux pendant deux secondes. Du seul fait que vous ne le regardez pas souvent, ce regard intense le surprendra. Tout aussi rapidement, revenez à votre comportement normal.

  S'il persiste, placez-le dans un endroit tranquille pour qu'il se calme.

Correction de chiots de plus de 16 semaines

Si vous avez un chiot Peter Pan, qui mordille toujours après l'âge de 16 semaines, vous devez maintenant commencer à lui faire perdre cette habitude. Il continuera (encore quelques semaines), mais vous devez lui faire comprendre que c'est inacceptable. Voici quelques conseils pour y parvenir :

- **Arrêtez tous les jeux impliquant un défi ou trop d'excitation**. Ces jeux comprennent la lutte, le tir à la corde, poursuivre votre chiot, et le taquiner. En pratiquant ce genre d'activité, vous envoyez un mauvais message. Ces jeux apprennent aux chiots à vous défier et à serrer les dents très fort sur *n'importe quel* objet – une laisse, le linge, votre chemise, voire votre peau. Vous trouverez des jeux d'une autre sorte au chapitre XXIII.
- **Découragez tout mordillement, qu'il s'agisse d'un coup de dent sur votre bras ou d'un grignotage de votre doigt**. Les dents n'ont rien à faire sur la peau humaine, point final.
- **Mettez en œuvre les exercices de conduite des chapitres XIII et XIV**. Il est temps que vous commenciez à structurer vos interactions.
- **Maintenez une laisse sur votre chiot afin d'avoir un moyen de le diriger tout en évitant la confrontation physique**. Si votre chiot ne porte pas de laisse, attachez une laisse traînante à son collier.
- **Si votre chiot se met à vous prendre avec la gueule, tournez-vous vers lui et utilisez sa laisse ou son collier pour l'éloigner de votre corps, ou appliquez un spray buccal sur l'endroit qu'il prend dans sa gueule**. Ne fixez pas votre chiot quand vous le corrigez – il prendrait alors votre intervention comme un jeu impliquant la confrontation.
- **S'il continue de mordiller, posez-vous ces questions** : ai-je l'air convaincant ? Est-ce que je le tire ? (Tirer encourage le jeu.) Mon chiot me prend-il au sérieux ? Vous pouvez avoir besoin de plus de dressage avant de gagner son respect. Veuillez vous référer aux exercices des chapitres XIII et XIV.

  Si cette habitude ne diminue pas en intensité, contactez rapidement un professionnel (voir annexe Carnet d'adresses).

Corriger le chiot qui se sauve avec un objet dans la gueule

Les chiots étant des chiots, il est inévitable qu'ils attrapent des choses et souvent se sauvent avec. Si ce qu'ils prennent est une balle ou un jouet couineur, vous n'avez pas de problème. Mais si c'est vos enfants ou vos vêtements, c'est un vrai problème. Vous devez donc apprendre au chiot ce qu'il est acceptable d'attraper pour tirer dessus et ce qui est interdit.

À l'assaut du peignoir de bain

Si votre chiot est un attrapeur de vêtements, diluez un peu de spray répulsif dans un nébuliseur pour les plantes et ayez-le avec vous quand vous suspectez un assaut. Ne vous retournez pas et ne faites pas face à votre chiot quand il saute après vos vêtements (il interpréterait cela comme une confrontation). Sans le regarder ni réagir, mettez du spray sur vos vêtements pendant que votre chiot déclenche cette interaction, et continuez de marcher.

Si le problème persiste, demandez de l'aide maintenant. Il peut déboucher sur l'agression après la puberté. Ce n'est pas une plaisanterie.

Le poursuiveur d'enfants

Des enfants qui courent dans le jardin, dans un appartement ou une maison sont une grande tentation. Si vous étiez un chiot, vous sauteriez et vous mordilleriez vous aussi. Comme vous ne pouvez pas apprendre aux enfants de cesser d'être des enfants, vous devez aider votre chiot à contrôler ses impulsions. Suivez les indications ci-après :

1. **Mettez votre chiot en laisse et demandez aux enfants de courir devant vous.**
2. **Chaque fois que votre chiot semble tenté de foncer sur eux, retenez-le et dites « Ch... ».**
3. **Répétez l'opération aussi souvent que nécessaire pour reprendre le contrôle.**

Après avoir apprivoisé votre chiot à l'intérieur, répétez les opérations à l'extérieur : d'abord en laisse, puis en longe.

Stopper l'élan du joyeux sauteur

Tout le monde connaît un sauteur – le sauteur qui vous renverse quand vous arrivez, le sauteur aux pattes pleines de boue qui grimpe sur le canapé, et le renifleur des surfaces de travail de la cuisine. La première étape en vue de la résolution du problème est d'en comprendre la genèse. Une fois de plus, ce n'est pas la faute du chiot. Les chiots nous perçoivent comme d'autres chiots, et le contact visuel est un important moyen de communication canine. Nos yeux sont plus hauts que les leurs, et donc pour être aimables et nous saluer correctement, ils pensent qu'ils doivent sauter. La première fois que votre chiot saute vers vous, vous le serrez dans vos bras parce que vous le trouvez tellement mignon. Mais vers la dixième fois, vous vous rendez compte que sauter ainsi n'est pas mignon. Le chiot se fait habituellement repousser. Mais qu'est-ce qu'une poussée pour un chiot ? Vous l'avez deviné : jeu à base de confrontation. Le chiot saute plus haut et plus fort la fois suivante. Alors vous essayez de repousser ses pattes avec les pieds, de les attraper avec les mains et de crier – et bien sûr, toutes ces actions ont le même effet. Après toutes ces bousculades, votre chiot pense que sauter est très interactif et très amusant.

Les chiots qui sautent ont besoin d'apprendre la *règle des quatre pattes*, qui veut dire que l'on ne fait attention à eux que lorsqu'ils ont les quatre pattes sur le sol. Cela dit, tout le monde dans votre maison doit respecter cette règle – y compris les amis et les visiteurs. Pour que votre chiot comprenne que la règle des quatre pattes s'applique partout et avec tout le monde, il ne faut pas d'exception ! Vous découvrirez que votre chiot n'est pas le plus difficile à éduquer !

Tu es rentré ! Tu es rentré !

La meilleure façon de remédier aux sauts quand vous rentrez chez vous est d'ignorer votre chiot. Essayez pendant une semaine, en appliquant les suggestions ci-après :

- Rentrez chez vous et ignorez votre chiot jusqu'à ce qu'il ait abandonné sa manie de sauter.
- Placez un panier contenant des balles ou des jouets couineurs près de la porte. En rentrant, jetez-en un sur le sol pour diriger ailleurs que sur vous l'énergie de votre chiot.
- Si votre chiot est dans son parc, ne le laissez pas sortir immédiatement ; attendez qu'il soit calme.

Si vous avez un grand chiot ou un sauteur très persistant, vous avez une solution, mettez un long manteau pour vous protéger de ses sauts (en les ignorant). Que cela prenne deux ou vingt minutes, vaquez à vos occupations jusqu'à ce que votre chiot se calme. Les meilleures leçons sont les conclusions que votre chiot tire de lui-même : si s'asseoir attire votre attention, il s'assiéra !

Si vous avez des enfants, quand le chiot saute, dites-leur de « fermer la boutique », et faites de même. Croisez les bras sur votre poitrine et regardez le ciel (voir figure 16.3). Ne regardez pas vers le bas tant que la route n'est pas libre. Souvenez-vous que la cohérence est la clé de la réussite. Si un seul membre de la famille applique le programme tandis que les autres encouragent les sauts, votre chiot va tester tous les visiteurs en sautant sur eux.

Figure 16.3 : Fermez la boutique jusqu'à ce que votre chiot se calme.

N'OUBLIEZ PAS !

Les chiots imitent le niveau d'énergie de leurs leaders. Si vous rentrez chez vous et trouvez un chiot excité, et si vous êtes excité vous aussi, le message que vous envoyez ainsi est que son excitation est acceptable. C'est pourquoi vous devez entrer tranquillement et attendre que votre chiot soit calmé pour le saluer.

Nous avons de la visite !

La sonnette de la porte retentit, et voici ce qui arrive : votre chiot court à la porte, jetant ses pattes en l'air, saute après les visiteurs, et comme tous les regards sont braqués sur lui, il est encore plus excité – jusqu'au moment où vous le traînez jusqu'au sous-sol. Puis vous vous excusez auprès de vos visiteurs, qui sans doute se demandent pourquoi vous ne dressez pas votre chiot exalté. Embêtant. C'est un scénario classique. Personne n'a le contrôle de la situation. Personne n'est à l'aise, sauf peut-être le chiot. Mais son contentement cesse si vous êtes obligé de l'isoler. Heureusement, vous pouvez faire autrement. Vous devez tout d'abord fixer une manière d'opérer et apprendre à votre entourage à la respecter dans ses relations avec le chiot – ce peut être le plus difficile !

- Pratiquez des mises en scène avec un comparse qui sonne à la porte.
- Procédez à la contre-réaction.
- Créez un poste de salutation des visiteurs.
- Réservez un jouet aux salutations.

Reportez-vous au chapitre XIII pour découvrir les détails de ces stratégies. Si vous êtes assis, « ancrez » votre chiot jusqu'à ce qu'il soit suffisamment calme pour saluer vos visiteurs. (Le chapitre XIII donne des précisions sur l'ancrage.)

Attention, s'il te plaît !

Si vous pouvez ignorer votre chiot, le traitement par le silence est la réaction la plus efficace à ses demandes d'attention intempestives. Si je vous harcelais pour que vous fassiez avec moi une partie de Parcheesi et si vous ne leviez pas la tête une seule fois, j'irais m'amuser ailleurs. Quand votre chiot a fini de sauter, encouragez-le en disant « Va chercher ton jouet ! » et laissez-le s'intéresser au jouet.

TRUC

Si votre chiot insiste vraiment trop, gardez une laisse (courte ou longue) attachée à son collier. Quand il saute, attrapez la laisse et stoppez le chiot rapidement sur le côté en continuant de l'ignorer (pas de contact visuel, de langage corporel ni de correction verbale).

Le fait de l'arrêter dans son interaction dit : « Comment oses-tu » d'une manière extrêmement passive ; elle n'est ni violente ni cruelle. Vous attrapez simplement le collier ou la laisse avec le pouce et l'index et vous tirez votre chiot sur un côté. Vous pouvez avoir à effectuer ce geste plusieurs fois avant que votre chiot ne comprenne le message. Quand il finit par s'asseoir, perplexe, serrez-le un bon coup dans les bras.

Je veux voir ce qu'il y a sur ce meuble de cuisine, moi aussi

Flairer les surfaces de travail d'une cuisine est une mauvaise habitude difficile à faire perdre. Les corrections directes encouragent en fait ce comportement derrière votre dos. Vous pourriez penser que le chiot prend des objets pour se venger, mais il n'en est rien.

La raison pour laquelle votre chiot prend des choses quand vous avez le dos tourné ou quand vous quittez la pièce est qu'il peut ainsi éviter un défi : votre chiot voit vos yeux et votre gueule (les mains sont l'équivalent de la gueule dans le monde chiot) en relation toute la journée avec des objets sur les surfaces de travail de la cuisine. Quand il vous copie, vous aboyez (crier est la même chose qu'aboyer dans le monde chiot) et vous le défiez d'attraper ce qu'il y a sur le meuble de cuisine. Voyez-vous le message canin ? « Ce qu'il y a sur ce meuble doit être formidable, et je ferais mieux de le prendre quand personne ne regarde, sinon je devrai le rendre. » Procédez de la manière suivante pour régler ce problème avec dignité :

1. **Placez quelque chose de tentant sur un meuble et amenez votre chiot en laisse dans la cuisine.**
2. **Dès que votre chiot lève les yeux en vue de flairer le dessus du meuble, dites « Non » et placez-vous entre le meuble et votre chiot.**
3. **Continuez de travailler dans la cuisine, et soyez prêt à intervenir si votre chiot regarde avec envie vers le dessus du meuble de cuisine. S'il le fait, répétez l'étape 2.**

Si votre chiot a déjà sauté sur le meuble, il est trop tard pour le corriger. Faites-le descendre calmement mais fermement. Crier ou pousser votre chiot quand il est déjà sur le meuble en possession de quelque chose ne fera que renforcer son comportement. Après tout, le toucher revient à lui accorder votre attention.

Si la préparation des repas intéresse trop votre chiot, renvoyez-le à sa place pendant que vous faites la cuisine (voir au chapitre XIII les conseils relatifs au « stationnement »).

Ce canapé a vraiment l'air confortable

La plupart des gens invitent les chiots sur leurs fauteuils ou leurs canapés et le regrettent plus tard. Si vous avez un chiot et si vous ne voulez pas le voir tout le temps sur vos fauteuils et canapés, faites-vous une faveur et découragez ce comportement dès le départ.

Apprendre aux jeunes chiots à rester au sol

Si votre délinquant est très jeune, l'habitude n'est pas trop difficile à briser, dès lors que vous êtes systématique. Voici les étapes d'apprentissage :

1. **Mettez votre chiot en laisse et marchez jusqu'à votre lit ou votre canapé.**
2. **À la seconde où il se prépare à sauter, tirez-le doucement en arrière et dites : « Non ! »**

3. **Encouragez-le à s'asseoir, et dès qu'il le fait, caressez-le.**
4. **Marchez de long en large jusqu'à ce qu'il s'asseye.**

Après avoir obtenu ce premier résultat, essayez les mêmes manœuvres avec un membre de la famille assis sur le canapé ou le lit :

1. **Conduisez le chiot jusqu'au canapé ou au lit et asseyez-vous y vous-même.**
2. **S'il se prépare à sauter, barrez-lui le passage et ignorez-le jusqu'à ce qu'il s'asseye tranquillement.**
3. **Récompensez sa coopération par un jouet qu'il peut mâchouiller.**

Les jeunes chiots doivent être éduqués à rester au sol parce que le fait de vous voir au-dessus d'eux, sur un canapé ou un lit, leur communique votre autorité passivement. Quand votre chiot grandit, vous pouvez le dresser à ne venir sur un canapé ou un fauteuil qu'avec une permission, selon le processus décrit plus loin dans cette section.

Soyez juste – installez un coin de jeu à proximité pour que votre chiot se sente bienvenu et dirigé quand vous vous reposez dans un fauteuil ou un canapé. (Voir l'aménagement de stations de jeu au chapitre XIII.)

L'apprentissage de la permission pour les chiots plus âgés

À vrai dire, j'aime me pelotonner avec mes chiens sur le canapé et parfois même sur le lit – surtout quand je suis malade. Cependant, chacun de mes chiens a appris à ne sauter qu'avec la permission. Est-ce troublant pour un chien ? Pas vraiment. Votre chiot peut apprendre n'importe quoi si vos règles sont cohérentes.

Attendez que votre chiot ait au moins 6 mois pour introduire le concept de « permission ». Jusque-là, vous devez lui apprendre à rester au niveau du sol pour être sûr qu'il respecte votre autorité et ne vous considère pas comme un chiot.

Voici comment apprendre à votre chiot à vous rejoindre sur un fauteuil ou un canapé quand il y est invité :

1. **Pas de fauteuil, de lit ni de canapé pendant une semaine.**

   Ce point est important pour vous permettre d'acquérir le respect et l'attention de votre chiot. Suivez les indications de la section traitant la façon d'apprendre au chiot à rester au sol.

2. **Amenez votre chiot près du canapé ou du lit et donnez-lui les ordres « Assis » et « Attends ».**

   Rester assis et vous regarder est la façon dont votre chiot doit apprendre à demander la permission de vous rejoindre (voir figure 16.4).

3. **Ensuite, tapez sur le coussin et dites « Saute ».**

   Il s'immobilisera et aura l'air perplexe.

4. **Guidez-le doucement jusqu'à vous et caressez-le tendrement.**

5. **Après cinq à dix minutes, faites-le partir du canapé ou du lit et dites « Descends ».**

Figure 16.4 : Votre chiot doit demander la permission de vous rejoindre en s'asseyant et en vous regardant.

Ne l'invitez qu'une ou deux fois par jour. Le reste du temps, dirigez-le vers son emplacement en disant « Va à ta place ».

Si votre chiot s'excite quand il est sur un canapé, il est trop jeune pour contrôler l'exaltation que lui procure sa présence à votre niveau. Attendez deux mois avant de réessayer l'apprentissage de la permission.

Remédier à la résistance à la laisse

Que votre chiot vous tire ou qu'il refuse d'avancer, le résultat est négatif pour vous comme pour lui : promener votre chien devient une corvée est ses aptitudes sociales s'en trouveront fortement réduites.

Le chiot qui fonce et tire

Un chien qui vous tire au bout de la laisse est difficile à contrôler. Cette situation n'est ni drôle ni plaisante à voir, et vous attire des commentaires des passants du genre : « Lequel promène l'autre ? » Un tel spectacle comporte un message qui va au-delà de la promenade elle-même. Les chiens se perçoivent comme responsables de la promenade, et cette vision du monde risque de s'étendre au reste de la journée. Heureusement, si vous êtes pris dans ce cycle, il est relativement facile de le briser. La première mesure est d'acheter un harnais d'éducation à la marche (Voir annexe Carnet d'adresses). Ensuite, réservez du temps pour réapprendre à votre chiot la manière de se comporter en laisse. Commencez dans un environnement où il n'y aura que peu de distractions, et allez progressivement dans des endroits plus fréquentés. Déroulez les étapes suivantes :

1. **Tenez à la main une laisse de 2 mètres ou attachez-la autour de la taille.**
2. **Marchez en ligne droite (voir figure 16.5a). Si votre chiot se précipite devant vous, dites « Doucement » et faites rapidement demi-tour pour aller dans la direction opposée (voir figure 16.5b).**

   S'il ne vous suit pas, le recours au harnais d'éducation à la marche ne lui laissera pas le choix, l'incitant ainsi à faire davantage attention la prochaine fois !
3. **Continuez ces demi-tours jusqu'à ce que votre chien fasse vraiment attention à vous.**
4. **Mettez-vous maintenant à marcher en cercle, et tenez la laisse pour la tirer avec tout le corps si votre chiot recommence à tirer.**

Figure 16.5 : Marchez droit, en faisant demi-tour si votre chiot tire, et félicitez-le quand il vous rattrape.

S'il fait la mule

Si votre chiot se bloque sur le trottoir et refuse de marcher avec vous (n'est-ce pas agréable de promener une mule ?), ne faites pas l'une des deux choses suivantes :

- Le traîner (pour des raisons évidentes)
- Vous retourner pour lui faire face, faire demi-tour ou le prendre dans les bras

Répondre à la résistance de votre chiot par l'indulgence fera de lui un chien qui se laisse aller à une incapacité volontaire. L'indulgence ne lui apprendra pas à vous suivre. Vous disposez de plusieurs options pour mettre un terme à la résistance de votre chiot. Suivez les conseils ci-après :

- Laissez la laisse au collier du chien à l'intérieur pour qu'il la traîne avec lui. Regardez les techniques d'apprentissage de la laisse au chapitre XIII, et mettez-les de nouveau en pratique si nécessaire.
- Attirez-le pour le faire avancer avec un jouet ou une friandise favoris. Augmentez progressivement la distance entre deux renforcements.
- Conditionnez votre chiot au son d'une boîte à récompenses ou d'un clicker. Utilisez ces combinaisons pour encourager votre chiot à aller de l'avant. Avec le clicker, dès que votre chiot avance, vous cliquez et vous le récompensez.
- S'il vous résiste, au lieu de vous tourner vers lui pour lui faire signe d'avancer, agenouillez-vous devant lui (toujours en regardant devant) et tapotez le sol avec le doigt en secouant la boîte à récompenses ou en frappant dans vos mains pour le faire avancer.

Récupérer un fugitif

Si votre chiot s'éloigne de vous en courant, veuillez s'il vous plaît vous demander pourquoi il se sauve. Il peut vous fuir personnellement ou il peut être en train de courir après une autre créature, ce qui est alors probablement dû à sa nature instinctive. S'il appartient à une race prédisposée à poursuivre d'autres créatures, il est de votre responsabilité de le préserver du mal qui pourrait en résulter. Vous devez alors le surveiller en le gardant en laisse, au bout d'une longue corde ou dans un endroit clos.

S'il est clair que votre chiot vous fuit, votre réaction à ce comportement peut empirer les choses. Crier après lui pendant qu'il se sauve ou après que vous êtes réunis ne l'encourage pas à venir vers vous, et même, votre rigueur peut le détourner encore plus de vous. Être avec votre chiot, c'est comme jouer dans une équipe : vous êtes son capitaine. N'aimeriez-vous pas avoir un capitaine qui soit positif et optimiste même quand vous avez commis une faute ? Accordez les mêmes égards à votre chiot.

Veuillez revoir les apprentissages du chapitre XIV, et notamment l'instruction « Viens », qui doit suggérer au chiot le bonheur d'être ensemble.

Il semblerait que j'aie besoin d'aide

Trouver l'assistance adéquate en vue du dressage est essentiel en cas de besoin. Le dressage est un effort commun entre vous et votre chiot. Mes clients seraient les premiers à vous dire que le dressage est un mélange d'actes appropriés – depuis la façon de tenir la laisse, en passant par le ton de votre voix, jusqu'à la façon de vous tenir – qui aident votre chiot à apprendre ce que vous essayez de lui enseigner.

N'OUBLIEZ PAS !

Les conseils gratuits ne paient jamais. Si vous essayez un peu de ceci et un peu de cela, devinez qui en pâtira ? C'est cela – votre chiot. Vous allez rendre fou ce pauvre petit.

Trouver le bon éducateur de chiot

Trouver un bon éducateur – ayant des connaissances approfondies sur le comportement des chiots – peut vraiment vous sauver la vie. Beaucoup de mes clients font appel à moi en désespoir de cause, et finissent par découvrir un merveilleux chiot après avoir modifié leur propre comportement. D'après mon expérience, c'est habituellement le propriétaire du chiot qui a un problème. C'est pourquoi j'éduque le propriétaire, et le chiot se comporte correctement. L'éducation est souvent aussi simple que cela. Si vous avez besoin d'aide pour éduquer votre chiot, recherchez des professionnels dans votre région et appelez dès aujourd'hui. Vous et votre chiot ne regretterez pas cette démarche. Les sections suivantes examinent quelques-unes des options d'éducation qui s'offrent à vous.

Un éducateur en leçon particulière

Je suis une éducatrice spécialisée dans l'éducation des chiots. Cependant, je fais plus qu'éduquer des chiots – j'éduque aussi les gens. Quand vous recherchez un éducateur de chiens de compagnie personnel, cherchez quelqu'un qui vous éduquera (vous ainsi que votre chiot). Voici des éléments de mon éthique éducative, que je vous recommande de rechercher chez tout éducateur personnel :

- Se mettre à la place du client.
- Savoir que le client essaie de faire ce qui convient.
- Comprendre la personnalité du chiot et être attentif à ce que le chiot veut communiquer par son comportement.
- Savoir quand vous ne pouvez pas aider. Être honnête envers le client.
- Aider le client à comprendre pourquoi le chiot se comporte de manière inadéquate. Aider le client à penser à la place de son chiot.

- Aider le client à penser comme un chiot, établir la communication réciproque. (Voir au chapitre VI les indications sur le langage chien.)
- Aider le client à structurer sa maison.
- Enseigner au client la patience, la tolérance, la compréhension et la sympathie. Après tout, il aime visiblement son chiot.

Tous les éducateurs n'exercent pas cette profession pour l'amour du chiot. Je vous suggère de vous méfier et de refuser tout traitement violent sur votre chiot. D'autres éducateurs sont merveilleux avec les chiots mais ne sont pas doués pour communiquer avec les humains. Cherchez quelqu'un qui puisse vous éduquer vous-même aussi bien que votre chiot.

Un éducateur en leçons collectives

L'éducation en groupe peut être un vrai plaisir. Ce peut être aussi le pire cauchemar d'un propriétaire de chiot. Où est la différence ? Non, ce n'est pas votre chiot. Si mauvais que soit le comportement de votre chiot parmi les autres chiots, c'est l'éducateur qui fait ou qui démolit le cours. En explorant différents cours, parlez avec l'éducateur et faites-vous une idée de son style d'éducation.

Voici quelques-unes des questions que vous pouvez poser :

- **Combien de chiots y a-t-il dans le cours ? Les cours sont-ils divisés par âges ou niveaux de cours ?** La taille des cours doit être limitée (je limite les miens à six) et les cours doivent être répartis selon l'âge et l'expérience. J'offre des classes pour chiots de moins de 6 mois, des cours pour chiots inexpérimentés, et pour les plus avancés, des cours de perfectionnement.
- **Avez-vous une race de chiot préférée ou avez-vous l'expérience d'une grande variété de races ?** La réponse peut révéler chez l'éducateur la présence d'un penchant très marqué. Assurez-vous qu'il n'a pas de préjugé sur les races. Votre chiot doit être vu comme une personnalité unique et spéciale, non comme un stéréotype. Votre instructeur doit cependant connaître les tendances spécifiques des races, et vous aider à comprendre le caractère individuel de votre chiot.
- **Qu'enseignez-vous à votre cours ?** Les ordres de base sont indispensables : Au pied, Assis, Pas bouger, Viens, et Couché. Renseignez-vous pour savoir si l'éducateur consacre du temps à des explications sur la façon d'intégrer ces ordres dans votre vie.

Qu'est-ce qui est le mieux – éducation privée ou en groupe ?

Les gens me demandent souvent quelle est la meilleure façon d'éduquer : des leçons particulières ou en groupe. Honnêtement, cela dépend de votre situation individuelle, mais souvent la meilleure solution est de combiner les deux. Les leçons particulières vous font bénéficier d'une attention particulière, se concentrent sur vos besoins et vos objectifs. Mais un cours collectif bien fait expose votre chiot à une atmosphère de groupe, tout en organisant des leçons qui peuvent être répétées chez vous.

- **Les cours ont-ils lieu à l'intérieur ou à l'extérieur ?** Le mieux est l'accès à ces deux environnements.
- **Les problèmes de comportement sont-ils évoqués ?** Les mauvais comportements sont souvent ce qui incite les gens à éduquer leurs chiots. L'éducateur doit être aussi compétent pour parler des problèmes de comportement que pour enseigner des ordres.
- **Avez-vous une politique de rattrapage ?** Si vous avez manqué un cours et si vous ne pouvez le suivre à un autre moment, pouvez-vous parler à l'éducateur pour savoir ce que vous avez manqué ?
- **La participation familiale est-elle encouragée ?** Les enfants peuvent-ils venir ? L'instructeur doit vous aider à comprendre les rapports de votre chiot avec toute votre famille et devrait encourager tout le monde à participer à l'éducation.

Vous pouvez faire appel à un professionnel ou intégrer l'organisation de cours collectifs en club, tout dépendra de votre budget, de vos objectifs et de votre disponibilité.

L'idéal reste des cours particuliers et/ou à domicile couplés à des cours collectifs. Les clubs pourront vous orienter vers des activités sportives et pourquoi pas vers le plaisir de la compétition quand votre chiot sera suffisamment éduqué et développé physiquement.

Utilisation de livres et de vidéos

Êtes-vous du genre autodidacte ? Je suis favorable à l'apprentissage par soi-même dans la mesure où l'on suit les bons conseils. À l'évidence, puisque vous lisez ce livre, vous accordez une certaine confiance à mes méthodes. Toutefois, tout le monde ne suggère pas une approche positive en matière d'éducation ; vous devez donc être sélectif en choisissant vos lectures, et demander de l'aide si les choses ne s'améliorent pas. Vous n'éduquez votre chiot qu'une fois, et vous devez le faire bien.

Le MFEC (Mouvement français des éducateurs de chiens de compagnie) est une association qui prend exemple sur l'APDT, la plus influente des associations américaines d'éducateurs de chiens de compagnie à travers le monde. Le MFEC s'est fixé comme objectifs de regrouper les éducateurs français et professionnels dans un même esprit : l'utilisation de méthodes amicales et positives pour l'éducation et la rééducation des chiens de compagnie, d'organiser un congrès annuel ouvert à tous pour partager les connaissances et de diffuser un bulletin quatrimestriel sur l'éducation et le comportement animal. Sur le site du MFEC est répertoriée par région une liste d'éducateurs spécialisés ou non en rééducation comportementale, ayant signé le code déontologique pour une éducation respectueuse des chiens et des maîtres. Vous pouvez en tant que maître adhérer à l'association.

Le Syndicat national des professionnels du chien et du chat (SNPCC) regroupe et défend les professionnels (toiletteurs, éleveurs, éducateurs…). Vous pouvez les contacter pour une adresse, un conseil ou un simple renseignement et consulter leur annuaire de professionnels.

Pour les coordonnées de ces associations, reportez-vous à la rubrique Carnet d'adresses en annexe.

Chapitre 17

Quand l'anxiété frappe

Dans ce chapitre :

- Comment calmer un aboyeur
- Le chiot qui creuse des trous
- Le chiot qui s'excite sur notre jambe
- L'angoisse de la séparation
- Donner confiance à un chiot timide

Il n'est jamais drôle de voir son jardin reconfiguré par les pattes de son chiot. Mais avant de vous mettre à le disputer, vous devriez passer un peu de temps pour découvrir ce qui provoque ses réactions. Par exemple, un chiot qui déchire des oreillers quand vous partez, mais qui tremble et prend un air coupable à votre retour, ne dispose pas d'aptitudes humaines, contraires à sa nature – en d'autres termes, il ne comprend pas ce qu'il a fait. Mais si vous creusez, vous trouverez qu'il souffre probablement d'angoisse de séparation, et que cette angoisse s'amplifiera si vous réagissez de manière excessive.

C'est pourquoi, dans ce chapitre, je vous montre les réactions que vous devez avoir à l'égard des comportements de votre chiot. Je vous montre de près les nombreux comportements provoqués par l'anxiété – les aboiements excessifs, les trous et la timidité. Pensez seulement que vous ne pourrez pas calmer le stress de votre chiot d'un seul coup. Après avoir joué au psychiatre et avoir découvert pourquoi votre chiot se comporte ainsi, vous devrez modifier votre environnement et votre attitude pour remédier complètement à son stress. Continuez à lire pour découvrir comment faire.

Calmer l'aboyeur infernal

Un chien qui aboie est un vrai problème. La solution dépend de ce qui l'incite à aboyer. En attendant de l'avoir découvert, vous devez faire attention à la manière dont vous réagissez à ses aboiements.

N'OUBLIEZ PAS !

Le péché capital, quand vous voulez rééduquer votre aboyeur, c'est de crier. Quand vous criez, votre chiot pense que vous aboyez aussi, ce qui provoque – vous l'avez deviné – davantage d'aboiements. Pour résoudre votre problème, restez calme et suivez les conseils donnés dans cette section.

Quelques aboiements brefs pour annoncer l'arrivée d'un visiteur à la porte sont appréciables. Mais je suppose que vous êtes agacé quand les aboiements ne cessent pas. Vous trouverez au chapitre XIII des conseils sur la façon de traiter un chiot qui aboie sans cesse à la porte.

L'aboiement après tout et n'importe quoi

Votre chiot aboie-t-il après tout ce qu'il voit ou entend ? En ce cas, rien ne passera inaperçu chez vous – des cyclistes, les enfants des voisins ou de petites créatures qui traversent le jardin. Pour certaines personnes, l'aboiement du chien fait autant partie de la vie quotidienne que le bruit du vent dans les arbres. Mais pour les autres, l'aboiement incessant est une véritable souffrance.

N'OUBLIEZ PAS !

L'aboiement engendre une incitation supplémentaire à aboyer : chaque fois qu'il aboie après quelque chose, depuis la fenêtre ou le jardin, la chose disparaît. Bien sûr, vous et moi, nous savons que le facteur va de toute façon continuer de se déplacer, mais ne le dites pas à votre chiot. Il pense que son aboiement énergique a fait partir le facteur – ce qui renforce son ego.

Pour calmer votre aboyeur opiniâtre, essayez les approches ci-après :

- **Commencez son éducation immédiatement**. Les chiots qui aboient après tout ce qu'ils remarquent préviennent leur groupe de l'arrivée d'intrus sur son territoire. Votre chiot doit comprendre que vous êtes la personne qui gère ces intrusions. Pour faire passer le message à votre chiot, appliquez les leçons prévues en fonction de l'âge, décrites au chapitre XIV.
- **Évitez de laisser votre chiot tout seul trop longtemps**. Le confinement sans surveillance engendre souvent l'ennui et le comportement territorial. La combinaison de ces deux éléments peut produire un maniaque de l'aboiement.
- **Empêchez votre chiot d'accéder à des endroits qu'il utilise comme postes d'observation, comme un canapé dans le salon ou le rebord d'une fenêtre**. S'il monte la garde la nuit, mettez-le dans un parc ou attachez-le dans votre chambre la nuit, en lui laissant 1 mètre de liberté de mouvement pour qu'il puisse s'étendre confortablement sur son lit.

Souvenez-vous que crier est compris par votre chiot comme un aboiement. Quand vous criez, votre chiot pense que vous le soutenez, et son rôle de leader (il a aboyé le premier) est renforcé. Chaque fois que vous voyez votre chiot manifester un intérêt soudain, dites « Ch…t » (le « t » supplémentaire renforce l'effet de ce son) et utilisez une boîte à récompenses pour l'attirer jusqu'à vous. S'il vous ignore, mettez-lui une laisse traînante pour pouvoir reprendre rapidement le contrôle (voir au chapitre V comment utiliser une laisse traînante). Utilisez des boîtes remplies de pièces pour renforcer votre « ch…t ».

Vous trouverez sur le marché de nombreux colliers visant à décourager l'habitude de l'aboiement. Ne jamais utiliser les colliers à stimulation électrique, c'est dangereux et cruel ; de plus les dégâts occasionnés par ces colliers peuvent être irrémédiables sur le mental du chiot. Je me suis servie des colliers à la citronnelle avec un relatif succès. Ces colliers marchent parce que l'aboiement du chien provoque un jet immédiat de citronnelle, qui le surprend et dont il n'aime pas l'odeur. Les critiques que j'entends le plus souvent sont que la réserve de jus de citronnelle s'épuise, que le chiot apprend à se tenir tranquille quand il porte le collier (chiot astucieux !) mais que la citronnelle est déclenchée à tort par des bruits ou des mouvements. En fin de compte, je pense que la meilleure solution consiste à régler le problème en modifiant à la fois l'environnement et votre attitude.

Aboiement en voiture

Être enfermée dans une voiture avec un chien qui aboie est ma version du purgatoire. La voiture crée un effet voisin de la situation territoriale que je décris au chapitre XVIII. Votre chiot aboie, et les objets qui passent disparaissent – encore plus vite dans le cas d'une voiture en mouvement.

Crier après votre chiot n'est pas ce qu'il faut faire, et supplier pour qu'il se taise ne marchera pas non plus. Ce problème tend à disparaître progressivement au fur et à mesure de l'éducation. En attendant, vous pouvez essayer les approches suivantes pour décourager ce comportement :

- Obligez votre chiot à se taire pendant que vous conduisez en l'attachant à une laisse de sécurité (décrite au chapitre V).
- Forcez votre chiot à s'asseoir avant de le laisser entrer dans la voiture ou de le laisser sortir. Dites « Attends » et donnez la permission d'entrer par « C'est bon ». Après tout, la voiture est à vous, non à lui.
- Si possible, demandez à quelqu'un d'autre de conduire pendant que vous êtes assis près de votre chiot et que vous vous occupez de lui.
- Jouez de la musique classique et restez calme. Votre chiot perçoit toute irritation que vous éprouvez comme une incitation à accroître sa férocité.

- Utilisez une cage de transport qui sécurise votre chiot et l'empêche d'être stimulé par les éléments extérieurs. Son usage peut avoir un effet miraculeux sur les aboiements.
- Ignorez les aboiements si vous conduisez – conduire est un travail en soi.
- Si vous êtes en stationnement quand votre chiot aboie, secouez une boîte de conserve remplie de pièces en disant « ch…t ».
- Si votre chiot aboie après un employé d'une station-service ou d'un péage, demandez-lui de lui lancer de loin une friandise à travers la fenêtre ouverte. On peut espérer que votre chiot en fera une association plus positive.

Si vous pensez que votre chiot est proche de l'agression territoriale, reportez-vous au chapitre XVIII et faites appel à un professionnel.

L'aboiement pour attirer l'attention ou protester

Tous les chiots passent par une phase où ils ne peuvent supporter d'être laissés seuls. Si vous encouragez un chiot qui aboie pour protester ou attirer l'attention, vous en ferez un chiot trop gâté. Mais si vous ignorez le problème, votre compagnon ou votre compagne risque de menacer de vous quitter. Y a-t-il un juste milieu ? Pas vraiment, mais je puis vous faire quelques suggestions :

- Ignorez les aboiements si vous le pouvez, et ne criez jamais parce que vos cris entraîneraient, vous l'avez deviné, encore plus d'aboiements. Les boules Quies peuvent aider.
- Abstenez-vous des départs et des arrivées grandioses, qui excitent trop votre chiot. (Le chapitre XIII donne des conseils sur la façon de se comporter lors des départs et des arrivées.)
- Votre chien aime être avec vous. Évitez les problèmes à la maison en le gardant près de vous en laisse ou en le faisant rester à sa place de la manière décrite au chapitre XIII.
- Mettez de la pâte alimentaire Kong ou des friandises dans un os creux et donnez-le-lui en partant.
- Lancez vers lui (pas sur lui) une boîte de conserve remplie de pièces quand il commence à aboyer. Le but est de l'amener à penser que la réaction vient de l'environnement, non de vous, et qu'en cessant d'aboyer il suscite immédiatement votre attention.

- Ne revenez vers votre chiot que quand il s'est calmé. Si vous devez intervenir dans sa crise d'aboiement, allez jusqu'à lui sans contact visuel ni commentaire, mettez-le en laisse, et enfermez-le ou promenez-le pendant une demi-heure.

Venir à bout des creusements

Creuser est souvent le passe-temps favori d'un chiot – surtout dans le cas des groupes de races terrier, sportif et nordique. Creuser est un excellent moyen de soulager l'ennui, c'est une réaction au stress (dû à un déménagement, à un nouveau bébé, à des travaux dans la maison – voir chapitre IX), et c'est l'expression d'un besoin de compagnie, surtout pour les chiots de 8 à 11 mois.

N'OUBLIEZ PAS !

Tous les chiots passent par une phase où ils ne peuvent pas supporter d'être seuls. Ils deviennent agités, et un chiot agité creuse. Malheureusement, vous ne pouvez pas apprendre à votre chiot à ne pas creuser. Au lieu de cela, vous devez lui procurer un endroit tout à lui où il peut creuser. Voici quelques suggestions :

- Choisissez un endroit où votre chiot peut creuser tant qu'il veut, que cet endroit soit près de la maison ou dans un parc (si vous habitez en appartement). Vous pouvez aussi acheter à votre chiot une boîte de sable pour lui permettre de satisfaire plusieurs fois par semaine son besoin de creuser.
- Apportez des jouets et des friandises à cacher avant de commencer à creuser. Et n'oubliez pas vos gants de jardinage.
- Allez chaque jour avec votre chiot jusqu'à l'emplacement prévu pour creuser et dites-lui : « Creuse ! »
- Faites une fête du creusement. Creusez avec votre chiot et encouragez-le.
- Si vous prenez votre chiot en train de creuser à un endroit interdit, corrigez-le en disant « Non ! » et dites-lui en l'escortant jusqu'à l'endroit approprié : « Creuse ! »

N'OUBLIEZ PAS !

Arroser votre chiot avec un jet d'eau ou placer des pièges à souris est cruel, et je n'encourage pas ces techniques de correction. Une méthode plus humaine serait de placer les propres crottes du chiot (à condition qu'il n'aime pas les manger) dans le trou avec une dose de poivre rouge avant de le recouvrir.

Aimez-vous jardiner ? Eh bien, si c'est le cas et si votre chiot vous voit jardiner, devinez quoi ? C'est cela – le singe voit, le singe fait. Je vous suggère de laisser votre chiot à l'intérieur quand vous jardinez. C'est trop tentant pour lui de vous voir creuser quelque part toute la journée. Ne faites des trous ensemble qu'à l'emplacement prévu à cet effet pour votre chiot.

La plupart des chiots creusent s'ils sont laissés dehors quand vous êtes à la maison. Ils adorent creuser tandis que vous les voyez – c'est un moyen certain d'attirer l'attention. Essayez d'organiser l'intérieur de la maison de telle sorte que votre chiot puisse y rester quand vous êtes dans le jardin.

Comme c'est embarrassant ! Décourager les élans sexuels

Certains chiots s'en prennent aux enfants (et même aux adultes) quand ils sont trop excités, éprouvent un surgissement hormonal ou ne se contrôlent plus. N'en soyez cependant pas trop embarrassé. Ce comportement résulte davantage d'impulsions erratiques ou du désir de domination que d'une préférence sexuelle. Savoir cela ne rend cependant pas la chose davantage acceptable. Les chiens qui font cela sont des chiens tyranniques qui sont surexcités dans certaines situations. Voici comment vous pouvez y remédier :

1. **Faites porter à votre chiot une laisse de 1 mètre à l'intérieur comme à l'extérieur.**
2. **Quand il commence à « monter », prenez calmement la courte laisse et tirez dessus rapidement et fermement.**

   Ne faites pas face à un chiot en train de « monter » : il percevra ce type de réaction comme un défi ou une invitation à jouer. Votre attention l'incitera à recommencer. Pour la même raison, évitez tout contact visuel et ne le repoussez pas.
3. **Dès que votre chiot a de nouveau les quatre pattes sur le sol, tenez-vous très droit, regardez-le de haut pour souligner votre taille, et dites : « Stop ! »**
4. **Isolez ou immobilisez votre chiot pendant quinze minutes sans lui accorder la moindre attention.**

Si votre chiot réagit agressivement à un point quelconque des actions ci-dessus, mettez fin aux punitions et demandez l'aide d'un professionnel. Votre chiot peut réagir de manière intense parce qu'il perçoit la situation comme une lutte pour le pouvoir.

En complément de ces remèdes, passez plus de temps à socialiser votre chiot ailleurs qu'à la maison (les environnements non familiers intimident même les chiots les plus entreprenants) et appliquez-vous encore davantage aux leçons de dressage. Tout comme aux enfants, la structure des leçons peut inculquer aux chiots la civilité.

Ceux qui pensent que cette manifestation d'élan sexuel est un comportement de mâle se trompent dans une large mesure. Bien qu'il existe une période (entre 4 et 9 mois) durant laquelle le développement hormonal peut déclencher l'instinct sexuel d'un chien mâle, l'assaut sexuel sert principalement à relâcher la tension ou à tester le rang. Ne vous affolez pas si votre chienne escalade votre oreiller ou le chihuahua de votre voisine.

Surmonter l'angoisse de la séparation

Les chiots ont la hantise de la séparation. S'ils le pouvaient, ils vous suivraient au bout du monde. Mais hélas, ils ne le peuvent pas. Les chiots qui souffrent de l'angoisse de la séparation peuvent grignoter de façon destructive, souiller le sol, aboyer à l'excès ou se livrer à d'autres débordements destructeurs. Toutefois, ils ne font pas cela pour se venger – les chiots ne peuvent penser de cette manière. Ce que vous observez n'est que la manifestation de l'anxiété canine. Un chiot qui montre des signes d'angoisse de séparation appartient à l'une des deux catégories suivantes :

- **Chiots passifs** : un tel chiot est doux, mais n'est pas dirigé et a des besoins insatisfaits. Quelle que soit la quantité d'affection que vous lui prodiguez, ce n'est jamais assez. Quand vous lui donnez un ordre ou le disputez, il fait comme s'il recevait un coup de fusil.

  Son interaction constante en dit long : il vous aime tendrement, mais il pense que vous êtes encore plus belligérant que lui et que vous avez besoin d'être constamment dirigé. Comme il pense que vous avez besoin d'être dirigé, il interagit constamment avec vous pour voir où vous en êtes. Cependant, sa surveillance constante cesse immédiatement quand vous le laissez seul. Et c'est ce qui entraîne l'anxiété.

- **Chiens dominants** : un chiot confiant et tyrannique aime diriger les opérations. Têtu et volontaire, il n'est pas impressionné par vous, jusqu'au moment où vous partez. Dans son esprit, vous êtes parti sans sa permission alors que c'est son devoir de partir avec vous pour vous protéger. Croyez-le ou non, quand il est seul, votre chiot se demande où vous êtes et se fait du souci pour votre sécurité !

L'angoisse de la séparation requiert de multiples approches, et pour commencer de l'éducation. L'éducation donne au chiot passif un sens de son identité et l'assurance qu'un leader compétent a pris ses fonctions. Par ailleurs, l'éducation place le chien dominant en position subordonnée à l'intérieur d'un groupe et le libère de ses soucis. Si vous avez besoin d'aide pour l'éducation, faites-vous aider. En attendant, suivez ces règles de base :

- Ne corrigez jamais votre chiot après les faits. Jamais. Il ne peut faire la liaison entre les destructions et les corrections ; les corrections sont reliées à votre arrivée, ce qui rend le chiot encore plus anxieux à votre prochaine absence.
- Abstenez-vous des « bonjour » et des « au revoir » à grand spectacle. Couvrir votre chiot de baisers, de biscuits, et de l'assurance de votre dévotion ne le rassure pas. Au contraire, ce comportement le démoralise.
- Laissez marcher une radio jouant de la musique classique pour couvrir les bruits inhabituels.
- Placez votre chiot dans un endroit parcimonieusement éclairé pour l'inciter à dormir.
- Laissez-lui un jouet favori à mâchouiller. Frottez ce jouet entre les paumes des mains pour l'imprégner de votre odeur.

Si vous partez pour plus de six heures, essayez de trouver quelqu'un pour sortir votre chiot. Si nécessaire, protégez votre maison contre les destructions ou achetez un parc à chiot que vous placerez à l'intérieur (voir chapitre V). Ces parcs intérieurs, qui se plient commodément quand vous êtes chez vous, peuvent être dépliés avant votre départ pour fournir à votre chiot un espace approprié quand vous vous absentez assez longtemps. Les chiots se sentent à l'étroit s'ils sont laissés dans un chenil trop petit pendant plus de six heures et peuvent souffrir d'une *anxiété excessive due à l'isolement*. Ce type d'anxiété entraîne à votre retour un rituel d'accueil maniaque. En bref, le fait d'avoir été séparé de vous rend le chiot anxieux, et il y remédie par l'hyperactivité.

N'OUBLIEZ PAS !

Quand vous êtes chez vous, diminuez temporairement de 50 pour cent l'attention que vous accordez à votre chiot pendant deux semaines consécutives tout en pratiquant les autres exercices décrits dans cette section. Ne cédez pas aux sollicitations de caresses. Caresser votre chiot quand il le demande peut atténuer votre sentiment de culpabilité, mais cela rend votre absence encore plus difficile à supporter. Passer de beaucoup d'attention à plus d'attention du tout est un contraste trop important pour un chiot. Quand il est seul, le chiot a la nostalgie de votre compagnie. Comme il ne peut ni regarder les séries télévisées ni se ronger les ongles, il peut se mettre à dévorer votre canapé.

TRUC

Si vous êtes sûr que votre chiot s'ennuie seul, il est possible d'acheter un chat pour votre chiot. Un chat est un excellent compagnon, surtout si votre chiot est élevé en même temps que lui. Avoir un autre chien est une autre solution, mais je vous recommande de résoudre le problème de l'anxiété de séparation de votre chiot avant de prendre une telle mesure.

Essayez aussi de pratiquer des exercices de départ, de la manière suivante :

1. **Laissez votre chiot à un emplacement familier.**
2. **Donnez l'ordre « Attends » et quittez la pièce quinze secondes.**
3. **Revenez et ignorez-le jusqu'à ce qu'il soit calme et félicitez-le tendrement.**
4. **Répétez ces opérations dix fois ou jusqu'à ce que votre chiot reste calme.**

Laisser votre chiot à la maison

Pour être un bon voisin, vous devez faire en sorte que votre chiot soit silencieux quand vous partez de chez vous. Aucun chiot n'aime être laissé seul – ils sont tous sociables par nature. Ne soyez donc pas surpris s'il se trouve des activités pour s'occuper durant sa solitude – creuser, déchiqueter ou aboyer. Vous disposez de multiples options pour laisser votre chiot seul. Il peut rester à l'intérieur ou à l'extérieur. Vous pouvez le confiner dans une pièce ou le laisser aller et venir à sa guise. Vous pouvez l'attacher ou le mettre dans un enclos. Qu'est-ce qui est le mieux ? Mettez-vous à sa place. Dehors est acceptable – il aura de l'air frais et du soleil. Mais le fait d'être maintenu à l'extérieur peut être stressant à cause de toutes les activités auxquelles le chiot ne peut accéder. La plupart des chiots préféreront rester à l'intérieur avec une couverture confortable et un os à ronger. Préparer votre départ présente des avantages durables. Voici ce que vous pouvez faire avant de partir :

- Faites faire de l'exercice à votre chiot pendant dix minutes.
- Faites suivre le temps de jeu par une session de formation de cinq à dix minutes.
- Laissez-lui des jouets à ronger et parfumez-les en les frottant dans la paume des mains.
- Si vous laissez votre chiot à l'intérieur, installez-le dans un lieu peu éclairé, isolé, avec une vieille chemise ou une vieille couverture ainsi qu'une radio jouant des airs de musique apaisants.
- Si vous le laissez à l'extérieur, veillez à ce qu'il puisse accéder à une zone ombragée et donnez-lui de l'eau fraîche en quantité.

Poursuivez ces brèves séparations jusqu'à ce qu'il ne manifeste plus d'anxiété. Puis doublez le temps de séparation et répétez la procédure. Continuez à doubler le temps d'absence jusqu'à ce que vous puissiez quitter la pièce pendant trente minutes. Quand votre chiot supporte bien d'être seul trente minutes, revenez aux séparations brèves, mais cette fois quittez la maison. Augmentez la durée d'absence progressivement jusqu'à trente minutes. Recommencez depuis le début, mais cette fois montez dans la voiture et démarrez-la. Avec de la patience, vous augmenterez la confiance de votre chiot et pourrez le quitter pendant des périodes de plus en plus longues.

Votre vétérinaire peut prescrire pour votre chiot un médicament approuvé pour contribuer à réduire l'angoisse de la séparation. Cependant, ces médicaments ne devraient pas être utilisés sans intervention sur les comportements, soit par le vétérinaire lui-même, soit par une personne ayant son approbation. (Si vous recherchez de l'aide, prenez soin d'éviter les éducateurs qui encouragent la punition.)

Si votre chiot tend à détruire des choses quand vous partez, préparez-lui une pochette surprise : mettez une sélection de friandises, de jouets et de choses à ronger dans un sac en papier kraft, fermez-le en le froissant, et placez-le au milieu du sol quand vous partez. Ce sac ne suffira pas pour supprimer son anxiété, mais lui donnera un centre d'intérêt, car la plus grande partie de la tension se produit dans les cinq premières minutes après votre départ. Il existe sur le marché un nouveau jeu astucieux : le KONG TIME. C'est une boîte qui délivre de façon aléatoire à l'aide d'une minuterie des jouets remplis de friandises pour surprendre votre chiot et l'occuper en votre absence. (Voir annexe Carnet d'adresses.)

Le cas du pisseur

Avez-vous un chiot qui fait pipi ? La question qu'on me pose le plus souvent à ce sujet est : « Est-ce que cela passe ? » Oui et non. Oui, si vous vous comportez comme il faut, et non dans le cas contraire. Ce pipi n'est pas un acte conscient – les chiots le font quand ils sont surexcités ou anxieux. Et la punition ne fait qu'aggraver le problème. En rentrant chez vous, ignorez votre chiot jusqu'à ce qu'il soit complètement calme (voir la figure 17.1a). Ensuite, secouez une boîte à récompenses pour lui changer les idées (figure 17.1b). Agenouillez-vous près de lui plutôt que de vous pencher vers lui.

Si votre chiot est timide envers certaines personnes, insistez pour que tout le monde (y compris vous) l'ignore. Si vous le réconfortez, cela ne fait que renforcer sa peur. Quand le chiot s'approche de la personne qui l'intimide, encouragez cette personne à lui tourner le dos (surtout pas de contact visuel) tandis que vous lui offrez des friandises à l'aide d'une boîte à récompenses. Quand il est calme, demandez aux visiteurs de s'agenouiller et de lui caresser la poitrine. Quand il a davantage confiance, demandez aux visiteurs de lui offrir des friandises venant de la boîte à récompenses.

Figure 17.1 : Ignorez votre chiot en arrivant ; secouez une tasse de friandises pour détourner son attention.

Si votre chiot fait pipi au cours des salutations ou des sessions de jeu, ignorez-le ou arrêtez les jeux jusqu'à ce qu'il parvienne à contrôler sa vessie.

Donner confiance à un chiot timide

Les chiots timides ont l'air si pitoyables. Comme les enfants timides, vous voulez les réconforter. Mais les chiots ne sont pas des enfants – ils interprètent ce réconfort comme une indication de votre peur, ce qui veut dire que vous avez peur tous les deux. C'est très ennuyeux.

Pour aider votre chiot, vous devez vous montrer confiant quand il a peur. Vous êtes le leader. Laissez tomber les épaules. Respirez profondément. Souriez. Que ce qui provoque la peur soit un sac agité par le vent, un bruit violent (comme le tonnerre) ou un visage inconnu, agissez tranquillement, faites face à l'objet de la peur du chiot, et ignorez-le jusqu'à ce qu'il commence à se comporter comme vous.

Si votre chiot fait montre d'agressivité quand il a peur, faites appel à un professionnel et épargnez-lui toute situation menaçante.

Chapitre 18

Remédier aux comportements socialement inacceptables

Dans ce chapitre :

- Traitement d'un chien agressif
- Le problème du chien qui ingurgite n'importe quoi, mange des crottes, et procède au marquage par son urine

Quels sont les comportements canins socialement inacceptables ? L'agression, tout d'abord. Bien que l'agression soit une forme de communication canine semblable à notre colère, elle n'est pas acceptable. D'autres comportements inacceptables sont manger des excréments, marquer avec l'urine et ingurgiter des chaussettes. Ces comportements sont des questions sérieuses dont le traitement et la résolution demandent un engagement plus important. Ces transgressions ont un point commun : les chiots font cela quand ils sont frustrés, anxieux ou recherchent votre attention. Ce chapitre identifie les problèmes et vous montre comment les résoudre.

L'agression

Le mot *agression* provoque la peur chez propriétaires de chiens. Oui, un grognement occasionnel est effrayant, mais il n'est pas si rare que les gens le croient. Comme les humains, les chiens sont contrariés et se mettent sur la défensive de temps à autre. Souvenez-vous que les chiots n'appartiennent pas à l'espèce humaine, ce qui veut dire qu'ils sont incapables d'exprimer leurs sentiments par des mots. Les chiots sont des canins, et les animaux canins communiquent par des sons vocaux, le contact visuel et le langage corporel. Ce que les humains communiquent par des mots, certains chiens le communiquent par l'agression. La façon dont vous gérez et détournez ce comportement détermine la manière dont votre chiot gère de tels sentiments en devenant adulte.

L'agressivité est une affaire sérieuse. Si vous avez un problème, recherchez de l'aide. Cherchez dans votre région un éducateur de chiens bien connu et respecté. Votre vétérinaire peut éventuellement vous aider à en trouver un. Mes recommandations ne sont que cela, des recommandations. Ne les suivez pas si vous n'avez pas de certitude. L'agressivité, traitée de manière incorrecte, avec hésitation ou avec peur, peut entraîner une morsure grave.

Si votre chiot a mordu, nul ne peut vous garantir qu'il ne le fera pas de nouveau. Vos efforts pour remédier au problème tendront à ce résultat, et c'est la seule solution en dehors de l'euthanasie. Confier un chien agressif à un autre foyer ou à un refuge est irresponsable. Vous seriez responsable s'il mordait quelqu'un ou estropiait un enfant. Trouvez de l'aide si vous en avez besoin.

Déterminer la gravité du problème

Pour déterminer la gravité d'un comportement agressif, prenez en compte les facteurs suivants :

- **Race** : votre chiot appartient-il à une race territoriale ou protectrice (par exemple un terrier, un chien nordique ou un chien de garde) ? Ces races ont une plus grande propension à l'agression. Voir un golden retriever de 17 mois, connu pour sa nature passive, grogner au-dessus de son bol est plus alarmant que de voir un chien possessif grogner au-dessus de ses biens. Ni l'un ni l'autre ne devraient grogner, mais un golden qui grogne laisse supposer un problème plus profond qu'un trait inhérent à la race. Connaissez votre race, comprenez ses inclinations naturelles, et prenez-les en compte le plus tôt possible.

  Faites des recherches sur la race de votre chiot. Comprenez la personnalité de votre chiot. Une once de prévention peut vous aider à prévenir les problèmes.

- **Âge** : un chiot de moins de 20 semaines ne doit montrer aucun signe sérieux d'agressivité. Un grognement occasionnel lors du jeu est courant, mais si vous l'observez en train de vous fixer durement et de grogner depuis le ventre, vous avez un ennui sérieux sur les bras. Recherchez un professionnel et appelez aussitôt l'éleveur, si c'est possible. Au-delà de 20 semaines, l'agression coïncide habituellement avec l'arrivée des hormones adultes. Si c'est le cas, essayez de ne pas trop vous inquiéter. Les informations qui vous seront données par l'éleveur pourront vous aider à comprendre le problème.

- **Caractère** : l'agressivité est plus courante chez les chiots obstinés et audacieux. Ces chiots déterminent précocement si vous donnez des ordres ou si vous en recevez. Si vous n'êtes pas considéré « digne d'être un leader », votre chiot se met aux commandes. En grandissant, il fait davantage attention aux sons et autres stimulations et peut souvent se montrer agressif pour surveiller plus étroitement « son » groupe. Bien sûr, les chiots passifs peuvent manifester un type similaire d'agressivité. Si vous dorlotez un chiot passif, craintif, lui aussi peut s'attribuer le leadership (par défaut), et devenir attentif aux moindres changements de son environnement.
- **Style de jeu initial** : si vous élevez votre chiot en le faisant jouer à des jeux de lutte et de tir à la corde, il peut devenir agressif au cours de l'adolescence. Ces jeux de compétition préparent à de plus amples confrontations, auxquelles le chiot peut ne pas vouloir renoncer simplement quand vous dites « Non ».
- **Techniques de correction** : si un jeune chiot est soumis à des corrections brutales tôt dans sa vie, il apprend le contrôle de soi par la peur, non par la compréhension. Par exemple, si vous frappez un chiot qui a pris une chaussette, il le fera moins quand il est avec vous, mais il sera plus défensif quand il détiendra la chaussette (c'est le phénomène de la mise en valeur de l'objet). Pour éviter ces écueils, lisez la section suivante « Prévention des diverses formes d'agression », et les techniques de résolution des problèmes proposées au chapitre XVI.

TRUC

Si votre chiot donne des signes d'agressivité, empêchez-le de monter sur votre lit. Ce peut être difficile parce qu'un chien agressif pense que c'est son devoir de vous protéger ou de vous faire obéir. La première étape pour résoudre ce problème est de vous réserver l'espace de sommeil situé en hauteur. Si vous n'arrivez pas à l'empêcher de monter sur votre lit, immobilisez-le en l'attachant à votre commode (voir au chapitre XIII les conseils relatifs au « stationnement »).

Prévention des diverses formes d'agressivité

Les chiens manifestent leur agressivité de différentes façons. Comprenant ce qui peut se produire, vous pourrez réagir de manière appropriée. Cette section identifie les différentes formes d'agressivité et donne des conseils sur la manière de les prévenir.

TRUC

Si vous rencontrez un chien agressif, ne vous sauvez pas. (Réfléchissez une seconde : avez-vous jamais vu un chien attaquer un arbre ou un poteau ?) Si vous devez approcher le chien, faites-le en vous déplaçant vers son côté. Approcher un chien de face représente un défi. Vous pouvez tendre un bâton pour détourner le chien de votre corps, mais ne le menacez jamais.

Les descriptions et les suggestions qui suivent ne remplacent pas l'intervention d'un professionnel.

Agressivité dominante

Avez-vous un chiot dominant, qui vole des vêtements pour s'amuser, aboie pour attirer votre attention, s'appuie contre vous dans de nouveaux environnements ou en présence d'inconnus, ou sollicite et obtient votre attention à sa guise ? Une attention constante et la satisfaction de tous ses besoins vous placent dans une position subalterne. Quand vous voulez vous imposer, il n'a pas d'autre solution que de vous remettre à votre place. Pour regagner le contrôle, suivez tout d'abord les conseils ci-après :

- Utilisez l'ordre « Pousse-toi » quand votre chiot se met dans vos jambes. Cet ordre est la manière la plus passive de manifester votre leadership. (Le chapitre XIV traite de l'ordre « Pardon » parmi d'autres ordres faisant partie du dressage.)
- Ignorez toutes ses tentatives d'obtenir votre attention. Il peut dans ce but aboyer, vous toucher avec la patte, vous pousser de la tête et gémir.
- Donnez-lui de deux à cinq leçons par jour (de cinq à dix minutes), et au cours de ces leçons, utilisez chacun des ordres qu'il connaît. S'il grogne quand vous lui dites de se coucher, sautez cet ordre jusqu'à ce que vous ayez fait appel à un professionnel.
- Si votre chiot obéit à l'ordre « Couché », répétez-le toute la journée, en le positionnant plutôt que de répéter l'ordre s'il n'obéit pas immédiatement.
- Évitez de regarder votre chien dans les yeux, à moins que ce ne soit vous qui ayez initialisé ce contact visuel, auquel cas ce doit être votre chien qui renonce le premier à vous fixer. Votre chiot doit vous observer pour obtenir vos directives, et vous devez lui en donner.
- Donnez-lui à manger à heures fixes deux fois par jour. Ne lui laissez pas libre accès à sa nourriture à ce stade.
- Une fois par jour, imposez une période de calme de trente minutes par le stationnement ou l'ancrage (voir chapitre XIII).

Si votre chiot grogne lors de n'importe laquelle de ces actions, comme celle visant à le faire se déplacer pour vous donner le passage, ne le poussez pas. Arrêtez tout jusqu'à ce que vous ayez obtenu l'aide d'un professionnel. Votre problème est sérieux.

Agressivité spatiale (garde d'un objet)

Un chiot qui se montre agressif lors des repas, du sommeil, du toilettage ou lorsqu'il reçoit des soins médicaux, envers un membre de la famille, un inconnu ou un professionnel (vétérinaire ou toiletteur) fait preuve d'*agressivité spatiale*. L'agressivité spatiale se manifeste généralement chez un chien dominant territorial.

Si vous observez ce type de comportement chez votre chiot, ne vous affolez pas, ne le frappez pas et ne criez pas. Ces réactions ne font que renforcer son attitude défensive basée sur l'idée que vous voulez lui prendre ce qu'il a ou lui imposer votre volonté.

Pour aider votre chiot à vous considérer comme moins menaçant, procédez de la manière indiquée ci-après, et qui porte à titre d'exemple sur le bol de nourriture :

1. **Ne faites pas du rituel de la nourriture une lutte pour le pouvoir.**
2. **Secouez une boîte à récompenses ou activez un clicker, en faisant toujours suivre le bruit d'une récompense sous forme de nourriture (le chapitre XI décrit ces aides de dressage en détail).**

   Continuez jusqu'à ce que le chiot associe le son à une récompense.
3. **Approchez votre chiot une fois par jour avec la boîte à récompenses ou le clicker et récompensez-le tandis qu'il prend son repas.**

   S'il grogne quand vous l'approchez au cours de son repas, vous êtes entré dans sa zone rouge (voir chapitre VII). N'allez pas plus loin, demandez conseil immédiatement à un professionnel : ne laissez pas votre chiot grossir les rangs des mordeurs.
4. **Répétez la manœuvre 3 jusqu'à ce que vous puissiez vous tenir au-dessus de lui et laisser tomber des friandises dans son bol.**
5. **À ce stade, approchez de son bol en le complimentant sur un ton joyeux mais sans secouer de boîte ni déclencher le clicker. Une fois à côté de lui, faites le bruit, jetez une friandise dans son bol et partez.**
6. **Essayez de vous agenouiller en secouant la boîte ou en cliquant, et de jeter une friandise dans son bol.**
7. **Lorsque votre chiot est à l'aise quand vous vous agenouillez et jetez une friandise dans son bol, essayez de placer la friandise dans le bol avec la main.**
8. **Après avoir offert à votre chiot une poignée de friandises, essayez de remuer les croquettes de votre chiot avec la main.**

   Si vous y parvenez, continuez de remuer les croquettes une fois tous les deux jours pendant une semaine.
9. **Après avoir offert une poignée de friandises, essayez de soulever le bol de votre chiot. Rendez-le-lui immédiatement et partez. Ne répétez cette opération qu'une fois par mois.**
10. **Répétez tout ce processus pour d'autres objets auxquels tient particulièrement le chiot, comme des os ou des jouets couineurs.**

Les chiens détectent la peur. Si vous avez peur, votre chiot le sait et se méfiera. Faites immédiatement appel à un professionnel.

Je ne puis vous garantir que vous ne serez pas mordu en éduquant un chiot agressif, et vous devez vous fier à votre propre jugement. Continuez tant que votre chiot reste à l'aise, et demandez de l'aide si vous en avez besoin.

Agressivité territoriale

Les chiens qui se montrent agressifs quand des inconnus approchent de leur maison sont territoriaux. Cette attitude est encouragée dans les circonstances suivantes :

- **Quand des livreurs approchent le territoire de la maison et le quittent.**

  Le chiot pensant avoir chassé les intrus, son agressivité s'en trouve renforcée.

- **Quand les propriétaires sont chez eux et réagissent à un comportement territorial en criant ou par un traitement physique**. Le chien perçoit alors la réaction des propriétaires comme un soutien.
- **Quand il est permis à un chien de réagir avec agressivité dans une voiture ou quand il est attaché**. Par son attitude agressive dans de telles situations, le chien avertit tous les intrus de rester à distance. Comme ils le font, il se considère victorieux, ce qui renforce son agressivité territoriale.
- **Quand les chiens sont isolés lors des salutations ou des visites.** Ces chiens isolés peuvent développer l'*agressivité territoriale par frustration*. Cette frustration n'est pas une bonne chose. Dans un groupe normal de chiens, le leader autorise ou refuse l'entrée à un visiteur, qui est ensuite « reniflé » par le reste de la bande. L'isolement empêche le déroulement de ce processus normal et suscite une réaction encore plus agressive au prochain coup de sonnette d'un visiteur.

Pour empêcher l'agressivité territoriale, imposez-vous en interdisant au chiot les fauteuils ou les canapés et tenez-vous à un programme d'éducation régulier incluant les ordres suivants :

- **Attends** : Dites à votre chiot « Attends » en franchissant des seuils et des portes.
- **Au pied** : Utilisez cet ordre au cours de promenades dans des lieux publics.
- **Assis** : Imposez « Assis » pour toutes les salutations – à l'intérieur comme à l'extérieur de la maison.

Découragez également tout comportement de marquage. (Votre chiot doit éliminer à un seul endroit.) Si vous n'êtes déjà plus maître de la situation, achetez un licol pour chien (décrit au chapitre V), et mettez le chiot en laisse ou renvoyez-le à sa place lors des arrivées. Ce collier réduit l'effet de contrainte au niveau du cou et maintient le corps du chiot dans une posture de soumission.

Tenir un chien agressif au moyen d'un collier étrangleur est comme tenir les bras d'un homme en colère derrière son dos. Cela provoque la fureur. L'usage du licol pour chien réduit la tension et inculque de manière passive la structure et la discipline.

Pour susciter une association plus positive à l'arrivée de visiteurs, essayez les procédés suivants :

- Utilisez une boîte à récompenses ou un clicker pour que votre chiot associe les gens qui viennent de l'extérieur à une récompense.
- Supprimez tout cri et toute correction verbale ou physique, qui ne font qu'ajouter davantage d'énergie négative à une situation déjà tendue. Pour calmer votre chiot, vous devez lui montrer l'exemple.

Les races de chiens de garde et de chiens de protection des troupeaux sont génétiquement prédisposées à l'agressivité territoriale, mais ce comportement se retrouve dans toutes les races. Si donc votre chiot menace qui que ce soit, demandez immédiatement de l'aide. Un chiot territorial, quelle que soit sa race, devient presque toujours un chien dangereux.

Agressivité protectrice

Votre chiot se sent-il responsable de vous ? Même en dehors de son territoire, réagit-il de manière agressive si n'importe qui s'approche de vous ? Si votre chiot agit comme votre gardien où que vous alliez, vous avez affaire à une sérieuse crise d'identité. Il pense que c'est son rôle de vous protéger. Vous devez faire savoir à votre chiot que c'est vous le capitaine. Suivez les conseils ci-après :

- **Achetez un licol pour chien**. Ce collier placé autour du museau de votre chiot agit à la manière du licol d'un cheval. L'application d'une pression sur le cou et le museau du chien réduit considérablement son excitation. Regardez les détails au chapitre V.
- **Dressez-vous vous-même en même temps que votre chiot**. Il est clair que votre chiot a besoin d'être guidé, mais n'oubliez pas non plus d'imposer plus nettement votre domination. Pour commencer, maintenez votre chiot derrière vous pour franchir un seuil ou rencontrer de nouvelles personnes.
- **Faites appel à un professionnel si vous avez besoin d'aide**. Votre chiot vous respecte-t-il ? Demandez de l'aide avant de perdre tout contrôle de la situation.

N'OUBLIEZ PAS !

Il n'est pas rare de voir un chiot développer une relation protectrice avec un jeune enfant ou un propriétaire passif, inexpérimenté. Le chien perçoit son propriétaire – homme, femme ou enfant – comme faible et ayant besoin de protection.

Agressivité prédatrice

L'*agressivité prédatrice* est un autre comportement instinctif, remontant à l'époque où les chiens étaient des loups luttant pour la survie. La plupart des chiens ont gardé un instinct de poursuite. Bien que les éleveurs aient supprimé l'instinct de tuer dans la plupart des races, certains chassent d'instinct, et dans certains cas tuent le petit gibier. Si vous avez un poursuiveur sur les bras, sa rééducation sera toute une affaire. Les instincts influencent puissamment les comportements. La concentration sur le jeu peut fournir aux poursuiveurs un moyen de donner libre cours à leur instinct, mais vous devez corriger leurs impulsions à l'égard des autres animaux et des enfants et décourager les rituels de poursuite interactive. (Vous trouverez au chapitre XXIII des jeux exerçant l'instinct prédateur.)

Agressivité induite par la peur

Chaque portée a ses chiots timides. Ces garçons ou filles à maman dépendent de leur maman pour leur sécurité. Une fois installés dans un foyer humain, ils continuent d'avoir besoin de protection. Leur timidité, qui se manifeste dans toute nouvelle situation, peut tourner à la frayeur incontrôlée si vous ne leur donnez pas des directives et un soutien appropriés. Un chiot peut alors faire montre d'agressivité au cours de l'adolescence. Bien que la timidité soit un trait de caractère, ce comportement peut être pour partie appris : réconforter un chiot timide ne diminue pas sa crainte, mais la renforce.

N'OUBLIEZ PAS !

Si votre chiot manifeste les premiers signes de la peur quand vous avez des visiteurs (comme fuir, ne pas se laisser approcher ou aboyer en se cachant derrière vos jambes ou un meuble), vous devez vous montrer compréhensif et patient. Vous ne pouvez pas corriger un chiot qui a peur ; vous ne feriez qu'accroître sa peur. Vous ne pouvez pas non plus le réconforter parce que l'attention que vous lui accordez renforce ce comportement.

Une grande partie du problème vient de ce que le chiot a l'impression que personne – pas même vous – ne maîtrise la situation. Pour y remédier, vous devez vous imposer comme celui qui est calme, à l'aise, à la hauteur de la situation. Voici quelques conseils supplémentaires :

- Gardez votre chiot en laisse quand vous attendez de la visite. Tenez-le en laisse tout en agissant avec confiance dans de nouvelles situations. Ne le regardez alors que s'il est détendu.
- Encouragez tous les autres à ignorer votre chiot jusqu'à ce qu'il s'approche d'eux. Demandez-leur de secouer une tasse de friandises, de cliquer et de récompenser ou de lui donner quelque chose de bon à manger.

Si vous faites appel à un professionnel, trouvez-en un dont l'approche soit douce et positive. Menacer ce type de chien engendre souvent une peur accrue.

Agressivité envers les autres chiens

L'agressivité entre chiens se produit quand ils perçoivent leurs territoires comme se recouvrant (ce qui peut arriver n'importe où parce que certains chiens pensent que leur territoire est très étendu) ou encore elle résulte d'un conflit hiérarchique dans une maison possédant plusieurs chiens. Ce type d'agressivité est souvent amplifié par des propriétaires bien intentionnés qui crient ou retiennent leurs chiots quand ils se montrent agressifs. Une telle réaction ne fait qu'augmenter la tension.

Disputes dues au partage des territoires

Les disputes de contestation de territoire résultent habituellement d'un manque de socialisation précoce. Si votre chiot n'a pas été suffisamment socialisé, vous devez déterminer la gravité de son cas. Un cours pour chiots peut être une solution parfaite. Vous, en tant que propriétaire, devez savoir comment vous imposer, et agir comme un leader protecteur quand vous rencontrez un autre chien. Dans mes classes pour chiots, j'autorise dix minutes de jeu hors laisse, ce qui permet aux chiots des contacts sociaux entre eux et avec d'autres personnes. La socialisation précoce de votre chiot lui permet d'apprendre à interagir et à prendre des postures avec d'autres chiots, et il sera plus tard moins défensif à la vue d'autres membres de son espèce.

Disputes hiérarchiques

Dès lors qu'une maison compte deux chiens ou plus, ces chiens instaurent des relations hiérarchiques. Le chien en chef exerce sa domination sur les jouets ou la nourriture et il écarte les autres chiens quand le maître manifeste son attention. En outre, le leader est celui qui court devant les autres pour sortir le premier.

Les disputes se produisent quand vous sapez l'ordre établi en accordant plus d'attention à un chien subalterne. Le chien dominant est frustré, et le chien subalterne est perplexe. Pour rétablir le calme, accordez davantage d'attention au chien dominant. Nourrissez-le, saluez-le et jouez avec lui en premier et le plus souvent. Passez du temps à le dresser. Les autres chiens suivront le mouvement. S'ils se battent, tentez de les séparer sans hurlement, puis contactez immédiatement un professionnel.

Agressivité psychotique

Je rencontre rarement un chiot ou un chien psychotique, mais il en existe. La plupart des chiens présentant ce problème, mais pas tous, viennent d'un élevage médiocre dans une usine à chiots. L'agressivité psychotique se caractérise par des réactions d'agressivité erratique et apeurée dans des circonstances atypiques, et se manifeste à un très jeune âge. Voici deux catégories d'agressivité psychotique :

- **Méchanceté erratique** : à des intervalles aléatoires, un chiot de cette sorte émet un grognement partant du ventre. Ce comportement peut se produire quand le maître passe près de son bol de nourriture, l'approche quand il mâche un jouet ou simplement marche à côté de lui. À d'autres moments, le chien est d'une grande gentillesse – cette personnalité Docteur Jekyll et Mister Hyde est courante.
- **Chien qui mord sous l'effet de la peur** : un chiot appartenant à cette catégorie prend des attitudes de peur spectaculaires ou mord soudainement dans des situations non menaçantes comme au simple fait de tourner une page du journal ou à un brusque mouvement de bras. Ces chiots, des *mordeurs peureux*, peuvent aussi se montrer très perturbés ou effrayés à l'approche d'inconnus.

  Certaines personnes parfois très au courant du monde des chiens utilisent le terme *mordeur peureux* à mauvais escient. Ils ne font pas la différence entre un chiot qui mord parce qu'il a peur et un mordeur peureux. Un chiot qui mord parce qu'il a peur se sent pris au piège ou menacé pour une bonne raison ; un mordeur peureux peut se lever brusquement et vous attaquer parce que vous avez tourné la page d'un livre. Ne craignez pas automatiquement le pire si quelqu'un attribue cette étiquette à votre chien.

N'OUBLIEZ PAS !

Ne paniquez pas si votre chiot grogne occasionnellement contre vous ou aboie après le facteur. De nombreux chiots grognent pour protéger un bol de nourriture ou un jouet, et l'instinct de garde est fort chez beaucoup de races. Ce sont des problèmes de comportement que vous pouvez résoudre par une éducation appropriée. Même de nombreux mordeurs peuvent être rééduqués. Les situations évoquées ici mettent en jeu une agressivité *grave* – les dents découvertes, des regards durs, un grognement qui prend naissance dans le ventre, et une morsure comme on pourrait en attendre d'un chien policier dressé. Ces anomalies de la personnalité se manifestent très tôt, généralement à l'âge de 4 mois.

L'agressivité psychotique est à la fois effrayante et tragique parce qu'on ne peut rien faire pour modifier le développement du chien. Malheureusement, son destin a été scellé par les gens qui gèrent l'usine à chiots dont il provient ou ceux qui l'ont élevé de manière irresponsable. Dans ma carrière, je n'ai vu que six cas de chiens psychotiques, et tous provenaient d'éleveurs inconnus ou douteux. Si vous soupçonnez votre chiot de manifester une méchanceté erratique ou d'être un mordeur peureux, parlez-en immédiatement à l'éleveur et à votre vétérinaire et appelez un spécialiste pour analyser la situation. La plupart du temps, ces chiots doivent subir une euthanasie.

Ingurgitation d'objets indigestes

Mâchonner des bouts de bois et des chaussettes et prendre dans sa gueule des cailloux sont des activités parfaitement normales pour un chiot. Mais manger ces objets ne l'est pas. Si votre chiot avale tout ce qu'il voit ou a du mal à ne pas manger les sous-vêtements ou les chaussures de vos enfants, vous avez affaire à un comportement compulsif obsessionnel. Certaines races ont une propension à ce comportement, par exemple les chiens de montagne bernois et les golden retrievers. Ce comportement a un caractère compulsif obsessionnel, mais bien qu'il soit difficile de leur faire perdre cette obsession, les chiots trouvent cela beaucoup moins excitant à mesure qu'ils grandissent.

N'OUBLIEZ PAS !

La plupart des gens réagissent de manière théâtrale quand leurs chiots s'emparent d'objets interdits. Ils font tout ce tintamarre dans l'espoir de décourager leur chiot de recommencer. Mais pour le chiot, c'est une réaction de confrontation, que j'appelle *la mise en valeur de l'objet.* Quand votre chiot attrape un objet auquel il ne devrait pas toucher, vous pensez : « Mauvais chien, rends-le moi ! » Votre chien, par contre, voit votre langage corporel du point de vue d'un chiot. Il pense que vous vous précipitez pour lui voler ce qu'il a trouvé. S'il veut le garder, il préférera le détruire ou l'avaler – quel que soit l'objet. Certains détruisent, d'autres avalent. Pour faire cesser définitivement ce comportement, vous devez faire appel à un professionnel. En attendant, suivez ces principes directeurs :

- Ne pourchassez jamais votre chiot quel que soit l'objet avec lequel il se sauve.
- Placez des boîte à récompenses ou des clickers et des friandises dans plusieurs pièces de la maison (voir chapitre XI). Si votre chiot se saisit d'un objet interdit, attrapez votre gadget de sauvetage et encouragez-le à rendre l'objet en disant « Donne ». Échangez l'objet contre une friandise.
- Si vous remarquez en même temps que le chiot quelque chose de tentant sur le sol, ne plongez pas pour le ramasser. Souvenez-vous, vous donnez l'exemple. Essayez de détourner l'attention du chiot vers un autre objet ou au moyen d'une tasse de friandises, puis enlevez l'objet tranquillement.
- Ne concevez pas le comportement de votre chiot comme une compétition pour avoir votre chaussette – votre chiot montre simplement de la curiosité pour des objets imprégnés de votre odeur. Apprenez-lui à partager et à montrer, au lieu de prendre et de partir (voir chapitre XIV).
- Ramassez ce qui traîne dans la maison. Si votre chiot ne trouve rien à voler, il n'aura rien à avaler.

Si le problème de votre chiot est qu'il avale des choses indigestes, vous devez le surveiller de près. Si vous pensez qu'il a mangé quelque chose d'indigeste, appelez aussitôt votre vétérinaire, et surveillez attentivement ses intestins. Les objets indigestes peuvent bloquer l'intestin de votre chiot, l'empêchant d'éliminer. Sans traitement, un tel accident peut tuer votre chiot.

Marquage

Du point de vue humain, le marquage est une habitude détestable et répugnante dont il est odieux d'avoir à s'occuper. Pour un chiot, marquer est un moyen de s'affirmer : je marque de mon odeur, donc je suis. Et le sexe importe peu, tant les chiots femelles que les chiots mâles procèdent au marquage.

Pour faire perdre cette habitude, vous devez regarder la vie du point de vue de votre chiot. Votre chiot tente de communiquer quelque chose. Décidez lequel des messages suivants votre chiot vise à transmettre :

- **L'anxiété** : si un chiot est nerveux quand il se retrouve seul ou quand il est suffisamment près (pour les voir ou les entendre) de choses qui le troublent, il peut marquer pour se calmer. Ce chiot a besoin de davantage de socialisation et doit être mis dans un parc ou confiné dans un espace réduit quand on le laisse seul, pour l'empêcher d'aller et venir et de marquer.
- **La frustration** : si vous avez un chiot volontaire souffrant de l'angoisse excessive de la séparation (voir chapitre XVII), parce qu'il a été isolé dans un parc ou dans une pièce, ne soyez pas trop surpris s'il marque là où il est enfermé, ou quand il est libre d'explorer sans surveillance. Ce chiot a besoin d'être accoutumé méthodiquement à la liberté de circulation dans la maison, au moyen des techniques de conduite et de stationnement décrites au chapitre XIII.
- **Domination territoriale** : un chiot ayant reçu comme message qu'il règne sur le groupe marquera souvent pour renforcer sa position. Si votre maison est dirigée par votre chiot, vous devez accepter de vivre sous son autorité. Ce chiot a besoin de leçons d'éducation structurées, portant notamment mais pas seulement sur les ordres suivants : Pardon, Attends, Au pied, Pas bouger, Non, et Couché (voir chapitre XIV).

Le marquage est plus courant dans le cas des petites races pour deux raisons principales : leur petite taille leur garantit d'être dorlotés, et leurs postures normales de chien ne sont pas prises au sérieux. Faute d'être éduqués, ils se figurent qu'ils dirigent leur environnement. Le marquage aide ces chiots à se sentir dotés de pouvoir.

Si votre chiot marque, revoyez tous les conseils d'apprentissage de la propreté énumérés au chapitre XII, et appliquez un programme visant à renforcer son contrôle de la vessie et ses moyens de communication. Un chiot non castré a une plus grande propension à marquer. Ce n'est en rien une habitude personnelle, mais simplement le besoin, sous l'emprise de ses hormones, de répandre son odeur un peu partout ! Raison de plus pour prendre rendez-vous tout de suite !

L'ingestion d'excréments

L'ingestion d'excréments est une délicieuse habitude consistant pour un chiot à avaler ses crottes – ou celles d'une autre créature. Croyez-le ou non, l'ingestion d'excréments est un comportement assez courant. Bien que la plupart des chiots cessent naturellement de le faire au cours de leur première année, votre réaction exerce une lourde influence sur ce comportement. Si vous tendez à réagir de façon spectaculaire, à crier et écarter votre chiot de chaque tas de crottes, il interprétera votre attitude comme compétitive et avalera au plus vite. Que faire ? Continuez à lire pour trouver des remèdes imparables.

Excréments d'autres animaux

Votre chiot peut être particulièrement friand des excréments d'autres animaux. Les crottes de biches, ce qu'il trouve dans la litière du chat, les cacas d'oie – un véritable délice pour votre chiot. La plupart des chiens cessent ce comportement si vous leur donnez deux fois par jour un repas équilibré et si vous ignorez leur manie de manger des excréments.

TRUC

Si vous surprenez votre chiot en train de voler une crotte, essayez de le détourner vers une activité favorite. S'il s'agit de la caisse à litière du chat, placez-la dans un lieu inaccessible pour le chien, achetez-en une avec un couvercle.

Si le problème surgit à l'extérieur, faites porter une longe à votre chiot, et détournez-le en courant dans la direction opposée et en l'appelant par son nom.

Les propres excréments du chiot

Bien que manger les excréments soit la chose la plus grotesque qu'on puisse imaginer, au pays des chiens, c'est seulement une façon commode d'assurer la propreté de la tanière. Quand votre chiot était plus petit, il a vu sa mère le faire, et quand il vous voit nettoyer derrière lui, il pense – bon, vous voyez ce que je veux dire.

Pour mettre un terme à cette habitude, suivez ces conseils :

- Ne nettoyez jamais les saletés devant votre chiot.
- Ne corrigez pas votre chiot s'il montre un intérêt pour ses excréments. Si vous en faites une histoire, il avalera.
- Si votre chiot montre de l'intérêt pour ses excréments, détournez-le vers un jeu favori : « Va chercher ta balle ! »
- Quand votre chiot a fini d'éliminer, pulvérisez le tas avec quelque chose ayant mauvais goût, de la sauce au piment ou du vinaigre.
- Et *last but not least*, gardez le jardin propre pour limiter les tentations.

Cinquième partie

La santé de votre chiot

« C'est moi qui ai l'essoreuse à salade !
Je m'en sers pour sécher le chien. »

Dans cette partie...

La plupart des gens ont le coup de foudre pour leur chiot à la seconde où leurs regards se croisent et où ils s'écrient : « Je prends celui-ci ! ». Avec la santé ou la maladie, pour le meilleur et pour le pire, votre chiot dépend désormais de vous pour tout, depuis sa nourriture jusqu'aux soin que vous lui donnerez quand il sera souffrant. Comprendre votre chiot du dehors au dedans, et assurer son hygiène quotidienne sont la meilleure assurance pour lui garantir une vie bien vécue !

Dans cette partie, vous trouverez tout ce qu'il vous faut savoir pour le nourrir convenablement, lui fournir des soins préventifs et curatifs, et le débarrasser des parasites (pouah !)

Chapitre 19

L'alimentation et la forme

Dans ce chapitre :

- Bien nourrir votre chiot
- Lui faire prendre de l'exercice
- Participer à des aventures organisées

Jour après jour, vous pouvez faire beaucoup – en nourrissant convenablement votre chiot et en veillant à ce qu'il ait tout l'exercice physique dont il a besoin – pour la santé de votre chiot. Un chiot en bonne santé est un chiot heureux, ce qui, pour vous, veut dire qu'il grignotera moins, coopérera davantage, éliminera régulièrement et aura dans l'ensemble une attitude plus calme.

Dans ce chapitre, j'examine les marques d'alimentation pour chiens, la quantité d'exercice appropriée pour votre chiot spécifique, et différentes activités organisées, auxquelles vous pouvez participer avec votre chiot !

L'alimentation de votre chiot : veillez à ce qu'il soit bien nourri

ATTENTION !

Une alimentation défectueuse affecte la santé *et* le comportement de votre chiot. Elle l'expose davantage à la maladie, à des infections et à d'éventuels troubles psychiques comme la nervosité ou l'agressivité.

Vous avez une infinité de choix concernant les aliments de votre chiot : vous pouvez les acheter dans un magasin ou les préparer vous-même, acheter des marques réputées ou des marques courantes, choisir des aliments secs ou humides. Quand chacune des marques prétend être la meilleure, comment choisir ? Ne vous inquiétez pas. J'ai procédé à mes propres enquêtes journalistiques pour vous offrir un scoop sur ce qui distingue une alimentation pour chien des autres.

En prenant de l'âge, votre chiot aura besoin d'aliments dosés différemment pour rester en bonne santé. Comme les humains, les chiens plus âgés ont besoin de moins de protéines et de moins de calories.

Les origines des produits alimentaires commerciaux pour chiens

Avant la Seconde Guerre mondiale, les chiens mangeaient les restes laissés par les humains - une tradition qui remonte au temps où le premier chien a été domestiqué à partir du loup. Les tensions économiques et la pénurie de main-d'œuvre engendrées par la guerre ont entraîné le développement de la commercialisation des aliments pour chiens. Les parties des animaux impropres à la consommation par les hommes, qui auraient autrement été jetées, ont été élaborées pour devenir des aliments pour chiens. Miam. Les premiers sacs de nourriture pour chiens ont été vendus dans les grands magasins d'alimentation. Nombre de ces premières marques existent encore aujourd'hui. Au début des années 1970, on vit apparaître des magasins spécialisés dans les animaux de compagnie, et avec l'apparition de ces magasins vinrent l'étude et la préparation d'aliments de meilleure qualité.

Ingrédients essentiels – et leurs différences d'une marque à l'autre

Si on les décompose, tous les aliments pour chiens ne sont-ils pas fondamentalement identiques ? Je crains que non. La seule véritable similitude est le pourcentage de composants organiques requis pour satisfaire les besoins quotidiens d'un chien, déterminés par l'Association of American Feed Control Officials (AAFCO) (voir annexe Carnet d'adresses). Les aliments doivent contenir six éléments essentiels : protéines, corps gras, sucres lents, vitamines, minéraux, et eau. Ces éléments représentent le minimum exigé chaque jour. Mais les ressemblances s'arrêtent là.

Bien que ces exigences soient fixées par la loi, chaque société peut choisir les ingrédients qu'elle veut pour les satisfaire. Par exemple, certains aliments contiennent du soja pour atteindre le niveau quotidien requis en protéines, tandis que d'autres utilisent de la viande ou des protéines animales. Vous pouvez vous représenter la chose de la manière suivante : c'est comme si j'avais le choix entre avaler dix sandwichs au soja pour avoir mon quota de protéines et manger un bon morceau de poulet. J'exagère peut-être, mais vous voyez ce que je veux dire. Pour les chiens, les protéines animales sont de loin préférables au soja.

Vous trouverez sur le marché de nombreuses marques d'aliments pour chiots, mais elles se rangent toutes dans trois catégories :

- **Les marques que l'on trouve n'importe où** : vous trouverez les noms de ces marques à peu près n'importe où. Un programme télévisé très suivi aux États-Unis a décrit la façon dont ces sociétés commercialisant des aliments pour chiens à très grande échelle se procurent leurs viandes : elles les sélectionnent dans la catégorie 4 D – ce qui veut dire des animaux qui sont morts, mourants, malades ou en décomposition. Trouvez-vous cela appétissant ? En outre la plupart des corps gras de ces marques ne sont pas digérables, de sorte qu'il en faut de plus grandes quantités pour satisfaire les exigences quotidiennes.
- **Les marques de premier ordre** : on les trouve dans les magasins pour animaux de compagnie et les cliniques pour animaux. Elles ont été créées pour améliorer le contrôle de la qualité et les ingrédients offerts aux animaux de compagnie. Elles utilisent une viande de meilleure qualité, et les aliments contiennent une plus grande quantité de graisses digérables.
- **Aliments holistiques** : on trouve également ces aliments dans les magasins pour animaux de compagnie. Le mot *holistique* se traduit par « niveau de qualité comme pour l'homme à tous égards ». Cela veut dire des viandes convenant pour l'homme, des graisses digestes, et un mélange de graines à sucres lents de haute qualité. Certains sont même dépourvus d'hormones ou de stéroïdes. Bien que les aliments holistiques pour chiens coûtent plus cher et puissent être difficiles à trouver, ils sont riches en calories, ils satisfont les besoins quotidiens sous un volume plus réduit. Et en théorie, si vous avez vraiment faim…

TRUC

Quand vous recherchez les aliments appropriés pour votre chien, faites attention à la digestion de votre chien. Les aliments à base d'ingrédients de qualité médiocre ne s'absorbent pas aussi bien et peuvent donner à votre chien des selles liquides. Une alimentation saine doit permettre à votre chiot de produire chaque jour deux à quatre crottes compactes, sans odeur désagréable.

Les sections suivantes mentionnent chaque composant essentiel des aliments pour chiens et examinent la façon dont les différentes qualités d'aliments satisfont les exigences relatives à ce composant.

Protéines (la recommandation est 21 à 26 pour cent de l'aliment)

N'OUBLIEZ PAS !

Les protéines déterminent la qualité d'un aliment pour chien. En lisant les mentions portées sur l'emballage, vous pouvez voir une ou plusieurs sources de protéines : viande, animale, provenant de graines. Voici la traduction :

- **Protéine de viande** : la protéine de viande provient de viande d'organes ou de viande de muscle. Ce type de protéine est le plus proche de la qualité pour les humains et est supérieur aux autres sources de protéines.

- **Protéine animale** : la protéine dite animale provient de toute partie de l'animal contenant des protéines – les poils, les sabots, les lèvres et les cils sont inclus dans ce groupe.
- **Protéines végétales ou de graines** : méfiez-vous des aliments dont la liste des ingrédients commence par soja, sous-produits carnés ou *protéines brutes* (qui incluent tout ce qu'il y a de brut dans un corps, comme les poils et les griffes). Mais surtout, vous devez donner une grande quantité de ces aliments à votre chien pour satisfaire son besoin quotidien, et bien sûr, ce qui entre doit ressortir. En outre, les protéines inutilisables fatiguent les reins. Toute mention « gluten » veut dire une protéine difficile à digérer, de basse qualité, pouvant être produite par le fabricant à faible coût.

  Certains chiots sont allergiques aux graines figurant dans les aliments pour chiens. Les allergies les plus courantes sont les allergies au maïs, au blé, et au soja. Certaines graines peuvent aussi contenir des résidus d'engrais, pouvant entraîner une réaction allergique. Si votre chiot refuse de manger sa nourriture ou si sa digestion semble en quelque manière anormale, consultez votre vétérinaire et apportez-lui les emballages des aliments consommés par votre chiot pour qu'il identifie d'éventuels ingrédients nocifs.

UN PEU DE TECHNIQUE

La mesure brute des protéines d'un chiot fait le total des protéines de source animale et de celles provenant de graines.

Voici quelques éléments d'information intéressants sur les protéines :

- Les besoins en protéines changent au cours de la vie de votre chiot. Chaque fois qu'il est soumis à un changement de température ou à un stress émotionnel quelconque, son système demande une certaine quantité de protéines. En cas de stress, votre chiot consomme davantage de protéines (et donc compte sur vous pour lui en fournir davantage). Si votre chiot mène une existence plus sédentaire ou si vous avez réduit son activité physique suite à une recommandation ou à une blessure, évoquez auprès de votre vétérinaire la possibilité de réduire la proportion de protéines dans le régime de votre chiot.
- Vous êtes-vous jamais demandé quelle est la différence entre les aliments dans les catégories actif, peu actif, léger, chiot, et performance ? Vous l'avez deviné : le pourcentage de protéines.

ATTENTION !

- Plus de protéines n'est pas toujours ce qu'il y a de mieux. Les régimes à taux de protéines élevé sont utilisés pour les chiens d'exposition ou les chiens qui travaillent. Si vous avez un amateur de canapé ou un chien qui doit passer beaucoup de temps seul, lui donner un régime comportant beaucoup de protéines (lesquelles se transforment en énergie) peut le rendre agité et surexcité.

Sucres lents (la recommandation est de 42 pour cent de l'aliment)

Certains fabricants d'aliments pour chiens atteignent le niveau minimum de protéines en utilisant des matières végétales qui contiennent de grandes quantités de sucres lents. Le problème est que les chiens ne digèrent pas les sucres lents de la même manière que les humains. Le système digestif de l'homme est beaucoup plus compliqué. Nous commençons notre digestion dans la bouche, où nous mastiquons et savourons la nourriture. Les chiens, en revanche, mastiquent et avalent, de sorte que leur digestion commence plus tard, quand les aliments parviennent dans leur estomac. Il importe de comprendre le système digestif du chien, car la digestion des sucres lents est un processus de longue durée, auquel l'ingurgitation immédiate est mal adaptée. Les aliments riches en sucres lents peuvent causer des problèmes digestifs chez les chiens, tels que des gonflements, des maux d'estomac, la constipation, et des selles trop abondantes. Assurez à votre chiot un régime alimentaire contenant davantage de protéines animales que de protéines végétales en choisissant un aliment qui contient au moins deux sources animales de protéines parmi les cinq premiers ingrédients.

Si votre chiot engloutit sa nourriture, ralentissez-le. Isolez-le dans une pièce pour sa prise des repas, le chiot se sentant moins en compétition pour sa nourriture mangera plus calmement. Vérifiez qu'il a suffisamment d'apports en quantité dans la journée ; peut-être y a-t-il un mauvais équilibre entre dépense énergétique et apport énergétique. Et pensez à le vermifuger.

Graisses et conservateurs (15 à 20 pour cent)

Les graisses sont les ingrédients les plus coûteux des aliments pour chiens, principalement parce qu'ilssont les plus difficiles à extraire et à conserver. Les corps gras apportent à votre chiot une énergie stable, modérée. En outre, ils gardent la peau et la fourrure de votre chiot en bonne santé, facilitent la digestion et stabilisent la température – lui tenant chaud quand il fait froid et lui assurant la fraîcheur quand il fait chaud.

Les sources de graisses sont les graisses de poulet, l'huile de tournesol ou de canola, les huiles de poisson et les produits laitiers sans lactose. Je recommande les produits laitiers sans lactose parce qu'une fois qu'un chiot a perdu ses dents de lait, il perd les enzymes nécessaires à la digestion du lactose contenu dans le lait. Même si le chien ne fait pas la différence entre le lactose et l'absence de lactose, son estomac la fait certainement – le lactose produit chez les chiens des gaz, et des selles liquides.

Voici quelques remarques à garder à l'esprit en s'informant sur les graisses et les conservateurs des aliments consommés par votre chiot :

- De nombreuses sociétés ont commencé à ajouter du *suif* aux aliments pour chien pour atteindre le niveau minimal quotidien. Utilisée pour la fabrication des bougies, cette substance est bon marché et ne se digère pas. Quand une marque vante une « nouvelle formule », assurez-vous que le changement n'inclut pas cet ingrédient inutilisable.

- Il n'est généralement pas nécessaire de rajouter des graisses au régime alimentaire de votre chiot. Mais si votre vétérinaire vous encourage à augmenter la proportion de graisses, versez un peu d'huile de carthame sur sa ration alimentaire – à peu près une cuillerée à dessert pour les petits chiens et une cuillerée à soupe pour les grands chiens. Cette huile possède une forte concentration d'acide linoléique et est celle qui risque le moins de provoquer une réaction allergique.
- Dans le cas des aliments commerciaux pour chiots, vérifiez les informations sur l'emballage pour voir quels conservateurs sont utilisés. En cas de doute, parlez à votre vétérinaire ou à un autre professionnel. Par exemple, le conservateur éthoxyquin est un carcinogène reconnu.

Vitamines (1 pour cent)

En bref, les vitamines ont deux propriétés : elles libèrent les substances nutritives des aliments et elles aident le corps à utiliser l'énergie. Il y a deux types de vitamines :

- **Solubles dans les corps gras** : ces vitamines, notamment les vitamines A, D, E et K, sont emmagasinées dans les tissus graisseux et dans le foie.
- **Solubles dans l'eau** : ces vitamines, parmi lesquelles les vitamines B et C, passent chaque jour à travers le corps – elles sont utilisées ou excrétées.

L'eau

Saviez-vous que votre chien peut vivre trois semaines sans manger, mais qu'il mourra en peu de jours sans eau ? L'eau est nécessaire à tous les processus digestifs, ainsi qu'à la régulation de la température et à l'absorption des substances nutritives. L'eau sert d'agent de transport, véhiculant des substances d'un organe à un autre et hors du corps.

La quantité d'eau dont a besoin votre chiot dépend de l'intensité de ses activités physiques et du type de nourriture qu'il absorbe. Le halètement est le moyen dont se sert votre chien pour transpirer. Si votre chien halète, vous savez qu'il a besoin de boire. Les aliments secs provoquent également la soif. Les aliments secs ne comportant que 10 pour cent d'eau, votre chien a besoin d'environ un litre d'eau pour un demi-kilo de nourriture sèche qu'il consomme.

La nourriture en boîte ou les repas préparés chez soi, en revanche, contiennent davantage d'eau (soyez cependant conscient que la proportion d'eau plus élevée n'en fait pas nécessairement un mode d'alimentation supérieur).

Si vous utilisez l'eau du robinet, faites-la tester (ou testez-la vous-même) pour vous assurer qu'elle ne contient pas de substances néfastes. On a constaté que l'eau du robinet peut contenir des bactéries, des virus, du plomb, de l'essence, des gaz radioactifs, et des composants industriels carcinogènes pouvant provoquer des problèmes de santé chroniques. Les grands magasins vendent des kits de test de l'eau peu coûteux, qui mesurent la dureté de l'eau ainsi que son pH, et sa teneur en chlore, en nitrates et en fer.

Devez-vous compléter le régime alimentaire de votre chiot avec de la vitamine C ? Tout le monde n'est pas d'accord sur la réponse à cette question. Faites une recherche sur Internet sur le thème « suppléments au régime alimentaire des chiens » et informez-vous sur la controverse. Voici les arguments favorables à l'adjonction de vitamine C : ce qui n'est pas utilisé est éliminé, et dans le meilleur des cas, la vitamine C renforce les tissus élastiques, ce qui rend les animaux plus résistants au stress. Bien qu'aucune étude ne le prouve, ce supplément ne semble pas avoir d'effet négatif. Toutefois, les opposants affirment que le corps des chiens peut produire toute la vitamine C dont ils ont besoin.

Les besoins de vitamines varient en fonction de votre chiot et de son style de vie. Si vous envisagez de lui faire prendre des suppléments, parlez-en d'abord à votre vétérinaire. Les vitamines sont des substances assez instables, sont facilement détruites par la lumière et la chaleur, et investir dans un bon supplément de vitamines peut être une sage décision. Si vous donnez à votre chiot des aliments de haute qualité, les suppléments peuvent être superflus, voire nocifs.

Certains aliments pour chien affichent une longue liste de vitamines. N'oubliez pas que les vitamines doivent représenter seulement 1 pour cent des aliments.

Minéraux (1 pour cent)

Les minéraux ont des points communs avec les vitamines. Ils assistent le corps dans ses fonctions quotidiennes comme la circulation sanguine, la production d'énergie et la régénération des cellules. Un aliment de haute qualité pour chien doit être équilibré. Un excès de minéraux peut être nuisible au développement et à la santé de votre chiot. Parlez avec votre vétérinaire si vous avez des questions plus spécifiques.

Bien que les insuffisances de minéraux soient plus courantes que les insuffisances de vitamines, n'ajoutez pas de minéraux aux aliments de votre chiot à moins que votre vétérinaire ne vous le prescrive. Un ajout intempestif de minéraux peut provoquer un déséquilibre néfaste pour la santé de votre chiot. (Pour en apprendre davantage sur la façon dont les minéraux spécifiques affectent la santé de votre chien, référez-vous au livre *La Médecine douce des animaux* du Dr Gérard Lippert aux éditions Résurgence.)

L'absorption de fer, un minéral nécessaire à la circulation sanguine, est réduite par un régime alimentaire comportant beaucoup de protéines de soja – encore une bonne raison pour éviter les aliments riches en protéines de soja.

Interprétez les indications des emballages d'aliments pour chiens pour dépenser à bon escient

Lorsque vous choisissez le régime alimentaire de votre chiot, souvenez-vous que la plupart des plus grandes marques de croquettes sont membres de l'AAFCO (Association of American Feed Control Officials, Inc.) qui réglemente la fabrication et la mise sur le marché des produits qui doivent satisfaire certains standards nutritionnels spécifiques. (Voir annexe Carnet d'adresses.) Ce que vous devez déterminer, c'est la façon dont chaque aliment parvient à ces standards.

Pour choisir ce qui convient à votre chien, vous devez savoir lire les listes d'ingrédients figurant sur les emballages. Vous devez aussi tenir compte de *votre* chiot. Les formules qui conviennent à un chiot ne conviennent pas nécessairement à un autre. En surveillant de plus près l'alimentation de votre chiot, vous découvrirez que les aliments les plus chers, ceux qui sont commercialisés de la manière la plus agressive ou le plus intelligemment présentés ne sont pas nécessairement les meilleurs. Parlez à votre vétérinaire ou un autre professionnel.

La figure 19.1 montre comment les étiquettes d'ingrédients diffèrent entre les aliments de basse qualité et ceux de haute qualité.

Prenez une minute pour lire les ingrédients énumérés sur la figure 19.1. Comparez les sources de protéines : l'aliment de plus basse qualité indique « Soja » comme source principale. Le soja est peu coûteux, mais est une source de protéines souvent mal digérée. Je prendrais le repas à l'agneau, mentionné sur l'étiquette de l'aliment de haute qualité. La source de sucres lents mérite une autre comparaison. Le maïs est une source peu coûteuse, de même que la farine de blé. Le riz complet est de loin préférable pour votre chiot. La source de matières grasses est aussi importante. « Graisses animales » est un terme générique pour une source de matières grasses peu coûteuse. L'huile de tournesol est de ce point de vue préférable. Ici encore, dans le doute, consultez votre vétérinaire.

Bien que certains affirment que les aliments de haute qualité vous coûtent plus cher, cette opinion est discutable. Voyez combien d'aliments de moindre qualité vous devriez donner à votre chiot pour satisfaire ses besoins quotidiens minimaux – presque le double ! Et si vous n'êtes pas convaincu, souvenez-vous du principe : « Ce qui rentre, doit ressortir ! » Un régime alimentaire sain a véritablement un effet sur la santé de votre chiot, et vous fait réaliser de grandes économies sur le long terme.

Moindre qualité

	NAIN	PETIT	MOYEN	GRAND	TRÈS GRAND
Grammes /jour	50-100	130-190	190-130	130-540	Pour les chiens au-dessus de 40 kilos, prévoir 540 gr. + 100 gr. par dizaine de kilos supplémentaire
Poids du chien (kg)	1-5	5-10	10-25	25-40	

Composition garantie :

Protéine brute.............................. 19,0 % minimum
Matière grasse brute.................. 8,0 % minimum
Fibre brute.............................. 4,0 % maximum
Eau...18,0 % maximum

Ingrédients : maïs, soja, farine de blé moulue, farine de bœuf et d'os, matières grasses animales (conservateurs utilisés : BHA et acide citrique), sirop de maïs, farine de blé moyennement blutée, eau nécessaire à l'élaboration, extraits d'origine animale, fromage cheddar séché, propylène glicol, sel, acide chlorhydrique, chlorure de potassium, colorant caramel, acide sorbique (conservateur), carbonate de sodium, choline-chloride, minéraux (sulfate de fer, oxyde de zinc, oxyde de manganèse, sulfate de cuivre, iodure de sodium, sélénite de sodium), vitamines (supplément de vitamine E, supplément de niacine, supplément de vitamine D, D-calcium, panthothénate, supplément de riboflavine, hydrochlorure de pyridoxine, mononitrate de thiamine, supplément de vitamine D3, acide folique, supplément de vitamine B12, biotine, sulfate de calcium, colorants à base de dioxyde de titane (rouge 40, jaune 6, jaune 5), BHA (conservateur), méthionine-DL, AD03.392

Haute qualité

Grammes /jour	30-40	50-80	80-110	140-180	190-240	240-290	270-320	300-380	350-490	360-460	390-490	430-510	490-590	540-650
Poids du chien (kg)	0,9	2,7	4,5	9	14	18	23	27	32	36	41	45	54	64

Composition garantie :

Protéine brute.............................. 21,0 % minimum
Matière grasse brute.................. 11,0 % minimum
Fibre brute.. 4,5 maximum
Eau.. 4,5 % maximum
Vitamine 4........................... 300 ui/kg minimum
Taurine*................................. 0,19 % minimum

*non reconnue comme un nutriment essentiel par les profils de nutriments pour chiens de l'AAFCO

Ingrédients : viande d'agneau, riz brun, riz, huile de tournesol (conservée au moyen de tocophérols mélangés, une source naturelle de vitamine E), taurine, chlorure de potassium, choline-chloride, carbonate de calcium, vitamines (acétate de tocophérol A, carotène bêta, niacine, penthoténate de calcium D, mononitrate de thiamine, hydrochlorure de pyridoxine, riboflavine, supplément de vitamine D3, supplément de vitamine B12, acide folique, biotine), minéraux (protéinate de zinc, protéinate de fer, protéinate de cuivre, protéinate de manganèse, iodure de calcium).

Calories :
(énergie métabolisable)
3990 kcal/kg

Figure 19.1 : Comparaison des ingrédients d'aliments de basse et de haute qualité.

Nourrir votre chiot d'aliments préparés chez vous

Oui, vous pouvez toujours donner à votre chien des aliments destinés aux humains, mais vous devez veiller à ce que son alimentation soit équilibrée. Un tel régime doit être adapté en fonction de l'âge, de la race et des besoins individuels de votre chiot. Certains chiens, indépendamment de leur race, souffrent quand ils mangent des aliments pour chien du commerce. Les aliments préparés à la maison peuvent résoudre ce problème. L'inconvénient de cette méthode est que vous devez vous engager à préparer des repas équilibrés et à acheter régulièrement les produits pour assurer leur fraîcheur.

Les allergies et les besoins spécifiques

Des allergies alimentaires sont diagnostiquées de plus en plus fréquemment. Les symptômes sont des démangeaisons sur le visage et les pattes ainsi que des vomissements et des diarrhées.

Allergies à votre nourriture et à la sienne

Le système de votre chiot n'est tout simplement pas fait pour supporter les variations qui caractérisent notre régime alimentaire. Les produits de l'industrie alimentaire ne lui conviennent pas parce qu'elles contiennent des substances chimiques que son corps ne peut ni reconnaître ni absorber. Si vous voulez absolument partager le contenu de votre assiette avec votre chiot, choisissez des aliments naturels. Par exemple, les fruits, les légumes et la viande sont ce qu'il y a de mieux pour votre chiot.

Évitez de donner à votre chiot des produits laitiers. Il est incapable de décomposer le lactose, ce qui peut entraîner des indigestions, des diarrhées, et des gaz – de grandes quantités de gaz.

Pour déceler ce qui peut provoquer une allergie, votre vétérinaire peut prescrire à votre chiot un régime hypoallergénique. Les régimes hypoallergéniques utilisent des sources de protéines et de sucres lents auxquelles votre chiot n'a pas encore été exposé. La protéine choisie est habituellement une protéine que l'on ne trouve pas dans les autres types d'aliments pour chien (comme l'agneau, le gros gibier, le lapin et le poisson) ; le riz est souvent le sucre lent préféré. (Votre vétérinaire peut vous fournir un régime particulier ou des ingrédients à mélanger.) Non seulement les friandises, mais aussi les objets à ronger et les médicaments sont éliminés. Vous réintroduisez ensuite les groupes de nutriments un à un pour déterminer les allergies de votre chiot.

Problèmes de nutrition particuliers

Tous les chiots sont différents. Une seule formule ne peut convenir à tous. Renseignez-vous sur les besoins nutritionnels de votre chiot – en parlant à votre vétérinaire, votre éleveur ou un professionnel compétent du magasin pour animaux de compagnie – pour déterminer le régime qui lui convient le mieux.

Si vous avez un chiot appartenant à une race de grands chiens qui grandissent rapidement, ne soyez pas surpris si votre éleveur ou votre vétérinaire vous suggère de lui donner des aliments pour chien adulte.

Certains chiots ont des maladies spécifiques, telles que des estomacs sensibles ou des problèmes d'allergie, nécessitant un régime approprié. Votre vétérinaire peut vous guider dans votre choix ou vous fournir les aliments spéciaux dont votre chien a besoin pour rester en bonne santé.

Gardez votre chiot en forme

En plus d'une alimentation saine, votre chiot a besoin d'exercice pour son équilibre physique et mental. Une idée erronée assez répandue est que laisser un chien dehors toute la journée est une bonne chose pour lui. « Il a besoin d'air frais » est une affirmation totalement inexacte. Si vous laissez votre chiot dehors toute la journée, vous vous retrouverez avec une créature névrotique qui fait des trous dans le jardin et aboie jusqu'à ce que les voisins se plaignent. Des exercices appropriés à l'extérieur permettent d'avoir un chien plus calme à l'intérieur, mais l'expression clé est « exercices appropriés ». Il convient de prévoir des activités adaptées à l'âge et à la taille du chiot, et de réserver du temps pour s'y livrer avec lui.

Les activités en fonction de l'âge

Les tissus du corps d'un chiot sont souples et ses os continuent de grandir. Il est aussi maladroit qu'un bébé s'essayant à faire ses premiers pas. Il va sans dire que les escaliers lui font peur. Emmener votre nouveau compagnon pour votre jogging de 8 kilomètres serait agréable, mais dangereux. Trop d'exercices fatiguent le corps en pleine croissance de votre chiot. Il pourrait être distrait et renoncer ou exiger que vous le portiez. Bien sûr, vous voulez que votre chiot soit en forme – un chiot obèse est un chiot en mauvaise santé –, mais les chiots ne sont pas mis au monde pour courir d'interminables kilomètres. Vous devez d'abord le laisser se développer.

Jusqu'à l'âge de 4 mois, vous devez jouer avec lui (de préférence au bout d'une longue corde ; voir chapitre V) au lieu de vous promener avec lui. Vous éloigner avec lui de votre maison perturbe sa perception de votre territoire, et des promenades prolongées peuvent fatiguer ses muscles en développement. ***Note*** : les brèves promenades en ville ou dans un parc pour le socialiser sont recommandées !

Jouez sur du gazon ou de la terre. Ne faites pas marcher votre chiot sur la chaussée, sauf pour l'emmener faire ses besoins. Les sols durs sont trop fatigants pour son squelette et ses muscles. Les sols en linoléum et en carrelage sont un véritable cauchemar pour les chiots parce qu'ils sont trop glissants. Placez des morceaux de moquette sur ces surfaces jusqu'à ce que votre chiot soit plus âgé.

Ne vous contentez pas de regarder – soyez un compagnon de jeu

Les chiots n'aiment pas prendre de l'exercice seuls. Ils ont besoin d'un compagnon qui gambade et joue avec eux. À moins que vous n'ayez deux chiens, vous devez participer aux exercices de votre chiot deux à quatre fois par jour pendant cinq à vingt minutes, en fonction de son âge et de sa race. Je sais que cela semble beaucoup d'exercice, mais quand vous en aurez pris l'habitude, vous aurez l'impression de vous retrouver dans la cour de récréation.

Quand vous amenez votre nouveau chiot chez vous, il a quatre besoins : nourriture, eau, élimination, et *exercice*. Oui, l'exercice est un besoin. Quand c'est le moment de jouer, vous n'avez pas le choix : vous devez vous impliquer. Du fait qu'une promenade dans la rue peut être effrayante pour votre chiot (à cause des voitures, des gros chiens, etc.), les jeux (voir chapitre XXIII) sont la meilleure façon de le fatiguer.

Évitez les jeux tels que le tir à la corde, la lutte, la poursuite, ou les taquineries. Ces jeux énervent les chiots, suggèrent la confrontation, les encouragent à attraper ce qu'il peuvent avec la gueule (spécialement les vêtements) et font de vous davantage un compagnon de jeu qu'un leader.

Tenez compte de la taille, de la race, et du niveau d'énergie

La taille et la race sont d'autres critères pour déterminer la quantité et le genre d'exercice dont votre chiot a besoin. Un pointer allemand à poil ras – un grand chiot élevé pour courir dans les champs à la recherche d'oiseaux – a besoin de plus d'exercice qu'un caniche nain. Oui, c'est une question de bon sens, mais je suis surprise de voir le nombre de gens qui achètent une race pour son aspect sans s'inquiéter de la quantité d'exercice dont leur nouveau chiot a besoin. Consultez le tableau 19.1 pour voir le niveau d'énergie de votre race (pour plus d'informations sur les groupes de races, consultez le chapitre II).

Tableau 19.1 : Races et leurs niveaux d'énergie

Race	*Élevée pour*	*Niveau d'énergie*
Pointers	Courir dans les champs toute la journée, pointer, et rapporter	Très élevé
Retrievers	Rester à côté du maître et rapporter sur ordre	Élevé
Épagneuls	Lever et rapporter des oiseaux	Élevé
Setters	Courir dans les champs, pointer, lever, et rapporter des oiseaux	Élevé
Lévriers chassant à vue	Poursuivre des gibiers rapides	Élevé lors des sprints, puis bas
Scent hounds	Suivre et retrouver la piste du gibier	Élevé
Chasseurs de gros gibier	Défier de gros animaux	Moyen
Chiens de traîneau	Tirer des traîneaux sur de longues	Moyen à élevé
	distances et tirer des chariots jusqu'au marché	
Chiens de garde	Garder un territoire	Moyen
Chiens de protection personnelle	Protéger la maison et le maître	Moyen
Chiens d'eau et de sauvetage	Sauver des humains	Faible (en général)
Chiens d'eau portugais	Retirer des filets de l'eau	Élevé
Gardiens de moutons	Garder des moutons	Moyen à élevé
Conducteurs de troupeaux	Conduire des bovins et des moutons d'un champ à un autre	Élevé
Terriers	Chasser les animaux nuisibles des granges	Moyen à élevé
Races de combat	Élevés à l'origine pour se battre entre eux ou avec d'autres races	Moyen
Races non sportives	Variable	Moyen

Race	Élevée pour	Niveau d'énergie
Dalmatiens	Actuellement élevés comme chiens de compagnie	Très élevé
Groupe nain	Tenir compagnie	Faible

Le niveau d'énergie de la race détermine la quantité et la fréquence d'exercice requises. Voir le tableau ci-après :

Niveau d'énergie	*Quantité d'exercices requise*	*Fréquence*
Très élevé	20 minutes	2 à 4 fois par jour
Élevé	15 à 20 minutes	2 à 3 fois par jour
Moyen	10 à 15 minutes	2 fois par jour
Faible	5 minutes	1 à 2 fois par jour

Si votre chiot n'utilise pas son énergie dehors, il l'utilisera à l'intérieur. Si vous ne le faites pas courir, il peut démolir votre canapé. Non, ce n'est pas qu'il vous en veuille. C'est seulement l'énergie associée à l'ennui.

Les amusements et les jeux

Avez-vous un chien d'un haut niveau d'énergie qui ne s'intéresse qu'aux distractions à grande vitesse ? Les sports ci-après sont faits pour les chiens de toutes catégories. La seule exigence : l'énergie – beaucoup d'énergie.

Agility

Agility est le grand événement sportif du monde des chiens. À première vue, un terrain d'agility ressemble à un gigantesque terrain de jeu. Les obstacles de ce terrain incluent de longs tunnels ouverts ou fermés, un pneu au travers duquel le chien doit sauter, une palissade en forme de A, une bascule, des piquets de slalom, des sauts, et bien d'autres obstacles encore. La fièvre de l'agility est très contagieuse.

Le flyball

Le flyball est un jeu très sportif. Ce jeu n'a rien de comparable dans le monde canin. Pour pratiquer ce sport, vous avez besoin d'une équipe de quatre chiens vigoureux ayant une légère obsession pour les balles de tennis. Les équipes courent ensemble en relais. Chaque chien doit courir jusqu'à une boîte de flyball en sautant des obstacles en cours de route. Une fois à la boîte de flyball, il prend une balle de tennis et revient en sautant les obstacles jusqu'à la ligne d'arrivée et de départ. Quand un chien est arrivé, un autre est lâché jusqu'à ce que les quatre aient couru.

L'obérythmée

Faites danser en rond votre partenaire ! Cette activité chorégraphique associe le chien et l'homme. Vous allez bientôt avoir l'impression d'avoir deux pieds gauches. Certains groupes se rencontrent pour concourir, d'autres seulement pour s'amuser, portant le dressage à un niveau inégalé d'amusement et d'activité aérobie.

Frisbee

Pour pouvoir jouer au frisbee avec votre chiot, il doit savoir comment attraper le disque et le rapporter, et vous devez savoir comment le lancer. Pour voir si votre chiot s'y intéresse, essayez les manœuvres suivantes :

1. **Utilisez le disque comme une assiette.**

   Il ressemble de toute façon à une assiette, n'est-ce pas ? Pendant une semaine, donnez à manger à votre chien sur le disque, en l'enlevant après chaque repas pour qu'il ne le ronge pas. Lavez et cachez le disque jusqu'au repas suivant.

2. **Pratiquez d'abord à l'intérieur, et apprenez à votre chien à jouer avec le disque, en lui disant « Prends-le ».**

   TRUC

   Quand il prend le disque, tirez-le *légèrement* pour qu'il le tienne solidement avant de lui demander de le lâcher en lui offrant à manger ou en le couvrant de compliments.

3. **Apprenez-lui maintenant à saisir le disque.**

   Montrez le disque à votre chien et courez sur une courte distance avant de lui permettre de le saisir. Pour voir si votre chien est suffisamment attaché à ce nouvel objet, retournez-le et faites-le glisser sur une courte distance sur le sol devant vous. Quand votre chien s'en saisit, couvrez-le d'éloges. (Au début, votre chien ne voudra probablement pas vous rendre le disque. Cela ne fait rien. Vous lui ferez rapporter et rendre plus tard lorsqu'il aura maîtrisé l'étape consistant à s'emparer du disque.)

4. **Recommencez l'opération avec un disque non utilisé comme assiette.**

   Votre chien peut avoir une réaction différente. Continuez de le féliciter chaque fois qu'il se saisit du disque.

5. **Maintenant faites rouler le disque ; ne le lancez pas encore.**

   Votre chiot va apprendre à le poursuivre et le prendre alors qu'il est en mouvement. Lorsqu'il se sera pris à ce jeu, il ne restera plus qu'à lui montrer comment prendre le disque à la volée !

Êtes-vous sûr qu'il adore le disque maintenant ? Alors vous êtes prêt à lui apprendre à l'attraper et à le rapporter.

1. **Mettez au cou de votre chien une corde de 3 mètres pendant les exercices de frisbee ; faites tourner votre corps en simulant le mouvement d'un disque volant.**
2. **Quand votre chien se montre intéressé, lancez le disque très légèrement ou simplement amenez-le jusqu'à sa gueule et lâchez-le quand il le tient solidement.**

   Augmentez progressivement la longueur et la distance de vos lancers.
3. **Quand il attrape le disque, encouragez-le à revenir.**

   N'OUBLIEZ PAS !

   Qu'il revienne avec ou sans le disque, félicitez-le chaleureusement. S'il décide de ne pas revenir, prenez vite la laisse et ramenez-le jusqu'à vous. Votre objectif est le retour, avec ou sans disque.
4. **Lorsque votre chien coopère, essayez le retour hors laisse.**

   Si vous pratiquez à l'extérieur, restez dans un endroit clos pour la sécurité de votre chiot.
5. **Pratiquez ensuite avec cinq ou six disques, en encourageant votre chien à revenir vers vous avant de lancer le suivant.**

ATTENTION !

Utilisez des Frisbee conçus spécialement pour les chiots, la matière doit être souple et résistante. N'utilisez pas de Frisbee en plastique dur qui peuvent facilement blesser votre chiot. Quand vous vous exercez avec votre chiot, prenez soin de ne pas lancer le Frisbee trop haut, ce qui l'obligerait à sauter et à retomber trop brutalement sur ses aplombs et ses hanches et pourrait le faire souffrir par la suite. Toutes ces activités sportives sont amusantes, relaxantes et intenses pour le maître et pour le chien ; cependant respectez la maturité physique et mentale de votre chien et ne commencez pas de façon sportive une des activités citées ci-dessus avant que votre chiot ait atteint un âge minimum de 8 mois, et toujours sous la responsabilité d'un éducateur qui saura vous conseiller. Avant ces 8 mois d'âge, considérez ces activités comme une mise en situation. Pour en savoir plus sur ces activités (agility, flyball, obérythmée, frisbee…), contactez la CNEA (Voir annexe Carnet d'adresses).

Chapitre 20

Mesures préventives et soins en cas d'urgence

Dans ce chapitre :

- Gardez votre chiot en bonne santé par les soins quotidiens, le toilettage et les contrôles
- Soulagez votre chiot des allergies
- Castration ou stérilisation de votre chiot
- Les soins en cas d'urgence

Dans ce chapitre, je vous montre comment rendre votre chiot plus beau et l'empêcher de tomber malade grâce à des soins quotidiens. La prévention vaut mieux que la guérison. Je vous parle aussi des situations d'urgence et de la manière de pratiquer sur votre chiot la réanimation cardio-pulmonaire et la respiration artificielle. J'espère que vous n'aurez pas besoin de ces informations, mais lisez-les tout de même pour le cas où.. Savoir quoi faire en cas de coupures, de brûlures ou de fractures peut sauver la vie de votre chiot.

Assurer l'hygiène et la santé

Vous soucier de l'hygiène et de la santé de votre chiot peut vous épargner des maladies et des regrets. En particulier, vous devez le tenir propre et de le toiletter. Non seulement le toilettage régulier donne à votre chiot un meilleur aspect et fait qu'il se sent bien, mais aussi il vous aide à découvrir d'éventuelles maladies avant qu'elles ne deviennent graves. Des brosses, des pinces à ongles, du dentifrice, et des boules de coton font partie des articles à utiliser pour garder votre chiot en excellente forme. Bien sûr, l'autre manière d'assurer la santé de votre chiot est de le faire suivre par un bon vétérinaire qui vous aidera à faire de votre chiot un chien adulte en parfaite santé.

Pour que le bain soit un plaisir

Je me souviens des bains de la chienne quand j'étais enfant. J'avais un grand bâtard Husky-Berger appelé Shawbee. C'est peu de dire qu'elle détestait le bain. Elle s'immobilisait dès que nous l'amenions dans le couloir. La faire rester dans la baignoire n'était pas non plus une mince affaire. Il fallait quatre mains pour la tenir, sinon elle s'échappait dans le couloir et secouait les bulles de savon tout en descendant les escaliers, et elle se sauvait. C'était très distrayant.

Voici comment prévenir ce scénario du chien qui part d'un trait au moment du bain. Faites de « Baignoire » un ordre, et pratiquez des exercices de baignoire longtemps avant de donner un bain à votre chiot. Ce procédé marche si bien que votre chiot peut sauter dans la baignoire sur ordre. Servez-vous des manœuvres suivantes.

1. **Dites « Baignoire », courez jusqu'à la baignoire, et récompensez-le avec une friandise (sans le mettre dedans). Répétez souvent.**

2. **Ensuite, placez une serviette sur le fond de la baignoire pour qu'il ne glisse pas, mettez des jouets tout autour, et étalez une substance crémeuse (comme du beurre de cacahuète) sur l'intérieur de la baignoire au niveau du museau du chiot pour qu'il soit content et occupé.**

   Il s'agit d'un exercice d'accoutumance, sans eau.

3. **Aidez le chiot à monter dans la baignoire, jouez pendant cinq minutes, puis sortez-le.**

   Assis au bord de la baignoire, caressez-le et donnez-lui des friandises calmement. Souvenez-vous qu'à ce stade il n'y a pas de bain, pas d'eau.

4. **Répétez l'étape 3 jusqu'à ce que votre chiot adore les moments passés dans la baignoire en votre présence.**

5. **Ensuite, faites couler l'eau en jouant, mais laissez-la partir (ne remplissez pas la baignoire).**

6. **Quand votre chiot supporte que l'eau coule quand il est dans la baignoire, laissez la baignoire se remplir jusqu'à la hauteur de la cheville.**

   Si votre chiot s'agite, arrêtez l'eau, chantez doucement, et offrez-lui des friandises en lui grattant tendrement le dos.

7. **Continuez progressivement jusqu'à ce que vous puissiez remplir la baignoire et le baigner tranquillement (voir figure 20.1).**

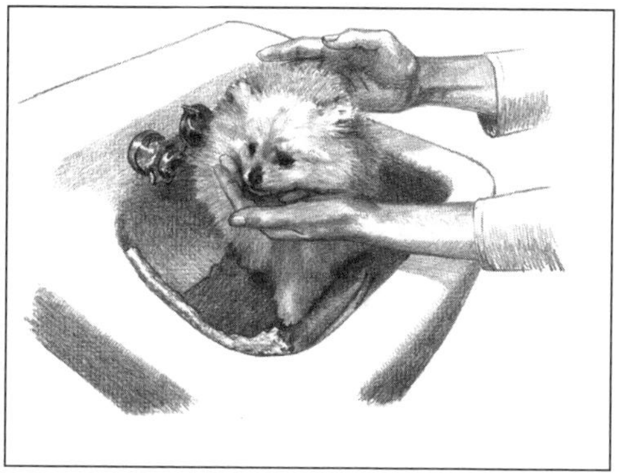

Figure 20.1 : Ce chiot adore le moment du bain.

Je sais que toutes ces manœuvres semblent un peu longues, mais considérez-les comme une aventure d'une semaine. Après tout, ce n'est qu'un entraînement – et un effort relativement modéré pour toute une vie de bains sans histoire.

N'OUBLIEZ PAS !

Tenez-vous-en à un bain par mois. La raison ? Les pores de la peau des chiens produisent une huile. Si vous les baignez constamment, leur fourrure devient sèche, terne, friable, et se couvre de pellicules.

ATTENTION !

Le fond des baignoires étant glissant, pensez à le revêtir d'un tapis antidérapant, pour préserver votre chiot de glissades qui pourraient l'effrayer pendant la prise du bain.

Le brossage facile

Le toilettage peut être un vrai cauchemar ou un moment merveilleux d'interaction avec votre chien. C'est quand votre chien est un chiot que se décide si sa toilette sera une corvée ou un plaisir. Veillez à ce que les premiers brossages soient toujours amusants, et terminez toujours sur une note positive en donnant à votre chiot une friandise ou un jouet favori.

TRUC

Voici quelques suggestions pour que les premières associations de votre chiot avec le toilettage soient agréables :

- **Utilisez une brosse pour humains à poils doux ou une brosse à chiot.** Vous pourrez plus tard utiliser la brosse de votre choix, mais pour l'instant, évitez la brosse à poils durs. Pensez aussi qu'en grandissant, votre chiot perdra sa robe de chiot et aura besoin d'un outil de brossage plus sophistiqué. Pour découvrir quelle brosse convient le mieux aux besoins de votre chiot, parlez-en à un toiletteur ou à un professionnel d'un magasin d'articles pour animaux de compagnie.

- **Étalez du beurre de cacahuète ou du bouillon de poule sur le bol de nourriture de votre chiot ou fournissez-lui un délicieux objet à ronger pour distraire son attention**. Montrez le bol ainsi préparé à votre chiot, et tandis qu'il se régale, passez doucement la brosse sur son corps.

Si vous suivez les suggestions qui précèdent, votre chiot appréciera ses premières expériences de toilettage, et bientôt vous envisagerez avec plaisir de recommencer.

Si votre chiot se met à grogner à un moment quelconque quand vous le brossez, arrêtez tout et appelez aussitôt un professionnel.

Soins quotidiens et contrôles réguliers

Tout propriétaire de chiot avisé sait qu'un chiot ne peut exprimer son inconfort ou son étonnement. L'établissement de contrôles réguliers chaque jour non seulement habitue votre chiot à être manipulé mais aussi vous permet de découvrir toute anomalie éventuelle.

Les yeux

La nostalgie, la douceur, la drôlerie – les yeux de votre chiot peuvent exprimer tout cela. Il vous appartient de les garder sains, brillants, et clairs. Si vous remarquez que les yeux de votre chiot sont larmoyants, pleins de mucus, enflés, ou le démangent, voyez votre vétérinaire. Votre chiot pourrait souffrir de conjonctivite (contagieuse pour d'autres chiens), d'un rhume, d'un parasite interne ou d'une allergie. Votre chiot a une troisième paupière. Si vous soulevez avec précaution la paupière inférieure, vous voyez une paupière rosâtre qui se ferme indépendamment. Cette paupière protège l'œil de votre chiot de la poussière et d'autres particules qui se trouvent près du sol. Cette troisième paupière peut s'infecter, et donc vous devez noter sa couleur normale et conduire votre chiot chez votre vétérinaire si vous remarquez qu'elle est enflammée.

Si votre vétérinaire prescrit un médicament pour les yeux, administrez-le avec précaution en frottant quelque chose de bon (du beurre de cacahuète ou du bouillon en cube) sur le réfrigérateur à un angle de 30 degrés au-dessus du niveau des yeux. Tenez-vous derrière votre chiot ou sur son côté et tirez en arrière la paupière supérieure jusqu'à ce que vous voyiez le blanc de l'œil ; laissez tomber soigneusement les gouttes de médicament.

Oreilles

Différents chiens ont besoin de différentes fréquences de nettoyage des oreilles, allant d'un nettoyage par quinzaine à un nettoyage par jour. En général, les oreilles tombantes demandent plus de soin que les oreilles droites du fait d'une circulation d'air limitée. Dans le cas d'une race aux oreilles pleines de poils, il peut vous être demandé d'éliminer les poils, car un excès de poils peut emprisonner la cire et former un magma de saletés attirant les parasites. Parlez à votre vétérinaire ou votre toiletteur pour lui demander des instructions particulières. (Consultez le chapitre XXI au sujet de la gale des oreilles.) Voici quelques informations générales sur les soins relatifs aux oreilles de votre chiot :

- **Nettoyez l'oreille externe**. Demandez à votre vétérinaire de vous recommander un liquide commercial de nettoyage des oreilles qui prévient les infections. Au moyen d'une boule de coton trempée dans le liquide, balayez l'oreille externe. Soyez prudent en nettoyant, car l'oreille est très sensible et vous pouvez faire mal à votre chiot en allant trop profond. Répétez ce processus jusqu'à ce que le coton reste propre.

  N'utilisez pas de coton-tige et n'enfoncez pas de coton dans le canal auriculaire de votre chiot. Vous pourriez causer des dommages irréparables.

- **Empêchez l'eau de pénétrer dans l'oreille**. Si vous baignez votre chiot, mettez une boule de coton dans l'ouverture de chaque oreille, et essuyez les oreilles avec une boule de coton sèche quand vous avez fini.

Les infections des oreilles sont très courantes. Les signes d'infections sont une oreille rouge ou enflée, des sécrétions, le fait de secouer la tête, de se gratter l'oreille ou une mauvaise odeur. Si vous remarquez l'un de ces symptômes, emmenez votre chiot chez son médecin immédiatement. Faute de traitement, les infections peuvent causer de la fièvre, la dépression, l'irritabilité, et la perte d'équilibre. Votre vétérinaire peut prescrire une pommade à administrer chez vous. Voici comment l'utiliser :

1. **Attendez que votre chien ait un peu sommeil.**
2. **Amenez-le jusqu'au réfrigérateur et frottez un peu de beurre de cacahuète ou de bouillon cube au niveau de ses yeux.**
3. **Pendant qu'il lèche le réfrigérateur, pressez doucement le tube pour faire passer la quantité de pommade prescrite dans le canal de l'oreille.**
4. **Massez son oreille en le félicitant chaleureusement.**

Le nez

Il n'y a pas grand-chose à dire au sujet du nez, sauf qu'il vous donne une indication quand votre chiot n'est pas bien portant. Un nez chaud peut être provoqué par une élévation de sa température (voir l'encadré « Prendre la température de votre chiot »). Cependant, les changements de temps peuvent aussi rendre son nez plus sec ou plus chaud. Si vous pensez que votre chiot a la fièvre, touchez d'autres parties de son corps dépourvues de fourrure (ventre, pattes, intérieur des oreilles) ou prenez sa température.

Prendre la température de votre chiot

Voici maintenant une activité amusante qui fera la joie de toute la famille. Bon, peut-être pas. Malgré tous les progrès technologiques récents, votre chiot devra endurer le vieux style de soins préventifs à base de thermomètre dans le postérieur. Il vaut mieux occuper sa gueule avec quelque chose de bon (le beurre de cacahuète ou des friandises particulièrement intéressantes qui sont en haut de la liste pour ma chienne Whoopsie) tandis que vous plongez un thermomètre rectal dans la vaseline et l'introduisez. Le temps varie selon les thermomètres ; lisez le mode d'emploi. Notez que la température d'un chien au repos varie entre 38,1 et 39,2 °C, soit beaucoup plus que la température de 37 degrés normale pour les humains. Ce peut être une bonne idée de prendre la température de votre chiot quand il est bien portant pour pouvoir mesurer l'écart de température en cas de maladie présumée.

N'OUBLIEZ PAS !

Le nez des chiens peut se décolorer. Une cause éventuelle est le soleil. Si votre chiot reste exposé au soleil, protégez son nez avec une crème de protection de niveau 45. Une autre cause de décoloration du nez peut être une réaction allergique à un bol de nourriture en plastique ou à un détergent de ménage. En pareil cas, utilisez des bols en acier inoxydable pour les repas et l'eau de votre chien, et utilisez des produits de ménage sans danger pour l'environnement.

La gueule

Vous devez prendre soin des dents de votre chiot. Bien que les chiens soient moins sujets que les humains à la formation de tartre, ils en sont aussi victimes, et une mauvaise hygiène dentaire peut aussi entraîner des maladies cardiaques ou rénales. Bien sûr, les chiens ont une salive plus concentrée et ils mâchonnent des os et d'autres choses, mais cela ne remplace pas les soins dentaires. Sans un peu d'aide de ses amis (c'est-à-dire de vous !), votre chiot risque de souffrir de caries, de cavités, d'abcès, de maladies périodontiques, et de perdre des dents. Pour maintenir les dents de votre chiot en bon état :

- **Incluez des aliments secs dans le régime alimentaire de votre chiot**. La salive secrétée lors de la mastication des croquettes contribue au nettoyage de ses dents.
- **Commencez à brosser les dents de votre chiot une fois par semaine**. Utilisez un dentifrice spécial pour chien au lieu du dentifrice humain parce que le fluor et les chiens ne font pas bon ménage. Si votre chien ne supporte pas la brosse à dents, utilisez votre doigt ou une brosse fixée sur le doigt. Si le chien grogne après vous, arrêtez aussitôt et faites appel à un professionnel.

Si vous avez un jeune chiot, habituez-le très tôt à cette procédure. Frottez vos doigts contre ses gencives pendant toute la semaine et félicitez-le calmement pendant que vous lui brossez les dents. Prenez également l'habitude de lui donner des os à ronger, que l'on trouve dans les magasins spécialisés et qui facilitent le nettoyage des dents. Vous achèterez également du Plaque off spécial chien, qui est un produit à additionner à sa nourriture et qui a un effet antitartre des plus spectaculaires sur les dents.

- **Quand votre chien devient plus âgé, vous pouvez opter pour un nettoyage professionnel**. Pour nettoyer les dents de votre chien, votre vétérinaire doit l'anesthésier. Il détartre chaque dent séparément et termine par un polissage.

Certains chiens opposent une énorme résistance au nettoyage de leurs dents. Dans leur cas, votre vétérinaire peut suggérer un spray buccal qui décompose le tartre.

Les ongles

Si les ongles de votre chiot deviennent trop longs, ils peuvent faire prendre à son pied une position anormale, et peuvent se fendre ou se casser s'ils se prennent dans quelque chose. Pour que les ongles de votre chiot restent sains, vous devez les couper environ une fois par mois.

La meilleure sorte de coupe-ongles ressemble à une espèce de guillotine. Sérieusement, je ne peux pas mieux l'expliquer . Ce coupe-ongles est idéal parce qu'il isole l'ongle et permet une coupe régulière. Renseignez-vous sur cet outil auprès de votre vétérinaire, votre toiletteur ou un employé du magasin pour animaux de compagnie.

Quand vous coupez un ongle de votre chiot, vous devez couper l'extrémité, juste à l'endroit où il commence à se recourber (voir figure 20.2). Vous pouvez remarquer que les ongles de devant de votre chiot poussent plus vite que ceux des pattes de derrière. Si votre chiot a des ergots (des ongles situés plus haut sur les pattes avant ou arrière), n'oubliez pas de les couper.

Si vous lisez cette section avant d'avoir eu la chance de couper les ongles de votre chien, estimez-vous heureux. Pour éviter d'avoir un chien qui a la phobie du raccourcissement des ongles, pratiquez la manipulation des pattes lors de toute interaction positive, qu'il s'agisse du toilettage ou de lui donner une friandise, de la manière suivante :

1. **Au début, prenez seulement les pattes de votre chiot – rien de particulier.**

   Si vous êtes en voiture et arrivez à un feu rouge, tournez-vous vers votre chiot, prenez-lui les pattes et dites-lui « Bon chien ». Ayez autant de contacts de ses pattes avec vos mains que vous le pourrez pendant une ou deux semaines. Ne coupez pas d'ongle à ce stade.

2. **Ensuite, prenez votre beurre de cacahuète (ou votre bouillon en cube), de la pâte alimentaire spécial Kong ou du fromage à tartiner, et frottez-en le réfrigérateur au niveau des yeux. Tandis qu'il lèche, frottez-lui les pattes avec le coupe-ongles.**

   Ne coupez pas d'ongle pour l'instant. Ouvrez et fermez le coupe-ongles pour l'habituer au bruit.

3. **Essayez maintenant de couper un ongle – un seulement. Placez le bord du coupe-ongles à l'extrémité de l'ongle et appuyez rapidement sur la poignée.**

   Les ongles blancs vous permettent de voir la partie rosée de l'ongle, que vous devez éviter. Si votre chiot a des ongles sombres, vous devez prendre des précautions supplémentaires. Si vous avez peur de le blesser, demandez à votre vétérinaire ou votre toiletteur de vous donner une leçon.

4. **Le jour suivant, essayez de couper deux ongles, puis trois.**

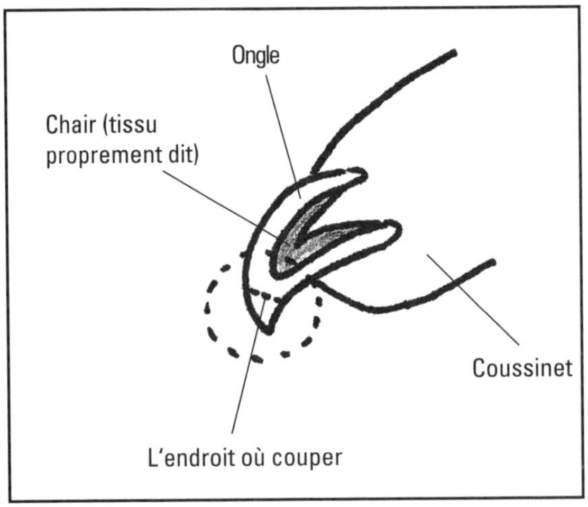

Figure 20.2 : Coupez l'ongle à l'extrémité où la pointe commence à se recourber.

N'OUBLIEZ PAS !

Ne corrigez pas votre chien s'il proteste. Soyez compréhensif et allez plus doucement. Couper les ongles semble toute une histoire, mais à terme, vous serez content d'avoir pris le temps de le faire bien. Toute personne qui a coupé son chien ou l'a effrayé en étant trop brutal peut vous dire qu'avoir un chien qui a la phobie de cette opération est un cauchemar.

ATTENTION !

Dieu vous garde de couper dans la *chair* (la partie de l'ongle sensible). Outre qu'une telle coupure fait horriblement mal, elle saigne pendant des heures parce que la chair de l'ongle comporte beaucoup de vaisseaux sanguins. Pour éviter un saignement excessif, achetez une solution pour la formation de caillots, comme la poudre styptique, que vous fournira le vétérinaire. Elle agit comme par magie.

Les visites régulières chez le vétérinaire

Les chiots, comme les enfants, ont besoin de vaccinations et de contrôles médicaux réguliers. Quand vous aurez trouvé un vétérinaire en qui vous avez confiance, sortez votre agenda et programmez des visites régulières pour vous assurer que votre chiot bénéficie de toute la protection dont il a besoin. Les premiers vaccins doivent être donnés quand les chiots sont sevrés du lait de leur mère. À moins qu'un chiot ne soit orphelin, ce qui nécessiterait d'autres interventions médicales, ses premières vaccinations doivent commencer à l'âge de 6 semaines. Si une série est recommandée, les vaccinations de suivi ont lieu deux à trois semaines plus tard. Lorsque le chiot atteint l'âge adulte, les vaccins doivent être prévus annuellement.

Les vaccins ne protègent pas à 100 pour cent. Certains chiens sont allergiques aux vaccins. Chez d'autres, les anticorps ne forment pas une défense suffisante. Les maladies consécutives aux vaccins sont tragiques. Gardez votre chiot à la clinique vétérinaire pendant trente minutes après ses premiers vaccins, et renseignez-vous sur les signes et les symptômes de chaque maladie pour pouvoir les reconnaître.

Si possible, étalez les vaccinations pour que votre chiot n'en subisse pas trop le même jour. Il vous en coûtera un peu plus en visite chez le vétérinaire, mais sur le long terme cette façon de faire peut éviter à votre chiot une réaction négative aux vaccins.

Atchoum ! Que faire en cas d'allergie ?

Les chiens qui ont des allergies souffrent de pattes gonflées, de démangeaisons de la peau ou des gencives, d'éternuements, et d'eczéma. Le pire est que les chiens ne peuvent pas expliquer ce qui ne va pas, de sorte qu'il est difficile d'identifier le coupable. Les allergènes des chiens peuvent être la laine, la poussière, les moisissures, les pesticides chimiques, le propylène glycol (un conservateur du cuir non tanné), les pesticides chimiques, les plantes de la maison ou du jardin, des herbes, et des aliments. Si vous supposez que votre chien a des allergies, parlez-en à votre vétérinaire. Il peut faire des tests pour déterminer ce qui fait souffrir votre chiot et lui donner des médicaments pour le débarrasser des symptômes.

Voici une liste de points à respecter si vous soupçonnez que votre chiot souffre d'allergies, en plus de noter tous les changements liés aux saisons et à l'environnement :

- Lavez le couchage de votre chiot avec un savon détergent fait pour les couches des bébés.

- Vérifiez les produits que vous pulvérisez dans la maison et le jardin. N'utilisez aucun produit toxique pour votre chiot. L'imidaclopride et le fipronil sont non toxiques.
- Beaucoup de chiens étant allergiques aux désinfectants commerciaux, utilisez de l'eau de Javel et de l'eau (6 centilitres par litre d'eau) pour nettoyer les espaces utilisés par votre chien.
- N'abusez pas des produits de nettoyage et de destruction des parasites. Les sprays, les poudres et les produits liquides contre les puces peuvent être très toxiques.

N'OUBLIEZ PAS !

De nombreux chiens ont ou finissent par acquérir des allergies alimentaires. Le maïs et le blé en sont souvent la cause, mais votre chiot peut aussi être sensible à la principale viande de sa nourriture. Si vous soupçonnez une allergie alimentaire, parlez-en à votre vétérinaire. Il suggérera vraisemblablement un changement de régime et voudra peut-être restreindre le régime de votre chiot pour déterminer par élimination la cause de l'allergie.

Castrer ou stériliser votre chiot

On empêche la reproduction d'un chien femelle en enlevant les ovaires (les sacs contenant les œufs). Cette opération requiert une anesthésie, et la convalescence dure de cinq à quatorze jours. Un chien mâle est privé de ses fonctions de reproduction par la castration, consistant à lui enlever ses testicules. Il est anesthésié pour l'exécution de cette opération et se rétablit en cinq à dix jours. Si vous ne prévoyez pas la reproduction de votre chien, faites-le stériliser. Voici mes arguments en faveur de la stérilisation : les chiens ont trois besoins. Ils ont besoin de manger. Si les humains ne les nourrissaient pas, ils chasseraient et tueraient pour survivre. Ils ont besoin d'un abri. Si les humains ne les abritaient pas, ils devraient trouver un abri. Enfin, ils ont besoin de se reproduire. Les poussées hormonales peuvent surpasser tout le reste. Un chien ou une chienne quittera le périmètre chaud et protégé de la maison pour rechercher un chien du sexe opposé. Il peut en résulter une catastrophe, ou une grande frustration si vous devez enfermer votre chien. Imaginez-vous de dire à un enfant humain qu'il ne pourra jamais quitter la maison pour trouver un compagnon ou une compagne ! J'ai aimé chacun des chiens qui a vécu sous mon toit, mais aucun d'eux n'était prévu pour les expositions ou pour la reproduction, et par suite tous ont été stérilisés. Cela n'a pas modifié leur personnalité, et aucun d'eux n'a engraissé. Faites-moi confiance : cette opération n'est pas comme une lobotomie – elle supprime seulement le besoin de partir et de se battre pour reproduire. Voici quelques autres arguments, plus scientifiques, en faveur de la stérilisation :

- Selon le livre intitulé *The Adoption Option* (Howell), environ 4 millions à 6 millions de chiens subissent une euthanasie dans les refuges pour animaux chaque année aux États-Unis. Si vous n'élevez pas votre chien de manière responsable en vue de la reproduction, faites-le stériliser, Il ne sert à rien de supporter ces chaleurs répétitives tous les six mois, qui peuvent véritablement modifier le comportement de la femelle et rendre trois semaines de votre vie quotidienne assez pénibles. Sans compter le sang à nettoyer derrière son passage dû aux pertes. Quant aux mâles qui vivent dans des milieux urbains, ils sont souvent confrontés à la frustration de n'avoir pas accès aux femelles en chaleur des alentours. Ce qui explique aussi souvent à certaines périodes de l'année leur comportement irritable et leur susceptibilité quand ils rencontrent un autre mâle.
- Cette opération réduit les chances de cancer du sein, des ovaires, de l'utérus et du col de l'utérus chez les femelles ainsi que le cancer testiculaire et l'infection de la prostate chez les mâles.
- Les chiens mâles auront moins tendance à marquer votre maison ou à se battre avec d'autres mâles, et il y a plus de chances qu'ils restent près de chez vous quand ils sont stérilisés.

N'OUBLIEZ PAS !

Si vous adoptez un chiot en provenance d'un refuge, vous pouvez avoir l'obligation de le faire stériliser. Certains refuges proposent d'effectuer cette opération pour vous, et d'autres vous indiquent un endroit où elle peut s'effectuer à un faible coût. La stérilisation peut coûter de 50 à 250 euros, selon le sexe et l'état de santé du chien.

Les accidents : comment les prévenir et soigner le chiot s'ils se produisent

Personne ne veut qu'un accident se produise, et personne ne veut voir son chiot subir un coup, une coupure, une brûlure, ou souffrir de la chaleur. Mais tout cela peut arriver, et vous devez vous y préparer. Savoir quelles mesures prendre avant d'amener votre chiot à la clinique vétérinaire peut lui sauver la vie. Cette section présente les étapes à suivre en cas d'urgence. Mais souvenez-vous qu'aucune des suggestions de cette section ne remplace une visite immédiate chez le vétérinaire.

Rendez la maison moins dangereuse pour votre chiot

Les chiots ont une curiosité insatiable. Considérez votre demeure du point de vue de votre chiot : « Les plantes, les fils, et les objets qui tombent par terre suscitent des réactions extraordinaires de mes parents s'ils sont assez près pour entendre. Comme c'est amusant ! »

Essayez de prévenir autant d'accidents que vous le pourrez en modifiant ou en supprimant ce qui peut présenter un danger pour votre chiot et en restreignant sa liberté de mouvement à des espaces clos ou sans danger pour lui.

La chasse aux dangers de la maison

Marchez (mieux encore, marchez à quatre pattes) dans votre demeure et considérez-la du point de vue de votre chiot. Qu'est-ce qui semble tentant ? Vous pouvez utiliser du ruban adhésif pour coller au sol les fils électriques, ranger ailleurs temporairement ce qui recouvre vos tables basses ainsi que les livres de vos étagères. Je sais que vous n'avez pas envie de réarranger l'espace où vous vivez, mais pensez que les chiots sont comme les bébés : ils vont partout pour le seul plaisir de découvrir quelque chose de nouveau. Il peut être très tentant d'attaquer et de mordiller un cordon électrique ou un fil de téléphone suspendu là comme un serpent. Les conséquences peuvent être un choc électrique violent voire fatal ou une brûlure pouvant atteindre le 3e degré. Si vous remarquez un cordon électrique sectionné, vérifiez la gueule de votre chiot pour voir s'il s'est brûlé (et lisez la section « Traitement des brûlures » plus loin dans ce chapitre).

Empêchez l'électrocution par les cordons électriques ! Collez au mur tous les cordons électriques qui pendent au-dessus de 1,20 m du sol, et fixez sur la plinthe tous les cordons qui se trouvent au niveau du sol. En outre, ayez sous la main un flacon de spray Bitter Apple, et chaque fois que vous voyez votre chiot flairer un fil, traitez ce fil aussitôt.

Les petits objets indigestes

Bien que cela puisse vous sembler bizarre, certains chiots aiment avaler ce qu'ils mâchonnent – surtout si vous essayez de le leur retirer de force (ce comportement est ce que j'appelle l'envie du prix). Le problème est que tout ne peut pas passer dans les intestins d'un chiot. Certains objets se coincent, entraînant d'abord des vomissements, des étouffements, des efforts improductifs pour vomir, et de la toux, et ces symptômes peuvent continuer pendant des jours. Si tout cela n'est pas une raison pour trop s'inquiéter, la perte d'appétit du chiot en est une. Si l'intestin est bouché et si rien n'est fait pour retirer ce qui le bouche, l'intestin peut se rompre, ce qui peut être fatal. Le traitement dépend du temps qui s'écoule avant la consultation du vétérinaire. La raison est que vous ne savez pas a priori si l'objet est acéré ou pourrait se casser (provoquant ainsi une rupture des intestins), s'il est petit et a des chances de passer ou s'il est assez grand pour bloquer la digestion. À moins que le vétérinaire ne puisse faire vomir l'objet par votre chiot (ce qu'il peut ou non juger souhaitable selon les risques éventuels encourus), une radiographie sera nécessaire pour identifier ce qui a été avalé. Le vétérinaire peut prescrire une intervention chirurgicale pour extraire le corps étranger.

Garder sous la main le numéro du centre antipoison

Mettez toutes les substances dangereuses hors de portée de votre chiot, comme vous le feriez pour vos enfants.

Notez le numéro du centre antipoison de votre ville ou de votre département, et placez-le à côté du téléphone, auprès du numéro de votre vétérinaire. (Voir annexe Carnet d'adresses.) Quand vous appelez, ayez sous les yeux l'emballage du produit ingéré ; l'opérateur qui vous répondra est formé pour vous poser toutes les questions utiles sur la victime et les circonstances de l'accident et vous dire s'il y a lieu ce que vous pouvez faire et aussi ce que vous ne devez pas faire.

En outre, appelez votre vétérinaire immédiatement. Même si votre chien semble aller bien, il pourra vous donner d'éventuels conseils de prévention. Prévoyez une solution de rechange pour le cas où votre vétérinaire serait absent ou en vacances. Demandez-lui de vous indiquer une bonne clinique vétérinaire accessible en urgence. (Voir annexe Carnet d'adresses.)

Évitez les plantes vénéneuses

Dans la maison comme à l'extérieur, les plantes peuvent occuper votre chiot pendant des heures. Cependant, toutes les plantes ne sont pas amies des chiens. En fait, certaines sont mortelles. Voici la liste des plantes dangereuses pour votre animal :

Amaryllis et son bulbe

Azalée

Bourgeon de jonquille

Buis

Bulbe de tulipe

Cactus

Champignons sauvages

Chèvrefeuille

Columbine

Dieffenbachia seguine

Digitale

Gui

If (japonais – notamment les baies)

Ipomée

Laurier-rose

Lierre

Lierre commun

Lupin

Marijuana

Marron d'Inde

Muguet

Philodendron

Poinsettia

Rhubarbe

Symplocarpe fétide

Tabac Tsuga

ATTENTION !

Si votre chiot tient une plante dans sa gueule, ne courez pas après lui. Si vous le faites, il percevra votre poursuite comme l'envie du prix et pourrait l'avaler. Approchez-vous calmement de lui en fixant le sol, pas ses yeux.

Premiers soins : les bases

Si votre chiot a un accident, restez calme. Sinon, il s'énervera et se fera du mal. Soyez un roc de confiance. Durcissez-vous mentalement. Organisez. Pensez. S'il le faut, emmenez-le à la clinique vétérinaire le plus vite et le plus efficacement possible. Si vous êtes préparé, tout se passera au mieux.

Empêcher un chiot blessé de mordre

N'OUBLIEZ PAS !

Même le chiot le plus adorable peut mordre s'il a mal ou est perturbé. S'il ne vous mord pas, il peut attraper le vétérinaire ou l'un des assistants, et vous devez l'en empêcher. La technique la plus simple consiste à utiliser un bandana ou une corde (le bandana est plus confortable).

Pour empêcher votre chiot de mordre, voici comment faire :

1. **Pliez un bandana pour en faire un long bandeau.**
2. **Passez le milieu du bandeau au-dessus du museau de votre chien.**
3. **Croisez les deux extrémités sous le menton de votre chien.**
4. **Attachez les extrémités derrière ses oreilles.**
5. **Vérifiez le point de croisement au-dessous.**

   Si le croisement est trop lâche, votre chiot peut le défaire avec ses pattes ; s'il est trop serré, vous pouvez l'étouffer.

Transporter un chiot blessé

Transporter un chiot blessé qui a des blessures internes est une affaire délicate. Il sera agité et voudra bouger. Il vous appartient de l'en empêcher. Si vous soupçonnez une fracture, une blessure de la colonne vertébrale ou une hémorragie interne, transportez votre chiot sur une surface dure, telle que du métal ou du contreplaqué. Sinon, il est possible de mettre votre chiot sur un drap ou une serviette de bain. Ne couvrez pas son visage, car il pourrait s'affoler.

TRUC

Soyez prêt à tout moment pour un cas d'urgence et ayez chez vous ou dans votre garage une planche de la taille d'un chien. Si une urgence intervient alors que vous êtes loin de chez vous, vous pouvez contacter les services d'urgences vétérinaires (voir annexe Carnet d'adresses).

N'OUBLIEZ PAS !

Les chiots ne peuvent pas exprimer la douleur. Ils ne peuvent pas l'intellectualiser, méditer à son sujet ni s'en détacher. La douleur est la douleur. C'est une sensation intense et une manière d'être. La douleur met les chiens dans une situation vulnérable. Elle perturbe leur processus mental et leur organisation physique. Ils ne pensent qu'à se protéger et surmonter leur désarroi. Ajoutez cet état d'esprit au caractère propre de votre chiot, et le résultat obtenu est une réaction assez imprévisible. Les chiens ressentent la douleur de la même manière, mais ils y réagissent de différentes manières.

Secourir un chiot qui s'étrangle

L'étranglement se produit en général quand votre chiot grignote un jouet ou s'amuse avec et est brusquement défié, surpris, ou respire profondément. Si vous n'êtes pas près de lui ou si vous ne réagissez pas rapidement, l'étranglement peut être fatal. Une façon d'éviter qu'il se produise est la prévention : ne donnez pas à votre chiot des jouets plus petits que son visage. Si votre chiot s'étrangle avec quelque chose, restez calme et concentré et procédez comme suit :

1. **Mettez votre chiot debout sur ses pattes, même si quelqu'un doit le maintenir dans cette position.**
2. **Essayez de prendre et de déloger l'objet.**

Faites attention – vous pourriez enfoncer l'objet davantage ou vous faire mordre si votre chien panique.

3. **Si vous ne pouvez pas déloger l'objet, essayez une version modifiée de la manœuvre d'Heimlich.**

   Si votre chiot peut se tenir sur ses pattes, joignez vos mains sous lui et levez-les vers son abdomen – juste sous le sternum. Répétez cette action cinq fois, vigoureusement.

   S'il est incapable de rester debout ou s'il gigote, maintenez-le dans la position debout sur ses pattes et continuez comme ci-dessus.

4. **Si vos efforts sont inopérants, emmenez immédiatement votre chiot chez le vétérinaire.**

Respiration artificielle et réanimation cardio-vasculaire

Bien que ce soit horrible de voir votre chiot étendu après un incendie ou un accident de voiture, ou après qu'il se soit étouffé, ait ingéré du poison ou ait été électrocuté, il peut ne pas être trop tard pour le sauver. Soyez rapide, restez calme, et pensez clairement en exécutant les mouvements suivants de respiration artificielle :

1. **Vérifiez les battements de cœur et la respiration.**

   Si le cœur de votre chiot bat mais s'il ne respire pas, passez à l'étape suivante. Si vous ne percevez pas non plus de pouls, passez aux instructions qui suivent pour la réanimation cardio-vasculaire.

2. **Vérifiez s'il y a quoi que ce soit qui fait obstacle dans sa gueule et dégagez-la du sang et des mucosités éventuelles.**

3. **Sortez sa langue pour vous assurer que l'air peut passer.**

4. **Fermez doucement sa gueule.**

5. **Tirez ses babines sur sa gueule et maintenez-les serrées en passant une main sous le menton.**

   Pour les races qui ont des museaux enfoncés, mettez la bouche tout autour du nez.

6. **Créez un entonnoir étanche jusqu'à son nez avec l'autre main.**

7. **Inspirez, puis expirez doucement dans le nez de votre chiot.**

8. **Recommencez toutes les cinq à six secondes.**

Si vous ne pouvez pas sentir les battements de cœur de votre chiot, vous devez faire battre son cœur en pratiquant la réanimation cardio-vasculaire, qui consiste à comprimer le thorax en plus de la méthode de respiration artificielle décrite plus haut. Procédez de la manière suivante :

1. **Si vous avez un grand chiot, étendez-le sur son côté droit. S'il est petit, placez une main de chaque côté de sa poitrine.**
2. **Comprimez la poitrine au niveau du cœur par brèves saccades, à raison d'une compression par seconde.**
3. **Pratiquez une respiration toutes les six secondes.**

   Vous saurez que vous avez sauvé votre chien parce qu'il reviendra à la vie.

Arrêter le saignement de votre chiot

Il y a trois formes de saignements :

- **Les coupures et les éraflures banales** : une telle blessure n'est pas grave. Deux fois par jour, essuyez l'endroit de la blessure avec de l'eau oxygénée pour empêcher les infections, et elle devrait guérir sans difficulté.
- **Un flux régulier ou un suintement** : ce type de saignement requiert une intervention médicale immédiate. Soulevez la partie atteinte au-dessus du cœur si possible et appliquez des bandages les uns par-dessus les autres pour absorber le sang, tout en appuyant sur l'endroit en question pour ralentir le flux.
- **Du sang qui jaillit et coule abondamment** : ce type de saignement est grave – très grave. Votre chiot peut s'évanouir rapidement et mourir s'il perd trop de sang. Appliquez des bandages les uns par-dessus les autres, élevez le membre si c'est possible, et exercez une pression constante sur l'artère en amont de la blessure. Conduisez le chien jusqu'à la clinique vétérinaire la plus proche.

ATTENTION !

Si vous soupçonnez une hémorragie interne, emmenez immédiatement votre chiot à une clinique vétérinaire. L'hémorragie interne peut entraîner la mort. Des gencives blanchâtres, un abdomen relâché, une toux accompagnée de crachement de sang ou des accès de vomissement sont les signes d'une hémorragie interne.

TRUC

Trouvez les points de pression de votre chiot. Pendant qu'il dort, sentez son pouls près des articulations de la hanche et du coude. Ces artères règlent la circulation du sang, et dans une situation d'urgence, vous pouvez appuyer dessus pour ralentir la circulation. Vous pouvez aussi utiliser des sacs de glace pour ralentir le flux du sang qui suinte des coupures et des égratignures.

Traitement des morsures et des piqûres d'insectes

La plupart des morsures d'insectes ne sont pas plus gênantes pour un chien que pour nous. Une bosse, une démangeaison, et une petite enflure ne changent pas beaucoup le déroulement de la journée. Cependant, si le chien est allergique à la morsure ou à la piqûre, la réaction peut être grave et même mettre sa vie en danger. Les symptômes d'une allergie peuvent être l'enflure du visage, des irruptions de boutons, la fièvre, des douleurs dans les articulations, dans les muscles, l'enflure, les vomissements, et la diarrhée.

ATTENTION !

Un chien atteint d'une allergie grave ne peut plus respirer, ce qui peut entraîner la mort en quelques minutes. Cette réaction s'appelle l'anaphylaxie et exige l'attention immédiate du vétérinaire. Si vous savez que votre chiot est sensible aux morsures d'insectes, demandez à votre vétérinaire de vous prescrire un kit contre les piqûres d'abeille, qui vous permettra d'enrayer la réaction en cas d'urgence.

Traitement des morsures de serpent

Bien que beaucoup de serpents mordent quand ils se sentent menacés, la plupart des morsures ne sont pas dangereuses. Comment savoir ? Les serpents venimeux ont des crocs qui font des trous dans la peau. Un chiot aux prises avec un serpent venimeux risque de ne pas vivre très longtemps. Il commence par enfler comme un ballon. Après quelques heures, il aura des syncopes, tombera dans le coma et probablement mourra.

N'OUBLIEZ PAS !

Si votre chiot est mordu par un serpent venimeux, emmenez-le immédiatement chez le vétérinaire, et appelez-le pendant le trajet pour qu'il puisse préparer un antidote.

Traitement des brûlures

La curiosité frappe de nouveau. Les chiots peuvent être brûlés par toutes sortes de produits chimiques et d'appareils ménagers. Votre réaction doit être calme et immédiate lors du traitement des brûlures. Voici ce à quoi vous devez penser :

- Emmenez votre chiot dans un endroit tranquille et calmez-le.
- Faites couler de l'eau froide sur l'endroit brûlé. Si c'est une brûlure chimique, continuez de verser de l'eau sur la brûlure pendant cinq à dix minutes.
- Si la brûlure est superficielle, nettoyez-la et frottez-la deux fois par jour avec une pommade antibactérienne. Les brûlures plus graves exigent une intervention médicale immédiate.

TRUC

Si votre chiot se brûle en croquant des cordons électriques et souffre, appliquez de la glace sur la brûlure et donnez-lui de l'eau glacée. Puis amenez-le tout de suite chez le vétérinaire, qui peut prescrire un gel oral antibiotique pour empêcher l'infection, et peut recommander un changement de régime alimentaire jusqu'à ce que sa gueule soit rétablie.

Traitement et prévention des coups de chaleur

Les chiens n'ayant pas de pores, ils ne peuvent pas transpirer. La chaleur ne peut s'évacuer qu'à travers les coussinets de leurs pattes et par le halètement. Les chiens peuvent souffrir de coups de chaleur s'ils sont laissés dans un endroit mal ventilé, comme une voiture ou un chenil, s'ils restent attachés ou prennent trop d'exercice un jour où l'atmosphère est humide. Si vous remarquez que votre chiot a une respiration peu profonde, un pouls rapide et une température élevée, des vomissements, rafraîchissez-le progressivement avec des serviettes humides, un bain froid ou de la glace autour du cou, de la tête et entre les pattes de derrière. Après l'avoir rafraîchi, emmenez-le chez le vétérinaire.

Le coup de chaleur peut être évité. Ne laissez jamais votre chiot dans un endroit mal ventilé, et assurez-vous qu'il a toujours de l'eau à boire quand il fait chaud. Si une situation d'urgence vous amène à laisser votre chiot dans votre voiture, placez-le dans un cage de transport ou un harnais attaché à une ceinture de sécurité et laissez le moteur de la voiture tourner en même temps que la climatisation, avec les portes fermées. En vue de pareille situation, gardez un jeu supplémentaire de clés dans la boîte à gants pour pouvoir les prendre avec vous en quittant la voiture et rouvrir la porte à votre retour.

La meilleure solution est de ne jamais emmener votre chiot avec vous quand il fait chaud. Une voiture, même avec toutes les fenêtres fermées, peut devenir trop chaude en une heure. Quelle mort horrible pour un chien – enfermé dans une automobile brûlante en espérant que son maître reviendra bientôt.

Tous les ans des accidents tragiques arrivent. Les coups de chaleur sont spectaculaires et extrêmement rapides ; vingt minutes dans une voiture fermée en plein soleil peut provoquer un coup de chaleur. Ne prenez pas cet avertissement à la légère, ne faites jamais courir ce risque à votre chien.

Chapitre 21

Les parasites internes et externes

Dans ce chapitre :

- Venir à bout des parasites qui sucent le sang
- Les signes et les symptômes des parasites internes

Diable ! Comment faire pour rendre ce chapitre amusant ? C'est d'autant plus difficile dans mon cas que j'ai la phobie des parasites. La seule pensée de ces bestioles – puces, vers, tiques ou autres – nichées sur ou dans mon chien me révulse.

Dans ce chapitre, vous trouverez encore plus de choses que ce que vous vouliez savoir sur les parasites, y compris la façon de les reconnaître. (Un parasite est une créature qui vit aux dépens d'un autre animal. Les parasites peuvent se nourrir de la peau ou du sang, ou absorber ce qui passe dans les intestins de votre chiot.) En outre, je présente des méthodes utilisables pour faire disparaître ces créatures du corps de votre chiot, et je vous offre des conseils pratiques de prévention.

Les parasites externes

Les parasites externes se nourrissent de sang – celui de votre chien, pour être précis, bien que certains se contentent de celui des humains dans certains cas. Les sections suivantes les passent en revue, un par un.

Les puces

Les puces sont un problème très ancien, et se logent en général dans la partie inférieure du corps de votre chiot, derrière les omoplates.

Dermatite provoquée par les puces

Les chiens peuvent être allergiques à la salive des puces, et les vétérinaires appellent cette maladie DAPP, dermatite allergisante par piqûres de puces. Les démangeaisons qui en résultent sont si intenses qu'elles peuvent entraîner la perte de poils et l'automutilation. Parfois la démangeaison devient si forte que le chien peut créer une pyodermite, c'est-à-dire une inflammation et une infection bactérienne de la peau. Allez immédiatement chez le docteur pour un traitement avant que la maladie n'empire. Si votre chiot en est victime, vous vous en apercevrez tout de suite : la partie infectée de son pelage n'a plus de poils, est d'une couleur rouge vif, a un aspect écailleux, et du pus peut en suinter si l'infection est très avancée. Elle est aussi douloureuse et chaude au toucher.

Un moyen très efficace de détecter un problème consiste à acheter un peigne à puces et de le passer sur le postérieur du chien. Si vous en retirez de la « saleté », placez-la sur une serviette en papier et ajoutez quelques gouttes d'eau. Si la saleté prend une couleur rougeâtre, vous avez affaire à des excréments de puces. Quelle joie.

Contrairement à ce que l'on croit, les puces ne vivent pas sur les chiens – elles ne font que s'en nourrir. Les puces vivent dans les tapis et dans l'herbe, et la solution du problème exige une guerre à outrance.

Traitement de votre chiot

Demandez à votre vétérinaire quelles sont les options sûres dont vous disposez pour traiter votre chiot. Il pourra vous recommander des colliers, des poches d'huiles ou d'autres produits à utiliser à la saison des puces. N'utilisez pas ces produits plus fréquemment qu'il n'est indiqué sur les instructions d'emploi.

N'employez pas de spray ni d'autres produits de prévention des puces à proximité de votre chiot, parce que la plupart de ces produits sont toxiques. Il y a de grandes différences d'un produit à un autre. Les magasins d'articles pour animaux de compagnie vendent de nombreux produits contre les puces et les tiques moins sûrs que certains produits plus récents. Les choses les plus importantes à connaître sont l'ingrédient actif du produit et son mode d'action. Demandez à votre vétérinaire quels sont les traitements les plus sûrs.

Informez-vous auprès de votre vétérinaire sur les comprimés ou la poudre préventive contre les puces. Ces remèdes ne tuent pas les puces, mais ils les stérilisent, interrompant leur cycle de reproduction.

Traitement de votre maison et de votre jardin

Il n'est pas agréable de partager sa maison avec des puces. Une infestation à grande échelle par les puces est comme une scène d'un film d'épouvante – des insectes sautant sur vous de tous côtés, plus vite que vous ne pouvez les écraser ou les chasser. Traitez votre maison dès la seconde où vous découvrez un problème de puces. Voici quelques suggestions :

- **Demandez l'avis de votre vétérinaire**. Il recommandera probablement deux traitements répétés à dix jours ou deux semaines d'intervalle pour tuer les nymphes devenues adultes. Aucun procédé ne peut tuer les nymphes de puces.

  Discutez des avantages et des inconvénients de différents produits. Sélectionnez un produit qui s'applique à tous les stades de la vie et répétez le traitement comme suggéré plus haut. N'oubliez pas de vérifier l'étiquette du produit pour vous assurer qu'il est conforme aux normes sur l'environnement. Suivez scrupuleusement les recommandations relatives à la sécurité.
- **Aspirez, aspirez, aspirez**. Non seulement vous ramassez les adultes, mais aussi les œufs et les larves dans leurs nids. Mais n'oubliez pas de jeter le sac – les puces sont de merveilleuses acrobates et peuvent s'échapper du sac.
- **Traitez le couchage de votre chien en le lavant avec un détergent anti-puces acheté au magasin d'articles pour animaux de compagnie ou jetez-le.**
- **Traitez toutes les pièces de votre maison avec le produit recommandé et n'oubliez pas de passer l'aspirateur (mais n'aspirez pas le produit que vous venez d'appliquer – aspirez d'abord)**. Les puces adorent voyager.
- **Ouvrez toutes les fenêtres en rentrant chez vous.**
- **Exterminez les puces dans le jardin**. Une bonne gelée leur règle généralement leur compte, mais si vous ne pouvez pas attendre – ou si vous avez des hivers cléments –, parlez à votre vétérinaire des solutions envisageables. Le jardin doit être traité en totalité (ce peut être coûteux si vous avez un grand terrain), et vous devez garder votre chien à l'écart des terrains avoisinants, qui peuvent être infestés.

Tiques

La tique est un autre parasite suceur de sang. Comme les puces, les tiques préfèrent les créatures à fourrure, mais elles peuvent éventuellement se contenter des humains. Malheureusement, les tiques se trouvent partout dans le monde et peuvent propager des maladies transmises par le sang.

Les tiques, comme les puces, se développent en plusieurs stades : œuf, larve, nymphe, et adulte. Les œufs sont pondus dans un environnement humide, ombragé, et tandis que les tiques se développent d'un stade au suivant, elles ont plusieurs hôtes qui peuvent leur communiquer des infections bactériennes.

Comment enlever une tique

Les tiques aiment grimper, de sorte que leur site favori est naturellement autour de la tête de votre chiot. Enlever une tique n'est pas facile. Quand les tiques se nourrissent, elles insèrent dans la peau des crochets en forme d'hameçon. Si vous essayez d'enlever une tique en tirant dessus, vous récupérez seulement un sac rempli de sang, sans tête, et votre chiot se retrouve avec une bosse sur la tête. Pour enlever une tique, procédez comme suit :

1. **Abrutissez la tique pendant trente secondes au moyen d'un coton trempé dans l'huile minérale d'éther.**
2. **Avec une pince spéciale pour enlever les tiques, appelée « Tire-Tic » achetée dans un magasin d'articles pour animaux de compagnie ou une pharmacie, appuyez sur la peau de chaque côté de la tique, tournez et tirez.**
3. **Ou pincez étroitement la peau autour de la tique et attrapez la tête.**
4. **Tirez et enlevez la tique.**

   Ce geste peut être douloureux, et vous pouvez songer à donner à votre chiot une cuillerée de beurre de cacahuète, une friandise ou des biscuits pendant que vous procédez au retrait de la tique.
5. **Faites disparaître la tique.**

   Il est difficile de tuer ces sales bêtes. Elles résistent à la noyade et à l'écrasement. Je trouve que le meilleur moyen de tuer les tiques est de les brûler ou de les laisser tomber dans un récipient contenant de l'eau de Javel (ou dans la cuvette des WC), de l'alcool éthylique ou de la vodka (qui est moins toxique). Si vous avez des enfants, mettez ce récipient hors de leur portée.
6. **Lavez-vous les mains quand vous avez terminé.**

Éviter les tiques

Vous pouvez faire beaucoup de choses pour empêcher les tiques de s'installer sur vous et votre chiot :

- **Promenez votre chiot au soleil**. Marcher au soleil est plus sûr parce que la plupart des tiques préfèrent les endroits ombragés, boisés.
- **Inspectez-vous ainsi que votre chiot pendant et après chaque promenade dans un bois ou un champ**. Si vous êtes accompagné d'un autre humain, examinez-vous l'un l'autre de la tête aux pieds. Si vous êtes seul, emportez un miroir. Les tiques peuvent s'accrocher à

n'importe quel niveau – elles tombent des arbres, s'attachent aux taillis, et rampent sur le sol. (C'est merveilleux !)

Pour vérifier le pelage de votre chiot, utilisez un peigne à puces (que vous pouvez acheter dans tout magasin d'articles pour animaux de compagnie) et passez-le sur son pelage après chaque sortie. Les tiques ont besoin d'un certain temps pour se cramponner, de sorte qu'un peigne à puces les ramasse le plus souvent.

- **Portez des vêtements qui vous protègent**. Portez des vêtements de couleur claire et enfoncez le bas du pantalon dans les chaussettes. Protégez-vous la tête avec une casquette ou un chapeau.
- **Demandez à votre vétérinaire de vous recommander un bon produit de prévention contre les tiques, appliqué localement**. Il existe de nombreux produits peu toxiques et très efficaces pour éloigner les tiques, appliqués localement. Le traitement consiste à mettre une goutte du produit sur la peau du chiot ; le produit passe à travers les glandes secrétant l'huile qui recouvre le pelage du chiot et les poils, et finit par couvrir tout le corps.

Les maladies transmises par les tiques

Les tiques se nourrissant du sang d'oiseaux et d'autres animaux dans la chaîne alimentaire, ils transmettent souvent des maladies. Voici les quatre maladies les plus courantes :

Fièvre pourprée des montagnes Rocheuses : les tiques porteuses de cette maladie (*tiques Dermacentor*) sont plus courantes dans le sud-ouest des États-Unis. Mais elle a été diagnostiquée jusqu'à Long Island, dans l'État de New York. Elle entraîne la défaillance des mécanismes de coagulation du sang, des éruptions cutanées, de la fièvre, des selles liquides avec du sang, du sang dans les urines, des saignements de nez, et des difficultés respiratoires.

Ehrlichiose canine : cette vilaine maladie est transmise par une tique canine brune (bien que des tiques de cervidés soient aussi en cause). Elle entraîne une grave anémie, de la fièvre, des bleus, et des troubles de la circulation sanguine en s'attaquant aux globules blancs.

Babesiose canine ou piroplasmose : cette maladie est plus courante en Europe qu'aux États-Unis. L'organisme provoquant la maladie s'attaque aux globules rouges, entraînant une grave anémie.

Maladie de Lyme (borréliose canine de lyme) : la maladie de Lyme peut affecter la plupart des mammifères et se transmet par la tique courante des cervidés. (Près de 50 pour cent des cervidés adultes sont porteurs de l'agent causant la maladie.) Lorsque la maladie s'attaque au système de votre chien (ou au vôtre d'ailleurs), elle se porte sur les articulations, provoquant une inflammation douloureuse, de la fièvre, la perte d'appétit, la perte de mobilité. Sans traitement, les reins, le cœur et les processus neurologiques de votre chien sont en danger.

Votre vétérinaire peut effectuer un *titrage*, qui mesure les niveaux d'anticorps, pour déterminer si votre chien a été infecté par l'une de ces maladies et a besoin d'un traitement.

Choisissez toujours l'application du produit en pipette, cependant si vous préférez utiliser un spray plutôt qu'un produit à appliquer localement, faites attention de ne pas en mettre près des yeux de votre chiot. Pour traiter son front et ses oreilles, placez le produit sur un gant et massez ces zones que vous ne pouvez pas protéger avec le spray. N'oubliez pas les pattes.

Les produits contre les tiques sont toxiques. Pour empêcher votre chiot de se lécher après le traitement, tenez-le occupé avec son jeu favori jusqu'à ce que le produit soit sec. Évoquez la question de la sécurité des traitements auprès de votre vétérinaire.

La gale et la gale des oreilles

La gale, qui se loge dans la peau, les poils et le sang, peut se contenter de s'installer sur la peau ou le pelage de votre chiot. Avant de traiter ce parasite, vous devez obtenir un diagnostic de votre vétérinaire pour vous assurer qu'il s'agit bien de ce parasite (d'autres infections peuvent provoquer les mêmes symptômes).

La gale des oreilles

Le parasite en question se niche dans les oreilles de votre chien, où il se nourrit des couches supérieures de la peau. Le premier signe de la gale des oreilles est le comportement de votre chiot – il se gratte l'oreille intensément, se secoue la tête et marche d'une façon bizarre. Pourquoi ? Parce que ces bestioles à huit pattes s'insinuent dans la peau de votre chiot pour se reproduire.

Vous pouvez détecter la gale des oreilles en examinant le canal auriculaire de votre chien. Si ce canal est rempli de cire brune formant une croûte sur les bords, emmenez votre chien chez le vétérinaire. Il pourra déterminer s'il s'agit de la gale ou d'une autre infection et peut rapidement mettre votre chien sur la voie de la guérison. Après que votre animal a subi un nettoyage professionnel entre les mains de votre docteur, vous devez continuer par des gouttes et des nettoyages pendant plusieurs jours. (Parlez-en à votre vétérinaire – certains produits récents ne nécessitent qu'une ou deux applications à un mois d'intervalle.)

La gale tout court

Il s'agit de vilaines petites bêtes apparentées à celles de la gale des oreilles. La différence est qu'elles sont plus mobiles et s'installent souvent le long de la colonne vertébrale, sur les pattes, la tête ou sous le ventre. En voici trois variétés (parlez-en à votre vétérinaire pour qu'il fasse le diagnostic et prescrive le traitement) :

- **Cheyletiella** : ces créatures se logent le long de la colonne vertébrale de votre chiot et créent beaucoup de pellicules en dévorant sa peau. Le signe le plus certain est que le chiot se gratte et se mordille la peau au niveau de la colonne vertébrale.
- **Gale demodectique** : la gale demodectique se transmet généralement de la mère à ses petits tandis qu'elle les élève. Dans des conditions normales, ces parasites ne sont pas trop nombreux. Mais si un chiot est stressé ou mal nourri, ils peuvent se multiplier et provoquer soit une infection localisée (la région infectée perd des poils, démange, et rougit), soit une infection étendue (avec d'amples zones enflammées et chauves).
- **Gale sarcoptique** : ces parasites en forme de crabes creusent la peau de votre chiot et y font des tunnels où ils déposent des œufs, et d'où ils aspirent du sang. Leurs emplacements favoris sont la région de la tête, les pattes et le ventre. Le signe le plus évident est le fait que le chien se gratte un peu partout.

N'OUBLIEZ PAS !

Vous pouvez arrêter les démangeaisons de votre chiot par des anti-inflammatoires, mais ne le faites pas. Les médicaments anti-inflammatoires, comme la cortisone, affaiblissent encore davantage un système immunitaire déficient.

Sous la surface : les parasites internes

Les parasites internes sont aussi dangereux pour la santé des chiens que les parasites externes. Ils le sont particulièrement dans le cas des chiots, car ils peuvent nuire à leur développement et perturber l'équilibre de leurs nutriments.

ATTENTION !

Si vous avez de jeunes enfants, prenez des précautions supplémentaires contre les parasites internes. Certains d'entre eux peuvent se transmettre aux humains. Promenez votre chiot dans un endroit où vos enfants ne jouent pas et emmenez un sac pour nettoyer aussitôt s'il fait ses besoins. Imposez de bonnes habitudes d'hygiène à vos enfants et insistez pour qu'ils se lavent les mains avant de manger.

Heartworms

Ce ver malfaisant est transmis par les moustiques (il est de ce fait plus fréquent sous les climats chauds) et vit dans les compartiments du cœur et dans les poumons. Si elle n'est pas traitée, cette maladie est mortelle. Il est de loin préférable de l'éviter par des médicaments préventifs plutôt que de la soigner une fois votre chiot infecté. Renseignez-vous sur les pilules préventives à absorber une fois par mois. Ces médicaments sont prescrits en fonction du poids. Si vous avez un chiot, n'oubliez pas de demander à votre vétérinaire comment tenir compte de sa croissance. Ces pilules mensuelles sont plus chères que les pilules quotidiennes, mais les personnes très occupées les préfèrent. Elles présentent aussi l'avantage de prévenir et de traiter les effets de nombreux parasites intestinaux courants.

N'OUBLIEZ PAS !

Suivez les prescriptions de votre vétérinaire. S'il vous dit d'utiliser le médicament préventif toute l'année, vous devez le faire. En outre, vous devez prévoir un test annuel de détection des heartworms, car la prévention n'est pas efficace à 100 pour cent.

Autres parasites internes

Voici une liste d'autres parasites internes néfastes mais relativement courants (consultez votre vétérinaire au sujet des possibilités de diagnostic et de traitement) :

- Les *coccidies* pondent leurs œufs dans les selles, et les chiens s'infectent en mangeant les selles d'autres chiens. Les intestins qui abritent ces créatures s'enflent, et il en résulte des selles liquides, aqueuses ; des gonflements ; des vomissements ; des pertes de poids ; et des difficultés à éliminer. Le diagnostic et le traitement sont aisés lorsque le chiot n'est que modérément affecté et si les selles vérifiées présentent des œufs de coccidies ; mais il n'en va pas toujours ainsi. Si vous suspectez un déséquilibre du système digestif de votre chiot, vous pouvez être obligé de faire vérifier ses selles plusieurs fois, parce que le parasite adulte n'est pas identifiable au microscope. Si le chiot est gravement affecté par la maladie, la procédure à suivre pour éliminer l'envahisseur peut être complexe et coûteuse.
- La *giardia* est une créature aquatique que l'on trouve dans la plupart des sources d'eau naturelles, surtout sous les climats chauds. Après ingestion, elle se nourrit de l'enveloppe externe de l'intestin grêle, provoquant son inflammation, ce qui entraîne des selles liquides, couvertes de mucosités, des flatulences, et une perte de poids. Ces parasites sont faciles à détecter, mais un diagnostic précoce est souhaitable.
- Les *hookworms* se nourrissent non seulement de la nourriture de votre chien, mais aussi de son sang. Les chiens attrapent des hookworms en mangeant les fèces d'un animal infecté. Un chiot peut être infecté en étant nourri par sa mère ou en entrant en contact avec des vers sortis par les parties les plus tendres de la peau de la maman. Les symptômes incluent : le gonflement ; la flatulence ; des selles liquides,

malodorantes ; un chien maigrichon avec un grand appétit ; des selles sanguinolentes ; un pelage sec et friable ; et même une grave anémie pouvant entraîner la mort.

- Les *ankylostomes* (vers ronds) flottent à l'intérieur du corps d'un chien – dans le foie, à travers le cœur et dans les poumons. Au stade final, ils s'installent dans l'intestin grêle, où ils dévorent la nourriture du chien. Beaucoup de chiens infectés par les vers ronds ont un appétit insatiable, ou encore manquent d'appétit et vomissent, souffrent de diarrhées nauséabondes, de gaz, et de gonflements. Souvent, ces chiens semblent ventripotents. Prenez rendez-vous avec votre vétérinaire si vous soupçonnez votre chien d'avoir des vers ronds.

  Les chiots sont infectés par les vers ronds durant la gestation ou en étant élevé par une maman infectée. Les chiens plus âgés peuvent être infectés en avalant des œufs de vers ronds éliminés avec les excréments d'un autre chien, qui contaminent l'environnement, et survivent souvent pendant des années. Charmant.

- Les *ténias* (vers solitaires) laissent des preuves de leur présence quand ils habitent votre chiot. Je me souviens d'avoir demandé à mon frère pourquoi un grain de riz sortait du postérieur de mon chien. Ce n'était pas du tout du riz. C'était un ténia. Pouah. En fait, la plupart des gens découvrent que leur chien est infecté par un ténia grâce au diagnostic du « riz blanc ». D'autres indices sont l'augmentation de l'appétit accompagnée d'amaigrissement, des démangeaisons rectales, des douleurs abdominales et l'indigestion. Les chiens ingèrent ce parasite en mangeant des puces, qui servent au ténia d'hôte intermédiaire. Allez voir le vétérinaire si vous trouvez aussi du « riz » dans le couchage de votre chiot ou autour de l'endroit où il fait ses besoins.

- Les *whipworms* vivent et se reproduisent dans le côlon (gros intestin), provoquant de l'inflammation et les symptômes suivants : le gonflement et des crampes ; des selles sanguinolentes ou couvertes de mucosités ; un pelage sec et friable ; des diarrhées nauséabondes ; et un grand appétit. Certains chiots peuvent aussi souffrir de vomissements, d'anémie et/ou d'absence d'appétit. Les chiens s'infectent avec ce parasite en mangeant des fèces qui en contiennent (une activité particulièrement courante chez les jeunes chiots !) ou en marchant dedans et en se léchant les pattes.

Les hookworms et les vers ronds peuvent aussi infecter les humains. Les enfants peuvent en être victimes si leur espace de jeu est fréquenté par des chiens ou des chats en liberté. Ces parasites se transmettent généralement par l'ingestion de matières fécales infectées, mais ils peuvent aussi pénétrer par la peau. En outre, il peut arriver qu'un propriétaire oublie de se laver les mains après avoir nettoyé derrière son chien ou qu'un enfant joue avec des crottes de chien. Si vous supposez que vous avez ou qu'un enfant a des hookworms ou des vers ronds, appelez votre médecin immédiatement. Pour éviter ces problèmes, nettoyez aussitôt après les besoins de votre chiot, lavez-vous les mains après avoir nettoyé, et vérifiez deux fois par jour l'espace de jeu de votre enfant. Faites régulièrement examiner votre animal pour vérifier s'il a des parasites intestinaux, et utilisez le remède préventif contre les heartworms, qui inclut le contrôle des parasites intestinaux. Bien que peu courante, une infection par les vers ronds chez les humains peut entraîner la cécité ou des troubles neurologiques.

Sixième partie

La partie des dix

« Bon, avant que je ne laisse sortir
le nouveau chiot, pensons à rester tranquilles
pour qu'il ne soit pas surpris. »

Dans cette partie…

Voici la partie de dix, qui vous remontera le moral après la lecture du dernier chapitre de la cinquième partie.

Vous y trouverez dix de mes jeux favoris et dix tours qui font la joie des petits et des grands.

Chapitre 22

Dix tours pour la joie des jeunes et des moins jeunes

Les tours peuvent être très amusants si vous avez une bonne approche : l'éducation ne doit pas se cantonner au travail et à la structure. Lorsque votre chiot connaît les ordres de base et montre qu'il apprend avec plaisir, lui apprendre un tour ou deux égaie la routine ordinaire. Ce chapitre vous montre dix tours favoris que vous pouvez apprendre ensemble. Vous n'avez pas besoin d'enseigner tous ces tours – seulement ceux que votre chiot apprend facilement. Par exemple, si votre chiot s'exprime volontiers avec ses pattes, vous lui apprendrez certainement à donner la patte ou à dire au revoir.

Révérence

Votre chiot aime-t-il s'étirer ? Je parie que vous ne saviez pas que vous pouvez en faire un tour amusant. Voici comment :

1. **Tandis que votre chiot s'étire, inclinez-vous devant lui et dites : « Révérence ! »**
2. **Complimentez-le comme s'il venait d'inventer le biscuit pour chiens.**

Répétez ces deux manœuvres chaque fois qu'il s'étire. Il fera bientôt des révérences à la demande.

Donne la patte

Il est facile et amusant d'apprendre à votre chiot à donner sa patte. En partant de la position « Assis », procédez comme suit :

1. **Dites « Donne la patte » en présentant d'une main une friandise devant son nez et en étendant l'autre devant la patte de votre chiot.**

2. **S'il a l'air perplexe, appuyez sur le muscle de son épaule avec l'autre main.**

3. **Prenez sa patte dès qu'il la soulève du sol et félicitez-le (voir figure 22.1).**

   Il donnera bientôt la patte sur demande.

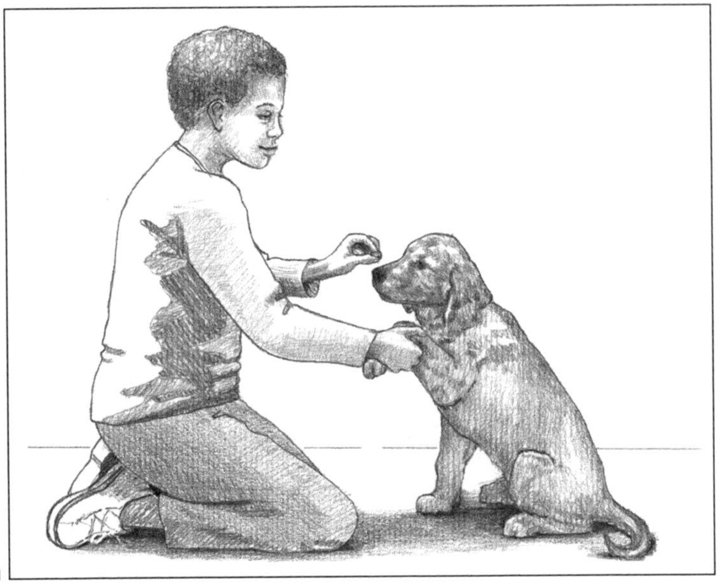

Figure 22.1 : « Donne la patte » fait toujours plaisir à tout le monde.

TRUC

Un chiot peut apprendre de nombreux tours à partir d'une même action. En partant du geste qu'il fait en vous touchant avec la patte, vous pouvez apprendre à votre chiot à donner la patte, à dire au revoir ou à répondre à : « Tope là ! »

Au revoir

Tous mes chiens ont maîtrisé le geste consistant à secouer la patte de bas en haut comme pour dire au revoir. Voir ce geste est un véritable plaisir, surtout pour les enfants.

1. **Faites asseoir votre chiot. Tenez une friandise à quelques centimètres de son nez, dites « Au revoir » et agitez votre main devant lui.**

2. **Félicitez-le et donnez-lui la friandise dès qu'il lève la patte.**

3. **Encouragez un geste plus enthousiaste au fur et à mesure qu'il progresse.**

Si votre chiot est conditionné à coopérer quand vous lui donnez une friandise, éliminez progressivement cette récompense. Mais félicitez-le toujours avec enthousiasme !

Tope là

Votre chiot peut maintenant apprendre « Tope là », ce geste que les anglophones appellent *high five*, que pour cette raison on nomme parfois en français « tape-m'en cinq », et que font deux personnes en levant chacune une main en l'air pour se frapper la paume en écartant les cinq doigts.

1. **Faites deux fois « Donne la patte ». Soyez enthousiaste.**
2. **Levez la main vers le haut pour le « tope là ». Dites : « Donne la patte, tope là ! »**
3. **Abaissez la main si votre chiot fait une tentative.**

   Il lèvera bientôt cette patte allègrement.

Rouler

Tout le monde apprécie ce tour. Certains chiots l'aiment, d'autres non. Votre chiot se roule-t-il par terre spontanément ? Passe-t-il facilement d'un côté à l'autre ? Si vous répondez oui à l'une de ces questions, votre chiot sera emballé par ce tour. Voici comment le lui apprendre :

1. **Prenez une poignée de friandises et faites mettre votre chiot dans la position « Couché ».**
2. **Grattez-le jusqu'à ce qu'il roule sur un côté.**
3. **Prenez la friandise et faites-la passer autour du museau, sous le menton et derrière l'oreille, à l'arrière de son cou (voir figure 22.2a).**
4. **Dites « Roule » en faisant passer la friandise en cercle autour du nez vers le côté opposé du sol (voir figure 22.2b).**

   Imaginez qu'un fil est attaché entre la friandise et le nez du chiot. En quelque sorte, vous essayez de tirer sur ce fil pour qu'il roule sur l'autre côté.

5. **S'il semble coopérer, félicitez-le et faites passer ses pattes sur l'autre côté.**

   Quand il est parvenu sur l'autre côté, donnez-lui une friandise et félicitez-le (voir figure 22.2c) et encouragez-le à se relever d'un seul coup.

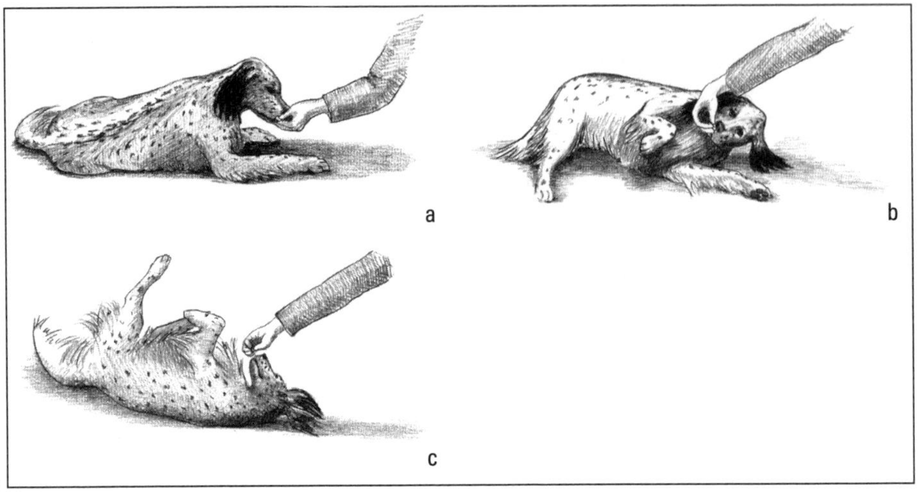

Figure 22.2 : Apprendre « Roule » est très facile.

Par-dessus

Créez votre premier obstacle avec un balai posé sur deux rouleaux de papier toilette. Un saut peu élevé établit la confiance de votre chiot et paraît moins effrayant.

ATTENTION !

Les chiots de moins d'un an ne doivent pas sauter à des hauteurs plus élevées que leurs coudes – ils sont encore en pleine croissance. Les forcer à sauter en hauteur pourrait nuire à leur développement.

Voici comment apprendre à votre chiot à sauter :

1. **Mettez votre chiot en laisse pour le contrôler.**
2. **Faites-lui flairer l'obstacle, et montrez-lui plusieurs fois comment vous sautez l'obstacle.**

   Découragez tout mordillement en tirant sur la laisse.
3. **Faites prendre à votre chiot au moins cinq foulées de recul et dites « Par-dessus » en trottinant vers l'obstacle. Sautez avant lui et félicitez-le de vous avoir suivi.**

   N'OUBLIEZ PAS !

   Si votre chiot refuse de sauter, restez calme. Ne le tirez pas par-dessus l'obstacle. Marchez par-dessus plusieurs fois tandis que votre chiot observe. Puis essayez de passer au-dessus ensemble en marchant. Il faudra peut-être faire plusieurs tentatives, mais votre chiot finira par surmonter sa peur et se montrera tout joyeux d'avoir réussi.

4. **Lorsque votre chiot se montre fier de sauter, mettez-lui une laisse courte. Lâchez la laisse juste avant l'obstacle pour qu'il le saute tout seul.**

   Bravo. Félicitez votre chiot avec enthousiasme.

5. **Renoncez progressivement à la course d'approche de l'obstacle, mais continuez de dire « Par-dessus » en montrant l'obstacle.**

RIONS UN PEU !

« Par-dessus » peut aussi être un jeu pour les enfants. Les obstacles placés sur les seuils encouragent les sauts pour aller chercher des jouets et des balles. Les enfants peuvent établir un parcours d'obstacles, à l'intérieur ou à l'extérieur, et sauter avec le chiot.

À travers le cerceau

Procurez-vous un cerceau et procédez comme suit :

1. **Installez votre obstacle habituel en travers du seuil d'une porte ou entre deux meubles.**

   Mettez une courte laisse à votre chiot et faites-lui flairer le cerceau tandis que vous le placez au milieu de l'obstacle (voir figure 22.3a).

2. **Demandez à quelqu'un de tenir le cerceau ou fixez-le solidement d'une manière ou d'une autre.**

3. **Dites à votre chiot « Par-dessus » en courant vers le cerceau, et lâchez la laisse en approchant (voir figure 22.3b).**

4. **Quand votre chiot coopère, combinez les ordres « Par-dessus » et « Cerceau » en vous mettant à courir pour sauter ; dites « Par-dessus – Cerceau ».**

5. **Tenez le cerceau plus haut pour que sa base soit à la même hauteur que l'obstacle d'origine et dites « Par-dessus – Cerceau » (voir figure 22.3c).**

   Votre chiot peut hésiter parce que le cerceau est différent de l'obstacle habituel. S'il hésite, marchez lentement jusqu'au cerceau et permettez-lui de marcher au travers plusieurs fois. Utilisez de la nourriture pour l'encourager.

   Lorsqu'il accomplit correctement l'étape 5, vous êtes prêt pour le passage dans le cerceau seulement.

6. **Dressez le cerceau au niveau du sol, et dites « Cerceau » en trottant vers le cerceau, et laissez le chiot passer à travers tout seul.**

   Félicitez-le et encouragez-le à franchir le cerceau dans l'autre sens en courant en arrière et en l'appelant.

7. **Augmentez progressivement la hauteur du cerceau.**

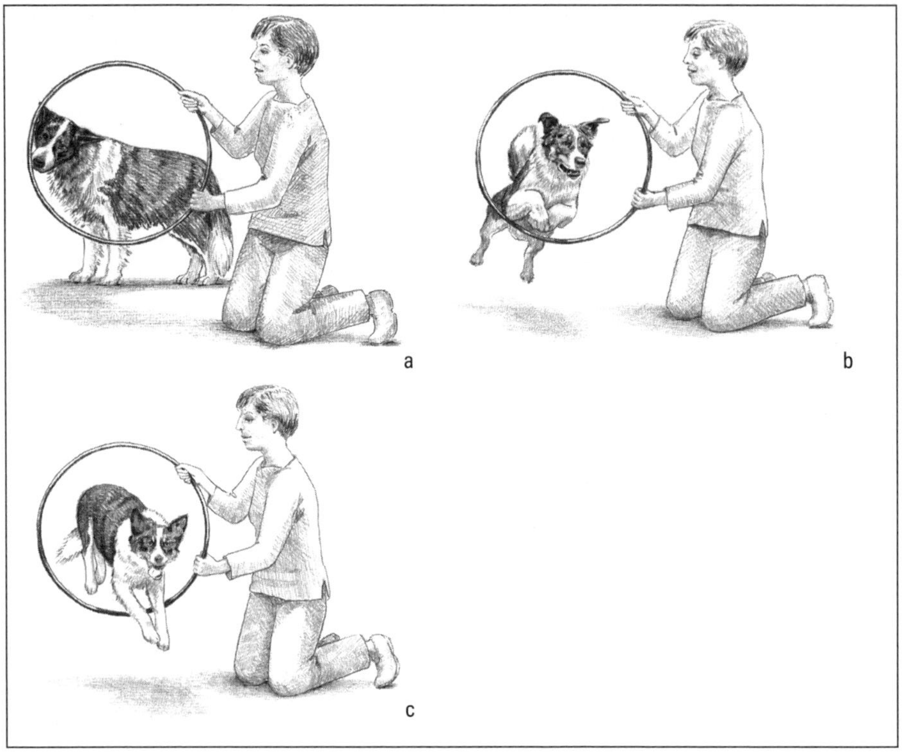

Figure 22.3 : Faites sauter votre chiot à travers un cerceau !

Si vous voulez faire quelque chose d'encore plus astucieux (et si vous avez un chiot qui ne deviendra pas trop grand !), vous pouvez pratiquer le cerceau en lui substituant un cercle formé avec les bras. Répétez les étapes précédentes avec l'aide d'un ami.

Fais le beau

Ce tour demande un bon équilibre. Vous demandez à votre chiot de se mettre en arrière à partie de la position « Assis » et de se tenir en équilibre sur ses pattes de derrière. (Sauf si votre chiot adopte naturellement cette position, attendez qu'il ait 9 mois pour lui enseigner ce tour, qui pourrait contracter indûment ses muscles et ses tendons en développement.) Voici comment lui apprendre à faire le beau :

1. **Préparez cinq des friandises préférées de votre chiot.**
2. **Votre chiot étant en position assise, placez une friandise à quelques centimètres au-dessus de son nez.**

3. **Dites-lui « Fais le beau » en reculant la friandise vers ses oreilles.**

   S'il se recule pendant une fraction de seconde, donnez-lui la friandise et complimentez-le. Encouragez au début le moindre de ses efforts, puis augmentez progressivement vos attentes.

Si votre chiot essaye, mais a du mal à garder l'équilibre, tenez-vous derrière lui avec les talons fermés derrière sa queue. Ramenez la friandise vers l'arrière et attrapez sa poitrine, en appuyant son corps contre vos jambes. Répétez l'ordre, en lui apprenant comment se tenir en équilibre tandis que vous le tenez et le récompensez. N'oubliez pas les compliments.

TRUC

Pour des tours compliqués comme celui-ci, félicitez-le à chaque pas qui le rapproche du but recherché. Si pour commencer votre chiot essaye de se mettre en arrière, félicitez-le pour cela. Lorsqu'il sait facilement se mettre en arrière, louez ce que votre chiot fera ensuite, comme soulever ses pattes de devant.

Faire le mort

J'ai toujours trouvé ce tour un peu déprimant. Mais il est astucieux, et vous pouvez changer l'ordre en quelque chose de plus joyeux comme « Dodo », ou « Pan », selon la situation. Ce tour est facile avec un chiot calme par nature, et représente un bon exercice pour les chiots débordant d'énergie :

1. **Dites « Couché ». Encouragez votre chiot à se coucher sur un côté.**
2. **Agenouillez-vous auprès de lui, mais ne le regardez pas. Puis tapez sur le sol à côté de sa tête et dites « Fais le mort », « Dodo », ou « Pan ».**
3. **Appuyez doucement sur son épaule et aidez-le à appliquer la tête sur le sol.**
4. **Maintenez sa tête en place en la caressant doucement tout en disant « Pas bouger ».**

   Lorsque votre chiot coopère, enlevez lentement votre main de sa tête. Finalement, levez-vous. Procédez toujours graduellement, et rappelez-lui l'ordre « Fais le mort », « Dodo » ou « Pan ». Bientôt vous pourrez vous passer de « Pas bouger ».

Parle et ch... !

Si vous avez un chien qui aime à donner de la voix, ce tour présente un grand avantage. Non seulement vous pourrez lui apprendre à aboyer à la demande, mais vous pouvez aussi lui enseigner le sens de « Ch... » et le faire se taire en un instant. Demandez-vous comment vous pourriez inciter votre chien à aboyer. Aboie-t-il quand il entend la sonnette de la porte d'entrée, quand vous le taquinez avec un jouet ou quand vous jouez d'un instrument ? Faites maintenant ce qui suit :

1. **Mettez en scène une telle situation, et dès qu'il est stimulé (voir figure 22.4a), excitez-vous aussi et dites avec un bref signe de la main « Parle » (voir figure 22.4b).**
2. **Félicitez-le de sa coopération – aboyez même avec lui, surtout s'il paraît perplexe.**
3. **Au début, relâchez sa concentration au moyen d'un jouet, d'une friandise ou de compliments.**

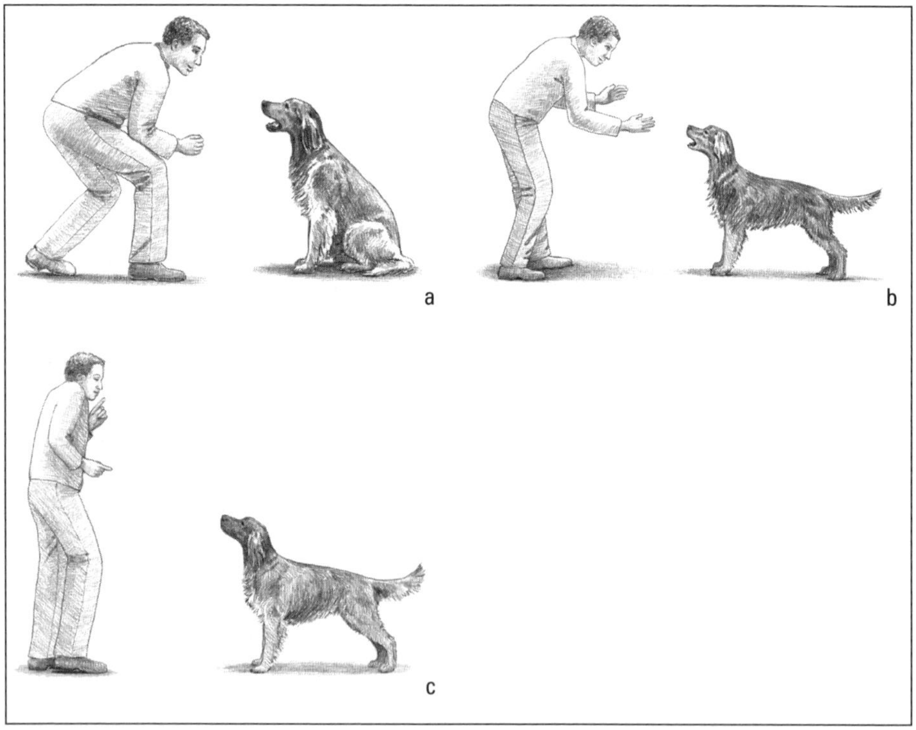

Figure 22.4 : Tout le monde apprécie un chien qui aboie et se tait sur demande.

Après avoir réussi à le faire aboyer sans autre stimulation, vous êtes prêt pour la seconde partie de l'opération : « Ch... ! » En voici les étapes :

1. **Encouragez-le à aboyer. Félicitez-le et aboyez aussi – prenez-y plaisir.**
2. **Tout d'un coup, redressez-vous et dites « Ch... ! » en levant le bras en diagonale jusqu'à la bouche (voir figure 22.4c).**

   Il sera probablement surpris – et peut se mettre à reculer.
3. **À l'instant où il cesse d'aboyer, donnez-lui une friandise (en la faisant précéder d'un bruit de clicker si vous en utilisez un) et complimentez-le bien.**

Vous pouvez aussi utiliser une tasse de friandises pour l'encourager à vous suivre simplement en secouant la tasse et en vous sauvant dès qu'il cesse d'aboyer. Cette méthode est particulièrement utile si votre but est de le faire aboyer quand des gens viennent ou quand il entend un bruit.

Tous ces numéros rigolos peuvent être appris à l'aide de la méthode du clicker-training qui assurera une grande rapidité d'apprentissage. Quand votre chiot comprendra cette technique particulière d'apprentissage, vous n'aurez plus aucun mérite à lui apprendre des tours, sa rapidité d'apprentissage vous surprendra et amusera famille et amis.

Chapitre 23

Dix jeux amusants

Dans ce chapitre :

- Des jeux qui encouragent la coopération
- Mélanger les jeux et l'obéissance

C'est en jouant que les chiots apprennent le mieux. La façon dont vous jouez ensemble, surtout au cours des tout premiers mois, a la plus grande influence sur l'évolution de votre relation. Ce chapitre vous présente dix jeux auxquels vous pouvez jouer avec votre chiot. Lisez-les, essayez-les, éliminez ce qui ne marche pas, et inventez vos propres jeux.

N'OUBLIEZ PAS !

Les jeux auxquels vous jouez avec votre chiot doivent encourager sa coopération et sa concentration.

Football avec des bouteilles en plastique

Le football avec des bouteilles en plastique encourage votre chiot à vous suivre et à aller chercher.

Joueurs : un nombre quelconque de personnes et un chiot de n'importe quel âge.

Pour jouer : procurez-vous plusieurs bouteilles en plastique (dont vous ôtez les capsules et les étiquettes). Mettez-en quelques-unes sur le sol, à l'intérieur ou à l'extérieur. Laissez votre chiot les inspecter. Quand il se sent à l'aise en leur présence, commencez à donner des coups de pied. Quelle que soit la bouteille avec laquelle vous jouez, votre chiot voudra celle que vous avez. Ne l'envoyez vers lui que s'il se tient debout calmement (pour décourager la confrontation, et ne pas défier votre chiot pour la possession d'une bouteille). Puis allez jouer avec une autre, puis une autre, jusqu'à ce que votre chiot n'en puisse plus.

Règles : jouez avec les pieds, pas les mains (c'est du football, après tout). Tapez toujours dans une autre bouteille que celle avec laquelle joue votre chiot.

Lancer des deux jouets

Le lancer des deux jouets aide votre chiot à se concentrer sur ce que vous avez, et non sur ce qu'il a. Il renforce aussi les ordres « Viens » et « Donne », ainsi que la notion de prendre et de montrer évoquée au chapitre XVI.

Joueurs : Un chiot et une personne. Ce jeu convient aux chiots de plus de 12 semaines. Toutefois, les chiots plus jeunes peuvent s'intéresser à quelques lancers de jouets.

Pour jouer : Rassemblez au moins deux jouets (qui peuvent être des balles). Lancez-en un, et quand votre chiot se précipite pour l'attraper, encouragez-le. S'il se tourne vers vous, dites « Bon chiot », puis sortez un autre jouet et commencez à jouer avec. Quand il voudra avoir ce jouet (et il le voudra), faites-le s'asseoir poliment avant de le lancer.

Règles : ne poursuivez jamais votre chiot et n'essayez jamais de lui retirer un jouet de la gueule, car ce sont des gestes de chiot, qui encouragent la confrontation. Vous pouvez échanger un jouer contre une friandise ou un autre jouet, ou mettre une friandise dans la gueule de votre chiot.

Traîner un jouet

Le jeu du jouet que l'on traîne encourage le chiot à suivre et peut être pratiqué à la maison ou à l'extérieur. Il constitue une bonne diversion pour les mordeurs de chevilles.

Joueurs : Une personne avec un chiot. Ce jeu convient aux chiots de moins de 12 semaines.

Pour jouer : attachez un jouet qui couine ou un jouet en forme de corde au bout d'une laisse de 1,20 m et attachez l'autre extrémité à votre cheville ou vos lacets de chaussures. Déplacez-vous en marchant ici et là, en faisant ce que vous voudrez. Les chiots aiment se précipiter sur des objets qui bougent. Il vaut mieux que ce soit un jouet plutôt que votre cheville.

Règles : ne vous déplacez pas trop vite et ne faites pas de mouvement brusque pour enlever l'objet de la gueule du chiot. S'il se met à tirer sur le jouet, ignorez-le ou enlevez la laisse de votre cheville et attachez-la à un meuble suffisamment lourd pour ne pas bouger.

La pêche au chiot

La pêche au chiot fournit à votre chiot un moyen de donner libre cours à son instinct de poursuite. Ce jeu peut servir à détourner votre chiot de l'envie de s'attaquer à vos jambes, et convient bien aux mouvements de pieds du matin et aux promenades à l'extérieur.

Joueurs : bon pour les chiots de moins de 12 semaines, avec une personne.

Pour jouer : attachez un jouet couineur à une ficelle de 50 centimètres à 1,50 m et attachez l'autre extrémité à une perche (bien des objets peuvent tenir ce rôle : un bâton, un parapluie, etc.). En tenant et en bougeant la perche, faites rebondir le jouet devant votre chiot.

Règles : laissez le chiot attraper le jouet souvent pour entretenir son intérêt. Évitez le tir à la corde. Si votre chiot insiste pour tirer, regardez ailleurs jusqu'à ce qu'il se lasse, puis reprenez le jeu.

TRUC

Si votre chiot tire avec insistance, barbouillez avec une substance crémeuse le col d'une bouteille de lait vide, débarrassée de sa capsule et de son étiquette. Au lieu de tirer, il s'attaquera à la bouteille et la léchera. Ce truc marche aussi pour le jeu suivant, le lancer au bout d'une corde.

Lancer au bout d'une corde

Le lancer au bout d'une corde est parfait pour libérer un excès d'énergie, et peut aussi détourner les instincts prédateurs (il vaut mieux poursuivre une bouteille dans un champ qu'un cycliste dans une rue très fréquentée).

Joueurs : une personne et un chiot de n'importe quel âge.

Pour jouer : attachez une bouteille vide (débarrassée de son étiquette et de sa capsule) ou le jouet favori de votre chiot à une corde de 6 à 9 mètres. Dans un jardin ou un champ, faites bouger l'objet d'un endroit à l'autre pour que le chiot le poursuive. Si le jardin ou le champ ont des herbes hautes, servez-vous-en pour cacher l'objet à la vue du chiot – ce sera beaucoup plus excitant pour lui !

Jeu de la boîte à récompenses et des noms

Le jeu de la boîte à récompenses et des noms encourage une association positive à l'ordre « Viens » tout en apprenant à votre chiot à reconnaître les noms (son nom et le vôtre !).

Joueurs : commencez avec deux personnes et ajoutez-en d'autres à mesure que le chiot acquiert la maîtrise du jeu.

Pour jouer : préparez une boîte à récompenses de la manière décrite au chapitre XI. Secouez la boîte jusqu'à ce que le chiot en associe le bruit à une récompense. Tenez-vous à une distance de 2 mètres d'un ami, et en utilisant le nom de l'autre personne (Jean par exemple), dites à votre chiot « Va voir Jean ! » en montrant Jean du doigt. Quand Jean entend son nom, il secoue la boîte et appelle le chiot par son nom. Quand le chiot est à côté de Jean, Jean peut le renvoyer vers vous de la même façon.

Règles : au fur et à mesure des progrès, augmentez la distance, et finissez par vous mettre dans des pièces différentes et par jouer dehors. Évitez de corriger votre chiot si son intérêt faiblit ; limiter le temps du jeu vous assure qu'il restera amusant.

Quand votre chiot a pris goût à ce jeu, jouez à cache-cache. Seul ou avec un comparse, cachez-vous dans des cachettes de plus en plus élaborées, et appelez votre chiot en secouant une boîte à récompenses. Jouez à ce jeu à l'intérieur et à l'extérieur pour développer la concentration de votre chiot – qu'il puisse ou non vous voir !

Donne

Le but de ce jeu est de provoquer une réaction immédiate d'ouverture de la gueule pour lâcher l'objet chaque fois que vous dites le mot « Donne ». Outre qu'il est amusant, ce jeu présente un grand intérêt du point de vue de la sécurité. Si votre chiot a dans la gueule un objet auquel vous tenez ou qui peut le mettre en danger, « Donne » convient à merveille. Lorsque vous aurez fait de « Donne » un ordre et non plus une exigence, votre chiot se fera un plaisir de partager ses trésors avec vous.

Joueurs : « Donne » peut s'apprendre dès le départ, et convient aux chiots de tous âges.

Pour jouer : quand votre chiot grignote quelque chose (que ce soit ou non opportun), approchez-vous de lui avec une boîte à récompenses (ou seulement une friandise dans la poche) et dites « Donne » en lui mettant la friandise dans la gueule. S'il grignote un jouet pour chiot, ne le lui retirez pas. Après avoir dit « Donne » et offert la friandise, allez-vous en tranquillement.

Si votre chiot est tellement excité qu'il se sauve, vous pouvez pratiquer cet exercice dans une petite salle de bains où il sera enfermé. Ou garder une laisse à son collier pour pouvoir le prendre calmement.

Règles : si votre chiot grogne ou serre l'objet trop fortement dans ses dents, appelez un professionnel. L'agressivité n'est pas une plaisanterie.

Prends

Si votre chiot adore porter des choses dans la gueule, vous avez tout ce qu'il vous faut pour lui apprendre « Prends ».

Joueurs : pratiquez ce jeu en étant seul avec un chiot d'au moins 14 semaines.

Pour jouer : commencez avec un jouet ou une balle et allez dans une petite pièce ou un couloir. Agitez l'objet devant le chiot, pour le tenter pendant quelques secondes avant de lui donner l'ordre « Prends ». Exprimez votre joie quand il prend l'objet, et laissez-le le conserver pendant des durées variables. Encouragez-le à exécuter l'ordre « Donne » au moyen d'une friandise ou d'un autre jouet si nécessaire.

Règles : ne répétez pas cette séquence plus de trois à cinq fois. Arrêtez toujours sur une séquence réussie.

Le fax à quatre pattes

Le fax à quatre pattes encourage l'interaction et la responsabilité.

Joueurs : deux personnes (un émetteur et un récepteur) et un chiot d'au moins 6 mois. Votre chiot doit maîtriser les trois jeux précédents.

Pour jouer : demandez à votre ami (Jean, par exemple) de se tenir à 3 mètres de l'autre côté de la pièce. Encouragez votre chiot à « prendre » un jouet ou un autre objet (comme un journal replié) et envoyez-le vers Jean en disant : « Porte à Jean ! » Demandez à Jean de s'agenouiller et d'appeler votre chiot. Quand votre chiot va le voir en trottant, il le récompense avec une friandise.

Si votre chiot ne veut pas porter l'objet jusqu'au bout, demandez à Jean de se mettre d'abord tout près de vous, puis de s'éloigner progressivement. Avec des encouragements et de la tendresse, votre chiot deviendra le fax préféré de toute la famille.

Règles : ne punissez pas votre chiot s'il ne veut pas coopérer. Ce jeu demande beaucoup de concentration.

Gigoter et s'immobiliser

Le jeu « Gigoter et s'immobiliser » est une façon amusante de mettre en application un ordre difficile comme « Assis », « Attends » ou « Couché ».

Joueurs : plusieurs personnes, et bien sûr, un chiot. Une personne ayant pratiqué des exercices avec le chiot est désignée pour donner les ordres. Le chiot doit avoir au moins 12 semaines et maîtriser l'ordre qui va être utilisé.

Pour jouer : choisissez un ordre. Chacun se met à sauter en tous sens et à faire l'imbécile. Puis tous, sur un signe, s'immobilisent. Le maître du jeu donne l'ordre. Celui qui est le plus proche du chiot peut le mettre en place calmement, puis lui offrir une récompense ou une caresse. Recommencez à vous agiter comme précédemment. Ne recommencez pas cette séquence plus de cinq fois.

Règles : ne répétez pas l'ordre donné. Si votre chiot n'écoute pas, aidez-le à prendre la position avant de lui donner une friandise ou un jouet. Il comprendra bien vite.

Annexe

Carnet d'adresses

Vous recherchez un éducateur professionnel de chiens de compagnie spécialisé ou non en rééducation comportementale et/ou un comportementaliste :

Contactez :

Le MFEC, Mouvement français des éducateurs de chiens de compagnie. Cette association regroupe des éducateurs professionnels utilisateurs de méthodes amicales et positives pour l'éducation et la rééducation comportementale des chiens de compagnie.

Vous trouverez sur son site une liste des éducateurs que vous pourrez choisir en fonction de votre lieu d'habitation.

Site internet : `http://www.mfec.fr`

Courriel : mfec@aliceadsl.fr

FRANCECLICKER

Société qui se charge de prendre votre demande en considération que ce soit en éducation ou en rééducation, et de vous mettre en relation avec un éducateur professionnel compétent et sérieux près de chez vous.

Service sérieux, un réseau innovant, une prise en charge rapide et efficace.

Site internet : `http://www.franceclicker.fr`

Courriel : franceclicker@orange.fr

ANIMALIN, 1re école de clicker-training en France, dispense des formations et des cours d'éducation aux maîtres. Possède une liste d'éducateurs professionnels ayant suivi une formation et utilisant le clicker-training pendant les cours.

Site : `http://www.animalin.net`

Courriel : animalin@tiscali.fr / Tél. : 05 62 65 46 00

Vous recherchez un vétérinaire comportementaliste

ZOOPSY

Association regroupant les vétérinaires français comportementalistes. Vous trouverez sur leur site une localisation géographique du vétérinaire comportementaliste le plus près de chez vous.

Site : `http://www.zoopsy.com`

Vous recherchez une classe pour votre chiot

Chez un professionnel :

Le MFEC (Mouvement français des éducateurs de chiens de compagnie)

Site internet : `http://www.mfec.fr`

Courriel : mfec@aliceadsl.fr

FRANCECLICKER

Site internet : `http://www.franceclicker.fr`

Courriel : franceclicker@orange.fr

ANIMALIN

Site : `http://www.animalin.net`

Contact : animalin@tiscali.fr/

Tél. : 05 62 65 46 00

Une école du chiot dans un club de la centrale canine

Commission nationale Éducation Agility – CNEA

Listes des clubs proposant des classes pour chiots.

Site : `http://www.cnea.net`

Vous recherchez des jouets innovants pour votre chiot, un harnais d'éducation à la marche, un licol pour chien, des clickers...

Animalinboutique, la boutique sur le web 100 % clicker-training et plus.
Site : `http://www.animalinboutique.fr`
Courriel : contact@animalinboutique.fr
Tél. : 05 62 65 46 00

Vous désirez adopter un chiot dans un refuge

SPA nationale
Tél. : 01 43 80 40 66
Site : `http://www.spa.asso.fr`
Courriel : info@spa.asso.fr

Confédération nationale des sociétés protectrices de France
25, quai Jean Moulin BP 2066 69002 Lyon
Tél. : 04 78 38 71 71

Fondation 30 Millions d'amis
40, cours Albert Premier 75015 Paris
Tél. : 01 56 59 04 44

Fondation Assistance aux animaux
24, rue Berlioz 75116 Paris
Tél. : 01 40 67 10 04

Société protectrice des animaux (SPA)
39, boulevard Berthier 75017 Paris
Tél. : 01 43 80 40 66

Associations Assistance aux animaux
23, avenue de la République 75011 Paris
Tél. : 01 40 21 96 14

De nombreuses SPA n'appartenant pas à la SPA nationale et des refuges indépendants existent un peu partout en France, consulter les Pages jaunes et Internet.

Vous désirez adopter un chiot chez un éleveur

Société centrale canine – SCC

Vous trouverez sur le site un espace éleveur, un fichier canin, un dossier complet sur le standard des races et la liste de tous les clubs et associations de races.

Tél. : 01 49 37 54 00

Site : `http://www.scc.asso.fr/`

Syndicat national des professionnels du chien et du chat – SNPCC

Syndicat qui regroupe les professionnels des métiers du chien et du chat ayant adhéré au syndicat (éleveurs, éducateurs et dresseurs, pensions pour chiens et chats, toiletteurs, écoles d'enseignement).

Tél. : 0 892 681 341

Site : `www.snpcc.com`

Vous désirez des renseignements sur les standards de race ou une race en particulier

Société centrale canine – SCC

Tél. : 01 49 37 54 00

Site : `http://www.scc.asso.fr/`

Fédération cynologique internationale – FCI

La Fédération cynologique internationale est l'Organisation canine mondiale. Elle est composée de 82 pays membres. La FCI garantit la reconnaissance mutuelle des juges et pedigrees au sein de ses pays membres.

Secrétariat général de la FCI

13, place Albert 1er

B-6530 Thuin – BELGIQUE

Site : `http://www.fci.be`

E-mail : info@fci.be

Adresses utiles en cas d'urgence

Centre antipoison national

Site : `http://www.centres-antipoison.net`

Tél. antenne parisienne (on vous redirigera vers les antennes de province) : 01 40 05 48 48

Centre national d'informations toxicologiques vétérinaires – CNITV

Association qui a pour objectif de répondre 24 heures sur 24, toute l'année, à toute demande téléphonique ou écrite concernant les intoxications d'animaux domestiques et sauvages. Ce centre peut apporter une aide au diagnostic ou au traitement, un avis pronostic, une évaluation du risque ou simplement fournir quelques renseignements.

CNITV – École nationale vétérinaire de Lyon

+33 (0)4-78-87-10-40, 24 h / 24

+33 (0)4-78-87-80-12

Courriel : cnitv@vet-lyon.fr

École nationale vétérinaire d'Alfort ENVA

7, avenue du Général de Gaulle 94704 Maisons-Alfort Cedex

Centre antipoison 9 h à 17 h : 01 48 93 13 00

Service des urgences : 01 43 96 23 23

Site : `http://www.vet-alfort.fr`

École nationale vétérinaire de Lyon

1, avenue Bourgelat BP 83 69280 Marcy-L'Étoile

Centre antipoison 24 h / 24 : 04 78 87 26 57

Service des urgences : 04 78 87 35 35

Site : `http://www.vet-lyon.fr`

École nationale vétérinaire de Nantes

Atlanpôle – La Chantrerie 44300 Nantes Cedex 03

Service antipoison de 8 h 30 à 18 h 30 : 02 40 68 77 40

Service de garde : 02 40 68 76 22

Site : `http://www.vet-nantes.fr`

École nationale vétérinaire de Toulouse

23, chemin des Capelles 31076 Toulouse Cedex 3

Service antipoison de 9 h à 7 h : 05 61 19 39 40

Site : `http://www.vet-toulouse.fr`

Vous êtes en déplacement et êtes confronté à une urgence SOS Vétérinaire

Île-de-France : 08 36 68 99 33

Bouches-du-Rhône : 04 42 55 02 25

Pays d'Aix : 04 42 59 90 62

Marseille : 04 91 63 09 00

Bordeaux : 05 56 02 02 69

Nice : 04 93 83 46 64

Vous recherchez une pension, une crèche…pour votre chiot

Royal canin vous propose une liste non exhaustive de pensions canines par région

Site : `http://www.royalcanin.fr`

Syndicat national des professionnels du chien et du chat – SNPCC

Tél. : 0892 681 341

Site : `www.snpcc.com`

Canicrèche

Première halte-garderie pour chien en France, Canicrèche vous propose différents services : éducation, toilettage, boutique…

Site : `http:// www.canicreche.fr`

Tél. : 01 42 71 59 09

Courriel : info@canicreche.fr

Pensez à consulter les Pages jaunes et à en parler autour de vous.

Vous recherchez un toiletteur

Syndicat national des professionnels du chien et du chat – SNPCC

Tél. : 0892 681 341

Site : `http://www.snpcc.com`

Votre chiot a grandi, vous désirez exercer une discipline sportive avec lui Agility, Obérythmée, Flyball, Frisbee

Commission nationale éducation agility – CNEA

Site : `http://www.cnea.net`

Une liste des clubs pratiquant ces disciplines sportives.

Société centrale canine – SCC

155, avenue Jean Jaurès 93535 Aubervilliers

Tél. : 01 49 37 54 003

Index alphabétique

B

C

D

E

T

U

V

W

Y

Z

Disponibles dans la collection « Pour les Nuls »

Culture générale

Histoire

Titre	*Auteur*	*Prix*	*ISBN*
La Grèce antique	Stephen Bachelor, Marie-Dominique et Marc Porée Rongier	22,90 €	978-2-7540-1602-5
La Seconde Guerre mondiale	Robert Belot, Klaus-Peter Sick	22,90 €	978-2-7540-0818-1
Le Gaullisme	Chantal Morelle	22,90 €	978-2-7540-0821-1
La Chine	Angélina Boulesteix	22,90 €	978-2-7540-1145-7
La Culture générale, 2e édition	Florence Braunstein, Jean-François Pépin	22,90 €	978-2-7540-1628-5
La Culture générale illustrée, 2e édition	Florence Braunstein, Jean-François Pépin	29,90 €	978-2-7540-1275-1
La Révolution française	Alain-Jacques Czouz-Tornare	22,90 €	978-2-7540-0811-2
Les Années 60	Stéphane Benhamou	22,90 €	978-2-7540-0610-1
Le Socialisme	Alain Bergounioux, Denis Lefebvre	22,90 €	978-2-7540-0817-4
La Mythologie illustrée	Collectif	29,90 €	978-2-7540-0989-8
Les Grandes Civilisations	Florence Braunstein, Jean-François Pépin	22,90 €	978-2-7540-0605-7
La Première Guerre mondiale	Jean-Yves Le Naour	22,90 €	978-2-7540-0616-3
La Ve République	Nicolas Charbonneau, Laurent Guimier	24,90 €	978-2-7540-0620-0
Le Moyen Âge	Pierre Langevin	22,90 €	978-2-7540-0563-0
L'Histoire de la Suisse	Georges Andrey	22,90 €	978-2-7540-0489-3
Paris	Danielle Chadych, Dominique Leborgne	22,90 €	978-2-7540-0168-7
L'Égypte ancienne	Florence Maruéjol	22,90 €	978-2-7540-0256-1
La Mythologie	Christopher W. Blackwell, Amy Hackney Blackwell	22,90 €	978-2-7540-0257-8
L'Histoire de France illustrée	Jean-Joseph Julaud	29,90 €	978-2-7540-0110-6
Léonard de Vinci	Jessica Teisch, Tracy Barr	22,90 €	978-2-7540-0037-6
L'Histoire de France	Jean-Joseph Julaud	22,90 €	978-2-8769-1941-9

Religion

Titre	*Auteur*	*Prix*	*ISBN*
Le Coran	Malek Chebel, Sohaib Sultan	22,90 €	978-2-7540-0982-9
La Torah	Arthur Kurzweil, Victor Malka	22,90 €	978-2-7540-0978-2
Le Christianisme	Richard Wagner, Père Denis Metzinger	22,90 €	978-2-7540-0991-1
L'Islam	Malcolm Clark, Malek Chebel	22,90 €	978-2-7540-0531-9
Le Judaïsme	Josy Eisenberg	22,90 €	978-2-7540-0596-8
La Bible illustrée	Éric Denimal	29,90 €	978-2-7540-0274-5
Le Catholicisme	John Trigilio, Père Pierre Lartigue	22,90 €	978-2-7540-0182-3
La Franc-Maçonnerie	Christopher Hodapp, Philippe Benhamou	22,90 €	978-2-7540-0150-2
Le Bouddhisme	Jonathan Landaw, Stephan Bodian	22,90 €	978-2-7540-0062-8
La Bible	Éric Denimal	21,90 €	978-2-8769-1800-9
Sagesse et Spiritualité	Sharon Janis	21,90 €	978-2-8769-1769-9

Société

Titre	*Auteur*	*Prix*	*ISBN*
La Mondialisation	Francis Fontaine, Sylvie Goulard, Brune de Bodman	22,90 €	978-2-7540-0778-8
L'Instruction civique	Guillaume Bernard, Frédéric Monera	22,90 €	978-2-7540-0979-9
L'Europe, 2e édition	Sylvie Goulard	22,90 €	978-2-7540-1213-3
L'Écologie	Franck Courchamp	22,90 €	978-2-7540-0554-8
La Géopolitique	Philippe Moreau Defarges	22,90 €	978-2-7540-0623-1
La Justice	Emmanuel Pierrat	22,90 €	978-2-7540-0553-1
La Philosophie, 2e édition	Christian Godin	22,90 €	978-2-7540-0460-2
L'Économie	Michel Musolino	22,90 €	978-2-7540-0351-3
La Politique	Philippe Reinhard	22,90 €	978-2-7540-0335-3
La Géographie française	Jean-Joseph Julaud	22,90 €	978-2-7540-0245-5

Sciences et techniques

Titre	*Auteur*	*Prix*	*ISBN*
L'Histoire de l'aviation	Philippe Benhamou	22,90 €	978-2-7540-1146-4
L'Histoire des sciences	Vincent Jullien	22,90 €	978-2-7540-0977-5
La Physique	Dominique Meier (sous la dir. de)	22,90 €	978-2-7540-0915-7

Titre	*Auteur*	*Prix*	*ISBN*
La Conquête spatiale	Michel Polacco	22,90 €	978-2-7540-1143-3
Les Maths	Jean-Louis Boursin	22,90 €	978-2-7540-0093-2
L'Astronomie	Stephen Maran, Pascal Bordé	21,90 €	978-2-8769-1634-0

Beaux-arts

Titre	*Auteur*	*Prix*	*ISBN*
Le Louvre	Daniel Soulié	22,90 €	978-2-7540-1404-5
La Télévision	Marie Lherault, François Tron	22,90 €	978-2-7540-0976-8
Les Séries télé	Marjolaine Boutet	22,90 €	978-2-7540-0912-6
Le Rock	Nicolas Dupuy	22,90 €	978-2-7540-0819-8
L'Histoire de la peinture	Jean-Jacques Breton, Dominique Williatte	22,90 €	978-2-7540-0812-9
La Danse classique	Evelyne Cisneros, Scott Speck, Florence Balique	22,90 €	978-2-7540-1045-0
L'Histoire du cinéma	Vincent Mirabel	22,90 €	978-2-7540-0609-5
Le Jazz	Dirk Sutro, Stéphane Koechlin	22,90 €	978-2-7540-0779-5
L'Histoire de l'art illustrée	Jean-Jacques Breton, Philippe Cachau, Dominique Williatte	29,90 €	978-2-7540-0493-0
L'Histoire de l'art	Jean-Jacques Breton, Philippe Cachau, Dominique Williatte	22,90 €	978-2-7540-0229-5
L'Opéra	David Pogue, Claire Delamarche	22,90 €	978-2-7540-0244-8
La Musique classique	David Pogue, Claire Delamarche	22,90 €	978-2-7540-0151-9

Langue française

Titre	*Auteur*	*Prix*	*ISBN*
La Littérature française	Jean-Joseph Julaud	22,90 €	978-2-7540-0061-1
Le Français correct	Jean-Joseph Julaud	21,90 €	978-2-8769-1640-1

Régionalisme

Titre	*Auteur*	*Prix*	*ISBN*
La Bretagne	Jean-Yves Paumier	22,90 €	978-2-7540-1297-3
La Corse	Thierry Ottaviani	22,90 €	978-2-7540-1546-2

… en Poche

Titre	*Auteur*	*Prix*	*ISBN*
Sagesse et Spiritualité	Sharon Janis	11,90 €	978-2-7540-1758-9
L'Égypte ancienne	Florence Maruéjol	11,90 €	978-2-7540-1739-8
L'Histoire de France – tome 1 Des origines à 1789	Jean-Joseph Julaud	11,90 €	978-2-7540-0180-9
L'Histoire de France – tome 2 De 1789 à nos jours	Jean-Joseph Julaud	11,90 €	978-2-7540-0181-6
Paris Rive droite	Danielle Chadych, Dominique Leborgne	11,90 €	978-2-7540-0694-1
Paris Rive gauche	Danielle Chadych, Dominique Leborgne	11,90 €	978-2-7540-0695-8
La Culture générale – Histoire, géographie, art et littérature	Florence Braunstein, Jean-François Pépin	11,90 €	978-2-7540-0798-6
La Culture générale – Sciences, sports, loisirs et spiritualité	Florence Braunstein, Jean-François Pépin	11,90 €	978-2-7540-0799-3
La Franc-Maçonnerie	Philippe Benhamou	11,90 €	978-2-7540-0696-5
Le Bouddhisme	Jonathan Landraw, Stephan Bodian	11,90 €	978-2-7540-03148
La Philosophie – tome 1 Antiquité, Moyen Âge et Renaissance	Christian Godin	11,90 €	978-2-7540-0796-2
La Philosophie – tome 2 Du XVIIe siècle à nos jours	Christian Godin	11,90 €	978-2-7540-0797-9
L'Astrologie	Rae Orion	11,90 €	978-2-8769-1999-0
La Littérature française – tome 1 Du Moyen Âge au XVIIIe siècle	Jean-Joseph Julaud	11,90 €	978-2-7540-0611-8
La Littérature française – tome 2 Du XVIIIe siècle à nos jours	Jean-Joseph Julaud	11,90 €	978-2-7540-0612-5
Le Français correct	Jean-Joseph Julaud	11,90 €	978-2-8769-1924-2

Vie pratique

Cuisine

Titre	*Auteur*	*Prix*	*ISBN*
Les Cuisines du monde	Philippe Chavanne	22,90 €	978-2-7540-0103-8

Titre	*Auteur*	*Prix*	*ISBN*
Le Vin, 4e édition	Laure Liger, Ivan-Paul Cassetari	22,90 €	978-2-7540-0961-4
La Cuisine	Bryan Miller	21,90 €	978-2-8769-1683-8

Santé

Titre	*Auteur*	*Prix*	*ISBN*
Les Maladies cardiovasculaires	Dr Philippe Abastado	22,90 €	978-2-7540-1591-2
Le Sexe, 2e édition	Dr Ruth K. Westheimer, Dr Marianne Pauti	22,90 €	978-2-7540-1497-7
Maigrir avec la méthode Montignac	Michel Montignac	22,90 €	978-2-7540-1586-8
Le Corps humain	Dr Patrick Gepner	22,90 €	978-2-7540-1121-1
La Maladie d'Alzheimer	Christian Derouesne, Jacques Selmes	22,90 €	978-2-7540-1058-0
Améliorer sa mémoire	John B. Arden	22,90 €	978-2-7540-0323-0
Maigrir	Jane Kirby, Dr Jocelyne Raison	22,90 €	978-2-7540-0005-5
Bien s'alimenter	Carol Ann Rinzler	21,90 €	978-2-8769-1897-9

Bien-être

Titre	*Auteur*	*Prix*	*ISBN*
Les Huiles essentielles	Elske Miles	22,90 €	978-2-7540-1596-7
Shiatsu et Réflexologie	Synthia Andrews, Bobbi Dempsey, Michel Odoul	22,90 €	978-2-7540-0981-2
Le Développement personnel	Collectif	29,90 €	978-2-7540-0865-5
Zen ! La Méditation, 2e édition	Stephan Bodian	22,90 €	978-2-7540-0322-3
Le Tai-Chi	Therèse Iknoian	22,90 €	978-2-7540-0137-3
Les Massages	Steve Capellini, Michel Van Welden	22,90 €	978-2-7540-0060-4
La Méthode Pilates	Ellie Herman	21,90 €	978-2-8769-1767-5
Le Yoga	Georg Feuerstein	21,90 €	978-2-8769-1752-1
Le Feng Shui	David Kennedy	21,90 €	978-2-8769-1687-6

Psychologie

Titre	*Auteur*	*Prix*	*ISBN*
La Pensée positive	Averil Leimon, Gdadeana McMahon, Béatrice Millêtre	22,90 €	978-2-7540-1821-0
L'Adolescence	Michel Fize	22,90 €	978-2-7540-1412-0

Titre	*Auteur*	*Prix*	*ISBN*
Exercices de programmation neuro-linguistique	Romilla Ready, Kate Burton, Béatrice Millêtre	19,90 €	978-2-7540-1593-6
Exercices de thérapies comportementales et cognitives	Rhena Branch, Rob Willson, Béatrice Millêtre	19,90 €	978-2-7540-1592-9
Les Relations amoureuses	Florence Escaravage, Kate M. Wachs	22,90 €	978-2-7540-1499-1
Apprendre mieux	Marie Joseph Chalvin	22,90 €	978-2-7540-1261-4
Le Langage des gestes	Joseph Messinger	22,90 €	978-2-7540-0597-5
La Confiance en soi	Kate Burton	22,90 €	978-2-7540-0647-7
Le Coaching	Jeni Mumford	22,90 €	978-2-7540-0353-7
La PNL	Romilla Ready, Kate Burton	22,90 €	978-2-7540-0169-4
L'Hypnothérapie	Mike Bryant, Peter Mabbutt	22,90 €	978-2-7540-0504-3
Les Thérapies comportementales et cognitives	Rob Willson, Rhena Branch	22,90 €	978-2-7540-0246-2
La Psychologie	Dr Adam Cash	21,90 €	978-2-8769-1802-3

Puériculture

Titre	*Auteur*	*Prix*	*ISBN*
La 1re année de Bébé	James Gaylord, Michelle Hagen, Dr Eric Saban	22,90 €	978-2-7540-1511-0
La Grossesse, 2e édition	Dr Joëlle Bensimhon, Dr Eddleman, Dr J. Stone	22,90 €	978-2-7540-1429-8

Droit pratique

Titre	*Auteur*	*Prix*	*ISBN*
L'Assurance	Laurence de Percin	22,90 €	978-2-7540-1073-3
Le Divorce	Martine Valot-Forest	22,90 €	978-2-7540-1479-3
Préparer sa retraite	Laurence de Percin	22,90 €	978-2-7540-0792-4
L'Immobilier, 2e édition	Laurence Boccara, Catherine Sabbah	22,90 €	978-2-7540-0530-2

Finances personnelles

Titre	*Auteur*	*Prix*	*ISBN*
Payer moins d'impôts, 3e édition	Robert Matthieu	22,90 €	978-2-7540-1630-8
La Bourse	Gérard Horny	22,90 €	978-2-7540-0637-8

Titre	*Auteur*	*Prix*	*ISBN*
Les Finances personnelles	Pascale Micoleau-Marcel (sous la dir. de)	22,90 €	978-2-7540-0630-9

Maison

Titre	*Auteur*	*Prix*	*ISBN*
Un potager	Charlie Nardozzi	22,90 €	978-2-7540-1675-9
Le Bricolage, 2e édition	G. et K. Hamilton, Frank Lecor	24,90 €	978-2-7540-1426-7
Vivre écolo	Liz Barclay, Michael Grosvenor, Franck Laval	22,90 €	978-2-7540-0707-8

… En Poche

Titre	*Auteur*	*Prix*	*ISBN*
La Cuisine pas chère	Héloïse Martel, André Le Letty	11,90 €	978-2-7540-1772-5
Le Code de la route, édition 2010	DFC Production	14,90 €	978-2-7540-1563-9
L'Armagnac	Chantal Armagnac	11,90 €	978-2-7540-1613-1
Le Diabète	Dr Alan Rubin, Dr Marc Levy	11,90 €	978-2-7540-1436-6
Les Massages	Steve Capellini, Jocelyne Rolland, Michel Van Welden	11,90 €	978-2-7540-1330-7
S'arrêter de fumer	Pr B. Dautzenberg, Dr D. Brizer	11,90 €	978-2-7540-1293-5
Les Tests du Code de la route	DFC Production	14,90 €	978-2-7540-0751-1
Le Vin	Laure Liger, Yvan-Paul Cassetari	11,90 €	978-2-7540-0087-1
La Cuisine	Brian Miller, Alain Le Courtois	11,90 €	978-2-8769-1872-6
Le Sexe	Dr Ruth	11,90 €	978-2-8769-1956-3
Maigrir	Jane Kirby	11,90 €	978-2-8769-1870-2
Zen ! La Méditation	Stephan Bodian	11,90 €	978-2-7540-0000-0
Le Feng Shui	David D. Kennedy	11,90 €	978-2-8769-1871-9
Un bureau feng shui	Holly Ziegler, Jennifer Lawler	11,90 €	978-2-8769-1949-5
La Méthode Pilates	Ellie Herman	11,90 €	978-2-7540-0223-3
Le Yoga	Georg Feuerstein, Larry Pane	11,90 €	978-2-7540-0063-5
Guérir l'anxiété	Dr Martine André, Dr Charles Eliott, Dr Laura Smith	11,90 €	978-2-7540-1195-2
Les Thérapies comportementales et cognitives	Rob Willson, Rhena Branch	11,90 €	978-2-7540-1074-0
La PNL	Romilla Ready, Kate Burton	11,90 €	978-2-7540-0879-2

Titre	*Auteur*	*Prix*	*ISBN*
La Psychologie	Dr Adam Cash	11,90 €	978-2-8769-1957-0
Le Bricolage	Gene Hamilton, Katie Hamilton	11,90 €	978-2-7540-0373-5

Business

Titre	*Auteur*	*Prix*	*ISBN*
Trouver un job	Joyce Lain Kennedy, Nicolas Barrier	22,90 €	978-2-7540-1092-4
Le Marketing, 2e édition	Alexander Hiam	22,90 €	978-2-7540-0688-0
La Comptabilité	Laurence Le Gallo	22,90 €	978-2-7540-0617-0
Créer sa boîte	Laurence de Percin	22,90 €	978-2-7540-0492-3
Le Management	Bob Nelson	21,90 €	978-2-8769-1952-5
Business Plans	Paul Tifany, Steven D. Peterson	21,90 €	978-2-8769-1712-5
La Vente	Tom Hopkins	21,90 €	978-2-8769-1670-8

… en Poche

Titre	*Auteur*	*Prix*	*ISBN*
Le Marketing	Alexander Hiam	11,90 €	978-2-7540-1598-1
Le Management	Bob Nelson	11,90 €	978-2-7540-0454-1
Business Plans	Paul Tiffany, Steven D. Peterson	11,90 €	978-2-7540-0094-9
La Vente	Tom Hopkins	11,90 €	978-2-8769-1950-1

Loisirs

Sports

Titre	*Auteur*	*Prix*	*ISBN*
Le Tennis	Patrick McEnroe, Peter Bodo, Guy Tambon	22,90 €	978-2-7540-1757-2
Les Arts martiaux	Jennifer Lawler, Nicolas Dupuy, Éric Le Cam	22,90 €	978-2-7540-1052-8
Courir	Tere Stouffer Drenth, Philippe Maquat	22,90 €	978-2-7540-1044-3
Gym et Musculation	Cyndi Targosz, Jean-Pierre Clémenceau	22,90 €	978-2-7540-1059-7
L'Équitation	Audrey Pavia, Marie Martin	22,90 €	978-2-7540-0732-0

Titre	*Auteur*	*Prix*	*ISBN*
Le Golf	Gary McCord	22,90 €	978-2-7540-0078-9
La Voile	J.-J. Isler, Peter Isler	22,90 €	978-2-7540-0059-8

Musique

Titre	*Auteur*	*Prix*	*ISBN*
Exercices de piano	David Pearl, Marc Rozenbaum	19,90 €	978-2-7540-1337-6
Exercices de guitare	John Chappell, Mark Phillips, Antoine Polin	19,90 €	978-2-7540-1336-9
L'Harmonica	Winslow Yerxa, Jean-Jacques Milteau	22,90 €	978-2-7540-1210-2
DJ	John Steventon, Nicolas Dambre	22,90 €	978-2-7540-1198-3
La Batterie	Jeff Strong, Laurent Bataille	22,90 €	978-2-7540-0352-0
Le Chant	Pamela S. Phillips, Mariette Jost	22,90 €	978-2-7540-0462-6
Le Solfège	Michael Pilhofer, Jean-Clément Jollet	22,90 €	978-2-7540-0586-9
La Guitare basse	Patrick Pfeiffer	22,90 €	978-2-7540-0288-2
Claviers et Synthétiseurs	Christophe Martin de Montagu	22,90 €	978-2-7540-0118-2
La Guitare, 2e édition	Mark Phillips, Jon Chappel	22,90 €	978-2-7540-0124-3
Le Piano	Blake Neely, Marc Rozenbaum	22,90 €	978-2-7540-0102-1
La Guitare électrique	John Chappell	22,90 €	978-2-8769-1983-9

Loisirs créatifs

Titre	*Auteur*	*Prix*	*ISBN*
Dessiner des personnages	Kensuke Okabayashi	22,90 €	978-2-7540-1322-2
L'Aquarelle	Colette Pitcher	24,90 €	978-2-7540-0934-8
La Peinture à l'huile	Anita Giddings, Cherry Stone Clifton	24,90 €	978-2-7540-0935-5
Dessiner des mangas	Kensuke Okabayashi, Nobuyuki Anzai	22,90 €	978-2-7540-0494-7
La Couture	Janice Saunders Maresh	22,90 €	978-2-7540-0193-9
Le Dessin	Brenda Hoddinott	22,90 €	978-2-7540-0185-4
Le Tricot	Pam Allen	21,90 €	978-2-8769-1705-7

Nature

Titre	*Auteur*	*Prix*	*ISBN*
Un aquarium	Maddy Hargrove, Mic Hargrove	22,90 €	978-2-7540-0917-1
Le Cheval	Audrey Pavia, Marie Martin	22,90 €	978-2-7540-0367-4
Éduquer son chiot	Sarah Hodgson	22,90 €	978-2-7540-0372-8
Éduquer son chien	Jack Volahrd, Wendy Volahrd	22,90 €	978-2-7540-0152-6

Jeux

Titre	*Auteur*	*Prix*	*ISBN*
Le Scrabble	Eugénie Michel	22,90 €	978-2-7540-1698-8
Les Échecs, 2e édition	James Eade, Vincent Moret	22,90 €	978-2-7540-1870-8
Dungeons & Dragons®	Richard Baker, Bill Slavicsek	22,90 €	978-2-7540-1390-1
Le Casino	Kevin Blackwood, François Montmirel	22,90 €	978-2-7540-0447-3
Le Poker Texas Hold'em	Mark Harlan, François Montmirel	22,90 €	978-2-7540-0448-0
La Magie	David Pogue, Bernard Bilis	22,90 €	978-2-7540-0453-4
Le Bridge	Eddie Kantar, Dominique Portal, Patrice Marmion	22,90 €	978-2-7540-0276-9
Le Poker	Richard D. Harroch, Lou Krieger, François Montmirel	22,90 €	978-2-7540-0123-6

... en Poche

Titre	*Auteur*	*Prix*	*ISBN*
Le Poker en ligne	Mark Harlan, Chris Derossi, François Montmirel	11,90 €	978-2-7540-1871-5
Le Chant	Mariette Jost, Pamelia S. Philips	11,90 €	978-2-7540-1597-4
Le Poker	François Montmirel	11,90 €	978-2-7540-1548-6
La Couture	Janice Saunders Maresh	11,90 €	978-2-7540-1600-1
Un chien	Gina Spadafori, Catherine Collignon	11,90 €	978-2-7540-1320-8
Un chat	Gina Spadafori, Monique Bourdin	11,90 €	978-2-7540-1321-5
Accords de guitare	Antoine Polin	11,90 €	978-2-7540-1009-2
Le Tricot	Pam Allen	11,90 €	978-2-7540-0135-9
Le Dessin	Brenda Hoddinott	11,90 €	978-2-7540-0889-1
La Généalogie	Francis Christian	11,90 €	978-2-7540-0565-4

Langues

Méthodes de langues

Titre	*Auteur*	*Prix*	*ISBN*
Le latin	Clifford Hull, Steven Perkins, Tracy Barr, Danièle Robert	22,90 €	978-2-7540-0881-5
La Grammaire anglaise	Géraldine Woods, Claude Raimond	22,90 €	978-2-7540-0564-7